O IMPEACHMENT DE FERNANDO COLLOR

Sociologia de uma crise

Brasilio Sallum Jr.

O IMPEACHMENT DE FERNANDO COLLOR

Sociologia de uma crise

FFLCH - USP

CAPES

Universidade de São Paulo
Faculdade de Filosofia, Letras e Ciências Humanas
Programa de Pós-Graduação em Sociologia

editora 34

EDITORA 34

Editora 34 Ltda.
Rua Hungria, 592 Jardim Europa CEP 01455-000
São Paulo - SP Brasil Tel/Fax (11) 3811-6777 www.editora34.com.br

Universidade de São Paulo
Faculdade de Filosofia, Letras e Ciências Humanas
Programa de Pós-Graduação em Sociologia
Av. Prof. Luciano Gualberto, 315 Cid. Universitária CEP 05508-010
São Paulo - SP Brasil Tel. (11) 3091-3724 Fax (11) 3091-4505

Imagem da capa:
Deputados comemoram a votação do pedido de impeachment de Collor no Congresso Nacional, 29/9/1992 © Gustavo Miranda/Agência O Globo

Capa, projeto gráfico e editoração eletrônica:
Bracher & Malta Produção Gráfica

Revisão:
Beatriz de Freitas Moreira

1ª Edição - 2015

CIP - Brasil. Catalogação-na-Fonte
(Sindicato Nacional dos Editores de Livros, RJ, Brasil)

Sallum Jr., Brasilio
S668i O impeachment de Fernando Collor: sociologia de uma crise / Brasilio Sallum Jr. — São Paulo: Editora 34, 2015 (1ª Edição).
424 p.

ISBN 978-85-7326-601-6

1. Sociologia das instituições políticas. 2. História do Brasil - Século XX. 3. Estado e grupos sociais. I. Título.

CDD - 306.2

O IMPEACHMENT DE FERNANDO COLLOR
Sociologia de uma crise

INTRODUÇÃO

Em dezembro de 1989, Fernando Collor de Mello foi eleito para a Presidência da República do Brasil com cerca de 35 milhões de votos. Um ano antes era um político nacionalmente quase desconhecido que governava Alagoas, um dos menores estados brasileiros. Naquele mês, tornou-se o primeiro presidente a ser eleito conforme a Constituição de 1988, quase trinta anos depois que o eleitorado brasileiro elegera diretamente o seu presidente pela última vez, em 1960.

Com a eleição de Collor, parecia efetivada enfim a demanda central da campanha das Diretas-Já e do movimento pela democratização do país. A despeito das expectativas muito positivas com que foi empossado em março de 1990, o governo do novo presidente foi aos poucos perdendo prestígio popular e enfrentando dificuldades para liderar politicamente o país. Seu governo foi atingido por um volume crescente de acusações de corrupção até que, em maio de 1992, o presidente foi acusado por seu irmão de estar associado a um esquema de corrupção gerenciado pelo tesoureiro de sua campanha eleitoral. Em seguida, formou-se uma Comissão Parlamentar de Inquérito que confirmou seu envolvimento. No fim de setembro, a Câmara dos Deputados autorizou, por ampla maioria, a abertura do processo de impeachment em meio a uma onda de manifestações populares que demandavam isso do Congresso. Três meses depois, em dezembro de 1992, o Senado Federal aprovou o impeachment do presidente e o baniu da vida pública por oito anos. A destituição foi comemorada como sinal de vigor da democracia brasileira.

De que modo explicar essa virada drástica da fortuna? Como foi possível acontecer algo tão inusitado? Que fatores converteram o primeiro presidente eleito diretamente depois do golpe militar de 1964 no primeiro chefe de Estado destituído constitucionalmente da história brasileira?

São tais questões que me levaram a escrever este livro. Sublinho, desde logo, que não há explicação fácil para este evento singular na história política brasileira. Os poucos cientistas sociais que se debruçaram sobre o assunto, recorreram a diferentes fatores para explicá-lo: a personalidade política do presidente, o sistema presidencialista de governo, as mal ajustadas instituições políticas brasileiras, o desgaste do governo e do presidente junto à opinião pública, a mobilização da sociedade civil ou, então, uma combinação desses fatores.[1]

Em geral os estudos existentes enfocam apenas o evento histórico singular, o impeachment ocorrido no Brasil, em 1992. Há, no entanto, trabalhos acadêmicos que o examinam enquanto parte de um conjunto de casos de impeachment. Um deles o compara com outros ocorridos na América Latina depois de 1992 e, de forma mais ampla, toma o impeachment como um dos resultados possíveis, entre outros, das crises presidenciais acontecidas nesta parte do continente americano. Uma análise dessas crises presidenciais desde o final da Segunda Guerra Mundial permitiu identificar uma nova tendência para o seu desenlace: a onda de democratização iniciada na América Latina nos anos 1980 foi acompanhada de um declínio notável das rupturas institucionais e, em particular, das intervenções militares. Os vários episódios de impeachment têm sido a solução política mais frequente, sem ruptura institucional, para crises presidenciais. Impeachments em vez de golpes militares.[2]

[1] Encontra-se um exame desses trabalhos sobre o impeachment em Brasilio Sallum Jr. e Guilherme Casarões, "O impeachment de Fernando Collor: a literatura e o processo", *Lua Nova — Revista de Cultura e Política*, São Paulo, nº 82, 2011, pp. 163-200.

[2] A análise comparada das crises presidenciais e dos impeachments a que me refiro encontra-se em Anibal Pérez-Liñán, *Presidential Impeachments and the New Political Instability in Latin America*, Nova York, Cambridge

A despeito dos ganhos analíticos obtidos pelos estudos comparativos em relação aos que examinaram o impeachment de Collor em sua singularidade, as duas abordagens buscam o mesmo: identificar os fatores causais que, isolada ou cumulativamente, contribuíram com maior ou menor probabilidade para produzir aquele resultado.

Pretendo aqui analisar o impeachment seguindo um caminho diferente. Não tentarei identificar mais um fator provável para a destituição de 1992 ou, então, apresentar uma particular combinação de causas para aquele evento.

Ao invés, tratarei de examinar a *dinâmica do processo político* que resultou na destituição de Fernando Collor de Mello. Meu objetivo é reconstituir as disputas políticas entre atores individuais e coletivos que acabaram resultando em crise política e encontraram no impeachment do presidente a sua solução institucional. As possíveis causas do impeachment terão seu lugar na reconstituição do processo, na medida em que forem consideradas importantes para a dinâmica política, para a luta entre os atores, seja nas conjunturas anteriores à crise, seja na conjuntura crítica que levou à destituição do presidente, objeto central deste livro. Parece-me que, procedendo assim, é possível examinar melhor a *articulação* entre os distintos fatores explicativos — opinião pública, corrupção, mobilização social, personalidade política, características das instituições políticas etc. — *no processo político* e não, abstratamente, uns isolados dos outros. Ilustra bem este ponto o argumento de Kurt Weyland de que a corrupção, o motivo do impeachment, "só se torna fatal quando empregada como arma por poderosos adversários".[3] O que traz implícito um complemento: o argumen-

University Press, 2007. Faz-se uma análise de um espectro mais amplo de casos em Jody C. Baumgartner e Naoko Kada (orgs.), *Checking Executive Power: Presidential Impeachment in Comparative Perspective*, Westport, Praeger Publishers, 2003.

[3] Cf. Kurt Weyland, "The Rise and Fall of Presidente Collor and Its Impact on Brazilian Democracy", *Journal of Interamerican Studies and World Affairs*, vol. 35, nº 1, 1993, pp. 1-37.

to vale sob a condição de o acusado não contar com aliados tão fortes quanto os seus opositores. Em suma, há que entender a corrupção como parte de uma relação entre forças políticas. Uma das implicações de focalizar o processo político é que cada um dos fatores — a mobilização popular, por exemplo — pode ter peso distinto em conjunturas diversas e, mesmo, em diferentes fases de uma mesma conjuntura.

O subtítulo deste livro — "sociologia de uma crise" — não é gratuito. Ele chama a atenção para a perspectiva adotada na análise do processo político que levou ao impeachment. Ela inclui não apenas os processos ocorridos no interior do Estado e entre este e os cidadãos — seja na condição de eleitores, seja de portadores da "opinião pública". Abrange também as relações do Estado com a esfera do mercado — a política econômica é quase sempre crucial no exercício do poder — e a esfera pública, povoada por atores coletivos que organizam interesses e ideias de cidadãos e de empresas. Entre tais atores coletivos há os que mantêm relações regulares e cotidianas com o Estado, como partidos políticos e meios de comunicação, e os que intervêm de modo irregular e com menos frequência no processo político, como centrais sindicais, associações empresariais, associações profissionais, organizações estudantis, entidades religiosas, movimentos sociais etc. Esses atores coletivos, contudo, só são incluídos na análise quando suas ações tenham tido importância para a tomada de decisões políticas, para inclusão/exclusão de questões da agenda política ou, mesmo, para conformar as formas de pensar e sentir (as preferências) que orientam a atuação dos atores.[4] Claro que não me refiro a quaisquer questões políticas, mas apenas àquelas que pareceram relevantes para o problema em pauta, o da preservação ou não do presidente no cargo.

Como se verá nestas páginas, a intervenção desses atores terá importância grande para a dinâmica do processo político. E, mais

[4] Refiro-me aqui às três dimensões do poder político — decisão, não decisão e estrutural (conformar preferências) — constantes de Steven Lukes, *Power: A Radical View*, Londres/Nova York, Macmillan, 1974.

ainda, no desencadear e desenrolar da crise política que resultou no impeachment.

Incluí também, na análise do processo político, as relações da sociedade brasileira com o Exterior. Essas relações podem ter, e no caso tiveram, alguma relevância para a dinâmica da luta política. Mas fiz essa inclusão de forma limitada, como justifico ao longo do livro.[5]

A perspectiva sociológica adotada é uma opção de análise. Ao assumi-la corro um risco não desprezível de deixar de lado, ou de subestimar, atores, eventos e processos relevantes para o resultado final. Mas tais riscos são inerentes a este tipo de trabalho, ainda mais quando exercido de modo artesanal. Mesmo um estudo que focalizasse um aspecto particular do processo envolveria, como sempre, escolhas e, assim, a possibilidade de equívoco.

Embora o foco da análise seja a crise política que resultou no impeachment, ela cobre todo o governo Collor e, ainda que de modo condensado, a política brasileira dos anos 1980. No primeiro capítulo faço uma síntese das transformações políticas que se seguiram à crise de Estado do início da década, passando por seus desdobramentos até as eleições de 1989. Analiso as oscilações de política econômica, a Assembleia Constituinte e a Constituição de 1988, a instabilidade econômica e os dilemas que os atores políticos e a sociedade como um todo enfrentaram no final de década. Foram dilemas quanto às relações apropriadas do Estado com a economia e no que diz respeito ao modo de funcionamento e aos valores orientadores do regime democrático. Em suma, naqueles anos, o Brasil era uma sociedade em *transição política*, cujo destino era ainda impreciso e, mais que isso, objeto de disputa. Foi sobre a sociedade resultante desta transição inacabada que o governo Collor passou a exercer autoridade a partir de março de 1990.

[5] Sobre este assunto, publiquei há algum tempo o artigo "Governo Collor: o reformismo liberal e a nova orientação da política externa brasileira", *Dados — Revista de Ciências Sociais*, Rio de Janeiro, vol. 54, 2011, pp. 259-88.

Depois deste primeiro capítulo, sigo a sequência temporal, da formação do ministério e a posse do governo até sua crise final. Os capítulos circunscrevem períodos políticos distintos e sucessivos, que identificam uma dinâmica política particular entre o governo, seus aliados e adversários. Nem sempre os períodos circunscritos correspondem, porém, a conjunturas; os dois iniciais, por exemplo, incluem várias. Mas, como se verá, até pela distribuição dos capítulos, o tempo histórico — o ritmo dos acontecimentos políticos — tendeu a se acelerar, especialmente em 1992, chegando ao seu máximo a partir de meados de agosto, quando a crise política ganhou maior profundidade. Optei por manter em um só capítulo este último período, a despeito da sua extensão. Segue a conclusão onde destaco os ganhos analíticos alcançados pela pesquisa e pela reconstituição do processo político que levou ao impeachment de Fernando Collor.

* * *

O trabalho de investigação que resultou neste livro contou com muitos apoios. Em primeiro lugar, recebi do CNPq dois auxílios para a pesquisa que me permitiram fazer a investigação no CEDEC (Centro de Estudos de Cultura Contemporânea) e posteriormente na Universidade de São Paulo. Minhas fontes foram a bibliografia disponível, entrevistas, estatísticas públicas e, principalmente, material jornalístico bruto ou elaborado no *Banco de Dados POLI* sobre política nacional, que organizei há muitos anos com Eduardo Graeff e uma grande equipe de pesquisadores.

Contei com a ajuda de muitas pessoas para realizar a pesquisa. Na organização e administração da equipe de coleta de dados e na análise das informações colhidas, tive o auxílio de um jovem colega de profissão, Edison R. E. Bertoncelo. Os dados foram colhidos com o auxílio de alunos recém-formados ou ainda cursando a graduação em Ciências Sociais e em Relações Internacionais na USP: Flávia Maria Ré, Isabel Furlan Jorge, Juliana Splendore, Katharina Câmara, Nicolle Konai, Marcella Betti, Roberta Console Akaoui, Veridiana Cordeiro e Viviane Letayf. Dois pesquisadores do NECI-USP, Danilo Medeiros e Andreia Freitas, ajudaram-me na coleta de informações sobre matérias legislativas. Guilherme Casarões, outro jovem cientista social, ajudou-me a analisar a bibliografia sobre o período Collor. Da nossa colaboração resultou um artigo, já citado anteriormente.

Entrevistei vários atores que, em maior ou menor medida, participaram do processo analisado neste livro. Fernando Henrique Cardoso, José Genoino, Tasso Jereissati, Ibsen Pinheiro, Mauro Benevides, Jarbas Passarinho, José Dirceu, Sigmaringa Seixas, Gilmar Carneiro, Luiz Paulo Vellozo Lucas, Heloísa Camargo, Wilson Calvo, Francisco de Oliveira e meu colega Ruy Braga deram-me boa acolhida, tempo e informações preciosas.

Rossana Reis, Angela Alonso e Eduardo Graeff, colegas e amigos, leram versões de alguns ou de todos os capítulos deste livro e sugeriram alterações e acréscimos que seguramente melhoraram o resultado final. Minha esposa Ana Maria me ajudou a revisar os originais.

A todos sou muito grato. Sem eles este livro não poderia ter sido escrito.

1. CRISE DE ESTADO E TRANSIÇÃO POLÍTICA

A crise política[1] que será examinada neste livro não surgiu em meio a uma situação estável em que os atores tivessem consenso estabelecido sobre os parâmetros reguladores do exercício do poder de Estado. Boa parte desses parâmetros ainda eram objeto de disputa no governo Collor, pois não tinha sido superada a crise que atingira o Estado brasileiro no começo dos anos 1980.[2]

Por isso, é fundamental que se examine, mesmo que sumariamente, a natureza desta crise de Estado, as alternativas surgidas para superá-la e como elas foram traduzidas em projetos eleitorais pelos atores coletivos e candidatos que disputaram as eleições presidenciais de 1989.

A interpretação mais frequente do processo de transformação política ocorrida na década de 1980 é de que se tratava de uma "transição para a democracia" que permitiu superar o regime militar autoritário instituído pelo golpe militar de 1964. Esta caracterização apanha, porém, apenas uma das dimensões do processo e, ademais, enfatiza somente seu lado positivo, de superação, sem acentuar que o ponto de partida da transição foi uma crise políti-

[1] O termo "crise" tem sido usado com múltiplos significados na análise política. Fala-se em crise de um governo, de um regime político, de um Estado e de outras modalidades de crise. Em qualquer dos casos, uma crise política diz respeito a uma *fase de grande turbulência ou, mesmo, de ruptura* do andamento regular, esperado, da vida política.

[2] Ver, no mesmo sentido, o ensaio "O impeachment: uma crise singular", de Sebastião Velasco e Cruz, no seu *O presente como história: economia e política no Brasil pós-64*, Campinas, IFCH-Unicamp, 1997, cap. 13.

ca. Ora, já nos anos 1980 era perceptível que não se tratava apenas de uma crise do regime militar autoritário; tratava-se de uma crise mais complexa, uma crise da forma "varguista" de Estado que se construíra no Brasil a partir da revolução de 1930 e que vigorou em sua plenitude, a despeito das oscilações de regime, até o começo dos anos 1980. A denominação "varguista" convém, pois essa forma de Estado adquiriu suas características básicas sob a presidência de Getúlio Vargas. Ao longo de sua existência, este Estado cumpriu o papel de núcleo organizador da sociedade, deixando pouco espaço para a organização e a mobilização autônomas de grupos sociais (sobretudo dos vinculados às classes populares), funcionando como alavanca para a construção de um capitalismo industrial, nacionalmente integrado mas dependente do capital externo.[3] A despeito da continuidade, esta forma de Estado se organizou sob vários regimes políticos, desde os autoritários, como o Estado Novo e o regime militar de 1964-85, até os de democracia restrita, como o que vigorou entre 1934 e 1937 e o que teve curso ao abrigo da Constituição de 1946.[4] Embora a denominação "varguista" acentue a especificidade brasileira, essa forma de Estado é uma dentre outras modalidades similares, autocráticas e desenvolvimentistas, de organização do poder político ocorridas na periferia capitalista no mesmo período.[5]

[3] Assim, o regime político é apenas uma das dimensões do Estado. Este compreende também padrões reguladores da esfera econômica, da esfera pública e privada e, em sua face externa, envolve as relações que mantém com os demais Estados.

[4] A respeito da construção da dimensão desenvolvimentista do Estado brasileiro pós-1930, ver Sônia Draibe, *Rumos e metamorfoses: Estado e industrialização no Brasil, 1930-1960*, Rio de Janeiro, Paz e Terra, 1985. Sobre as dificuldades da participação autônoma das classes populares na política durante o período da democracia de 1946, consultar Gildo Marçal Brandão, *A esquerda positiva: as duas almas do Partido Comunista, 1920-1964*, São Paulo, Hucitec, 1997.

[5] Sociedades latino-americanas como México, Argentina e Brasil — que tiveram a direção de Estados com características semelhantes — foram denominadas "Estado-cêntricas" por Marcelo Cavarozzi. Cf. M. Cavarozzi, "Po-

Nas próximas seções procuro caracterizar a crise do Estado varguista e os processos por meio dos quais diversos atores políticos tentaram superá-la sem consegui-lo plenamente, embora produzissem transformações políticas importantes, inclusive uma nova Constituição. Na última seção examino como os dilemas não resolvidos ao longo da década se materializaram nas alternativas eleitorais apresentadas nas eleições presidenciais que conduziram Fernando Collor à direção política do país.

Estrangulamento externo e crise de hegemonia

A partir dos anos 1970, os alicerces politicamente excludentes do regime militar e do velho Estado varguista foram abalados por um vigoroso *processo* de liberalização política e ultrapassou os limites fixados pelo *projeto* de liberalização política iniciado pelo presidente Ernesto Geisel em 1973-74. Este *projeto*, destinado a institucionalizar um regime de democracia restrita, foi se mostrando cada vez mais estreito para conter as demandas das classes médias e populares, veiculadas por vários tipos de atores coletivos e, principalmente, pelo partido que cumpria as funções de oposição política aos governos militares, o MDB.[6] As classes

litics: A Key for the Long Term in South America", em William Smith, Carlos Acuña e Eduardo Gamarra (orgs.), *Latin American Political Economy in the Age of Neoliberal Reform*, New Brunswick, Transaction Publishers, 1994.

[6] Em relação à liberalização política, ver Sebastião Velasco e Cruz e Carlos Estevam Martins, "Da distensão à abertura política", em Maria Hermínia Tavares de Almeida e Bernardo Sorj (orgs.), *Sociedade e política no Brasil pós-64*, São Paulo, Brasiliense, 1983; Bolívar Lamounier, "Apontamentos sobre a questão democrática brasileira", em Alain Rouquier *et al.* (orgs.), *Como renascem as democracias*, São Paulo, Brasiliense, 1985, e "O discurso e o processo (da distensão às opções do governo brasileiro)", em Henrique Rattner (org.), *Brasil 1990*, São Paulo, Brasiliense, 1980; Luiz Werneck Vianna, "O candidato de conciliação nacional", *Presença*, São Paulo, nº 4, ago.-out., 1984; e o meu *Labirintos: dos generais à Nova República*, São Paulo, Hucitec, 1996, cap. 1.

populares urbanas tornaram-se politicamente muito mais autônomas e tentaram partilhar bens materiais e não materiais que antes eram exclusivos das classes média e alta. Por meio das eleições, das atividades de novas associações civis ou da renovação da atuação de velhas associações, segmentos das classes populares, das classes médias e, até mesmo, alguns poucos núcleos empresariais passaram a pôr em xeque a capacidade do Estado de controlar, como antes, a sociedade. Embora os governos militares tentassem promover reformas que tornassem politicamente aceitável um regime de democracia restrita, com que pretendiam manter o poder de Estado sob seu controle, o impulso em favor da mudança política empurrava a liberalização sempre além do projeto do regime. Assim, a despeito dos dois últimos governos militares mudarem as regras de competição política para bloquear o crescimento da oposição — redefinindo, por exemplo, a lei dos partidos para provocar a divisão do MDB —, nas eleições de novembro de 1982 o partido de sustentação do regime autoritário perdeu a maioria absoluta que tinha na Câmara dos Deputados e dez governos estaduais importantes passaram a ser dirigidos por partidos da oposição.[7] Entretanto, apesar de acossado, o regime militar autoritário manteve o controle político e *parecia ser capaz* de preservar o poder central mesmo depois de 1985, quando um Colégio Eleitoral, em que tinha a maioria, escolheria o novo presidente da República.

Como se sabe, isso acabou não acontecendo. Uma das razões é que as bases materiais do Estado varguista foram postas em xeque, fragilizando o comando político dos militares. Com efeito, mudanças drásticas ocorridas nos fluxos internacionais de capitais inviabilizaram a estratégia de desenvolvimento escolhida pelo re-

[7] O sistema bipartidário instituído pelo regime autoritário em 1965 — polarizado entre a Aliança Renovadora Nacional (ARENA) e o Movimento Democrático Brasileiro (MDB) — foi rompido pela reforma partidária de 1979. A partir dela, o Partido Democrático Social (PDS) absorveu os quadros da ARENA e os partidos PMDB, PDT, PTB e PT desdobraram-se do MDB. Na eleição de novembro de 1982, o PMDB elegeu nove governadores de estado — entre os quais Franco Montoro (SP) e Tancredo Neves (MG) —, e o PDT, um governador, Leonel Brizola (RJ).

gime militar para enfrentar a primeira crise do petróleo, de 1973. Esta estratégia procurou — e conseguiu até 1979 — manter um bom ritmo de crescimento econômico estimulando a expansão da fronteira agrícola e o aprofundamento da industrialização por meio da absorção crescente de capitais estrangeiros, disponíveis no mercado internacional em grande quantidade e a juros baixos — mas variáveis. Este tipo de expansão financiada por capitais estrangeiros foi seguido também por outros países latino-americanos. A estratégia foi sendo inviabilizada, porém, pelo encarecimento crescente dos empréstimos decorrente da elevação das taxas internacionais de juros, ocorrida em 1979 por decisão do Banco Central dos EUA. Embora a custos crescentes, principalmente para o Estado, que estatizara parte da dívida externa, a estratégia básica foi mantida, mas com resultados cada vez mais negativos em termos de crescimento econômico e descontrole inflacionário. Ela teve que ser interrompida, porém, porque os empréstimos externos deixaram de ser renovados em função da moratória da dívida externa mexicana, ocorrida em meados de 1982. O governo brasileiro conseguiu evitar que a situação dramática em que se encontrava viesse a público durante o processo eleitoral de 1982. Mas, depois, a moratória tornou-se inevitável.[8]

A interrupção da entrada de novos capitais e a necessidade de gerar recursos para pagar pelo menos parte dos juros da dívida externa colocaram em xeque o padrão costumeiro de relacionamento do Brasil com a ordem capitalista mundial. A crise da dívida só poderia ser *contornada* ou *superada* mediante um rearranjo da articulação entre capitais — externo e interno, privado e estatal — que havia permitido que o país tivesse apresentado, até então, um desenvolvimento capitalista pujante, embora dependente. Conforme fosse o caminho escolhido para enfrentar a situação, poderiam surgir fraturas nas relações do Brasil com centros econômicos e políticos mundiais mais importantes e/ou na própria base doméstica de sustentação política do Estado.

[8] A moratória brasileira é do final de 1982. A assinatura de acordo com o FMI ocorreu em janeiro de 1983.

A situação experimentada pelos governantes era tanto mais difícil, ademais, porque as mudanças em curso nos âmbitos internacional e doméstico acentuavam os riscos dessas fraturas. Externamente, a moratória mexicana resultara na suspensão dos fluxos voluntários de empréstimos bancários para vários países devedores latino-americanos, o que provocaria uma profunda crise econômica na região. Além disso, desde meados da década de 1970, as ideias predominantes nos países centrais e nas agências financeiras multilaterais em relação à política econômica moveram-se, cada vez mais, do paradigma keynesiano para a ortodoxia monetarista, inclinada a adotar políticas rígidas de contenção de gastos públicos e de controle monetário. Essas mudanças nos fluxos econômicos e nas ideias predominantes em relação à gestão econômica restringiram muito a autonomia das políticas econômicas nacionais.[9]

No âmbito doméstico, além das camadas populares e médias darem crescente apoio à oposição política, o empresariado local estava acostumado a participar de uma economia em rápido crescimento, protegida da competição internacional e com financiamento público ou internacional de baixo custo. Assim, acentuar a mudança que vinha ocorrendo em função das restrições ao financiamento externo poderia agravar as dificuldades políticas do governo militar.

Dessa forma, no início dos anos 1980, o governo brasileiro encontrava-se em campo minado. Ele sofria pressões externas para conduzir o país em direção à ortodoxia econômica e, ao mesmo tempo, estímulos na direção oposta, decorrentes das novas condições políticas internas. Embora o governo tenha optado por um ajuste externo — produção de megassaldos no comércio exterior para pagar o serviço da dívida externa — acompanhado de um

[9] Tais mudanças de paradigma e nas políticas econômicas foram estudadas por Eric Helleiner, *States and the Reemergence of Global Finance: From Bretton Woods to the 1990s*, Ithaca, Cornell University Press, 1994, caps. 6 e 7.

ajuste fiscal pouco drástico, isso foi suficiente para causar sérios danos ao seu suporte sociopolítico.[10]

Com efeito, a estratégia escolhida começou por dissociar o governo da base de sustentação sociopolítica do Estado varguista.[11] Ela fazia contraponto ao receituário econômico da coalizão sociopolítica desenvolvimentista, que via no crescimento econômico nacional o valor básico a ser alcançado e fazia das empresas estatais seu pilar central de sustentação. A política governamental foi considerada recessiva, inflacionária e "injusta", pois transferia todos os custos do "ajuste" para os agentes econômicos domésticos, principalmente para os assalariados e as empresas estatais, evitando onerar os credores externos. Assim, as políticas de governo não só se dissociaram dos interesses imediatos da base de sustentação política do Estado como passaram a ser consideradas ilegítimas, contrárias aos valores básicos da aliança desenvolvimentista.

Um dos resultados disso foi que parte da velha coalizão desenvolvimentista passou a se opor ao governo. As reações dos dirigentes das empresas estatais, duramente atingidas pela política de "ajuste", foram pouco explícitas, em função mesmo do caráter autoritário do regime. Sua oposição manifestou-se indiretamente, pela resistência intraburocrática aos comandos governamentais e pela atuação de parlamentares sintonizados com as empresas estatais no Congresso. Os empregados das empresas estatais, pelo contrário, manifestaram-se pública e claramente contra a política do governo, seja com demonstrações de rua, seja pela greve de protesto.

Foi no empresariado privado, porém, que ocorreu a fratura mais importante da base de apoio do Estado. Parte das elites em-

[10] O ajuste fiscal escolhido foi muito menos drástico do que o realizado pelo México, em situação similar. Para uma visão comparativa, consultar Robert R. Kaufman, *The Politics of Debt in Argentina, Brazil and Mexico*, Berkeley, University of California Press, 1988.

[11] Faço um exame mais extenso dessa crise política em *Labirintos: dos generais à Nova República*, cit., cap. 2.

presariais não apenas se opôs à estratégia governamental de ajuste, mas aderiu a "projetos" alternativos para enfrentar a crise econômica, indicando claramente o esvaziamento da liderança do governo. Uma porção da elite empresarial, a dissidência mais numerosa, foi magnetizada por uma versão mais nacionalista e industrialista de desenvolvimentismo, e uma outra, bem menor, foi atraída por uma variante periférica de neoliberalismo.

Essas reações surgidas no interior da elite empresarial e no sistema de empresas estatais favoreceram o surgimento de divisões entre os políticos que davam sustentação ao regime autoritário e também a atuação da oposição político-partidária. Ao passo que a base parlamentar governista se fragmentou em torno de distintas candidaturas à Presidência da República, a oposição política se fortaleceu no Congresso e viu facilitados seus esforços para mobilizar as classes médias e populares na luta contra a perpetuação do regime militar. Com o enfraquecimento da autoridade governamental e a conquista dos principais governos estaduais, a oposição conseguiu converter o apoio eleitoral que tinha em mobilização de massa em favor da mudança das regras de eleição do presidente da República. Essa mobilização de massa resultou, entre janeiro e março de 1984, na mais importante demonstração pública de protesto ocorrida até então no Brasil — a campanha das Diretas-Já —, que mobilizou milhões de pessoas, em várias partes do Brasil, impulsionando a democratização política.[12]

A mobilização popular minou completamente o apoio ainda existente à política de democratização gradual e limitada liderada pelo regime autoritário. Produziu uma crise de hegemonia política em que, de um lado, o empresariado e a tecnoburocracia das empresas estatais perderam confiança na capacidade dos dirigentes do Estado de conduzirem o país na crise e para além dela, e, de outro, grande parte das classes médias e das classes populares urbanas não só mostraram-se insatisfeitas com o desempenho dos

[12] Sobre a campanha das Diretas-Já, consultar Edison Bertoncelo, *A campanha das Diretas e a democratização*, São Paulo, Humanitas/Fapesp, 2007.

dirigentes do Estado como passaram a demandar seu direito de dar a última palavra quanto à sua escolha. Questionaram, assim, a hierarquia política implícita nos valores com que o regime militar reivindicava legitimidade; segundo eles, as elites governantes tinham mais sabedoria e maior capacidade para exercer o poder e escolher os futuros dirigentes do que a massa dos eleitores.[13] Dessa forma, a crise política expandiu-se e aprofundou-se: a perda de legitimidade do governo foi amplificada, incluindo o próprio regime autoritário. Mais ainda, naquela conjuntura crítica, iniciou-se a ruptura dos limites da legitimidade do Estado varguista.

Em suma, a entrada maciça da população na luta política em favor da superação rápida do regime autoritário produziu uma inovação substancial na vida política brasileira: constrangeu o governo a tolerar as manifestações populares, os meios de comunicação de massa fiéis ao regime militar a noticiá-las e as elites políticas a rejeitar as costumeiras condicionalidades interpostas à vigência da democracia no Brasil. De fato, a mobilização ampla das classes médias e das massas populares pelos partidos de oposição em favor das Diretas-Já fortaleceu, social e politicamente, a ideia de que não há democracia sem participação popular e de que não há participação popular sem a liberdade plena de associação e para manifestar demandas coletivas. A campanha das Diretas-Já, conduzida pela oposição, com o PMDB à frente, redefiniu o espaço legítimo da política no Brasil.[14]

Em suma, apoiada pela mobilização de massa, a oposição produziu uma crise no padrão vigente de hegemonia política. Daí em diante seria inaceitável um Estado que impusesse restrições à expressão e à organização políticas das massas populares; um Es-

[13] Sobre esta concepção, autoritário-instrumental, consultar Wanderley Guilherme dos Santos, *Décadas de espanto e uma apologia democrática*, Rio de Janeiro, Rocco, 1998, pp. 42-60.

[14] Utilizo aqui a noção gramsciana de hegemonia *política*. Sublinho que me refiro apenas às *relações de poder* que ordenavam a sociedade nacional. Não houve, na conjuntura crítica que se examina aqui, nenhum questionamento quanto à ordem capitalista.

tado assim só poderia se manter pela força e/ou pelo interesse. Desse modo, a campanha das Diretas-Já anunciou um novo projeto de Estado, orientado por valores democráticos sustentados por milhões de manifestantes nas ruas.[15]

Todavia, o governo militar derrotou no Congresso Nacional a proposta de instituição de eleições diretas para a Presidência da República, minimizando com isso os efeitos políticos mais profundos da crise de hegemonia desencadeada pela mobilização de massa. Com efeito, o governo conseguiu, usando as alavancas de poder de que dispunha, *contornar parcial e provisoriamente* a crise. Derrotou a emenda constitucional que instituía eleições diretas para a Presidência da República, mantendo as massas populares fora do processo imediato de escolha do futuro chefe de governo. Não conseguiu, porém, evitar a vitória da oposição. Sua base de sustentação parlamentar, o PDS, dividiu-se em torno de três candidatos à Presidência.[16] Definido o candidato do partido, Paulo Maluf, boa parte da base político-partidária do regime se moveu em direção à oposição. O PMDB, por sua vez, moveu-se em direção aos dissidentes do PDS definindo o moderado Tancredo Neves como seu candidato, em vez do seu presidente e líder, Ulysses Guimarães. Este duplo movimento resultou na constituição da *Aliança Democrática* entre o PMDB e a Frente Liberal do PDS[17] para con-

[15] A campanha das Diretas-Já ultrapassou em parte os próprios valores básicos que legitimavam o Estado. A partir de então seria insustentável uma hegemonia fundada na restrição à participação política das classes populares. Paulatinamente, como se verá, também passará a ser questionada a norma vigente de relação entre o Estado e a economia.

[16] Eram candidatos o ministro Mário Andreazza, o vice-presidente Aureliano Chaves e o ex-governador de São Paulo e deputado federal Paulo Maluf.

[17] Em 7 de agosto de 1984, Ulysses Guimarães, de um lado, e o vice-presidente Aureliano Chaves e Marco Maciel, de outro, assinaram o "Compromisso com a Nação", em que a dissidência do PDS parecia aderir às teses da oposição. Em 12 de agosto o PMDB lançava as candidaturas de Tancredo Neves e José Sarney, ex-líder do governo no Senado, à Presidência e Vice-Presidência da República, consolidando a Aliança Democrática.

correr à Presidência da República no Colégio Eleitoral e, depois, na eleição indireta de Tancredo Neves e José Sarney como governante e vice do país.

Assim, por outros meios, a oposição ao regime militar, liderada pela PMDB, chegou ao poder, no bojo do movimento de democratização. Não há dúvida, porém, quanto aos efeitos conservadores da exclusão do voto popular da sucessão presidencial: a oposição política, minoritária no Colégio Eleitoral, só teve condições efetivas de vencer moderando suas ambições, escolhendo um político moderado, mais aceitável para o regime militar, e efetuando um pacto político com seus dissidentes, associados na "Frente Liberal". Ademais, os programas dos candidatos permaneceram dentro dos limites dados pelo próprio governo e por empresários dissidentes. Tancredo Neves, candidato da Aliança Democrática, assimilou com viés ortodoxo algumas das propostas desenvolvimentistas que contavam principalmente com apoio no empresariado industrial. O candidato apoiado pelo regime, Paulo Maluf, fez algo semelhante em relação ao projeto liberalizante, que tinha suporte de associações comerciais e no setor agrícola de exportação. Mesmo com tais limitações, as duas propostas anunciavam sua sintonia com as demandas populares expressas na campanha das Diretas-Já de implantar a democracia política no país.

A esmagadora vitória de Tancredo Neves no Colégio Eleitoral — ele obteve 480 votos contra 189 de Paulo Maluf — mostrou bem que as aspirações políticas dominantes na elite política brasileira eram de ultrapassar o regime autoritário e, implicitamente, qual o projeto político que almejava realizar no próximo período presidencial: construir uma "Nova República", uma democracia plena, que não excluísse os derrotados na luta que se acabara de travar e que não impusesse restrições aos movimentos e às organizações populares, tendo como orientação econômica um nacional-desenvolvimentismo renovado que combinasse crescimento econômico e redistribuição de renda.

Nova democracia e reafirmação desenvolvimentista

O presidente eleito Tancredo Neves não tomou posse em 15 de março de 1985. Ficou repentinamente doente, morrendo poucas semanas depois, em 21 de abril. Em seu lugar foi empossado o vice-presidente eleito, José Sarney.

No período político que se seguiu à eleição do Colégio Eleitoral o legado institucional autoritário ajustou-se ao processo de democratização em curso, debilitando-se a hierarquia anteriormente existente entre os poderes de Estado e abrindo-se oportunidades para que atores não incluídos anteriormente no espaço político-institucional pudessem fazer reivindicações materiais e de direitos.

No que diz respeito aos poderes de Estado, o período foi marcado pela fragilização do poder presidencial, pelo fortalecimento do poder do Congresso e pela liberdade maior de ação dos governadores de estado. Por consenso entre os poderes Legislativo e Executivo, mesmo antes da nova Constituição, foram expandidos consideravelmente os limites institucionais impostos à participação e à organização política. Com efeito, já no início do governo de José Sarney alterou-se um conjunto de leis que bloqueavam a participação política popular. No primeiro semestre de 1985 foram instituídos: a) eleições diretas, em dois turnos, para a Presidência da República; b) eleições diretas nas capitais dos estados, áreas de segurança e principais estâncias hidrominerais, a serem travadas já em 1985; c) representação política para o Distrito Federal na Câmara dos Deputados e no Senado Federal; d) direito de voto aos analfabetos; e) liberdade de organização partidária, mesmo para os comunistas; e todo um conjunto de alterações menores que iam na mesma direção. Além disso, a legislação sofreu algumas mudanças que provocaram grande impacto sobre a atividade política dos trabalhadores, aumentando muito seus direitos de participação e liberando-os do controle governamental: a) foram readmitidos líderes sindicais, antes demitidos por "mau comportamento"; b) foi cancelado o controle do Ministério do Trabalho sobre as eleições sindicais; e c) foi eliminada a proibição de associações intersindicais, o que legalizou as atividades das centrais sindicais que, até então, eram apenas toleradas.

Essas e outras mudanças nas normas que regulavam a vida pública e também a tolerância governamental, quando do desrespeito à lei nas manifestações coletivas, permitem caracterizar o período político presidido por José Sarney como um arranjo político no qual vários segmentos sociais, inclusive as classes populares, puderam lutar por seus interesses e ideias com grande liberdade de ação e organização.[18]

Esse mesmo aumento da participação popular contribuiu, em sentido inverso, para abalar a hierarquia preexistente entre os centros de poder do Estado, para afetar a gestão governamental e ampliar os direitos de cidadania. As pressões de baixo para o topo da sociedade fortaleceram a autonomia dos centros de poder que antes costumavam ser subalternos. Portanto, o Congresso Nacional, o Judiciário, os governos dos estados e os partidos políticos ganharam mais latitude de ação em relação à Presidência da República.

Em suma, o período que se seguiu à posse do presidente Sarney foi um desdobramento da crise de hegemonia que atingira o regime autoritário e o Estado varguista de 1983-84 em diante. Houve nele uma progressiva "dispersão do poder", "impulsionada até mesmo por certas decisões previsíveis [como as referidas acima] e de inegável intenção democratizante", dentro da moldura de uma transição política *competitiva* na qual a disputa política foi regulada por um acordo mínimo entre as elites.[19]

[18] Demonstra bem este ponto o crescimento extraordinário do número de greves e dias parados neste período. Cf. Eduardo G. Noronha, "Ciclo de greves, transição política e estabilização", *Lua Nova — Revista de Cultura e Política*, São Paulo, nº 76, 2009, pp. 119-68.

[19] A caracterização deste tipo de transição — competitiva — é de Bolívar Lamounier (salvo o conteúdo entre colchetes que interpus para esclarecer). Ele contrapõe esta transição regulada, por um acordo mínimo quanto ao marco institucional a obedecer, a outro tipo de transição, "pactuada pelas elites", com alto grau de coordenação, que não teria ocorrido no Brasil. Am-

As mudanças ocorridas nas instituições políticas, no poder dos diversos atores e nos seus projetos, se traduziram em uma nova regulação para o Estado brasileiro, a Constituição de 1988. Ressaltarei aqui dois de seus traços marcantes: ela amplia de forma notável as franquias democráticas e os direitos da cidadania, mas ela não determina nenhuma alteração significativa nos padrões estatais vigentes de regulação da economia, a não ser por induzir o Estado a imprimir um viés distributivo.

No que diz respeito à primeira característica, a nova Constituição definiu um quadro institucional que não só assegurava a democracia política — a mais ampla que o Brasil jamais tivera —, mas também criava condições para que a sociedade brasileira se democratizasse, rompendo certos mecanismos de preservação da extrema desigualdade social herdada do seu passado oligárquico.

Reagindo aos excessos centralizadores do regime militar, recentemente superado, a Constituição de 1988 restringiu o poder da União na Federação, aumentou os poderes dos estados e converteu as municipalidades em unidades federadas. Além dos constituintes atribuírem mais poder às unidades subnacionais, deram a elas mais recursos materiais para exercê-lo. De fato, elas receberam uma parcela bem maior da arrecadação de impostos do que a controlada anteriormente.[20] Nesta mesma linha de desconcentração do poder, embora tenha mantido forte o Poder Executivo, a Constituição *restringiu o arbítrio* com que ele podia ser exercido. Foram fortalecidos, ao revés, o Legislativo, o Judiciário e o Ministério Público nos processos de decisão governamentais. Saliente-se

bos os tipos, não violentos, de transição se diferenciariam das "transições violentas". Sublinhe-se que no argumento "transição" tem um sentido restrito e diz respeito apenas ao regime político. Ver "Antecedentes, riscos e possibilidades do governo Collor", em Bolívar Lamounier (org.), *De Geisel a Collor: o balanço da transição*, São Paulo, IDESP/Editora Sumaré, 1990.

[20] Sobre as disputas entre os centros de poder no interior da Federação e o que disso resultou na Constituição de 1988, consultar Jefferson Goulart, "Processo constituinte e arranjo federativo", *Lua Nova — Revista de Cultura e Política*, São Paulo, nº 88, 2013, pp. 185-216.

que foi muito ampliado o âmbito das atividades dos promotores públicos, recebendo o Ministério Público a missão de assegurar o cumprimento dos direitos da cidadania, garantidos em lei, inclusive contra a ação ou a omissão do Estado, o que é uma inovação maiúscula no ordenamento jurídico brasileiro.

Seguindo no contraponto ao regime autoritário de 1964, a Carta de 1988 definiu o Brasil como um Estado democrático de direito, republicano, dependente da soberania popular exercida periodicamente pelo sufrágio universal, com voto direto e secreto, obrigatório para os maiores de 18 anos e facultativo para os maiores de 16 anos, de 70 anos e os analfabetos. Os constituintes aboliram a censura, proibiram o governo de restringir a comunicação política, asseguraram amplo direito de reunião, associação e de organização de partidos políticos.

Embora a Constituinte tenha reafirmado e aperfeiçoado os padrões básicos da democracia representativa, eles pareceram aos constituintes insuficientes para garantir a soberania popular. Por isso, além do voto, foram incluídos na Carta dispositivos de participação popular direta, como a iniciativa popular, o plebiscito e o referendo popular (Art. 11). Mais: eles previram formas regulares, não eventuais, de participação popular na organização do sistema único de saúde (Art. 198) e na formulação e controle das políticas de assistência social (Art. 204).

Ademais, foram incluídos na nova Constituição um conjunto de dispositivos cujo alvo implícito era superar a desigualdade social legada pelo passado oligárquico do país,[21] passado que não fora, sublinho, confrontado pelo Estado varguista. Ela deslocou o Estado da condição de articulador da sociedade e criou condições institucionais mais favoráveis para as demandas de coletividades, inclusive aquelas não incluídas no universo da "cidadania regulada" da Era Vargas.[22] Primeiro: a Constituição de 1988 define não

[21] Cf. Amaury de Souza e Bolívar Lamounier, "A feitura da nova Constituição: um reexame da cultura política brasileira", em Bolívar Lamounier (org.), *De Geisel a Collor*, cit.

[22] Wanderley Guilherme dos Santos sublinha que na Era Vargas a cida-

só os indivíduos mas também as coletividades como sujeitos de direito e afirma tais direitos e as garantias correspondentes no início da Carta *antes*, e não depois, dos capítulos que tratam da organização do Estado, o que lhes dá prioridade em relação à organização política que os deve garantir. Segundo: declara que o princípio do tratamento igual perante a lei implica ausência de discriminação de minorias, sejam elas mulheres, negros ou quaisquer outras. Terceiro: conserva a organização sindical herdada do varguismo mas com uma diferença essencial: tira do Estado o direito de autorizar e de interferir nas atividades sindicais, traço essencial daquele instituto de dominação. Além disso, o direito de sindicalizar-se foi estendido aos funcionários públicos e bastante ampliado o direito de greve. Quarto: concede aos partidos políticos, aos sindicatos e às associações voluntárias o direito de recorrerem à Justiça se os direitos de seus representados estiverem sob ameaça iminente. Às entidades coletivas também reconheceu-se o direito de mover ações sobre a constitucionalidade das leis e atos administrativos. Quinto: ela define como direitos sociais a educação, a saúde, a assistência social, a previdência social, a proteção à maternidade e à infância, a assistência aos desamparados, na forma da Constituição. Ademais, ela define como dever do Estado garantir os vários direitos sociais — e alguns direitos difusos, como os relacionados à proteção do meio ambiente —, tornando possível a cidadãos e coletividades exigirem o cumprimento dessas garantias pelo poder público. E, como já se sublinhou, o Ministério Público foi capacitado para demandar a efetivação de tais direitos. Ao poder público foi dada a responsabilidade de organizar a seguridade social — para atender na forma da lei os direitos à saúde, à previdência e à assistência social — de modo a atingir vários objetivos, dentro os quais a universalidade da cobertura e do atendimento, a uniformidade e a equivalência dos benefícios e serviços

dania não era plena, pois só era reconhecido como cidadão "com direitos" sociais aquele que fosse portador de vínculo empregatício legalmente reconhecido pelo Estado. Cf. *Cidadania e justiça: a política social na ordem brasileira*, Rio de Janeiro, Campus, 1979.

às populações urbanas e rurais. Sublinhe-se que a ideia de seguridade social envolve a cobertura da *população inteira em relação aos direitos sociais*, considerados dever do Estado, *independentemente da capacidade contributiva do indivíduo*. Por essa via, se estendeu a proteção do Estado *muito além* dos trabalhadores urbanos contratados segundo as leis do trabalho (CLT), objetos preferenciais da atenção do Estado varguista.

Tudo isso mostra que a Constituição de 1988 foi, de fato, uma Constituição cidadã — como a qualificou Ulysses Guimarães no discurso com que a promulgou. A nova Constituição estabeleceu uma ruptura política crucial, "de baixo para cima", com o Estado varguista; ela abriu caminho para uma maior democratização da sociedade brasileira que a permitida por aquela forma de Estado, incluindo e/ou dando os meios jurídicos para a inclusão, como cidadãos plenos, de todos os indivíduos, inclusive daqueles situados no sistema de estratificação social em posições inferiores às dos assalariados urbanos contratados de acordo com a lei.

A segunda característica marcante da Constituição de 1988 foi ter emprestado uma moldura legal rígida ao desenvolvimentismo nacionalista e autárquico que se fortalecera com o estrangulamento externo e a "crise da dívida". Com efeito, a Constituição institucionalizou o impulso nacionalista que marcara a crítica à gestão econômica do último governo militar: foram ampliadas as restrições ao capital estrangeiro, com a distinção entre empresas brasileiras e brasileiras de capital nacional, podendo estas gozar de proteção e benefícios definidos em lei (Art. 171). Em relação à participação do Estado na economia, foram mantidos os monopólios estatais sobre setores econômicos básicos (petróleo e derivados, energia nuclear), as concessões de serviços públicos a empresas estatais (telecomunicações), não tendo havido qualquer alteração na situação das empresas estatais existentes. Embora a nova Carta tenha preservado os monopólios, as concessões de serviços públicos e a presença das empresas estatais existentes (mais de 500, na época), a Constituinte impôs limites à criação de novas, inclusive o de dependerem de autorização do Congresso Nacional (Arts. 179 e 183). Por isso, parece apropriado afirmar que "o texto constitucional não é estatizante, no estrito sentido do termo",[23] pois ele apenas *reforçou a permanência da velha articulação entre o Estado e o mercado*, acentuando o seu componente nacionalista, no momento mesmo em que o processo de transnacionalização e a ideologia liberal estavam para ganhar uma dimensão mundial em função do colapso do socialismo de Estado.

Os *resultados positivos* que a Constituição apresentou em relação à democratização tendem a ocultar o *processo de disputa política* que os produziu.[24] Vistos à luz deste processo, tais resultados mostram-se mais limitados do que os almejados na Constituinte pela maior parte das forças políticas que lideraram a luta pela democracia desde os anos 1970.

Com efeito, a Constituição foi *produzida mediante acordos* entre dois grandes agrupamentos de parlamentares, o de centro-esquerda, que dominou a Comissão de Sistematização[25] — cujo relator produziu o primeiro anteprojeto de Constituição a partir das várias comissões temáticas e das emendas populares[26] — e o

[23] Cf. Amaury de Souza e Bolívar Lamounier, "A feitura da nova Constituição", cit., p. 97.

[24] Sobre isso, consultar Maria D'Alva Kinzo, "O quadro partidário e a Constituinte", em Bolívar Lamounier, *De Geisel a Collor*, cit.; Júlio Aurélio Vianna Lopes, "O consórcio político da ordem de 1988", e Rafael Freitas, Samuel Moura e Danilo Medeiros, "Procurando o Centrão: direita e esquerda na Assembleia Nacional Constituinte, 1987-1988", em Maria Alice Rezende de Carvalho, Cícero Araújo e Júlio Assis Simões, *A Constituição de 1988: passado e futuro*, São Paulo, Hucitec/ANPOCS, 2009. Recorro aqui principalmente a Júlio Vianna Lopes.

[25] A Constituinte, instalada em 1987, dividiu-se em subgrupos de parlamentares depois da aprovação do seu regimento interno. Este definiu a estrutura de capítulos da nova Constituição e, conforme tal divisão, os constituintes formaram as Comissões Temáticas e Subcomissões, cujos relatórios serviriam para a construção de um texto síntese a ser produzido por uma Comissão de Sistematização, escolhida pela Assembleia Constituinte, e então submetido ao Plenário.

[26] O regimento da Constituinte permitia a apresentação destas emendas. Isso gerou bastante mobilização popular e teve relevância no processo constituinte. Ver, sobre isso, Lucas Coelho Brandão, *Os movimentos sociais e a*

de centro-direita, que organizou, com o estímulo do governo Sarney, o Centro Democrático, ou Centrão,[27] para conter o que entendia ser uma imposição esquerdista do primeiro, com base em vantagem que lhe dava o regimento da Constituinte.[28] O Centrão conseguiu mudar o regimento, criando procedimentos que obrigavam que o texto, apresentado ao Plenário da Constituinte pela Comissão de Sistematização, precisasse contar com maioria absoluta para ser aprovado.

A polarização política entre os dois agrupamentos e, também, entre aqueles de esquerda e de direita na Constituinte, se deu basicamente em torno de duas questões: a participação política direta, além dos mecanismos de representação; e a introdução, ou não, de constrangimentos à propriedade privada. Assim, "quanto maior a valorização da democracia direta e da função social da propriedade privada, o sentido ideológico aponta para a esquerda; quanto menor a intensidade posta à participação política e aos constrangimentos no exercício da propriedade privada, mais o sentido ideológico aponta para a direita".[29]

Assembleia Nacional Constituinte de 1987-1988: entre a política institucional e a participação popular, dissertação de mestrado apresentada ao Programa de Pós-Graduação em Sociologia da USP, 2011.

[27] O Centrão começou a ter atuação decisiva nos trabalhos desde o final das atividades da Comissão de Sistematização. Ele foi organizado com o estímulo da Presidência da República e incluía parlamentares do PFL, PL, PDC, PTB e conservadores do PMDB. Eram parlamentares "com orientação liberal na economia e clientelista na política" (cf. Fernando Henrique Cardoso, *A arte da política: a história que vivi*, Rio de Janeiro, Record, 2006). O grupo tentou barrar algumas das decisões anteriores tomadas pelos constituintes, seja sobre as relações de emprego (estabilidade, jornada de trabalho e algumas vantagens dadas aos trabalhadores), a questão agrária, o sistema de governo, o mandato presidencial e outras mais. O Centrão contou com o apoio de diversas organizações empresariais — além das tradicionais entidades representativas da indústria, do comércio, do setor financeiro e da agricultura.

[28] Recorde-se que o foco da ação do presidente Sarney foi de defender o tamanho de seu mandato e, secundariamente, o sistema de governo a vigorar posteriormente.

[29] Cf. J. A. Vianna Lopes, em Maria Alice Rezende de Carvalho, Cíce-

A despeito da vitória do Centrão na questão do regimento da Assembleia, a Constituição não obedeceu à sua orientação porque os moderados do grupo não deram, depois, maioria absoluta para as emendas *específicas* que ele apresentou. Mas essas defecções não levaram ao domínio da centro-esquerda e da esquerda sobre a Assembleia Constituinte. Produziram-se nas questões relativas à participação e à propriedade privada confrontos e impasses numerosos em que nenhum dos grupos conseguia se impor. "A solução política pela qual os atores constituintes desbloquearam o processo de elaboração da Constituição foi a estruturação de um *consórcio* entre os grupos da Sistematização e do Centrão, que passou a controlar as decisões plenárias *em geral*."[30]

Não cabe aqui um relato dos vários impasses e das soluções encontradas para eles quando se confrontaram esquerda e direita — no sentido antes explicitado. O que importa é que, embora tais confrontos tenham sido resolvidos por compromissos que se plasmaram na Constituição, as polarizações entre as forças políticas não foram *superadas*. Posteriormente, em outras situações e a propósito de diferentes questões, elas *reapareceram*, ainda nos anos 1980 e ao longo do governo Collor.

Em função da relevância que terão depois, em outras disputas políticas, vale a pena destacar — ainda que sumariamente — dois pontos: a questão da autoridade legislativa atribuída ao Poder Executivo e a controvérsia aguda ocorrida na Constituinte sobre o sistema de governo.

Primeiro ponto: é surpreendente que em um ambiente de tanta controvérsia como a Assembleia Constituinte, e em meio a um período político tão marcado pelo contraponto ao regime militar, tenha-se dado tantos poderes legislativos ao Executivo.[31] Dentre tais poderes, destaco o de legislar "por decreto". Embora houves-

ro Araújo e Júlio Assis Simões, *A Constituição de 1988: passado e futuro*, cit., p. 76.

[30] *Idem*, p. 78.

[31] Sobre isso, ver Fernando Limongi, "O Poder Executivo na Constituição de 1988", em Ruben George Oliven, Marcelo Ridenti e Gildo Marçal

se entre os constituintes grande repúdio ao decreto-lei, por meio do qual os governos militares se impunham ao Congresso, foi aprovado na Constituinte — passando sem muita discussão pela subcomissão do Poder Legislativo, pela Comissão de Sistematização até ser aprovado pelo Plenário — o instituto da *medida provisória*, bastante semelhante àquele, embora com uma diferença relevante. Ao passo que o decreto-lei do Executivo se converteria em lei *caso não fosse recusado pelo Legislativo*, a medida provisória apenas se converteria em lei *caso tivesse aprovação do Legislativo*. Na Constituição nada consta sobre o direito do Executivo reeditar medidas provisórias quando não aprovadas, dentro do prazo, pelo Legislativo. Dava-se por suposto, ao contrário, que neste caso ela teria sido rejeitada e, portanto, não poderia ser reeditada.[32] Contudo, não foi isso que ocorreu depois da promulgação da Constituição.[33] De qualquer maneira, a própria Constituição definiu que toda regulamentação permanente deste instituto exigiria lei complementar e, portanto, maioria absoluta nas duas Casas do Congresso. Talvez a controvérsia ocorrida na Constituinte sobre o instituto da *medida provisória* tenha sido pequena em função do modo como se resolveu na Assembleia a grande celeuma sobre o sistema de governo.

Segundo ponto: no caso da disputa entre parlamentaristas e presidencialistas não houve compromisso entre os litigantes, como em outras questões. Embora na disputa tenha ocorrido também uma polarização entre a Comissão de Sistematização, que aprovou o parlamentarismo, e o Centrão, favorável ao presidencialismo, as

Brandão (orgs.), *A Constituição de 1988 na vida brasileira*, São Paulo, Hucitec/ANPOCS, 2008.

[32] No caso de vigorar o direito de reedição, a medida provisória se converte praticamente em decreto-lei.

[33] Argelina Figueiredo e Fernando Limongi mostram em sua análise das controvérsias políticas em torno das medidas provisórias que esta questão já se pôs no governo Sarney, a propósito do lançamento do Plano Verão. Cf. Argelina Figueiredo e Fernando Limongi, *Executivo e Legislativo na nova ordem constitucional*, Rio de Janeiro, Editora FGV, 1999, cap. 5.

forças em confronto não se alinharam, neste caso específico, de forma similar à usual.[34] A dispersão das forças foi muito maior. Por exemplo: parte significativa da esquerda, que usualmente se alinhava às posições majoritárias na Comissão de Sistematização, dissociou-se dela, pois PT e PDT apoiaram unanimemente o presidencialismo. Havia também parlamentaristas no Centrão, embora a diferenciação não seguisse linhas partidárias. Em vista disso, para alcançar maioria, tanto a proposta parlamentarista como a presidencialista foram apresentadas com elementos de hibridez, incluindo, em cada forma de governo, características do outro.

A votação no Plenário resultou em vitória dos presidencialistas, que obtiveram 61,5% dos votos (344 contra 212 e três abstenções). Não houve neste caso uma situação que levasse ao "consórcio" entre os adversários; pelo contrário, os derrotados delegaram poder aos vencedores, para que dessem consistência à proposta vitoriosa, alterando o seu texto de modo a que o sistema presidencialista tivesse boas condições de funcionar, pois a hibridez com que foi ela apresentada poderia criar dificuldades operacionais. Os presidencialistas assim procederam, mas não eliminaram o instituto da medida provisória, embora ele fosse originário do sistema parlamentarista italiano. Na verdade, o instituto havia sido aprovado *antes* da decisão sobre o sistema de governo, no capítulo sobre o Poder Legislativo,[35] com votos de parlamentaristas e presidencialistas. A edição de medidas provisórias foi confirmada depois como uma das atribuições do presidente da República.

Há, no entanto, *uma grande diferença entre a edição de medida provisória por um presidente ou um primeiro-ministro*. Um presidente da República que tem uma medida provisória recusada não arrisca o seu cargo; um primeiro-ministro, pelo contrário, pode perdê-lo, em caso de rejeição pelo Parlamento. Assim, a medida provisória é um instituto legal muito mais poderoso nas mãos de um presidente do que nas de um primeiro-ministro. A vitória

[34] Recorro aqui, mais uma vez, principalmente ao excelente artigo de Vianna Lopes.

[35] Cf. J. A. Vianna Lopes, *op. cit.*, pp. 94-6.

presidencialista, pois, fez da medida provisória um recurso de poder muito mais robusto do que seria caso o sistema parlamentarista tivesse sido aprovado, mesmo sem considerar a interpretação mais ampla que foi dada àquele instituto depois da Constituinte.

Em suma, a vitória presidencialista na disputa sobre a forma de governo acabou acentuando o peso do Executivo ante o Congresso porque colocou à disposição do presidente, além de várias capacidades importantes de legislar, um instituto legal — a medida provisória — que restringiria fortemente as possibilidades de afirmação do Congresso Nacional como poder de Estado, ambição de boa parte daqueles que lutaram em favor da democracia desde os anos 1970.[36] Assim, a derrota parlamentarista quanto ao sistema de governo foi parte de uma derrota mais ampla, que atingiu o Congresso na hierarquia dos poderes de Estado, pois não ampliou, na medida desejada, sua capacidade de definir a agenda política do país.

Ainda assim, a elite política brasileira realizou, do ponto de vista político-institucional, por meio do governo José Sarney e, especialmente, por intermédio da Assembleia Nacional Constituinte, muito do que continha a retórica em torno da "Nova República", experimentando e construindo juridicamente uma democracia política como o país jamais tivera. Ela deu, também, vestes constitucionais para que se renovasse, com viés distributivo, uma padrão nacional-desenvolvimentista de relação entre Estado e sociedade.

Apesar de ter mostrado capacidade de experimentar e constitucionalizar uma ordem democrática, a situação política pós-regime militar não se converteu em uma organização estável de poder, em um regime político. A elite política dirigente teve grandes dificuldades em articular uma nova coalizão sociopolítica que, além da democracia, sustentasse o projeto desenvolvimentista dis-

[36] A ínfima capacidade de agendar questões a decidir pelo Congresso foi sublinhada por alguns parlamentares na Constituinte e, depois, reconhecida de forma mais ampla. Ver A. Figueiredo e F. Limongi, *Executivo e Legislativo na nova ordem constitucional*, cit., pp. 135-8.

tributivo que, de início, almejara. Não conseguiu, pois, *superar*, por esta via, a crise de hegemonia que perpassava o Estado. É o que se verá em seguida.

O fracasso do nacional-desenvolvimentismo distributivo

A elite política, que soube deixar para trás o regime militar autoritário, tentou *renovar* a estratégia desenvolvimentista, combinando crescimento econômico, distribuição de renda e ampliação da cidadania. Tentou fazê-lo, porém, em um contexto externo muito adverso; contexto que, em vez de ser uma fonte de capitais (empréstimos estrangeiros ou investimentos), os drenava continuamente do país (como pagamento de obrigações internacionais). Enfrentou, ademais, esse ambiente internacional inóspito em circunstâncias econômicas e políticas domésticas muito desfavoráveis. Ela herdou um Estado economicamente enfraquecido, endividado, com capacidade cadente de arrecadação e uma sociedade onde os movimentos sociais e as organizações coletivas floresciam e demandavam enfaticamente a satisfação imediata de suas carências. Talvez se possa dizer que, em uma sociedade tão esperançosa como foi o Brasil do início da Nova República, a escassez de recursos não dava muito espaço para negociações políticas bem-sucedidas.

Nestas circunstâncias difíceis, a elite política tentou resolver os problemas surgidos com a crise do Estado varguista como se o Estado não tivesse perdido muito de sua autoridade política e de sua força material. Ao longo do governo Sarney, esta superação foi ensaiada conforme duas modalidades de política econômica de "ajuste", ortodoxa e heterodoxa, dentro dos parâmetros desenvolvimentistas.

Cada uma das modalidades de "ajuste" distinguiu-se por enfrentar de maneira específica, e contraposta à outra, duas questões econômicas-chave que afetavam a economia nacional e o Estado: o desequilíbrio das finanças públicas e o estrangulamento externo.

Em linhas gerais, as equipes econômicas ligadas ao PMDB — a de Dilson Funaro (setembro de 1985 a fevereiro de 1987) e a de Luiz Carlos Bresser-Pereira (abril de 1987 a janeiro de 1988) — tentaram resolver, de forma semelhante, o desequilíbrio financeiro do Estado reformulando as relações entre o setor público e o setor privado. No polo oposto, as equipes mais próximas do "antigo regime" — a de Francisco Dornelles (março a agosto de 1985) e a de Maílson da Nóbrega (janeiro de 1988 a março de 1990) — enfatizaram (também com variações) a necessidade de reestruturar o próprio setor público.[37] Os motes da primeira estratégia, a heterodoxa, eram: reverter a tendência de queda da receita tributária; recompor os preços e serviços das empresas estatais; bloquear (ou congelar) os preços das empresas privadas e reduzir o serviço da dívida interna.[38] A estratégia ortodoxa era, ao invés, reduzir despesas da máquina administrativa, tanto pela diminuição dos gastos públicos como pela desmobilização de ativos "desnecessários" do Estado. Os desenvolvimentistas, portanto, pretendiam fortalecer economicamente o Estado e aumentar o controle sobre o setor privado; os ortodoxos desejavam também fortalecer o Estado, mas "ajustando-o", reduzindo o seu tamanho.

No campo da articulação externa — o das relações entre a economia nacional e o sistema econômico internacional — as diferenças entre as estratégias também tinham muita nitidez. A estratégia inaugurada pelo ministro Dilson Funaro e continuada por Bresser-Pereira estava centrada em alguns pressupostos: a falta de

[37] Ressalte-se que, em meio ao que denominava política do "feijão com arroz" — quer dizer, uma administração dentro dos padrões usuais, sem pretensão a heterodoxias —, o ministro Maílson da Nóbrega fez ele próprio uma tentativa de estancar o curso ascendente da inflação com o lançamento do Plano Verão, que congelava preços e salários em janeiro de 1989. O Plano Verão teve muito pouca efetividade.

[38] O viés distributivo dos desenvolvimentistas se sobressaiu no próprio lançamento do Plano Cruzado, quando se promoveu um aumento salarial ao mesmo tempo em que foram congelados os preços, produzindo-se um duplo ganho de renda para os assalariados.

garantias de que os fluxos de capital internacional se dirigissem ao Brasil, fosse qual fosse sua conduta perante os credores externos; a insegurança em relação à manutenção das taxas de juros em patamares compatíveis com a capacidade brasileira de pagamento; e a incerteza quanto à possibilidade de colocar volumes crescentes de exportações no mercado mundial, volumes capazes de gerar os saldos comerciais necessários para pagar o serviço da dívida externa. Em função disso, a estratégia era a de evitar subordinar o destino da economia nacional aos mecanismos de mercado, em grande parte independentes do controle do Estado brasileiro. Daí o esforço das equipes Funaro/Bresser de trabalhar em três direções complementares: reduzindo o fluxo de recursos para o exterior (através de "spreads" menores, mais dinheiro "novo", moratória etc.); estabelecendo normas que garantissem a defesa do país contra mudanças desfavoráveis nas condições do mercado internacional; e garantindo a autonomia do país na formulação e execução da política econômica.

Dessa perspectiva, a negociação da dívida externa ganhava uma importância crucial no processo de rearticulação do Brasil à economia mundial pois incluía, além do acerto da forma de pagamento dos débitos, a discussão sobre a preservação das condições que viessem a ser pactuadas. Em suma, a característica básica dessa estratégia de negociação era a de *politizar* o acerto com os credores, reduzindo o peso dos mecanismos de mercado, considerados desfavoráveis no presente e imponderáveis — e, mesmo, ameaçadores — no futuro. Assim, nessa linha de ação, calculava-se que só negociações *duras* com os credores, que impedissem que eles se beneficiassem dos "automatismos de mercado", poderiam levar a bons resultados para o país. A moratória, decidida na gestão Funaro (em fevereiro de 1987) e a recusa de submeter ao FMI o "acerto externo" com os credores foram facetas dessa linha de ação.

Desde janeiro de 1988, já com Maílson da Nóbrega no comando do Ministério da Fazenda, a estratégia brasileira mudou completamente. Retomou-se, só que em condições mais favoráveis, a estratégia que Antônio Delfim Netto, ministro do Planejamento do general Figueiredo, tentara implantar entre 1982 e 1984. A mudança, sublinho, não alterou o objetivo básico e imediato das negociações com os credores externos, ou seja, reduzir o fluxo de recursos enviados do país para o exterior como serviço da dívida. O que mudou, com Maílson de Nóbrega, foi a forma de pensar o quadro mais amplo em que se inseria a negociação com os credores. Esta passou a ser considerada apenas uma dentre outras facetas importantes do processo de *rearticulação* externa, rearticulação a ser operada basicamente por mecanismos de mercado.

Esses mecanismos deixaram de ser vistos como potencialmente ameaçadores. Pelo contrário, da nova perspectiva passaram a ser considerados favoráveis ao desenvolvimento capitalista nacional. Daí que a negociação, antes vista como uma forma de obter concessões por meio do confronto, se transformasse em tarefa de eliminação do contencioso existente com os credores. Nessa nova forma, o seu objetivo ainda era o de reduzir ao máximo o fluxo de recursos para o exterior, embora ele fosse concebido de modo mais modesto: obter tantas facilidades quanto um devedor, que se reconhecia relapso, poderia conseguir. O alvo deixou de ser a construção de um bom sistema de defesa contra adversidades. Passou a ser a construção de condições favoráveis para o reingresso da economia brasileira no clube dos beneficiários das correntes internacionais de investimentos. Assim, a moratória — decretada no tempo de Dilson Funaro — teria que ser encerrada e o FMI deveria voltar a ser um dos atores fundamentais do processo de negociação da dívida externa. Ademais, paralelamente à negociação, uma série de barreiras existentes aos produtos e aos capitais estrangeiros teriam que ser reduzidas de forma a compor um quadro favorável à rearticulação externa. Embora este tipo de renegociação tivesse recebido o apoio do empresariado — questão a ser retomada mais adiante —, a renegociação não foi completada durante o governo Sarney. Os credores não se deixaram convencer das possibilidades políticas de implementação das políticas de "ajuste" prometidas pelo governo brasileiro.

Tais tentativas ortodoxas ou heterodoxas de combater a instabilidade econômica e/ou a redução do crescimento econômico fracassaram por não conseguir enfrentar com sucesso seja o estrangulamento externo (a falta de recursos, as sanções e ameaças dos credores), seja as questões domésticas em função do veto e/ou da adesão reticente tanto de participantes da velha aliança desenvolvimentista, já sem articulação e objetivos bem definidos, como de coletividades subalternas que ganharam na Nova República muita capacidade de pressão política.

De fato, os credores privados externos, governos estrangeiros e organizações multilaterais sempre constrangeram fortemente as políticas de Estado. Recorde-se, por exemplo, que foi o desequilíbrio no balanço de pagamentos e a redução dramática das reservas cambiais que "obrigaram" a equipe de Dilson Funaro a quebrar na prática, em novembro de 1986, o congelamento de preços decretado em fevereiro daquele ano no lançamento do Plano Cruzado. Há diversos exemplos, também, de como as pressões de coletividades organizadas novas ou renovadas — inspiradas em ideário conservador ou reformista e constituídas a partir de distintas bases socioeconômicas — contribuíram para moldar as políticas estatais, algumas vezes estimulando e outras restringindo a ação do Estado. Organizações de empresários agrícolas e de proprietários de terra, por exemplo, restringiram o programa de reforma agrária do governo Sarney a um mínimo, resistiram ao congelamento de preços durante o Plano Cruzado e, por sua atuação junto ao Congresso Constituinte, conseguiram assegurar amplamente os direitos de propriedade da terra. Em sentido oposto, em março de 1989 uma greve geral de dois dias organizada pela CUT, com a participação de milhões de trabalhadores, protestou contra a proposta governamental de mudança no sistema de indexação dos salários, levando o Congresso Nacional a não aprovar na íntegra o Plano Verão, pois ele estaria querendo estabilizar a moeda às custas dos salários reais dos trabalhadores.

O fato desses constrangimentos externos e domésticos terem conseguido inviabilizar distintas tentativas de superação da crise de Estado indica que o governo, por reiteradas vezes, atuou em descompasso com as possibilidades de exercício do poder que lhe permitia o Estado. Ou de outro modo: a fragilidade material e política do Estado — a frouxidão de sua base de sustentação sociopolítica — esvaziava a capacidade de o governo Sarney exercer o poder, contribuindo para frustrar suas iniciativas transformadoras.

Em suma, embora a materialização da "Nova República" tenha produzido uma notável ampliação do espaço de atuação política — incluindo um grande número de atores coletivos, antigos e novos, na disputa pelo poder — e a criação de um quadro constitucional que expandiu extraordinariamente as franquias democráticas e a cidadania, ele não conseguiu tornar-se um "sistema" de dominação política, mantendo-se instável nos anos 1980. Naquele arranjo político não se articulavam bem a dimensão institucional, a esfera sociopolítica e a econômica. Seguiu, sem ser superada, a crise de hegemonia que permitira derrotar o regime militar autoritário.

Essa instabilidade política, ela própria condicionada por uma situação econômica muito restritiva, redundou em uma trajetória econômica muito medíocre e oscilante — com média de crescimento inferior ao da década anterior e estagnação da renda *per capita* —, em descontrole monetário crescente e aumento acentuado na desigualdade de renda. Com efeito, ainda que a trajetória do PIB tenha sido no governo Sarney um pouco melhor do que no começo da década — afinal não houve desde 1985 qualquer queda do produto nacional (como em 1981 e 1983), as taxas de crescimento foram bastante oscilantes, mais de 7% em 1985 e 1986, e redução muito grande depois — pouco mais de 3% em 1987 e 1989 até 0,3% em 1988. No conjunto, as taxas não parecem tão ruins, mas, se considerarmos o crescimento da população, elas se mostram realmente insuficientes, pois a renda *per capita* no final da década mal ultrapassava a do início (1980 = 100 e 1989 = 101,8). As dificuldades e formas oscilantes de lidar com as circunstâncias da crise de Estado se refletiram em um crescente descontrole inflacionário — a inflação passou de 105% anuais em 1982 para 242% em 1985, caindo a 80% em 1986, ano do Plano Cruzado, e disparando depois para 980% em 1988 até 1.973% ao ano de 1989, já beirando a hiperinflação. Este processo inflacionário exponencial teve um impacto muito negativo sobre a distribuição de renda, pois trabalhadores manuais, de comércio e serviços não especializados não tiveram meios para proteger-se da desvalorização da moeda, apesar do extraordinário ciclo de greves ocorrido na década. Dois índices mostram bem o aumento da desigualdade econômica no Brasil na década: os 10% mais ricos tinham 21,5 vezes mais renda que os 40% mais pobres em 1981 e 30 vezes em 1989; e o índice de Gini, que indica a distribuição de renda e é tanto pior quanto mais se aproxima de 1,000 (um), passou de 0,587 em 1981 para 0,639 em 1989.[39]

Na medida em que as tentativas de superar a crise econômica conforme a diretriz desenvolvimentista-distributiva mostravam-se ineficazes, um número crescente de atores foi abandonando aquela orientação e incorporando de várias maneiras o receituário econômico ortodoxo e liberal que se tornava então dominante em âmbito internacional. A mudança de orientação econômica do governo Sarney — da gestão Funaro/Bresser para a de Maílson da Nóbrega — foi um dos efeitos desta reorientação de ideário econômico dominante. Disso trataremos em seguida.

A inflexão liberal e as alternativas socioeconômicas e políticas

A crise da primeira metade da década de 1980, as dificuldades do Estado de estabilizar uma relação com a economia conforme um desenvolvimentismo "de esquerda", distributivo, o temor despertado pelas seguidas intervenções heterodoxas do governo federal na "liberdade de mercado" e pelo avanço das propostas "progressistas" na Constituinte estimularam a emergência de novas ideias no interior da elite empresarial brasileira sobre o desenvol-

[39] Os indicadores constantes deste parágrafo têm como fontes: Ipeadata para PIB, PIB *per capita* (1980 = 100), Investimento Público (% PIB), Formação Bruta de Capital Fixo (% PIB), Índice Gini, Transações Correntes, Reservas Internacionais, Inflação Anual (IPCA) e número de vezes que a renda dos 10% mais ricos é maior que os 40% mais pobres.

vimento do país, mais sintonizadas às tendências liberais dominantes nos países capitalistas centrais.

Nesses países, as ideias econômico-liberais ganham força no final dos anos 1970 quando deram o quadro intelectual para a formulação de uma alternativa de política econômica que enfrentasse os problemas da "estagflação" que se mostravam de difícil solução por políticas de tipo keynesiano, destinadas a alcançar o pleno emprego. As políticas de expansão do gasto, especialmente na Inglaterra, vieram acompanhadas por uma acentuação dos conflitos industriais e pelo esvaziamento da autoridade governamental. Neste contexto, fazendo contraponto às políticas do Partido Trabalhista inglês, as ideias econômicas monetaristas passaram a ganhar peso. Elas afirmavam que a inflação podia ser controlada se o governo mantivesse uma taxa razoavelmente baixa de crescimento da oferta de moeda. Isso significava que não se deveria usar, como antes, os déficits orçamentários para estimular a economia, simplesmente porque isso era desnecessário, já que ela era considerada estável por natureza. O desemprego seria o resultado menos da falta de demanda do que de salários demasiadamente altos. Esta interpretação[40] ganhou força social tanto por orientar as políticas econômicas de alguns países centrais — especialmente a Inglaterra sob o governo de Margaret Thatcher e os EUA sob a presidência de Ronald Reagan — como por ter sido difundida para os países periféricos, a partir dos anos 1980. Neste processo de disseminação, a perspectiva e as políticas monetaristas foram inseridas em um quadro interpretativo mais amplo da vida social, o das ideias neoliberais, que recomendava a adoção de três diretrizes práticas: "estabilidade macroeconômica (déficits fiscais menores), papel reduzido do Estado na economia (desregulação e privatização) e maior abertura para o exterior (barreiras comerciais reduzidas e boa acolhida ao capital estrangeiro)".[41]

[40] Cf. Peter Hall, *Governing the Economy: The Politics of State Intervention in Britain and France*, Nova York/Londres, Oxford University Press, 1986.

[41] Cf. Barbara Stallings, "Introduction", em Barbara Stallings (org.),

No Brasil, a assimilação dessas ideias foi lenta e seletiva, gerando duas modalidades de reformismo liberal, com diferentes recomendações político-estratégicas para a gestão econômica do Estado.

Uma primeira vertente liberalizante teve o empresariado privado, incluindo aí a grande imprensa, como vetor principal. A elite empresarial brasileira, quase até o final do regime militar autoritário, contara com a proteção segura do governo federal. Com a fragilização do regime autoritário ocorreu, desde 1983, um surto de associativismo empresarial que resultou na criação de várias entidades destinadas à defesa de interesses mais amplos, como a liberdade de mercado, a propriedade etc. — sintonizados genericamente com o liberalismo renovado dominante nos países centrais. Esta orientação liberal só caracterizava, entretanto, uma parte das entidades empresariais até meados da década, tornando-se predominante apenas a partir de 1987-88.[42]

A inflexão ideológica parece ter ocorrido, em primeiro lugar, em função dos avanços dos "progressistas" na Assembleia Constituinte. As entidades empresariais em geral tiveram, como já se mostrou, importante papel na defesa da propriedade privada, especialmente a rural, da liberdade de gestão empresarial da força de trabalho e na imposição de limites à expansão do braço empresarial do Estado, entre outras questões. Em segundo lugar, os planos heterodoxos de estabilização tiveram papel relevante na mudança de pontos de vista do empresariado. Tais planos foram considerados, do ponto de vista empresarial, e da grande imprensa que o secundava, ineficientes para restringir a inflação e para retomar de forma sustentada o crescimento econômico; envolviam, ademais, intervenções arbitrárias do Estado no mercado e ameaças à propriedade privada, aos contratos, à livre iniciativa. Para o

Global Change, Regional Response: The New International Context of Development, Nova York, Cambridge University Press, 1995.

42 Sobre as organizações empresariais surgidas ou renovadas dos anos 1980, consultar René Dreifuss, *O jogo da direita*, Petrópolis, Vozes, 1989, pp. 47-98.

empresariado, as ideias liberais — além de terem se tornado predominantes nos países de maior desenvolvimento capitalista — cumpriam papel relevante como bons instrumentos de defesa do empresariado contra os avanços da "esquerda", na Constituinte, no governo ou nas ruas.

Ademais, é bem provável que o pragmatismo empresarial ajude a explicar tanto a dissociação do empresariado em relação ao nacional-desenvolvimentismo, em sua versão distributiva, como a sua adesão à perspectiva liberal, seja no plano interno, seja em relação aos credores internacionais. De fato, o afastamento em relação ao nacional-desenvolvimentismo pode ser associado também à perda de dinamismo das estatais e à erosão de sua capacidade de dispêndio; isso fragilizou os elos que ligavam as estatais às empresas privadas na realização de grandes projetos setoriais e, consequentemente, os esquemas de sustentação política que derivavam destas conexões.[43] Da mesma forma, a adesão a políticas ortodoxas que diagnosticavam os problemas brasileiros como provenientes de desarranjos do Estado — e não da área privada — e às estratégias de "rearticulação externa" e "ajuste fiscal", propostas pelo ministro Maílson da Nóbrega, beneficiavam os interesses empresariais. Favoreciam por afastá-los do centro do alvo das reformas e por evitarem o confronto com potenciais financiadores externos, como era previsível nas estratégias de negociação da dívida de Funaro e Bresser-Pereira. Assim, do ponto de vista dos interesses econômicos de curto prazo do empresariado, a nova estratégia eliminaria um contencioso inútil com credores que não pareciam poder ser vencidos e, se bem-sucedida, envolveria custos pequenos para as empresas e permitiria retomar o crescimento com poupança e/ou investimento externo.[44]

[43] Cf. Sérgio Prado, "Crise do Estado e privatização: limites da visão neoliberal", em Bernard Appy *et al.*, *Crise brasileira, anos 80 e governo Collor*, São Paulo, CUT-DESEP/Instituto Cajamar, 1993, p. 94.

[44] Vale salientar que, apesar do fim da moratória e do acordo "modelar" assinado pelo governo brasileiro, sob orientação da equipe de Maílson da Nóbrega, os credores privados, o FMI e o Banco Mundial suspenderam

Em suma, de 1987-88 em diante, a elite empresarial mobilizou-se para moldar — *pelo menos em parte* — as políticas estatais às ideias neoliberais. Ela passou a confrontar o intervencionismo do Estado, exigindo liberdade de mercado, proteção ao direito de propriedade, melhor acolhida para o capital estrangeiro, fim do contencioso com os credores externos, privatização das empresas estatais etc. No entanto, tiveram menor curso entre os empresários o fim da proteção de que gozava a indústria em relação à competição externa ou para obter empréstimos subsidiados de longo prazo do BNDES, por exemplo. Antes de tudo, tratava-se de "proteger" a propriedade privada do intervencionismo estatal, de evitar o controle discricionário sobre os preços, de minimizar a perda de liberdade empresarial na gestão da força de trabalho e de reduzir as funções empresariais do Estado;[45] mas, também, de retomar as conexões externas, muito precárias desde a crise de 1982, para alavancar com isso o desenvolvimento econômico.

A grande imprensa disseminou em larga escala a perspectiva pró-mercado defendida pelas entidades empresariais. Especialmente as estações de televisão foram muito relevantes neste processo. No fim da década de 1980 a indústria de telecomunicações tinha cinco redes nacionais de televisão e 247 emissoras que atingiam

os desembolsos combinados para o fim de 1988 em função das dificuldades que o governo brasileiro mostrava para cumprir sua parte. Assim, o esperado afluxo de capitais externos para o Brasil não ocorreu e o governo brasileiro acabou lançando mais um plano heterodoxo, o Plano Verão, em 16/1/1989. Consultar sobre isso Monica Baer, *O rumo perdido: a crise fiscal e financeira do Estado brasileiro*, Rio de Janeiro, Paz e Terra, 1993, pp. 171-9.

[45] Peter Kingstone enfatiza os mesmos pontos — o caráter defensivo e limitado da adesão do empresariado industrial ao neoliberalismo. Chama a atenção, também, para a posição de pequenos e médios empresários vinculados ao PNBE — Pensamento Nacional das Bases Empresariais —, que insistiam mais na democratização das entidades empresariais do que na liberalização. Consultar o seu *Crafting Coalitions for Reform: Business Preferences, Political Institutions and Neoliberal Reform in Brazil*, State College, The Pennsylvania State University Press, 1999, pp. 61-5.

28 milhões de domicílios e cobria 99% do território nacional.[46] Elas produziram por seus noticiários e telenovelas interpretações mais amplas que as econômicas para os problemas brasileiros. Estudos sobre a programação da Rede Globo mostram, de modo persuasivo, que suas telenovelas reconstruíram alusivamente, ainda que não de forma intencional, o espaço público brasileiro, identificando o Estado, os políticos e os funcionários públicos com as noções de corrupção, desperdício, incompetência, fisiologismo, pouco trabalho, corporativismo etc. Em suma, o Estado foi caracterizado como entidade exterior à sociedade e defensora de seus próprios interesses particulares; e, ao invés, o empresário passa a ser associado à modernidade.[47] Discutirei mais adiante como esta conformação simbólica do espaço público, sintonizada com a perspectiva pró-mercado, afetou as formas de pensar e sentir coletivas, definindo a agenda das questões relevantes a discutir, bem como as "soluções aceitáveis" para elas.

A segunda vertente da inflexão liberal teve origem no braço empresarial do Estado, embora depois tenha se disseminado entre segmentos da elite do empresariado privado. Trata-se de vertente que, em vez de absorver seletivamente o ideário neoliberal, o transformou, incorporando-o criticamente para moldar o desenvolvimentismo brasileiro ao novo ambiente econômico mundial. A literatura política e acadêmica de esquerda e, também, a de orientação neoliberal tem deixado esta vertente na obscuridade, seja por desconhecimento, seja por identificar qualquer forma de reformismo liberal com o neoliberalismo.[48] No Brasil ela surgiu

[46] Cf. Clayton Franco de Godoy, *A eleição presidencial brasileira de 1989: literatura e processo*, dissertação de mestrado apresentada ao Departamento de Sociologia da FFLCH-USP, 2005, p. 119.

[47] Cf. Antonio Albino Canelas Rubim, "Comunicação, espaço público e eleições presidenciais", *Comunicação & Política*, São Paulo, vol. 9, nºs 2, 3 e 4, 1989, pp. 7-21.

[48] Refiro-me aqui a textos acadêmicos tais como os de Luiz Filgueiras, *História do Plano Real*, São Paulo, Boitempo, 2000, e Armando Boito Jr., *Política neoliberal e sindicalismo no Brasil*, São Paulo, Xamã, 1999. Inclui-se

nos quadros dirigentes e técnicos das grandes empresas do Estado, como a Eletrobras, a Petrobras e, especialmente, o BNDES. Entre esses quadros, o nacional-desenvolvimentismo por substituição de importações foi considerado esgotado e esboçou-se uma nova estratégia de desenvolvimento nacional, que permitisse a adaptação da economia brasileira aos novos padrões técnicos e organizacionais emergentes nos centros capitalistas mais avançados.

Este reformismo liberal seguiu na mesma linha que perspectiva similar surgida entre técnicos vinculados à CEPAL (Comissão Econômica para a América Latina), centro intelectual do estruturalismo latino-americano. No trabalho mais representativo desta perspectiva renovadora,[49] Fajnzylber faz crítica aguda à industrialização latino-americana baseada na imitação passiva de técnicas geradas nos países centrais. Segundo ele, ela revelava a debilidade do processo de aprendizagem e, portanto, a baixa criatividade que acompanha aquela incorporação. Esta carência estaria se agravando na medida em que vinha, então, se gerando um novo padrão industrial e tecnológico nos países centrais. Haveria que superar estas deficiências pelo desenvolvimento de um "núcleo endógeno de dinamização tecnológica" concentrado inicialmente em quatro áreas estratégicas, o setor de bens de capital, o setor automotivo, a agricultura (a ser industrializada) e a energia.

São notáveis nesta perspectiva a reafirmação do desenvolvimentismo, o abandono do mecanismo da substituição de importações e a afirmação da ideia de desenvolvimento tecnológico autônomo como motor da competitividade. Como no neoliberalismo, nesta concepção (e de outros neoestruturalistas) desloca-se para o interior das sociedades latino-americanas o "problema" do

aí também o trabalho já citado de Kingstone, o mais completo, que eu saiba, sobre as relações entre o empresariado industrial e a política de liberalização.

[49] Ver Fernando Fajnzylber, *La industrialización trunca de América Latina*, México, Nueva Imagen, 1983. Ver também, sobre o contexto e impacto das ideias dele na CEPAL, Octavio Rodríguez, *O estruturalismo latino-americano*, trad. Maria Alzira Brum Lemos, Rio de Janeiro, Civilização Brasileira, 2009.

bloqueio ou da distorção do desenvolvimento. Em consequência, abandona-se o esquema centro/periferia inerente ao entendimento do subdesenvolvimento da CEPAL em favor de uma teoria subjacente da modernização, em que os países latino-americanos poderiam, pela expansão endógena da criatividade e da tecnologia, tornar-se modernos e internacionalmente competitivos.[50] Diversamente do neoliberalismo, porém, o problema interno a resolver não está no Estado nem sua solução na redução de seu papel; trata-se, ao contrário, de "revolucionar" a estrutura produtiva, torná-la capaz de gerar endogenamente inovação e de ajustar o Estado para estimulá-la nesse sentido. Ao inverso do ideário neoliberal, afirma-se neste reformismo o *nacional*, embora não *contra* as economias avançadas, mas *para* alcançá-las e disputar com elas.

Ideias muito similares a estas, embora focalizadas nas questões brasileiras, foram elaboradas no BNDES entre 1983 e o fim da década, como parte da construção de cenários para orientar os planos estratégicos do banco.[51] A partir de 1986 iniciou-se no BNDES um novo ciclo de planejamento estratégico, agora já com a participação de técnicos da Petrobras e da Eletrobras e uma grande assessoria externa. Foram construídos dois cenários, um denominado "integração competitiva" e outro "inércia corporativista", que ocorreria caso o país se mostrasse incapaz de reformar-se em função de interesses conflitantes, o que resultaria em estagnação econômica.

[50] Ver, sobre a adoção implícita da teoria da modernização pelos neoestruturalistas, Jaime Osorio, "El neoestructuralismo y el subdesarrollo: una visión crítica", *Nueva Sociedad*, Buenos Aires, nº 183, jan.-fev., 2003.

[51] No centro da elaboração destas ideias estava o Departamento de Planejamento do BNDES, sob a responsabilidade de Júlio Mourão, que buscava traçar diretrizes para a atuação do banco nas novas circunstâncias nacionais e internacionais. Ver, sobre isso, BNDES, *Cenários para a economia brasileira até o ano 2000*, Rio de Janeiro, BNDES, 1987, e Júlio Mourão, "A integração competitiva e o planejamento estratégico no Sistema BNDES", *Revista do BNDES*, Rio de Janeiro, vol. 1, nº 2, dez. 1994, pp. 3-25.

Na construção do cenário desejável de *integração competitiva* foram abandonadas várias das ideias-chave do nacional-desenvolvimentismo e definidas outras para alicerçar o novo cenário/projeto. A reestruturação vigorosa da indústria moderna definia um novo patamar tecnológico (que incorporava avanços da microeletrônica e o desenvolvimento dos sistemas automatizados), alterando profundamente a produção, as formas de gerenciá-la e a própria geografia industrial.

Recomendava-se, por isso: a) mudar a forma de intervenção do Estado, evitando-se distorcer as relações de mercado para favorecer, mesmo com altos custos, a produção interna; em lugar disso, seria preciso desenhar uma política industrial que estimulasse a competitividade, a produção a menor preço e com qualidade, para permitir que as empresas disputassem o mercado mundial; b) abrir a economia brasileira à competição externa, eliminando subsídios, as licenças e o controle quantitativos de importações e reduzindo gradualmente e de forma planejada as barreiras tarifárias; c) mudar a postura do Brasil nos foros internacionais, abandonando-se a atitude terceiro-mundista e buscando-se transformar o país em parceiro no sistema internacional; d) modernizar a infraestrutura para incrementar a competitividade sistêmica; e) reestruturar o aparelho de Estado para torná-lo mais eficiente no cumprimento das funções e atividades que continuasse exercendo, o que incluía a necessidade de um programa de privatizações que liberasse recursos para suprir as carências sociais do país e que impedisse a deterioração do patrimônio construído pelo Estado, transferindo-o para a administração privada; f) flexibilizar as regras para o capital estrangeiro, estimulando a associação com empresas nacionais para aumentar o desenvolvimento tecnológico e ampliar o acesso a mercados.

Um ponto crucial deste cenário/projeto era que, embora recomendasse restringir as funções empresariais do Estado e privatizar a maioria das empresas estatais, ele propunha dar ao Estado capacidade de intervir no domínio econômico para aumentar as possibilidades de as empresas competirem, seja fazendo política industrial, regulando e promovendo a inovação econômica, seja melhorando a infraestrutura e as condições sociais da população. O outro ponto-chave é que esta reestruturação do tecido produtivo visava permitir que as empresas alcançassem padrões de qualidade e produtividade suficientes para competir no mercado mundial.

Em suma, esta versão do reformismo liberal era, pois, um projeto de integração competitiva, de adaptação dinâmica do capitalismo nacional aos padrões técnicos e de organização mais avançados do capitalismo mundial.

Este ideário de integração competitiva se difundiu nos anos de 1988 e 1989 no aparelho de Estado — por meio de seminários, congressos e outros eventos — e no meio empresarial privado. Das reuniões realizadas no BNDES com grandes empresários industriais, de grande liderança no setor e com tradição de atuar no espaço público, surgiu a decisão de constituir em 1989 o Instituto de Estudos para o Desenvolvimento Industrial (IEDI), com a finalidade de elaborar estudos que dessem subsídios para a elaboração de uma política industrial que conduzisse à modernização do sistema produtivo e à inserção competitiva no mercado mundial. Dessa forma, esboçou-se, em torno do ideário da integração competitiva, uma articulação inicial entre parte da elite empresarial do Estado, tendo como epicentro o BNDES, e um segmento da elite industrial paulista.

Em suma, as duas vertentes do reformismo liberal que se difundiam entre as elites empresariais brasileiras — a neoliberal e a de integração competitiva — tinham bastante em comum, mas suas visões do Estado, da empresa e da nação eram muito diversas.

As ideias liberais se difundiram (pelo menos se disseminaram os seus "marcadores" básicos, como a identificação do Estado como problema e a sua reforma como solução) por meio das associações empresariais, da grande imprensa e da televisão, junto ao empresariado privado, dirigentes das empresas estatais e camadas médias da população. Entretanto, essa difusão ocorreu em muito menor proporção entre os trabalhadores organizados e no interior do campo propriamente político, como sublinhei ao examinar as disputas e os resultados da Constituinte.

Entre as organizações sindicais de trabalhadores assalariados, a *Central Única dos Trabalhadores* (CUT), situada à esquerda do espectro político sindical, manteve desde sua fundação a posição de defesa das empresas estatais e de recusa de pagamento da dívida externa. Mais ainda, demandava a estatização dos serviços de saúde, educação etc. A defesa das empresas estatais foi ganhando, porém, uma centralidade que não tinha de início no conjunto das reivindicações e do programa de luta da organização. No II Congresso Nacional da CUT (II CONCUT), realizado em 1986, a palavra de ordem "contra a privatização das estatais", embora fizesse parte das reivindicações constantes das Resoluções do Congresso, não constava do Plano de Lutas da entidade. Em relação ao que interessa aqui, constava desse Plano apenas a exigência de não pagamento da dívida externa. Dois anos depois, em setembro de 1988, a defesa das estatais já consta entre as principais Diretrizes para a Ação das Resoluções do III CONCUT.[52]

Esta última Resolução, de 1988, considerava que as empresas estatais vinham sendo instrumento de acumulação das empresas privadas pela transferência indireta de recursos para elas. E que, mais recentemente, a "estratégia da burguesia e dos credores externos" tinha sido a de privatizar as estatais lucrativas, aumentando o controle do capital internacional sobre os "setores estratégicos" da economia e a exploração da classe trabalhadora. Daí propor-se a lutar contra as privatizações e para dar à população o "controle sobre essas empresas". Ao mesmo tempo propõe-se a lutar pela estatização dos serviços básicos — de educação, saúde etc. — sob o controle do setor privado. A luta contra as privatizações e pela estatização dos serviços sob controle privado era associada, pela Resolução, à denúncia das cúpulas burocráticas dirigentes das estatais — que considerava "a serviço da classe dominante", a proposição de uma política sindical de defesa dos trabalhadores do setor público e de luta pela sindicalização e direito de sindicalização do funcionalismo. Tratava-se, pois, de uma propos-

[52] Consultar http://www.cut.org.br/documentos-oficiais.

ta que fugia ao desenvolvimentismo tradicional; reivindicava um *desenvolvimentismo estatizante e distributivo*, redutor das desigualdades sociais.

Além da reação antiprivatista e mesmo estatizante ganhar maior centralidade na agenda da CUT, tais posições acabaram se fortalecendo no final dos anos 1980 pela adesão de um número cada vez maior de sindicatos de servidores públicos surgidos ao longo da década e pelo ingresso de facções dissidentes de esquerda derrotadas nas disputas ocorridas na *Central Geral dos Trabalhadores* (CGT), adversária principal da CUT.

Como entender a polarização entre a CUT e a CGT? Ao passo que a CUT se constituíra, observa um especialista, com "os sindicalistas 'combativos' [...], junto com os militantes das oposições sindicais, da esquerda católica e dos pequenos grupos de orientação marxista, leninista ou trotskista, na CGT ficaram os dois partidos comunistas [PCB e PC do B], o MR-8, os sindicalistas ligados ao PMDB e ainda os dirigentes mais próximos do sindicalismo norte-americano, liderados por Magri, presidente do Sindicato dos Eletricitários de São Paulo".[53] Havia, pois, enorme heterogeneidade nesta central, cuja unidade não resistiu à inflexão pró-mercado promovida pelas forças sindicais lideradas por Antônio Magri e Luiz Antônio Medeiros, presidente do Sindicato dos Metalúrgicos de São Paulo, ambos dirigentes da CGT. Tais forças propunham um "sindicalismo de resultados" que defendia explicitamente uma economia de mercado e se opunham ao "sindicalismo de contestação"; preferiam, pragmaticamente, as mobilizações por categoria e os acordos isolados com empresas às grandes manifestações e greves gerais; priorizavam, ademais, negociações em lugar de greves, fazendo destas o seu último recurso. Para tais forças político-sindicais era irrelevante questionar a estrutura sindical, dado que esta garantia tanto o monopólio da representação

[53] Cf. Leôncio M. Rodrigues, "As tendências políticas na formação das centrais sindicais", em Armando Boito Jr. (org.), *O sindicalismo brasileiro nos anos 80*, São Paulo, Paz e Terra, 1991, p. 35.

para os sindicatos em cada área, como seu sustento material, em função do recebimento do imposto sindical.

A primeira dissidência importante ocorrida na CGT derivou desta última questão. Em uma reunião plenária da CGT, realizada em São Paulo em janeiro de 1988, os sindicatos vinculados ou simpatizantes do PC do B foram derrotados pelas forças ligadas a Magri e Medeiros, as quais conseguiram aprovar a proposta de negociar com o "Centrão" a introdução na Constituição da contribuição sindical obrigatória, distribuída aos sindicatos. Os derrotados retiraram-se em protesto e constituíram, ainda em 1988, a *Corrente Sindical Classista*, que realizou seu primeiro congresso em janeiro do ano seguinte, decidindo ligar-se à CUT e participar do IV CONCUT que se realizaria em 1991.

Em 1989, a disputa pela presidência da CGT, agora denominada *Confederação Geral dos Trabalhadores*, no II Congresso da entidade, realizado entre 27 de abril e 1º de maio de 1989, levou a mais uma cisão. Os comunistas do PCB e os sindicatos ligados ao MR-8 retiraram-se da Confederação em função da derrota de Joaquim dos Santos Andrade, seu candidato, para Magri, defensor de um sindicalismo apartidário e anticomunista.

Os derrotados formaram uma outra central, que manteve o nome *Central Geral dos Trabalhadores* e a sigla anterior, CGT. Esta ficou, porém, muito enfraquecida em função da decisão dos sindicatos simpatizantes do PCB de se reunirem à CUT, permanecendo nela apenas os sindicatos ligados ao MR-8.[54]

Como se vê, a CUT viu-se reforçada no final dos anos 1980 com a adesão — efetivada ou prometida — dos sindicatos vinculados ao PCB e ao PC do B. Com isso, uma parte relevante do movimento sindical acentuou sua resistência aos processos de privatização e à demanda pelo controle popular das empresas estatais.

[54] Devo as informações contidas neste balanço sumário das entidades sindicais centrais a Leôncio Martins Rodrigues, *CUT: militantes e ideologia*, Rio de Janeiro, Paz e Terra, 1990, pp. 119-29, e "As tendências políticas na formação das centrais sindicais", em Armando Boito Jr. (org.), *O sindicalismo brasileiro nos anos 80*, cit., pp. 35-8.

Dessa forma, a partir de segunda metade da década de 1980 houve uma polarização crescente entre a CUT, cada vez mais contrária ao liberalismo econômico e favorável ao que denominei desenvolvimentismo distributivo, e a Confederação Geral dos Trabalhadores (CGT), presidida por Antônio Rogério Magri e com forte liderança de Luiz Antônio Medeiros, que aderia à estrutura sindical herdada do período Vargas (embora protegida em relação ao arbítrio do Poder Executivo), tinha orientação pró-mercado e se voltava para reivindicações de natureza estritamente trabalhista e sindical, proclamando sua independência em relação aos partidos políticos.

Reforçava orientação desta Confederação (CGT) outra central com muitos sindicatos, a União Sindical Independente (USI), surgida em meados dos anos 1980. Era formada por confederações, federações e sindicatos de comerciários e trabalhadores em serviços. Criticando o envolvimento dos sindicatos com a política partidária, pregava em 1989 a "solução pacífica dos conflitos [...] através de negociação direta, em diálogo direto e franco, com o objetivo de preservar a paz social" (Resolução do I Congresso da USI, realizado em setembro de 1989).

Embora a CUT tivesse, em fins de 1989, um número de filiados parecido ao da Confederação Geral dos Trabalhadores, sua melhor organização e a militância de seus quadros fizeram dela a central sindical com maior força sociopolítica, capaz de opor resistência à inflexão liberal que ocorria entre as elites empresariais e se disseminara na fração menos organizada do sindicalismo. Acresce que a íntima vinculação da CUT com o Partido dos Trabalhadores dava impacto maior aos seus posicionamentos, que reverberavam de imediato no âmbito político-partidário.

As polarizações que ocorriam no plano das ideias econômicas não tiveram como vetores apenas forças organizadas no plano sociopolítico. Polarizações similares ocorreram no plano político-partidário e, depois, no confronto eleitoral de 1989.

Já me referi ao surgimento do Centro Democrático — o Centrão — na Assembleia Constituinte, no segundo semestre de 1987. Como se recorda, este agrupamento parlamentar ficou marcado pela defesa de um liberalismo econômico que, além de contrariar o nacionalismo, era socialmente conservador, procurando evitar restrições ao direito de propriedade, ao direito patronal de gerenciar a força de trabalho, o reconhecimento de novos direitos dos trabalhadores, e a criação de regras para protegê-los ao modo dos países social-democráticos.[55] O Centrão surgiu com o estímulo do presidente José Sarney. O agrupamento atraiu grande parte dos parlamentares do PDS, PFL, PL, PTB e PDC. Note-se que os integrantes do Centro Democrático mostraram-se, em média, mais conservadores em relação à propriedade privada, mais resistentes ao nacionalismo e a restrições ao sistema financeiro que os partidos de onde provinham,[56] organizações políticas de grande heterogeneidade. O Centrão atraiu também quadros do PMDB, seja porque uma parte dos seus participantes tinha origem na antiga ARENA e no PDS, seja por afinidade com o liberalismo conservador do agrupamento. Este foi, porém, apenas um dos processos de "dissidência" que marcou a perda de vigor do PMDB no fim dos anos 1980, depois de cumprir papel central no processo de democratização.

Ainda em 1987, em junho, surgiu das fileiras do PMDB um novo partido, o Partido da Social-Democracia Brasileira (PSDB), que tinha uma orientação econômica que procurava afastar-se tanto do desenvolvimentismo estatista e nacionalista das forças democráticas de esquerda quanto do liberalismo econômico conservador do Centrão. Posicionava-se em favor de uma revisão, de caráter pouco preciso, das funções vigentes do Estado, da sociedade e do mercado, em decorrência da globalização capitalista acelerada. Esta orientação era liberal mas reformista tanto em relação à sociedade, pois pregava a expansão da democracia social, como

[55] Consultar sobre isso Maria D'Alva Kinzo, "O quadro partidário e a Constituinte", cit. Para simplificar, se poderia dizer que o Centrão se orientava contra o nacionalismo econômico e contra os avanços na direção de uma economia social de mercado.

[56] Cf. Maria D'Alva Kinzo, *op. cit.*, pp. 118-9, Quadro I. Em relação à oposição ao sistema financeiro o Centrão perde para o PFL.

em relação à economia, porque via de forma positiva a participação do Brasil na globalização, assimilando as inovações técnicas e organizacionais que ela envolvia. Esta visão era compartilhada, pelo menos, por boa parte de suas lideranças. Uma delas, Fernando Henrique Cardoso, a expressa em discurso que pronunciou no Senado no início da gestão de Maílson da Nóbrega, a propósito da pretendida negociação com o FMI, tão combatida pela esquerda. Além de criticar as hesitações do governo na matéria, o pronunciamento advoga uma integração "soberana" da economia brasileira no plano mundial, a partir do fortalecimento do "espírito de empresa" entre nós, que dispensaria o protecionismo, aceitaria regras de concorrência e assimilaria a revolução tecnológica. Criticava, de um lado, os que confundiam progresso com monopólio estatal e também os que viam "a indispensável ação do Estado" como uma ameaça a iniciativa privada. Daí que, segundo o discurso, a antinomia privatização/estatização seria um falso problema, pois a aplicação de uma ou outra medida dependeria das circunstâncias e de saber quais os setores.[57]

Esta forma de reformismo liberal tinha claramente afinidades com o projeto de *integração competitiva*, embora o senador Cardoso não mencionasse o que entendia como "ação indispensável" do Estado: tratava-se de uma ação meramente regulatória ou se referia a políticas industriais, promotoras de competitividade? Esta perspectiva, repito, não era compartilhada clara e plenamente pelo conjunto dos parlamentares — 48 no total — que ingressaram no partido. Com efeito, o PSDB em momento algum definiu uma orientação programática muito precisa sobre as relações Estado/economia. De qualquer modo, os parlamentares do PSDB distinguiam-se claramente não apenas do Centrão mas também do restante do PMDB, ocupando uma posição intermediária entre este último e a "esquerda" da Constituinte, quer dizer, o Partido Democrático Trabalhista (PDT), o Partido dos Trabalhadores (PT) e

[57] Cf. Fernando Henrique Cardoso, *A arte da política*, cit., pp. 115-6. O discurso tinha como título "A crise e as opções nacionais".

os que orbitavam ao seu redor.[58] A esquerda da Constituinte — composta por PDT, PT, PSB, PCB e PC do B — posicionava-se contra os liberais em relação ao "modelo" desejável de desenvolvimento.

Um exame de algumas disputas políticas ocorridas durante a Constituinte permite mostrar com mais especificidade as polarizações que ocorriam no plano político-partidário quanto às orientações econômicas discutidas até aqui. A análise feita por Maria D'Alva Kinzo das votações referentes ao "conservadorismo", "nacionalismo" e "oposição ao sistema financeiro" na Constituinte confirma o confronto da esquerda com os liberais.[59] Com efeito, os partidos de esquerda favoreceram decididamente uma economia social de mercado (com ampliação das restrições ao uso do trabalho, direito absoluto de greve e possibilidade de desapropriação de propriedades produtivas para efeito de reforma agrária), o nacionalismo econômico (monopólios da União sobre recursos minerais e sobre a importação de medicamentos e matérias-primas para fabricá-los, por uma definição restritiva de empresa nacional e favorável a que o poder público lhes desse tratamento preferencial) e eram contrários ao sistema financeiro nacional (a favor de limitar os juros reais a 12% ao ano, da estatização imediata ou gradual dos bancos, da aplicação dos recursos federais exclusivamente em instituições financeiras públicas e contrários à formação de oligopólios no sistema financeiro). Fique claro que nem todas as proposições mencionadas (entre parênteses) foram aprovadas pela Assembleia Constituinte. Mas elas expressam as posições tomadas pela esquerda nas votações e, portanto, os seus interesses e valores. Dessas proposições pode-se concluir que a esquerda na Constituinte era favorável tanto a uma *acentuação* do nacional-desenvolvi-

[58] Cf. Maria D'Alva Kinzo, *op. cit.*, pp. 125-6, para uma comparação entre as posições de PSDB e PMDB na Constituinte.

[59] Cf. Maria D'Alva Kinzo, *op. cit.*, pp. 107-34. Há um anexo ao artigo em que se discriminam as questões tomadas em conta nos cálculos. As votações consideradas foram referentes às propostas da Comissão de Sistematização votadas no Plenário da Constituinte.

mentismo (do dirigismo estatal, do nacionalismo econômico e de defesa da produção contra o sistema financeiro) como a uma inflexão socialmente "incorporadora" daquele "modelo".[60] Os parlamentares vinculados ao Centrão e os partidos que majoritariamente se associaram a ele (PDS, PFL, PL, PDC e PTB) apresentaram posições diametralmente opostas. O PSDB e o PMDB — considerado antes e depois da cisão do PSDB — ocupam uma oposição intermediária, embora o PMDB sempre ocupe uma posição mais próxima dos partidos liberal-conservadores associados ao Centrão, especialmente a parte do PMDB que restou depois da dissidência do PSDB.[61]

Além desta polarização das forças político-partidárias quanto aos ideários econômicos havia também distinções entre os partidos quanto à concepção de democracia de que eram portadores, como apontei ao examinar as disputas da Constituinte.

De fato, o exame de algumas votações na Assembleia Nacional Constituinte permitiu que Maria D'Alva Kinzo identificasse uma variação partidária significativa a propósito do que chamou de "democratismo" dos constituintes, entendendo por isso votações positivas quanto a: a) mecanismos de participação popular adicionais ao eleitoral; b) medidas para o fortalecimento do Congresso; c) autorização para mandados de segurança coletivos; d) veto à intervenção militar na ordem interna; e) contra a censura artística; e f) contra a pena de morte. Estas posições renderam nota 10 aos partidos de esquerda, PT, PC do B, PSB e PCB, e 9,7 ao PDT — na escala de 0 a 10 adotada pela autora. Nesta mesma escala, o Centrão teve a nota mais baixa, 4, seguido de PFL, PDS,

[60] Sublinhe-se que, embora a CUT tivesse feito oposição, desde a sua fundação, à estrutura sindical herdada do período Vargas, o Partido dos Trabalhadores absteve-se na votação relativa à unidade sindical. A questão gerou grande controvérsia na Constituinte: a CGT fez acordo com o Centrão para manter aquela estrutura sindical e, na esquerda, o PDT e os partidos comunistas fizeram sua defesa. Ela acabou sendo aprovada e, portanto, constitucionalizada, junto com o restante daquela estrutura sindical herdada.

[61] Ver as tabelas preparadas por M. D. Kinzo, *op. cit.*, pp. 118-9.

PTB e PDC, todos bem abaixo da média (6,9), variando suas médias de 4 a 5,6. O PMDB — depois da dissidência do PSDB — apresentou média partidária exatamente igual à do conjunto. O PSDB e o PMDB sem a dissidência tucana ocupavam uma posição intermediária, com notas 8,9 o primeiro e 7,4 o segundo, o que confirma que a bancada do PSDB ocupava, com o que restou do PMDB, uma posição mais próxima à esquerda no que diz respeito à democracia.

Em suma, talvez se possa dizer que o Centrão e os partidos liberal-conservadores eram favoráveis a uma forma de democracia representativa "controlada", quer dizer, que desse mais peso ao Poder Executivo dentro do Estado, que este tivesse maior capacidade de controlar "desvios" surgidos na sociedade e no qual a participação popular fosse restrita fora dos períodos eleitorais. No polo oposto, os partidos de esquerda buscavam: no plano socioeconômico, exacerbar o estatal e o nacional do antigo desenvolvimentismo e ter como objetivo crescimento econômico associado à distribuição de renda; no plano político, orientavam-se para uma democracia representativa, com componentes significativos de participação popular, e para a igualdade substantiva. Os partidos de centro — PMDB e PSDB — ocupavam posições intermediárias nas duas controvérsias.[62]

Essas polarizações básicas demarcaram, nos planos socioeconômico e político, o terreno em que as forças sociais e partidárias se enfrentaram no processo eleitoral que elegeria, em 1989, o novo presidente da República.

[62] Este resultado quanto às polarizações sobre a democracia parece sustentar a sugestão de Bolívar Lamounier de que as forças políticas no final do governo Sarney orientavam-se, no plano político-institucional, por três utopias dentro do regime democrático: a *utopia participatória* [e de igualdade substantiva], a *utopia parlamentarista*, que valorizava o Congresso e o sistema representativo, e a do *presidencialismo plebiscitário*, em que a fonte de legitimidade está na conexão direta do presidente com a maioria do povo e, assim sendo, ela é maior do que a dos demais poderes do Estado. Cf. Bolívar Lamounier, "Antecedentes, riscos e possibilidades do governo Collor", em *De Geisel a Collor*, cit., pp. 25-7.

Os dilemas societários e as eleições presidenciais de 1989

As polarizações ideológicas desenhadas acima fixaram o mapa dos dilemas políticos que as forças sociais e partidárias enfrentaram no fim dos anos 1980. Entretanto, na luta social, sustentadas pelos atores coletivos, elas apareciam menos como ideários — nítidos e consistentes — e mais como inclinações ideológicas. E depois da Constituinte, à medida que a economia se estancava e a inflação se acelerava, os dilemas político-institucionais passaram a ter menor relevância que os econômicos. Por último, no processo eleitoral que fechou a década, as opções apresentadas ao eleitorado traduziram, sim, *mas em registro diferente*, as alternativas políticas com que se defrontavam as forças sociais e políticas.

Os dilemas econômicos ganharam peso político maior que os político-institucionais no período posterior à Assembleia Constituinte não só em função das dificuldades econômicas crescentes, em especial a espiral inflacionária, mas também por duas outras razões. De uma parte, o empresariado e, especialmente, a grande imprensa fizeram da nova Constituição seu objeto de crítica, sobretudo naquilo que contrariava o seu vago reformismo liberal. As forças de esquerda, ao contrário, depois de alguma hesitação, converteram a Constituição em sua trincheira, pelo menos no plano econômico-social. De outra parte, a despeito da forma de emissão das medidas provisórias ter produzido mal-estar e críticas no Congresso, a resolução dos dilemas político-institucionais que dividiram a Assembleia Constituinte foi postergada e regulamentada pela própria Constituição: foi definido em suas disposições transitórias um período de revisão constitucional para 1993 e um plebiscito para resolver em definitivo a questão do sistema de governo. Mais que tudo, porém, a Assembleia Nacional Constituinte fixou para o ano seguinte à sua promulgação a realização de eleições para a chefia do Estado e do governo, evento-chave que materializaria, esperava-se, o novo pacto regulador das relações Estado/cidadania, a realização de eleições diretas para a Presidência da República. Ao fazê-lo, ela converteu a escolha do presidente em encerramento bem-sucedido da "transição política", ao menos para a maioria dos observadores e atores políticos, que entendia ser ela apenas uma transformação político-institucional em direção a um regime democrático.

Contudo, o fato das questões relativas às relações Estado/mercado terem sido objeto de controvérsia acesa nas eleições presidenciais de 1989, momento mesmo em que se acreditava encerrar "com fecho de ouro" a "transição política", mostra que esta era um processo de transformação mais profundo do que o ocorrido e estava ainda longe de se completar. Não se tratava apenas da superação de um regime político por outro. Tratava-se de uma mudança do Estado como pacto de dominação, como relação consentida de poder entre forças sociopolíticas. Uma transição deste tipo só poderia ser superada pela instituição de ordem política que não só regulasse as relações Estado/cidadãos mas também fixasse parâmetros aceitos para as relações entre o Estado, o mercado e seus agentes, no interior da sociedade doméstica e no plano internacional. A presença mais ou menos explícita dessas questões no centro da disputa eleitoral fez da eleição presidencial de 1989 uma *eleição crítica*, em que se decidiriam dilemas políticos cruciais que polarizavam as forças sociais e partidárias nacionais ou que daria, pelo menos, uma direção definida à mudança política em curso.

Ainda que não fosse generalizada a percepção do caráter *crítico* das eleições de 1989, elas carregaram uma grande carga simbólica — tratava-se da primeira eleição direta para a Presidência da República depois de quase trinta anos; era a efetivação, afinal, da demanda central de milhões de pessoas que foram às ruas exigir, na campanha das Diretas-Já, o fim do regime militar pela introdução do voto direto para presidente. As eleições de 1989 significavam, pois, a efetivação dos valores democráticos. Ainda mais porque a Constituição de 1988 consagrara, além do voto direto obrigatório de todos os adultos letrados de 18 a 70 anos, o direito de voto para os analfabetos, para os maiores de 16 anos e de 70 anos. Resulta disso que 82 milhões de cidadãos, 54% da população, teriam o direito de votar em 1989, contra 20% que podiam fazê-lo em 1960.

As regras da disputa eleitoral, embora abrindo bastante as possibilidades de participação de partidos e de apresentação de candidaturas, deram grande dramaticidade à escolha popular. Em primeiro lugar, a disputa presidencial seria a única a ser travada; isso eliminava a provável dispersão da atenção dos eleitores que ocorreria caso estivessem em jogo governos estaduais, cadeiras no Senado, na Câmara Federal e nas Assembleias Legislativas. Em segundo lugar, tratava-se de eleição em dois turnos, o que obrigava o eleitorado a uma decisão nítida, do tipo plebiscitário, entre as candidaturas, pois só seria vitoriosa a que tivesse maioria absoluta dos votos.

Outra regra importante para o desenvolvimento da campanha eleitoral foi a fixação de um Horário Gratuito de Propaganda Eleitoral (HGPE) no rádio e na televisão a ser distribuído a todas as candidaturas, de modo mais equitativo do que a representação partidária na Câmara Federal. Com o HGPE dava-se aos candidatos acesso gratuito, no que se refere ao uso do tempo, aos meios de comunicação, cujo alcance e abrangência de público era nacional. Com a fixação do HGPE procurou-se reduzir qualquer viés de cobertura dos meios de comunicação que favorecessem um ou outro dos candidatos, democratizando o acesso de todos àqueles meios.

O caráter "solteiro" das eleições presidenciais de 1989 teve relevância não só pelas razões acima referidas: ele também acentuou a crise do sistema partidário, iniciada a partir da "Nova República". Crise no sentido de perda da capacidade dos partidos políticos proporcionarem à sociedade e, em especial, aos eleitores um *sistema reciprocamente orientado de opções políticas*. Desse ponto de vista, a crise do sistema partidário constitui um desdobramento específico do período de transição política atravessada pelo país a partir do início dos anos 1980.

Com efeito, até a formação da Aliança Democrática e a sua vitória na eleição indireta de janeiro de 1985, o sistema partidário organizava-se claramente em função da polarização regime/antirregime (militar). Mesmo depois da reforma partidária de 1979, os partidos que surgiram a partir dela organizavam-se da mesma forma: os antirregime em torno do PMDB e em oposição ao partido pró-regime, o PDS. A partir das negociações sobre a ocupação de cargos no governo Tancredo Neves, a ser empossado em 15 de março de 1985, iniciou-se o movimento que quebraria a polarização anterior do sistema. Já não havia mais um "regime" e inicia-se o processo de aproximação com o partido vitorioso, o PMDB. Pode-se conjecturar como teria sido a transição política a partir de 1985, com Tancredo Neves no comando em vez de José Sarney. Certamente o papel do PMDB teria sido diferente, pois, com Tancredo na Presidência, ela seria fonte mais legitimada de aglutinação partidária para o PMDB. O fato é que, desprovido desse polo e da função de caixa de ressonância do sentimento oposicionista da sociedade, o PMDB não encontrou dentro dele mesmo a coesão necessária para sustentar efetivamente, enquanto partido, qualquer projeto de reformas além da pauta institucional mínima subscrita pela Aliança Democrática. Sem rumo político, e reduzido *de fato* à condição de sócio menor de uma coalizão de governo de amplo espectro, de caráter mais acomodatício que programático, o PMDB deixou-se absorver pelos múltiplos centros de poder localizados no Executivo federal e nos governos estaduais. Outro tanto pode ser dito do PFL, que a rigor nunca chegou a se desligar da teia de benesses do Executivo federal, apesar das eventuais demonstrações de independência de sua cúpula.

Assim, desde a inauguração do governo Sarney, enquanto toda sorte de interesses regionais, grupais e pessoais movia a luta fisiológica por "espaços" na máquina administrativa, as questões substantivas da política nacional passaram em boa parte ao largo dos principais partidos; ou melhor, por fora dos seus canais institucionais de deliberação. Isso foi esgotando o estoque de credibilidade, tanto do governo Sarney — pelo seu mau desempenho — como dos partidos que o sustentaram, desqualificando o PMDB como canal de expressão do protesto. Os resultados das eleições para as prefeituras das capitais em 1985, especialmente em alguns grandes centros urbanos, já sinalizaram que o eleitorado antes fiel ao PMDB se movia em busca de outras alternativas.[63] A despeito da grande vitória no Colégio Eleitoral, nas eleições municipais de 1985 o PMDB — já incorporando parte de quadros políticos vinculados ao velho regime — teve apenas 33% dos votos, e a esquerda (PDT, PT, PSB e PCB), que se desdobrou do velho MDB, teve um total de 18,3% dos votos. De outro lado, o partido do regime militar, o PDS, reduziu-se a 3,8%, e o PFL, sua dissidência "liberal", acabou com 8,8% dos votos.

O Plano Cruzado, de fevereiro de 1986, e as eleições daquele ano pareceram reverter esse quadro, repondo em outros termos a polarização regime x antirregime. Nas eleições de outubro de 1986 para governos estaduais, Assembleias e Legislativo federal, o partido pareceu recuperar-se, elegendo 54,6% dos deputados federais que se tornaram constituintes. Foi como se o PMDB se firmasse como novo polo dominante do sistema partidário para concretizar as promessas de mudança embutidas no discurso oposicionista, tendo no polo contrário especuladores, sonegadores e banqueiros internacionais, em vez dos militares. Breve ilusão. A euforia do Cruzado se foi sem que o PMDB (nem o PFL, por outro lado) tivesse, *enquanto partido*, qualquer participação significativa nas decisões.

As disputas partidárias na Assembleia Nacional Constituinte comprovaram que as tarefas de construção do novo regime ultrapassavam as possibilidades do sistema partidário anterior; mostravam-se demasiado complexas à vista do afrouxamento dos vínculos internos dos principais partidos e do esmaecimento das linhas divisórias entre eles. Das fileiras do PMDB, contra a orientação de suas lideranças, surgiu boa parte do Centrão — o bloco parlamentar conservador integrado pelo PFL, PDS, PTB e partidos menores, sob a égide do Palácio do Planalto. A incapacidade de

[63] Esta exposição sobre a crise do sistema partidário retoma em parte o que consta em Brasilio Sallum Jr., Eduardo Graeff e Elizabeth G. Lima, "As eleições de 1989 e a crise do sistema partidário", *Lua Nova — Revista de Cultura e Política*, São Paulo, nº 32, 1990, pp. 133-67.

opor qualquer reação articulada às pressões da Presidência da República e dos governadores estaduais pelo quinto ano de mandato para Sarney dramatizou a falta de consistência do PMDB, gerando a dissidência que formou o PSDB, com quase meia centena de parlamentares, alguns de grande visibilidade.

Esta desidratação do PMDB ganhou expressão eleitoral nas eleições municipais de 1988. O partido, desgastado pelo desempenho do governo Sarney, foi desalojado do poder nas principais cidades do país, principalmente nos grandes municípios do Centro-Sul, mantendo o poder nos municípios pouco populosos do interior, pois venceu em 1.608 dos 4.600 municípios brasileiros (o PFL conquistou 1.056 prefeituras). O PT, pelo contrário, venceu em poucas cidades mas muito significativas do ponto de vista populacional e político — como São Paulo, Porto Alegre, Vitória, Campinas, São Bernardo, Santos, Piracicaba etc., perfazendo um total de 36 municípios espalhados por vários estados. O PDT de Leonel Brizola obteve vitórias importantes, como a prefeitura do Rio de Janeiro, mas manteve-se concentrado neste estado e no Rio Grande do Sul. Mesmo o PSDB, fundado pouco tempo antes das eleições, conseguiu 19 prefeituras, entre as quais Belo Horizonte e Fortaleza, apesar de ter lançado apenas 89 candidatos.[64]

A despeito do seu enfraquecimento como força política nacional, o PMDB conservou, como se viu, espalhada por todo o país a máquina eleitoral que construíra ao longo de sua história e do seu antecessor, o MDB. E isso valia também para o PFL e para o PDS, herdeiros do regime autoritário. A máquina do PMDB ficou, porém, quase inerme no pleito de 1989, porque o caráter solteiro das eleições — ou seja, a ausência de disputas para o parlamento e para os governos estaduais — tirou-lhe boa parte do estímulo para a mobilização. E a candidatura de Ulysses Guimarães não teve capacidade, sozinha, de movê-la para a disputa eleitoral.

[64] Sobre as eleições de 1988, consultar Maria Tereza Sadek, "Eleições 1988: retórica ou rumo pluripartidário", *Lua Nova — Revista de Cultura e Política*, São Paulo, nº 17, 1989, pp. 111-32.

Note-se que o diagnóstico de que a crise do sistema partidário herdado do regime militar impedia que ele servisse como meio de orientação política para o eleitorado não significa que todos os seus partidos componentes também sofressem da mesma deficiência. O que estava em curso era uma reorganização do sistema partidário em torno de outro eixo e de diferente polarização.[65] Partidos como PT e PSDB eram novos e se orientavam para questões distintas daquelas que ordenavam o sistema que desaparecia. O processo eleitoral de 1989, com efeito, foi um momento crítico para o nascimento deste novo sistema partidário, que preservará os partidos que polarizavam o sistema anterior, mas em posições distintas e menos relevantes.

Neste contexto, em que o sistema partidário não oferecia bons "marcadores políticos" ao eleitorado, o governo Sarney tornou-se a referência negativa-chave do processo eleitoral e, com ele, os partidos que o sustentavam, o PMDB e o PFL. Com efeito, 65% da população considerava o governo Sarney ruim ou péssimo nos anos de 1988 e 1989, identificando nele corrupção, ineficiência do Estado, insegurança, fraqueza política ou outras deficiências.[66]

Em que direção esta sociedade haveria de caminhar, tendo em vista o mapa existente de polarizações ideológicas no plano sociopolítico e um "sistema" partidário que mudava o seu eixo estruturador? Que alternativa a massa dos cidadãos votantes poderia escolher para superar a terrível experiência social de baixo crescimento, de ameaça constante de redução da renda, especialmente a salarial, pelas taxas crescentes de inflação?

Como se converteriam em opções para o eleitorado as alternativas de construção do futuro que orientavam, com maior ou menor convicção, as principais forças sociopolíticas e partidárias — "neoliberalismo", "integração competitiva" e "estatismo na-

[65] De modo diverso, a literatura sobre os partidos usa de forma muito frouxa o termo "sistema", que, de maneira geral, é identificado meramente como o conjunto de partidos, sem eixo estruturador nem polarizações, a não ser as clássicas e genéricas "esquerda", "centro" e "direita".

[66] Cf. pesquisas do Datafolha.

cionalista e distributivo", de um lado, e democracia representativa com maior ou menor participação popular direta, de outro? Sim, porque agora, no processo eleitoral, não bastava que os portadores daquelas concepções as difundissem entre segmentos sociais em que enraizavam ou que esses fossem mobilizados, em nome daquelas ideias, para vetar ou estimular as políticas de Estado. Tratava-se agora de difundir para o conjunto da população votante aquelas interpretações e propostas que, definidas entre as lideranças, eram adotadas em círculos muito limitados, que abrangiam pouco mais do que ativistas que participavam da luta política e/ou simpatizantes que a acompanhavam pela grande imprensa.

Como traduzir para o eleitorado as interpretações/projetos decorrentes de cada um dos ideários? Quer dizer, como aqueles ideários alternativos se converteriam em interpretações coletivas da experiência social e em propostas eleitorais convincentes? E, por fim, que candidaturas e como encarnariam as esperanças de mudança em tal ou qual direção?

Não pretendo responder aqui a tais questões, pois isso me conduziria a uma análise pormenorizada do processo eleitoral, o que está fora do escopo deste estudo.[67] Contudo, parece-me relevante assinalar a distribuição das forças políticas na campanha eleitoral de 1989 para tornar mais nítido o quadro político que o novo presidente da República encontraria ao tomar posse em 15 de março de 1991.

Desde logo cabe sublinhar que, em função do quadro das condições econômicas e políticas em que a disputa eleitoral de 1989 ocorreu, os meios de comunicação de massa, a televisão e a TV Globo, em especial, jogaram um papel-chave no processo. Estes meios de comunicação — que se inclinaram em direção ao reformismo liberal com o restante das elites empresariais — foram

[67] Um balanço da bibliografia sobre as eleições de 1989 encontra-se em Clayton Franco de Godoy, *A eleição presidencial brasileira de 1989: literatura e processo*, cit. Para um exame do posicionamento político do eleitorado, ver também André Singer, *Esquerda e direita no eleitorado brasileiro*, São Paulo, Edusp, 2002, cap. 2.

centrais na configuração de um "cenário político" para as eleições, moldando as formas de pensar o país e as soluções para suas dificuldades, por meio de novelas, séries, programas humorísticos, noticiários. Como já se observou, no "mapa cognitivo" construído pelos meios audiovisuais de comunicação, a responsabilidade pela má situação do país foi atribuída ao Estado, à corrupção e à "classe política". Ademais, a literatura especializada já mostrou, com argumentos bastante persuasivos, que (e como) a Rede Globo de Televisão — que dispunha de 65% a 80% da audiência nacional — desempenhou papel-chave na construção do quadro interpretativo predominante sobre o país, interpretação que foi aproveitada — com o auxílio da própria TV Globo e de outras empresas de propaganda, pesquisa e marketing eleitoral — para catapultar Fernando Collor para a liderança na corrida eleitoral de 1989.[68] O conjunto destas organizações empresariais — que denominei em outro lugar "empresa político-eleitoral" de Fernando Collor[69] — conseguiu traduzir seu reformismo liberal, vago mas sintonizado com a perspectiva empresarial, em mensagem convincente para grande parte do eleitorado. Ela foi persuasiva o bastante para permitir que sua candidatura, que ocupava a terceira posição nas pesquisas de intenção de voto, em março de 1989, com 7% dentre os consultados (Brizola tinha então 17% e Lula, 15%) atingisse, em junho, 43% das intenções de voto (contra 11% de Brizola e 8% de Lula). Embora fosse filho e neto de políticos da elite de Alagoas, Collor apresentou-se como um político jovem, como a maioria dos brasileiros, "diferente dos políticos", que combatia

[68] Sobre a contribuição das novelas para a construção do cenário político, ver A. A. C. Rubim, cit. Em relação a tais empresas e ao processo de construção do cenário eleitoral pela Rede Globo, consultar Venício A. Lima, "Televisão e política: hipótese sobre a eleição presidencial de 1989", *Comunicação & Política*, São Paulo, ano 9, nº 11, abr.-jun., 1990.

[69] Cf. B. Sallum Jr., E. Graeff e E. Lima, cit. Trata-se de um conjunto de empresas de comunicação, pesquisa e publicidade que cumpriram parte das funções de partidos, praticamente insignificantes na sustentação da candidatura de Fernando Collor.

frontalmente o governo Sarney, os "marajás" — funcionários corruptos e ineficientes — e pregava a reforma do Estado e privatizações em nome da eficiência e da modernidade.

Embora este cenário político e eleitoral e o exame dos resultados das pesquisas de intenção de voto pudessem sugerir que o pleito estava decidido, não me parece boa a *hipótese* de que a vitória de Collor teria sido obtida antes mesmo do início do Horário Eleitoral Gratuito, em 15 de setembro, tendo sido depois tudo uma questão de "administrar" a vantagem já conseguida. Esta hipótese subestima as dificuldades da vitória de Collor no primeiro e, principalmente, no segundo turno. Com efeito, embora Collor tenha conservado o tratamento privilegiado da Rede Globo, durante o Horário Gratuito esvaziaram-se as intenções de voto no candidato — elas eram cerca de 40% e se converteram em 28,5% dos votos. Ao invés, os 8% de votantes que pretendiam sufragar Lula ganharam um enorme reforço, pois os votos dados a ele em 15 de novembro foram o dobro, 16% do total; a candidatura de Brizola cresceu menos, mas ainda assim ele recebeu mais 4 pontos percentuais em relação às intenções de voto que tinha no começo do Horário Gratuito. No segundo turno, as dificuldades agravaram-se ainda mais. Com todas as vantagens recebidas, provenientes da cobertura parcial dos meios de comunicação, do volume enorme de dinheiro que arrecadou de um empresariado amedrontado com a possibilidade de vitória de Lula, ainda assim Collor venceu com apenas 53% dos votos válidos (contra 47% de Lula), uma diferença de aproximadamente 6 pontos percentuais, muito menor que a distância de pouco mais de 12 pontos do primeiro turno.

Sublinho que esta reversão das tendências anteriores (de crescimento de Collor e descenso de Lula e Brizola) ocorreu sem que os candidatos de esquerda disfarçassem suas posições "de esquerda", marcadamente distintas das de Collor. A injustiça de que falava Lula não vinha de comportamentos aberrantes — fosse do funcionário apadrinhado, do político corrupto ou mesmo do empresário desonesto — dentro de uma ordem social que em si mesma não era questionada; para o candidato Lula, ela decorria da exploração usual da maioria pobre e trabalhadora pela minoria de ricos.

Também foram muito diferentes as imagens que cada campanha projetou da relação do seu candidato com as massas populares. Uma analista dos discursos de campanha de Collor enfatiza a mobilização da religiosidade popular: "Era uma espécie de campanha-show, que tinha os elementos primordiais de toda pregação. Foi criado um púlpito no palanque, de forma a evitar os intrusos e destacar a figura de Fernando Collor; quando o candidato se aproximava do púlpito, o carro de som tocava 'Fé brasileira', do conjunto Chiclete com Banana, ou o hino da campanha; os seus gestos eram sempre os mesmos de levantar os dois punhos fechados, as duas mãos fazendo o 'V' da vitória ou os dois punhos fechados, cruzados sobre o peito, com a cabeça levemente abaixada e um sorriso no rosto. Se era noite, quando o candidato aparecia, irrompia *Assim falava Zaratustra*, de Wagner, e fogos de artifício explodiam nos céus. Ao mesmo tempo, um canhão de luz focalizava somente ele. O jato Challenger, que o transportava, ficava estacionado perto dos lugares dos comícios e costumava ser visitado por pessoas reverentes que entravam no seu interior como se entra em um templo".[70]

Na campanha de televisão, transmitia-se uma imagem impressionante de Collor nos comícios, caminhando no meio da massa ou dirigindo-se a ela do palanque — punhos cerrados, braços erguidos num gesto de desafio —, que muito mais do que o teor dos discursos, sempre curtos, cristalizou a imagem do candidato como *a força dos que não têm força*, a coragem dos desalentados, a possibilidade de salvação daqueles a quem a sociedade marginalizou e transformou em cidadãos de segunda classe, dos "descami-

[70] Cf. Olga Tavares, *Fernando Collor: o discurso messiânico, o clamor ao sagrado*, São Paulo, Annablume, 1998, pp. 33-4 (o poema sinfônico *Assim falou Zaratustra* é, na verdade, de Richard Strauss). Vários autores sublinharam e avaliaram criticamente o *messianismo* de Collor. Consultar em particular Francisco de Oliveira, *Collor: a falsificação da ira*, Rio de Janeiro, Imago, 1992.

sados". Esta imagem, lembrava Gilberto Velho, associava-se às crenças do Brasil mais tradicional, "que provindas da Europa, aqui se transformaram, se fortaleceram e tomaram formas próprias. Refiro-me à crença em um herói salvador, tocado por carisma, possivelmente santidade e, certamente, por poderes sobre-humanos, que tem por missão resgatar o povo da pobreza, da opressão e da miséria".[71]

Embora a imagem messiânica de Collor fosse construída usando elementos da religiosidade popular, como a do herói salvador, ela foi "modernizada" no segundo turno das eleições, aproximando o candidato do *super-homem* das histórias em quadrinhos e da televisão. A imagem era sugerida gráfica e musicalmente pela vinheta que abria os programas de Collor na TV, onde os dois "ll" do logotipo do candidato voavam despedaçando placas com os nomes dos males que assolavam o país: corrupção, miséria, inflação. Imagem de um messias que redimiria o país, que o purificaria da corrupção e daria a mão aos "descamisados".

Ainda que Lula também fosse apresentado como herói para conquistar os corações e mentes das massas populares, tratava-se de um tipo de personagem cuja excepcionalidade decorria não da distância que o separava originalmente do universo dos injustiçados, como no caso de Collor, mas sim dos seus vínculos de origem com esse universo e da sua *capacidade pessoal de transcendê-la*.

Lula apareceu como a expressão acabada do "herói da classe operária" — aquele que se destaca entre seus iguais vencendo as barreiras da exclusão e da injustiça, mas que permanece fiel às origens, guiando os companheiros na luta contra o inimigo de classe — o latifundiário, o banqueiro, o empresário. A vinheta de abertura do programa da Frente Brasil Popular na TV anunciava não um personagem singular, mas a "Rede Povo", convidando o espectador a se integrar a esse agente coletivo, ainda que simbolicamente. Nos comícios, Lula insistia em dizer que não era a ele que a "classe dominante" temia, mas aos milhões de Lulas que

[71] Gilberto Velho, "O fenômeno Collor", *Jornal do Brasil*, 17/11/1989, p. 11, *apud* Olga Tavares, *Fernando Collor*, cit., p. 46.

despertariam quando eles tomassem a decisão de participar. Sublinho que, ao contrário de Collor, não se tratava de imagem que bebesse na tradição. Ao contrário, ela expressava algo socialmente contemporâneo, que se construía com base no movimento de democratização que a sociedade brasileira experimentava, que apelava aos trabalhadores oferecendo-lhes o exemplo de que podiam mais do que imaginavam.

Como seria de esperar, também manifestaram-se na campanha eleitoral divergências agudas a propósito do dilema econômico crucial — maior ou menor peso do Estado ou do mercado — que marcava o confronto político sobre o futuro do Brasil entre entidades e elites empresariais, mídia, sindicatos de trabalhadores etc.[72]

Fernando Collor posicionou-se em favor da redução do tamanho e da intervenção do Estado no domínio econômico para dar mais liberdade à iniciativa privada,[73] mas, entre todos os candidatos, só ele defendeu a *privatização como princípio e preceito*, que não incluiria apenas empresas estatais "estratégicas" que evita nomear. Com isso Collor prometia associar o país à orientação liberal, à modernidade, dominante no "Primeiro Mundo", e afastá-lo da experiência dos países socialistas, "mundialmente atrasados" (recorde-se que durante a campanha "caiu o Muro de Berlim"). Usava-se, pois, a imagem tradicional do herói messiânico, que vem não só para redimir o povo da miséria, mas também para levar o país para o Primeiro Mundo.

Não se tratava apenas de privatizar empresas estatais; seria preciso fazer, enfatizava depois, a reforma patrimonial do Estado, inventariando o que era propriedade do governo federal, identifi-

[72] Os próximos parágrafos seguem de perto o trabalho de Themístocles Cezar, *A crise do Estado no discurso dos candidatos à Presidência da República do Brasil em 1989*, dissertação de mestrado apresentada ao Programa de Pós-Graduação em Ciência Política da UFRGS, Porto Alegre, 1993, cap. V ("O Estado Liberal *versus* o Estado Interventor").

[73] Também se manifestam assim Guilherme Afif Domingos, Paulo Maluf, Mario Covas e Ulysses Guimarães.

cando o que seria de utilidade pública e vendendo o desnecessário "para acabar com as mordomias". Além disso, Collor pregava uma "reforma administrativa" que acabasse com a ineficiência e reduzisse o tamanho do Estado.

Vale sublinhar que, mesmo defendendo as privatizações como preceito, Collor viu-se obrigado, depois, a fazer ressalva para as estatais "estratégicas", o que mostra o peso da tradição estatista e nacionalista no conjunto da população. Viu-se obrigado porque aquela tradição tornou-se a trincheira de onde os candidatos "de esquerda" — Lula, Brizola, Roberto Freire — o atacaram qualificando-o de "entreguista" e carrasco dos funcionários públicos. E viu-se na contingência de prometer dar prioridade aos funcionários na gestão das empresas privatizadas para defender-se da acusação de perseguição ao funcionalismo.

Fazendo contraponto a Collor, Lula — embora reconhecendo a necessidade de privatizar excepcionalmente algumas empresas estatais — posicionou-se no polo oposto. Defendeu um papel central e positivo para o Estado em seus planos de governo, que tendiam ao "socialismo", ainda que esta menção fosse muito genérica.[74] Contrário à redução do papel do Estado, propôs, ao invés, fortalecê-lo e reorientá-lo. Opondo-se às privatizações, prometeu redefinir a forma de dirigir as empresas estatais, alargando suas instâncias decisórias e reestruturando as empresas públicas para que passem a servir aos seus proprietários legítimos, a coletividade. Argumentava que as estatais tinham sido construídas à custa do sacrifício "do nosso povo" e tanto as do setor produtivo como do financeiro deveriam ser — *quando potencial ou efetivamente lucrativas* — conservadas e postas a serviço da maioria da população. Quer dizer, haveria que reorientar as empresas estatais para funções *redistributivas*, impedindo que continuassem servindo a interesses privados; a palavra de ordem era *desprivatizar* o Estado,

[74] Os outros candidatos "de esquerda" — Brizola e Roberto Freire — manifestaram opiniões próximas às de Lula, reforçando o ataque a Collor. Suas posições específicas não poderão ser aqui examinadas. Sobre isso, consultar Themístocles Cezar, cit.

acabando com as relações privilegiadas mantidas pelos conglomerados econômicos com as empresas estatais. Ainda que o contraponto com o ideário neoliberal fosse agudo, a agenda liberal era forte o bastante para obrigar Lula e os defensores do Estado a reconhecer a privatização como uma possibilidade, quando esta ou aquela estatal não permitisse dar eficiência à ação do Estado.

Em posição intermediária entre o *neoliberalismo mitigado* de Collor e o *estatismo redistributivo* de Lula introduziu-se na campanha a ideia de *capitalismo competitivo* de Mario Covas. A ideia estava em linha com o discurso de lançamento de sua candidatura no Senado (28/6/1989). Naquele pronunciamento ele afirmara que o Brasil não exigia apenas o ajuste do Estado mas também "de um *choque de capitalismo*, um choque de livre iniciativa, sujeita a riscos e não apenas a prêmios" e argumentara que uma postura verdadeiramente *nacionalista* "impõe a capacitação do país para a competição internacional e a defesa da nossa parte na renda mundial". E acrescentara que "não faz sentido isolar o país numa autarquia. Ele deve participar da nova ordem política mundial". Nessa linha de raciocínio, via a privatização positivamente, mas ela não deveria atingir aquelas empresas cuja produtividade e contribuição tecnológica permitam ou possam vir a permitir a competição com empresas do Primeiro Mundo; assim, empresas estatais como a Petrobras, a Embraer e o Banco do Brasil deveriam ser preservadas, na medida em que têm excelência e são fundamentais para o desenvolvimento do país. Note-se que não há aqui menção de reformar a gestão das estatais, redefinir suas relações com a iniciativa privada ou "desprivatizá-las", como no discurso de Lula. A postura de Covas teve certa simpatia das elites empresariais e da classe média, mas não conseguiu impacto popular. O ideário da "integração competitiva", facilmente perceptível na retórica de Covas, só ganhará relevância depois das eleições, quando passará a influenciar parte das políticas do governo empossado em março de 1990.

Foram tão fortes os contrapontos entre os candidatos, especialmente entre Collor e Lula, que a grande votação dos candidatos de esquerda sugere a hipótese de que, a despeito do cenário político-eleitoral favorecer a candidatura Collor, a retórica empresarial e dos meios de comunicação provavelmente não tinha, na época, grande penetração na consciência popular.

Embora não tenha como examinar esta hipótese sem uma pesquisa específica, sugiro que a divergência "de esquerda" em relação ao cenário dominante se sustentou *também* na ação continuada, embora por vezes intermitente, de um conjunto muito extenso de associações e organizações populares formado principalmente pela Igreja e, depois, pelos sindicatos e partidos de esquerda que, desde a segunda metade dos anos 1970, lutavam pela ampliação dos direitos de cidadania, pelo fortalecimento da participação popular na política. Com efeito, no final dos anos 1980 contavam-se entre tais agrupamentos mais de um milhar de sindicatos vinculados à CUT, com grande participação dos provenientes do setor público, dezenas de milhares de comunidades eclesiais de base da Igreja Católica, associações de bairro e movimentos sociais vinculados ao Partido dos Trabalhadores e espalhados pelo Brasil. A atuação desses agrupamentos contrariava o salvacionismo "de cima para baixo" prometido por Collor. E talvez a mobilização desta base sociopolítica na sustentação da candidatura do PT — e não tanto o "discurso de ruptura" apresentado por Lula — tenha feito a diferença e provocado sua ida para o segundo turno em lugar de Brizola.[75] É bem provável que a resistência à candidatura Collor tivesse menos a ver com o seu neoliberalismo — ou decorresse da adesão das classes populares ao programa de "desprivatização do Estado" apresentado pelo PT — do que a afirmação do valor e da capacidade política das classes populares, componente-chave do movimento pela democratização.

Seja como for, o segundo turno das eleições de 1989 produziu uma polarização partidária que não obedeceu às suas inclinações

[75] A ideia de que os "discursos de ruptura" de Collor e Lula — por oposição aos mais conciliadores dos demais candidatos — tenham sido responsáveis por sua chegada ao segundo turno é de Celi Pinto, "Brasil, eleições presidenciais/89: Collor e Lula na batalha pelo voto", *Cadernos de Estudo do CPG em História/UFRGS*, Porto Alegre, fev. 1990.

em relação aos dilemas econômicos mas, sim, quanto aos político-institucionais. Consideradas as alternativas econômicas, a polarização *tendia a aproximar* o PSDB dos partidos que compuseram o Centrão na Constituinte — PDS, PFL, PDC, PTB, PL e parte do PMDB — na sustentação da candidatura Collor; ao invés, os partidos de centro-esquerda, como o PDT e o PSB, *tendiam a associar-se* aos de esquerda no apoio à candidatura Lula. Não foi esta, porém, a polarização que definiu as alianças no segundo turno das eleições de 1989; *foi o contraponto em relação à democracia* o que importou na distribuição partidária. Collor contou com o apoio daqueles partidos cujos parlamentares participaram, na grande maioria, do Centrão, ainda que isso não fosse explícito, porque o candidato se dizia independente de partidos. A candidatura de Lula e o PT tiveram o apoio do arco de partidos que esteve à frente do processo de democratização — PMDB, PDT, PSDB, PCB, PSB, PC do B — embora PSDB e PMDB dessem apenas "apoio crítico" em função do seu "esquerdismo". Assim, os partidos de centro, embora com defecções, juntaram-se à esquerda.

De qualquer modo, a vitória de Fernando Collor — defensor do antiestatismo, da integração do Brasil ao "Primeiro Mundo" (pela modernização técnica e econômica) e de uma visão de democracia estritamente representativa — definia o rumo político do país. Entretanto, a polarização do segundo turno mostrava que seu governo teria que vencer e/ou convencer um conjunto não desprezível de forças sociais e políticas para superar a crise de hegemonia desencadeada em 1983-84.

A vitória de Collor de Mello, caso desse lugar à realização do programa que defendia, poderia converter a eleição de 1989 em marco divisório entre duas fases da transição política brasileira, aquela em que predominara o impulso para a *democratização política* e a que teria na *liberalização econômica* o seu impulso central. Como se verá, o andamento da transição política foi mais complexo do que então se podia antever.

2. ESTABILIZAÇÃO, PRESIDENCIALISMO PLEBISCITÁRIO E DEMOCRACIA

O período entre a eleição de Fernando Collor de Mello e sua posse foi pleno de declarações, decisões e sinalizações que fixaram os parâmetros pretendidos para o futuro governo. Collor foi aos poucos escolhendo sua equipe e, com os auxiliares que recrutava, preparando suas medidas iniciais. Mas efetuou tais providências políticas, usuais na preparação de qualquer governo, de forma a produzir resultados políticos notáveis, especialmente no plano simbólico.

A construção do ministério e a preparação das políticas a desenvolver a partir de 15 de março não só revelaram o perfil de seu governo; também tiveram o caráter de peças de uma intensa campanha de marketing político em que foram reiteradas como qualidades do presidente — ser jovem, inovador, bem-apessoado, vigoroso, respeitado pelos maiores estadistas do Primeiro Mundo, corajoso e capaz de opor-se àqueles que contribuíam, em benefício próprio, para as misérias do país. Um salvador da pátria, enfim, com espírito de missão, a de modernizar o país, de colocá-lo entre os do Primeiro Mundo, rompendo com o atraso e com aqueles que o mantinham desta forma, funcionários que desserviam o público e a "parte das elites que faz com que a situação atinja a beira do caos absoluto, como o que estamos vivendo; são os ineficientes, são os acovardados diante da realidade nacional, da lei da competição e da economia de mercado".

As viagens internacionais foram os meios preferidos da campanha. Claro que elas não foram apenas peças de marketing. Também cumpriram o papel, relevante, de gerar boa vontade entre aqueles — chefes de Estado e banqueiros — com quem o governo renegociaria sua dívida e outras questões importantes para superar o estrangulamento externo que se mantinha desde o início da década de 1980. Foram quase vinte dias de viagem. Nossos vizinhos do Sul — Argentina, Uruguai e Paraguai — foram agraciados com uma visita que — para os três — durou pouco mais de um dia. Em seguida viajou com destino aos EUA, discursou para banqueiros e dirigentes de multinacionais e foi recebido de forma muito amistosa por George Bush. Foi o início de uma volta ao mundo em vinte dias. A viagem foi bem preparada. Sempre em aviões de carreira, com poucos assessores, para se contrapor ao estilo Sarney, que viajava em avião oficial — pois era presidente, deixava-se de dizer — cheio de assessores e amigos. Bem preparada e com todas as aparências de sucesso. Bem recebido, com a simpatia e a deferência concedidas a uma boa promessa, de quem se espera iniciativas ao sabor dos que o acolhiam. Tais atitudes e outras mostras de sucesso foram largamente enfatizadas e difundidas pelos meios de comunicação, alavancando seu prestígio interno. Dos EUA em diante, houve várias reiterações do mesmo, no Japão, na Rússia — com Gorbachev, na época um ícone mediático —, na Alemanha, na Itália, França, Espanha e Portugal. Uma reiteração enriquecida — em cada capital — por demonstrações de energia física e coragem, até para enfrentar o frio do inverno europeu. Assim, correu de manhã cedinho sobre a neve, quase a zero grau, na Rússia e exercitou caratê no Japão em companhia dos melhores atletas — disseram — da academia que visitou.[1] Nestas viagens, declarações, discursos, entrevistas e informações, "vazadas" por assessores, cuidavam não só de reforçar a imagem presidencial mas ajudaram também a construir a postura política que teria com os demais participantes da vida política nacional. Entretanto, foi a formação do ministério e suas declarações sobre a

[1] Para uma exposição do uso da viagem como peça de marketing político, ver I. Muzzi e J. Negreiros, "Collor sob os holofotes", *IstoÉ Senhor*, nº 1.065, 14/2/1990.

futura política econômica que tornaram possível esboçar melhor o perfil do novo governo.

Já em meados de janeiro de 1990, Collor iniciou a apresentação de seus ministros e auxiliares próximos. Mas antes de indicá-los, fez do número de ministérios uma mostra de racionalização e economia de seu governo — eles já não seriam os 23 herdados de José Sarney, mas apenas 12 ministérios. A redução não era tão grande como parecia, pois no governo haveria mais seis secretarias vinculadas à Presidência.

Em segundo lugar, o preenchimento dos cargos foi objeto de "consultas", certamente, mas não de "negociações" e, menos ainda, de negociação com os partidos, em relação aos quais o futuro presidente continuou mantendo distância e se declarando independente. O presidente eleito não compartilhava suas escolhas, eram suas as decisões. Este foi o aspecto mais importante da formação do ministério, pois revelava que o distanciamento do presidente em relação aos partidos não era apenas peça de marketing. Não era possível saber, porém, qual a medida dessa distância ou se ela se manteria no futuro.

Algumas definições em relação à equipe foram marcantes — e ressaltadas pela assessoria presidencial e a imprensa. Em primeiro lugar, determinou que os ministros militares tomassem posse sem farda — pois na condição de ministros seriam civis — e os escolhidos não tinham tido conexão política com o regime de 1964. Esta afirmação do comando civil — e do presidente — sobre as Forças Armadas, convertidas às suas obrigações profissionais, contrastava com o grande peso político que tiveram no governo Sarney, sob a liderança do general Leônidas Pires Gonçalves, então ministro do Exército. Ao escolher os ministros, ao definir os trajes, civis, com que foram apresentados, Collor declarava o poder presidencial livre da tutela militar. Isso não era pouco, embora não fosse tudo o que desejava, pelo que a imprensa relatou, pois não criou o Ministério da Defesa, que subordinaria todas as pastas militares, em função das resistências percebidas.

Na apresentação dos indicados para as demais pastas, confirmou sua "independência em relação aos partidos" combinando critérios de lealdade pessoal e real ou suposta "competência".[2] Assim, entregou o Ministério da Justiça ao deputado Bernardo Cabral, do Amazonas, apoiador de sua candidatura. No momento não tinha filiação partidária, mas fora do PMDB e relator da Comissão de Sistematização na Constituinte. Isso fazia supor que conhecia os assuntos da pasta e tinha traquejo político, duas qualidades importantes para o posto. O embaixador Marcos Coimbra, cunhado de Fernando Collor, foi apresentado como futuro secretário-geral da Presidência, responsável pela agenda e assessoria direta do governante eleito. O aliado de primeira hora, Renan Calheiros (PRN-AL), foi designado líder do governo na Câmara dos Deputados. Para o Ministério da Infraestrutura, órgão gigante que reunia os antigos ministérios dos Transportes, das Comunicações, de Minas e Energia, foi escolhido Ozires Silva, conhecido e admirado construtor da Embraer e executivo da Petrobras. A despeito de suas reconhecidas qualificações, ao novo indicado não foi permitido a escolha de seus auxiliares imediatos, os quatro secretários executivos que se responsabilizariam pelos antigos ministérios, convertidos agora em dependências do gigante administrativo recém-criado, junto com um enorme conjunto de empresas estatais vinculadas. Quer dizer, o novo ministro cumpria bem a função de *representar* a "competência" mas teria reduzidos meios para exercê-la com autonomia. Competência, diga-se de passagem, quase impossível de ser demonstrada, tal o tamanho da máquina pública e empresarial reunida sob as asas do novo ministério. A escolha de Antônio Rogério Magri, presidente da Confederação Geral dos Trabalhadores, serviu, claro, para que "cumprisse a promessa" de levar um sindicalista para o Ministério do Trabalho e Previdência, embora o indicado tivesse muito pouco conhecimento do que teria pela frente. O importante é que, com a indicação de Magri, Collor ajudava a consolidar um bloco sindical — liderado por Luiz Antônio Medeiros, presidente do Sindicato dos Metalúrgicos de São Paulo. Ele esperava que esse bloco lhe desse

[2] Ver *Folha de S. Paulo*, 15/3/1990, p. 3 (Caderno Especial — A Era Collor).

sustentação política no meio dos trabalhadores assalariados, polarizando com a CUT, ponto de apoio sindical do PT e da esquerda que, provavelmente, lhe fariam oposição. Tratava-se pois de uma opção pelo confronto. Quanto ao Ministério da Economia, a indicação só foi feita no começo de março, embora a indicada — a economista Zélia Cardoso de Mello — já coordenasse, desde a eleição, os trabalhos de formulação da futura política econômica. O modo como Collor chegou à escolha da futura ministra e os parâmetros que fixou para a formulação da política econômica revelaram um pouco do que se podia esperar da futura gestão.

Zélia Cardoso de Mello era uma jovem economista, com 36 anos, que conhecera Collor quando fazia parte da assessoria de Dilson Funaro. Ela cuidava da negociação das dívidas dos estados e municípios e ele governava o estado de Alagoas. As relações se estreitaram e ela converteu-se em chefe da equipe econômica de transição. Juntou ao seu redor jovens economistas de orientação desenvolvimentista e Ibrahim Eris, ex-assessor de Antônio Delfim Netto quando este chefiava o Ministério do Planejamento. O Ministério de Economia, Fazenda e Planejamento que dirigiria seguia o mesmo modelo do de Infraestrutura, abrigando vários Colegiados e ramos de administração econômica, Receita Federal, Tesouro, Planejamento, Indústria e Comércio, Comércio Exterior, Abastecimento e Preços e outros — enfim, um órgão grande e complexo, que devia dar ao seu titular um poder político muito grande.

A despeito disso, as declarações seguidas de Fernando Collor sobre a gestão e o gestor da economia em seu governo indicavam que o titular da Economia não teria a latitude de poder inscrita nas atribuições do ministério. Em primeiro lugar, não convidou Mario Henrique Simonsen, a despeito de prestar homenagem à sua experiência e conhecimento, alegando desejar alguém "mais jovem para mostrar a capacidade da nova geração a que ele mesmo pertencia".[3] Em segundo lugar, declarou várias vezes que ele mes-

[3] Além de Simonsen, foram descartados outros nomes, como os de Daniel Dantas e José Serra, apresentados a ele, respectivamente, por empresários do Rio de Janeiro e de São Paulo.

mo seria o responsável pela política econômica, o que não ocorreria caso o ministro fosse Simonsen. Precisava, pois, de alguém com pouco voo próprio e de estrita confiança para o posto de ministro. Zélia simbolizava exatamente isso, que o ministro seria o próprio Collor. O risco implícito dessa opção era grande: um mau desempenho seria debitado diretamente ao presidente. Um fracasso seria, antes de tudo, seu. Em terceiro lugar, diversas vezes anunciou medidas drásticas tanto em relação ao gasto público e às mazelas do funcionalismo como em relação à inflação. Particularmente em relação a esta, repetiu com variações que as medidas seriam drásticas e súbitas, pois declarou que só tinha uma bala na agulha para matar a inflação e que iria "derrotar a inflação por *ippon*", golpe certeiro e decisivo em uma luta de judô ou caratê.

Assim, o presidente eleito parecia dotado de pronunciado voluntarismo tanto na escolha do titular da Economia como no tipo de política sugerida. Por tudo o que disse ou deixou "vazar" para a imprensa havia pouca dúvida que se devia esperar por um choque econômico heterodoxo no começo do governo. A quase certeza vinha não só das declarações de Fernando Collor. Vinha também da disparada da inflação: ela foi adquirindo feições dramáticas neste período, pois o Índice Nacional de Preços ao Consumidor (INPC) alcançou 51,3% no mês de dezembro de 1989, 68,2% em janeiro, 74% em fevereiro e caminhava para 82,2% em março de 1990. Isso tornava quase uma exigência a adoção de medidas drásticas de combate. Mas quais? Quase ninguém sabia ao certo.

As elites empresariais, seguramente, as temiam, especialmente depois de sofrerem tantos ataques verbais do eleito. Satisfeitas com a vitória do candidato que se dizia reformista liberal, receavam o seu voluntarismo. A maioria dos parlamentares também via com cautela o governo que se preparava para assumir. Os partidos não tiveram participação na montagem do ministério. Isso foi compensado, pelo menos em parte, por reuniões que Collor manteve com parlamentares dos partidos mais conservadores que o apoiaram, discretamente, no segundo turno das eleições de 1989. Reuniu-se em jantares ou almoços com parlamentares do PFL, PDS,

PTB e PL parecendo ter a intenção de articular um bloco parlamentar que o apoiasse.[4] Mas não havia clareza quanto a isso. De fato, não havia segurança quanto ao seu relacionamento futuro com o novo presidente. Atenderia suas demandas? Como ele operaria para aprovar os projetos que enviaria para o Congresso? Tentaria convencer as lideranças partidárias? Os parlamentares receberiam recursos para transferir para suas bases eleitorais? Essas incertezas, receios e, mesmo, temores não evitaram, porém, que o novo presidente chegasse ao poder com expectativas muito positivas do conjunto da população.

A posse do eleito seria no dia 15 de março. Quando Fernando Collor assumisse o cargo, teriam se passado quase trinta anos desde a última eleição direta de um presidente da República. Assumindo a chefia de Estado, ele materializaria a demanda central do movimento de democratização política dos anos 1980 e as determinações da Constituição de 1988 que o consolidou do ponto de vista jurídico.

A posse do novo presidente foi, pois, embalada pela esperança de que a escolha popular resultasse em um governo melhor, mais ajustado aos anseios da maioria da população do que aqueles escolhidos indiretamente, por determinação militar. Mas sua legitimidade não vinha só de um procedimento eleitoral tão valorizado como o das eleições diretas. Vinha também da imagem de autonomia, vigor, honestidade e competência que Collor construíra ao longo da campanha eleitoral e, depois, dos preparativos para o novo governo, das declarações, dos pronunciamentos, das reportagens apologéticas e, também, da sensação de que "algo teria que ser feito" para superar a situação difícil em que a sociedade brasileira se encontrava. Embora Fernando Collor tenha sido eleito por pouco mais de 50% dos votantes, nas vésperas da posse 71% da população esperava que ele fizesse um governo ótimo e bom, o que contrastava agudamente com os 56% que, no mesmo momen-

[4] Cf. *IstoÉ Senhor*, nº 1.070, 21/3/1990, pp. 39-41.

to, consideravam ruim ou péssimo o governo que findava, de José Sarney.[5]

A "DITADURA ROMANA"

A quinta-feira, 15 de março de 1990, amanheceu ensolarada. A população de Brasília encheu as ruas para saudar Fernando Collor de Mello, que se dirigiu em carro aberto para sua posse como presidente diante do Congresso Nacional, reunido em sessão solene. Vários chefes de Estado estrangeiros estiveram presentes à cerimônia. Milhões de ouvintes e expectadores de todo o Brasil acompanharam a cena pelo rádio e pela televisão.

O jovem presidente — tinha, então, 40 anos — assinou o termo de posse e pronunciou, diante dos parlamentares, discurso de quase uma hora, interrompido 30 vezes por aplausos. Expressou enfaticamente adesão ao capitalismo e à democracia, a crença de que a iniciativa privada devia ser o núcleo das atividades econômicas e de que a democracia tinha agora uma dimensão social. Ele se propôs seguir, atualizando, o lema do ex-presidente Kubitschek: "Do binômio de Juscelino — democracia e desenvolvimento — queremos passar ao trinômio do Brasil moderno — democracia, desenvolvimento e justiça social". Contudo, o ponto central do seu discurso foi a inflação: "a meta número um de meu primeiro ano de governo *não é conter a inflação, é liquidá-la*".[6]

Em seguida, já no Palácio do Planalto, recebeu a faixa presidencial de José Sarney e assinou cinco medidas provisórias, a serem examinadas pela Congresso, e quatro decretos determinando a reforma ministerial, extinguindo órgãos públicos, a venda de imóveis pertencentes à União, a contenção de despesas e restrições à

[5] Cf. *Folha de S. Paulo*, 15/3/1990, p. 1-1.

[6] Cf. Fernando Collor de Mello, "O projeto de reconstrução nacional", discurso de posse, 15/3/1990. O discurso professava ideias social-liberais e foi escrito por José Guilherme Merquior, intelectual e diplomata.

acumulação de cargos públicos. Nomeou também os seus 12 ministros, que receberam à tarde os cargos de seus antecessores.[7]

Confirmava, assim, as promessas de reformar o Estado, reduzindo sua dimensão e racionalizando a administração pública. No dia seguinte, sexta-feira, definida como feriado bancário, reuniria o ministério — mais parlamentares do PFL, PDS, PTB, PDC e PRN que haviam declarado apoio a seu programa — para lançar o seu tão esperado plano anti-inflacionário — de choque, ninguém duvidava. Desejara fazê-lo diante do Congresso, ao estilo norte-americano, e até recebera convite neste sentido do presidente daquela Casa, mas a reação contrária de lideranças do PMDB, PSDB e partidos de esquerda fizeram-no recuar.[8]

Na sexta-feira, de manhã bem cedo, o presidente lançou — diante do ministério, e para todo o público que o ouvia e assistia pelo rádio e a televisão — o Plano Brasil Novo, logo denominado Plano Collor pela imprensa. Não deu muitos detalhes; era um plano drástico, em que o presidente jogava todas as fichas sem possibilidades de trégua ou recuo — é "vencer ou vencer", disse ele. Os detalhes Collor deixou para a ministra da Economia e o presidente do Banco Central, Ibrahim Eris, que se esforçaram, sem muito sucesso, para explicá-lo à imprensa e aos que os assistiam pela televisão, espantados e intimidados com a ousadia das medidas anunciadas.

Tratava-se de um plano muito abrangente, com alta dose de intervencionismo, composto de quase duas dezenas de medidas provisórias, decretos e portarias.

[7] A ministra Zélia Cardoso de Mello fez o elogio do ex-ministro da Fazenda, Dilson Funaro, falecido recentemente, com quem trabalhara na época do Plano Cruzado. Este elogio não foi homenagem protocolar ou só expressão de gratidão, como se verá; havia sintonia entre aquela equipe de economistas que o auxiliou no Ministério da Fazenda e o plano anti-inflacionário que ela lançaria.

[8] Ulysses Guimarães alegou que o regimento do Congresso não prevê que o presidente fale ou lance medidas diante da Casa, exceção feita ao discurso de posse. Foi seguido por lideranças de centro e de esquerda.

O núcleo do Plano era a reforma monetária, contida na MP 168. Para estabilizar a moeda, o governo suprimiu o poder de compra do Cruzado Novo e o transferiu para uma nova moeda, o Cruzeiro. Ao mesmo tempo, se apropriou de 80% dos ativos financeiros e da moeda em circulação e os depositou no Banco Central, prometendo devolvê-los depois de 18 meses, com correção monetária e juros de 6% ao ano em 12 parcelas mensais iguais. A apropriação incluiu a quase totalidade de cada aplicação financeira — inclusive os depósitos em cadernetas de poupança — e tudo o que excedesse 50 mil cruzados novos das contas-correntes, que valiam cerca de 625 dólares no mercado paralelo ou 1.250 no oficial. O que restou do bloqueio foi 20% do total de moeda existente, aplicada ou não. Este total foi convertido em cruzeiros e, portanto, podia ser usado. O tamanho da contração de meios de pagamento foi enorme: o total de meios de pagamento[9] que, antes do choque, era de 30% do PIB, se restringiu a apenas 9%. Entretanto, a perda do poder de compra dos cruzados novos não foi absoluta. As dívidas então existentes e os impostos podiam ser pagos por 60 dias com os cruzados novos retidos, o que deu uso imediato a esse dinheiro e estimulou o surgimento de um mercado em que eram trocadas distintas moedas e dívidas.[10]

Obviamente, esta reforma atingiu e onerou as classes proprietárias e empresariais, a classe média, e, mesmo, as camadas superiores dos assalariados urbanos. O Plano reteve parte da riqueza que tais agentes poderiam converter em mercadorias, não o fazendo porque se tratava de riqueza indexada, aplicada em títulos ou poupança com correção monetária e juros, protegida assim da

[9] É o que os economistas chamam de M4. Compreende o papel-moeda em mãos do público, depósitos à vista e a prazo, cadernetas de poupança e títulos públicos em poder do setor privado e letras de câmbio.

[10] Encontra-se uma exposição crítica, mas muito didática, desta reforma monetária em Affonso Celso Pastore, "A reforma monetária do Plano Collor", em Clovis de Faro (org.), *Plano Collor: avaliações e perspectivas*, Rio de Janeiro, LTC, 1990. À exceção da conversão em dólares, os números e a explicação baseiam-se neste artigo. A íntegra da MP 168 consta do livro citado, como Anexo.

desvalorização da moeda.[11] O governo, a seu turno, se eximia agora de corrigi-la (antes o fazia, quase sempre, diariamente) e de pagar juros por ela durante um período de 18 meses. Ademais, limitava o montante deste pagamento ao nível de juros do ativo *menos rentável*, o das cadernetas de poupança, 6%. Teve, portanto, um ganho fiscal considerável, e de uma só vez, no ano de 1990.[12]

No aspecto fiscal, o Plano orientou-se para um "ajuste fiscal" do Estado, reajustando preços de serviços públicos, aumentando taxas ou reduzindo o prazo de recolhimento de impostos, reduzindo ou eliminando subsídios, determinando uma reforma administrativa que fundiu e extinguiu vários órgãos públicos e fixou diretrizes para a venda de propriedades públicas consideradas "mordomias" (residências funcionais e automóveis de "representação", por exemplo) e lançando um programa de privatização de empresas estatais. O "ajuste" pretendido em 1990 era de 10% do PIB, transformando o déficit previsto de 8% em um superávit de 2%.

Por fim, ele congelou os preços provisoriamente — com liberação dependente de acordos com o governo — e revogou a lei salarial vigente que protegia os salários da inflação pela indexação de sua renda; instituiu em seu lugar a "livre negociação" e regras de transição, que definiam um índice de reajuste salarial para março e anunciavam para mais tarde a fixação de percentuais mensais de reajuste, correspondentes à inflação futura, até que chegasse o momento da "livre negociação".

Do ponto de vista global, o Plano Collor foi, antes de tudo, um ataque ao capital-dinheiro e às suas várias formas de conser-

[11] Usualmente se esquece de dizer que entre as mercadorias que os detentores de moeda indexada não poderiam mais comprar — pelo tempo de sua retenção — estavam também investimentos produtivos, que tiveram que ser suspensos.

[12] Segundo o cálculo *preliminar* de Celso Martone, o ganho fiscal em 1990 foi de cerca de 5% do PIB. Ver o seu "Mais um programa de estabilização inconsistente", em Clovis de Faro (org.), *Plano Collor*, cit., p. 54. O texto de Martone está datado de 7/5/1990, pouco depois do Plano Collor.

vação (de valor), ataque que supunha estarem na raiz da inflação tanto o "excesso de liquidez" como as variadas formas "quase líquidas" de conservação da riqueza, o que se costumava chamar então de "riqueza indexada", mantida pela ação do Estado. Outras medidas tiveram o mesmo sentido — contrário ao predomínio da forma financeira da riqueza —, como o aumento do Imposto sobre Operações Financeiras (IOF) e a instituição de "certificados de privatização" a serem comprados obrigatoriamente pelas instituições financeiras e usados, futuramente, na compra das estatais a serem vendidas.

Este ataque à riqueza "financeira" foi surpreendente não só do ponto de vista macroeconômico; ele carregava também um significado político-ideológico que parecia ir na direção do que o próprio Collor anunciara, depois das eleições, sobre seu governo: ele deixaria a esquerda perplexa e a direita indignada. Desta vez, comentava Clóvis Rossi na *Folha de S. Paulo*, "a esquerda [...] não pode reclamar que o pacote beneficia o capital em detrimento do trabalho. O grande punido é o capital, especialmente o financeiro, especulativo e parasitário, alvos prediletos na demonologia de esquerda. No máximo a esquerda pode reclamar das perdas salariais [...] e temer as consequências sociais da profunda estagnação que o pacote trará ao menos no primeiro momento. [...] A direita não pode se queixar do desenho liberal do programa. Abrir a economia, enxugar o Estado, privatizar — isso deveria soar como música aos ouvidos liberais de verdade". Mas o empresariado mal conseguia disfarçar a indignação com o ataque desferido — não verbal mas efetivo — à propriedade privada, às suas reservas líquidas de capital e à elevação de impostos. Aderira a Collor para evitar Lula e "agora começa a descobrir que Collor pode fazer — e começa a fazer — coisas que Lula nem ousaria, ainda que quisesse, porque lhe faltaria uma correlação de forças favorável".[13] Mas a qualificação do Plano Collor no eixo tradicional esquerda/direi-

[13] Clóvis Rossi, "De indignados e perplexos", *Folha de S. Paulo*, 18/3/1990, p. 2.

ta é insuficiente, como o próprio comentário citado acima deixa transparecer.

Em seu conjunto, as medidas entregues *pessoalmente* — e não por meio dos canais usuais — ao Congresso foram uma *reafirmação brutal do poder do Estado* em relação à sociedade e, especialmente, em relação à esfera econômica.[14] O novo governo inverteu a situação anterior de passividade e progressivo descrédito em relação à sua capacidade de comando — sinalizado pela deterioração da moeda e pela incapacidade de fornecer alternativas para a sociedade. A inversão foi mesmo dramática, pois ressaltou em Collor a dimensão de herói salvador que encarnava para boa parte das massas populares e desorganizou temporariamente as forças políticas que podiam a ele se opor. No dia seguinte ao lançamento do Plano, a *Folha de S. Paulo* fez pesquisa em dez capitais de estado e constatou que 58% dos entrevistados avaliaram que as medidas eram boas para o país e 60% acreditavam que a inflação ia baixar.[15]

Em segundo lugar, esta afirmação da autoridade estatal foi *contra* a "moeda indexada" e em favor da *produção* capitalista, pedra de toque do desenvolvimentismo "de esquerda". Assim, Luiz Gonzaga Belluzzo, economista oriundo da Unicamp, assessor do ministro Funaro na época do Plano Cruzado, conhecido desenvolvimentista, escreveu na edição da *IstoÉ* que fez a cobertura inicial do Plano Collor: "Os que hoje abominam o ato cirúrgico praticado pelo governo ignoram que somente a suspensão do exercício dos direitos representados pela moeda indexada era capaz de restaurar a validade da riqueza e dos patrimônios acumulados. Paradoxalmente, a intervenção governamental fez valer de novo direitos que, se exercidos, nada valeriam. A polarização da

[14] Sobre isso, ver Luciano Martins, "Autonomia política do governo Collor", em Clovis de Faro (org.), *Plano Collor*, cit. Segundo ele, o Plano Collor obedeceu à lógica de ampliar a autonomia política do governo ante a sociedade por meio de congelamento de preços e do "rearmamento financeiro do Estado": autonomia do Estado e do presidente como centro do Estado.

[15] Cf. *Folha de S. Paulo*, 18/3/1990, p. 1.

riqueza financeira na moeda indexada foi reduzindo o tamanho dos mercados e a capacidade de resposta da produção. [...] Diante da trajetória que a economia brasileira vinha descrevendo, só mesmo um lunático poderia exigir respeito à operação dos mercados. Simplesmente não tínhamos mercados porque queríamos prescindir da moeda, em favor do enriquecimento sem razão e sem esforço".[16]

O Plano tinha, sim, afinidades com o desenvolvimentismo "de esquerda" mas não se identificava plenamente com ele. É que — para alegria do reformismo liberal — ele atingiu também o velho Estado nacional-desenvolvimentista, suas empresas, agências, pessoal administrativo e as articulações da administração pública com o empresariado; reduziu drasticamente os controles administrativos sobre o comércio exterior e fixou um programa de privatização de empresas estatais. O Plano Collor parecia, pois, apostar em uma posição intermediária entre o neoliberalismo e o desenvolvimentismo — posição que podemos denominar liberal-desenvolvimentista.[17]

Por último, quebrando a indexação salarial, mecanismo básico de proteção dos salários em relação à alta inflação, o Plano tentou "neutralizar" a contribuição dos reajustes decorrentes da inflação passada. Apostou, como se fazia desde o Plano Cruzado, na preservação da média dos salários reais, embora deixando ao arbítrio do governo a fixação dos índices futuros de correção — supostamente correspondentes à previsão da inflação — até que chegasse o momento da "livre negociação" entre patrões e empregados, uma negociação que não teria mais como ponto de partida a "reposição das perdas passadas". Embora sindicatos e suas cen-

[16] Luiz Gonzaga Belluzzo, "A lei dos homens", *IstoÉ Senhor*, nº 1.070, 21/3/1990.

[17] Este remete ao projeto de "integração competitiva" a que nos referimos no capítulo anterior. O Plano Collor, porém, não definia tudo e muito menos o que se seguiria. O reformismo liberal de Collor foi muito mais ambíguo. Desenvolvi esta questão em "Governo Collor: o reformismo liberal e a nova orientação da política externa brasileira", cit.

trais alegassem que a nova legislação provocava perdas — isso aliás vinha sendo alegação reiterada sobre os vários programas de estabilização desde o Plano Cruzado —, há boas razões para crer que isso não correspondia à verdade.[18] A "livre negociação", obviamente, dependeria do comportamento dos preços futuros. E esses o governo pretendia controlar não só pelo órgão especializado — a Secretaria de Controle de Preços —, mas também pela ação do delegado Romeu Tuma, chefe da Polícia Federal e também da Receita Federal.

Do ponto de vista político institucional, o Plano e o modo como se converteu em lei mostraram que o pendor autocrático e voluntarista do presidente não eram apenas uma virtualidade. Em primeiro lugar, o instrumento legal utilizado por Collor, a medida provisória, já bastante discricionário, dava ao Congresso apenas 30 dias para a apreciação de um Plano extremamente complexo. Ainda assim ela foi adotada apenas como a segunda melhor alternativa porque a escolhida inicialmente — a *lei delegada* — mostrou-se politicamente inviável. Este tipo de iniciativa legal *não exige a aprovação pelo Congresso mas demanda uma autorização prévia*, a delegação, que define o conteúdo sobre o que versará a lei. Perante a reação da oposição — tendo à frente Ulysses Guimarães — o governo recuou, recorrendo então ao instituto da medida provisória, o que restringia, a despeito da sua força, o arbítrio do presidente. Em segundo lugar, foi sinal da verticalidade com que trataria o Congresso a caminhada que Collor protagonizou, acompanhado de seus 12 ministros, do Palácio do Planalto ao Parlamento, para entregar ao chefe do Poder Legislativo o calhamaço que continha as medidas provisórias do Plano Brasil Novo. O gesto escapava à forma usual de envio de medidas ao Congresso. Mas ele foi, ademais, acompanhado de palavras que não deixaram dú-

[18] Luiz Carlos Bresser-Pereira argumentou persuasivamente que, ao contrário, o Plano Collor produziu um aumento do salário real. Ver o seu artigo "As incertezas do Plano Collor", em Clovis de Faro (org.), *Plano Collor*, pp. 91-2.

vida quanto ao seu sentido: estas medidas tem o "aval de 35 milhões de votos"; quase não faltou dizer "não ousem rejeitá-las".[19]

Embora captando esses sinais de depreciação, o Congresso viu-se em uma situação em que a rejeição do "pacote" — ainda desejada por muitos — seria politicamente negativa e institucionalmente perigosa. De um lado, o Plano contava com apoio popular, inclusive pela queda efetiva da inflação — o INPC, que foi de 82,2% em março, caiu para 14,7% em abril. Ademais, a paralisia da atividade industrial ainda não se transformara significativamente em desemprego, embora o temor em relação a isso tenha tirado impulso do movimento sindical. Mesmo os empresários, pouco conformados com o confisco de suas aplicações, vocalizavam sua insatisfação principalmente criticando o arbítrio no controle de preços e as dificuldades para pagarem os salários de março, despendidos em princípio de abril. Superado este problema, com a ajuda de linhas de crédito que o governo abriu para este fim, a pressão diminuiu. Além disso, o governo abriu o que chamava de "torneiras" de cruzeiros para aposentados, para hospitais, sindicatos etc., o que reduziu muito as insatisfações. De outro lado, o institucional, eram imprevisíveis os efeitos econômicos e políticos da rejeição do Plano. As lideranças parlamentares, ainda que tivessem restrições às suas medidas, temiam o desencadeamento de uma hiperinflação e os possíveis riscos que traria para a estabilidade da democracia.

Dessa forma, as medidas provisórias começaram a ser aprovadas, mesmo antes do seu prazo final. Algumas negociações mais duras ocorreram, por exemplo, quanto à extinção de órgãos públicos. Alguns deles foram salvos pelo Congresso, como a Sudene, e outros — como as Zonas de Processamento de Exportação — suspensas por um ano em vez de eliminadas. Mas houve, também, alterações de medidas propostas, que as tornaram mais drásticas, quanto às mordomias, por exemplo. Os partidos que haviam se

[19] Consultar sobre isso Alberto Tosi Rodrigues, *Brasil de Fernando a Fernando: neoliberalismo, corrupção e protesto na política brasileira de 1980 a 1994*, Ijuí, Editora Unijuí, 2000, pp. 94-7.

comprometido previamente a apoiar o Plano — PRN, PFL, PDS, PTB, PL e PDC[20] — acabaram votando em peso em seu favor, a despeito das reclamações e críticas de alguns parlamentares. O PSDB optou por "melhorá-lo" e o PMDB — maior partido, com 159 deputados e 28 senadores — acabou contribuindo decisivamente para sua aprovação, a despeito da resistência de alguns dos relatores de medidas provisórias. Para as principais lideranças do partido — como Ulysses Guimarães, seu presidente, e Ibsen Pinheiro, seu líder na Câmara dos Deputados — não havia mais como, sem grande risco institucional, retornar ao ponto de partida. A oposição teria que esperar o momento certo para assumir o seu papel. O deputado Ulysses Guimarães agiu claramente neste sentido, atendendo pedido de Collor para que o relator da reforma monetária, deputado Osmundo Rebouças, se encontrasse com a equipe econômica para discuti-la. Além de facilitar, na medida do possível, a aprovação das medidas centrais do Plano, o líder do PMDB na Câmara chegou a solicitar mudança no parecer do relator da medida provisória que extinguia órgãos públicos. Ele havia "ressuscitado" quatro delas. Ibsen justificou: "Não podemos deixar nossas posições pessoais acima do partido".[21]

Os partidos de centro, PMDB e PSDB, e de esquerda só conseguiram se unir em torno da elevação do limite de saque das cadernetas de poupança. Foram derrotados, porém, porque 1/3 dos deputados do PMDB votaram com o governo, ficando aprovada a MP 168 tal como tinha sido apresentada. Vale sublinhar que, contra a aliança entre os partidos de centro e de esquerda, se re-

[20] Esses partidos tinham, em conjunto, 240 parlamentares, insuficientes para aprovar as medidas provisórias — a maioria correspondia a 286 parlamentares, 248 deputados e 38 senadores. Daí que as lideranças do governo na Câmara dos Deputados, deputado Renan Calheiros e senador José Ignácio Ferreira, tentassem atrair o voto dos "moderados" do PMDB — 60 deputados e 6 senadores — que no segundo turno aderiram à candidatura Collor, apesar da posição inversa da direção do partido. Cf. *Folha de S. Paulo*, 20/3/1990, p. A-5.

[21] Sobre as atitudes de Ulysses Guimarães e Ibsen Pinheiro, consultar *Veja*, 11/4/1990, p. 25.

compôs, em circunstâncias diversas, a frente parlamentar que formara o "Centrão" na Constituinte.

O Supremo Tribunal Federal assumiu também, no começo de abril, posição política similar à do Congresso: negou provimento a uma ação judicial impetrada pelo PDT que pedia a suspensão da MP 173, norma que proibia a Justiça de conceder liminares a mandados de segurança contra medidas do Plano Collor. Sem esta medida provisória poderia haver uma infindável série de decisões judiciais favoráveis, liminarmente, a mandados de segurança contrários ao bloqueio dos cruzados novos. As "torneiras" vazariam cruzeiros por todos os lados. Um dos ministros responsáveis pela vitória de 7 a 2 a favor do governo concluiu: "a suspensão da MP 173 teria efeitos danosos para o país". Entretanto, os ministros Paulo Brossard, relator da ação, e Celso de Mello, embora minoritários, frisaram a inconstitucionalidade do Plano: "a apropriação indébita de bens é furto", afirmou o relator no seu voto favorável à ação do PDT.[22]

Desse modo, nas semanas posteriores ao lançamento do Plano Collor o poder presidencial chegou ao zênite, configurando-se uma situação política parecida — como lembrou bem Bolívar Lamounier — à "ditadura romana". Situação em que a emergência hiperinflacionária, a ampla aprovação social ao plano de estabilização e a existência do instrumento da medida provisória produziram um *afrouxamento* das "balizas constitucionais" para a ação governamental e reduziram a oposição parlamentar às iniciativas do governo. Naquele período, o Congresso Nacional e o Supremo Tribunal Federal tornaram-se *reféns do Poder Executivo* em função dos altos custos previstos decorrentes da não aprovação do plano de estabilização, o custo de desencadear a hiperinflação e, possivelmente, colocar em risco a democracia recém-instituída.[23]

[22] A sessão foi interrompida pelo presidente do STF, Sydney Sanches, e retomada no dia seguinte, quando todos os votos foram contrários aos do relator, que até então vencia por 2 a 1.

[23] Cf. Bolívar Lamounier, *Depois da transição: democracia e eleições no governo Collor*, São Paulo, Loyola, 1991, pp. 88-94. Bolívar mostra que

Entretanto, na medida em que a iminência da hiperinflação ia sendo afastada pelo próprio Plano e surgiam suas consequências econômicas negativas e obstáculos à sua implementação, aumentou o protesto do movimento sindical e a resistência parlamentar, e reduziu-se a tolerância do Judiciário em relação às ações do presidente da República.

Na verdade, desde o início o governo Collor contrariou os interesses das organizações sindicais que eram politicamente mais distantes dele. Já na montagem de sua equipe ministerial, como se viu, Collor tentou enfraquecer a CUT e os sindicatos ligados a ela ao convidar para o Ministério do Trabalho um dos adversários daquela organização sindical, Rogério Magri, simpático ao "sindicalismo de resultados".[24] Ademais, o programa de estabilização não só atacou os mecanismos de indexação e reposição que davam proteção — ainda que precária — aos salários; também determinou uma reforma administrativa do setor público, aglutinando ramos da administração, fechando órgãos públicos e determinando a demissão em massa de servidores públicos para reduzir as despesas do Estado.

A reforma administrativa foi, do ponto de vista político, particularmente provocativa, pois produziu enorme animosidade nos servidores públicos, nos seus sindicatos (vinculados em geral à CUT) e na "classe política", com muitas conexões com a administração pública. Exemplo de provocação política, por exemplo, foi

mesmo um jornal que fazia restrições às arbitrariedades do governo afirma em editorial: "o principal a considerar é que, na realidade, não há condições concretas, do ponto de vista econômico e político, de reverter o conteúdo essencial do programa de estabilização". Cf. *Folha de S. Paulo*, 21/3/1990.

[24] Rogério Magri era presidente da Confederação Geral dos Trabalhadores e, desde sua nomeação para o ministério, foi substituído pelo sindicalista Canindé Pegado. Luiz Antônio Medeiros, a liderança mais importante do chamado "sindicalismo de resultados", deixou esta central sindical, mantendo-se apenas na presidência do Sindicato dos Metalúrgicos de São Paulo e da Confederação Nacional dos Trabalhadores Metalúrgicos, até que, em 1991, fundou uma nova central, a Força Sindical, agregando os sindicatos vinculados àquela orientação pragmática.

o discurso de Collor aos ministros, no começo de maio, anunciando que seriam demitidos ou colocados à disposição de 20% a 25% dos 1,6 milhão de funcionários da administração direta e das estatais — cerca de 360 mil "servidores ociosos que não se enquadram nas exigências de dedicação e operosidade do Brasil Novo", pois o serviço público "não existe para proteger a ineficiência ou para acobertar privilégios corporativos".[25]

Esta tentativa de reforma administrativa, além de estimular o protesto dos servidores públicos, não levou suficientemente em conta as restrições constitucionais e legais, as dificuldades práticas para cumprir as determinações e as resistências tanto da administração pública como do Congresso Nacional. Em função disso tudo, o governo foi obrigado a recuar paulatinamente de suas intenções maximalistas originais, acabando por reduzir muito o número pretendido de servidores dispensados e, pior que tudo, desorganizando boa parte da administração pública.[26] O resultado da reforma foi, pois, muito ruim politicamente, tanto pela animosidade que despertou como pelos seus efeitos negativos sobre a eficiência da administração pública.

No que diz respeito aos trabalhadores do setor privado, o Plano Collor produziu uma desmobilização de curta duração. No mês seguinte ao lançamento do Plano, abril de 1990, foi particularmente baixo o número de greves e de grevistas. Mas a partir de maio os movimentos de paralisação se intensificaram, alcançan-

[25] Discurso citado em Vera Sueli Storck, "A reforma administrativa do governo Collor", *Revista de Administração*, São Paulo, vol. 27, nº 3, jul.-set. 1992, pp. 66-77.

[26] Segundo estudo de Luciano Martins, o governo Collor demitiu 108 mil servidores dentre aqueles com menos de cinco anos de serviço (não estabilizados pela Constituição de 1988); na verdade, quase metade deles foi colocada em disponibilidade, significando que foi mandada para casa, mas mantendo seus salários. A essa demissão em massa não se seguiu nenhum plano de reformas, e ela foi tão arbitrária que cerca de 67 mil servidores processaram o governo e provavelmente seriam readmitidos. Cf. Luciano Martins, "Reforma da administração pública e cultura política no Brasil: uma visão geral", *Cadernos ENAP*, Brasília, nº 8, 1997.

do o ápice em junho.[27] Ademais, as demonstrações de insatisfação e oposição não se restringiram às greves.

Os sindicatos também ingressaram sistematicamente na Justiça do Trabalho com demandas de aumento e de *reposição salarial*, contrariando o espírito da Medida Provisória 154, que não previa este tipo de reajuste. O evento desencadeador da controvérsia jurídica e parlamentar, que se travaria em seguida sobre isso, foi a decisão do TRT de Minas Gerais de conceder reajuste salarial de 83,4% a título de "reposição das perdas", figura jurídica inexistente na nova política salarial mas que, em função da existência efetiva de resíduo inflacionário, o tribunal decidiu incorporar aos salários usando a legislação antiga.[28] À vista disso, o governo reagiu e editou, em 5 de maio, a MP 185, restringindo o poder dos TRTs definirem reajustes usando sua capacidade *normativa* — de produzir normas com força de lei para dirimir conflitos.

O movimento sindical ganhou muito impulso depois da edição desta última medida provisória e da portaria ministerial de 16 de maio pela qual a ministra Zélia Cardoso de Mello fixava em zero os reajustes salariais obrigatórios a serem concedidos em maio (instituindo, assim, a livre negociação salarial). De fato, *o movimento sindical — da CUT e CGT*[29] *ao "sindicalismo de resultados" — unificou-se contra a política do governo*. Alguns dias depois da edição da MP 185, Luiz Antônio Medeiros, aliado de Collor no movimento sindical, reivindicou a revogação da medida e anunciou que o movimento sindical pressionaria o Congresso pa-

[27] Os dados do DIEESE mostram a seguinte sequência de indicadores de atividade grevista: em 4/1990, 31 greves, quase 85 mil grevistas e cerca de 940 mil dias não trabalhados; em 5/1990, 150 greves, cerca de 1,16 milhão de grevistas e quase 19 milhões de jornadas perdidas; em 6/1990, 370 greves, quase 1,5 milhão de grevistas e cerca de 14,7 milhões de dias não trabalhados.

[28] A decisão do TRT de Minas Gerais foi tomada em 19 de abril de 1990, concedendo aos jornalistas da TV Globo daquele estado o referido reajuste salarial, correspondente ao IPC de março.

[29] Como vimos, a CGT, desde a nomeação de Magri como ministro do Trabalho, passou a ser dirigida por Canindé Pegado — que, ao contrário do seu antecessor, manteve proximidade política com a CUT.

ra sua derrubada. Depois da edição da portaria que instituía a "livre negociação" seu protesto tornou-se mais agressivo: "se é a lei da selva, vamos ter que responder com a lei da selva... o governo arrebentou um patrimônio nosso, construído durante dez anos".[30] A unificação do movimento sindical contra a política salarial do governo repercutiu no Congresso, reforçando a atuação da oposição parlamentar, inclusive dos partidos de centro, e tornando mais fortes as exigências da base parlamentar próxima ao governo para manter sua lealdade.

A derrubada, em 31 de maio, da Medida Provisória 185, na Câmara dos Deputados, por 153 votos a 130, marcou o fim da situação de "ditadura romana" que moldava as relações entre os poderes do Estado. A medida provisória derrubada permitia que o presidente do Tribunal Superior do Trabalho (TST) suspendesse por 150 dias o efeito das decisões dos Tribunais Regionais do Trabalho (TRTs). A derrota do governo mostrou que se esgotara seu acordo com a base parlamentar que se comprometera com ele no esforço para estabilizar a moeda, ajustar as finanças públicas e liberalizar a economia. Depois da aprovação do Plano Collor, as lideranças parlamentares do governo vinham usando a tática de provocar o esvaziamento do Plenário para evitar derrotas. Implicitamente, reconheciam que não conseguiam reunir uma maioria segura para vencer. No dia da votação da MP 185, quase 100 parlamentares da base considerada governista se ausentaram do Plenário e, verificada a existência de quórum para votar, o governo foi derrotado. As justificativas para a derrota foram basicamente o não atendimento de demandas ou a arrogância das autoridades até para recebê-las.[31] Em suma, a urgência política e econômica e a afinidade com o programa do governo já não eram suficientes para manter uma base parlamentar confiável e numerosa de apoio.

Derrotado, o Executivo editou em seguida a MP 190, que repetia a MP 185 com pequenas modificações. Desprezou, assim,

[30] Cf. *Conjuntura Política*, nº 1, 15/6/1990, p. 3.

[31] Cf. *IstoÉ Senhor*, nº 1.081, 6/6/1990, pp. 16-7.

a vontade parlamentar expressa na derrubada da medida provisória e reiterou a vontade do Executivo.

Diante disso, o Procurador-Geral da República, com suas funções ampliadas pela Constituição de 1988, recorreu ao Supremo Tribunal Federal pedindo que ele declarasse inconstitucional a reedição de medida provisória rejeitada pelo Congresso. No dia 6 de junho, o STF concedeu liminar contra a MP 190.[32]

Com tais decisões legislativas e judiciais, os principais centros de poder do Estado não pretendiam tirar autoridade constitucional do Executivo; apenas começaram a *restringir a latitude com que ele exercera e pretendia continuar exercendo o poder* — eles bloquearam, por enquanto, o que consideravam seus "excessos". Defendiam a relevância do Congresso como Poder Legislativo — ainda que aceitassem o grande poder de legislar que a Constituição concedera ao Executivo — e o direito dos tribunais exercerem o poder normativo que lhes era concedido quando não houvesse lei que os guiasse. De um lado, o Congresso recusou ao Executivo a possibilidade de revogar o poder dos tribunais de criarem normas e, de outro, a cúpula do Judiciário, o STF, impediu que o Poder Executivo contornasse uma decisão contrária do Legislativo pela reiteração disfarçada de medida provisória. Dessa forma, as decisões do Legislativo, da Procuradoria-Geral da República e do Judiciário "enquadraram" o Poder Executivo dentro dos seus limites constitucionais, terminando o período de "ditadura romana" que dera a Collor, por dois meses e meio, a condição de César da república brasileira.

A vontade presidencial, a lei e os contrapoderes

O fim do estado de emergência que levara o Judiciário e o Legislativo a tolerar a interpretação lata que o presidente dava aos

[32] Cf. *Conjuntura Política*, nº 1, 15/6/1990, p. 4.

poderes do Executivo — já constitucionalmente muito grandes — *não eliminou, porém, a própria interpretação que Collor dava às relações entre os poderes do Estado e a sua forma de pautar a relação entre eles.*

Com efeito, personalizando ao extremo o Poder Executivo, atribuindo ao chefe de governo legitimidade máxima decorrente de eleição majoritária — os seus 35 milhões de votos, forjando sistematicamente uma imagem de homem providencial, subalternizando o Poder Legislativo e tentando moldar o Judiciário às alternativas salvacionistas — estabilizadoras — que escolhia, o presidente da República encarnou nos seus primeiros meses de mandato a utopia do "presidencialismo plebiscitário". Esta utopia presidencialista — como sugeriu à época Bolívar Lamounier — "tem caráter plebiscitário, e não equipotente [quer dizer, com equilíbrio entre poderes]. *A fonte de legitimidade nesta utopia é a conexão direta do presidente da República com o povo*, com o eleitorado, por meio da eleição direta e dos meios de que ele dispõe para exercer uma liderança simbólica de alcance nacional. Para os adeptos desta utopia, a autoridade assim constituída tem uma legitimidade maior que a dos outros poderes, por ela estar baseada não somente nas leis, mas também em amplo substrato social — na própria cultura política do país. Sem esta presunção de que *o Executivo plebiscitário é superior aos demais poderes e à própria Federação*, dificilmente teria o presidencialismo brasileiro alcançado o enraizamento social que ostenta. Se ele é forte, é justamente porque uma parcela apreciável da sociedade vê no presidente plebiscitário não apenas ou primordialmente um fator de equilíbrio, mas sim *uma maneira de desequilibrar os poderes, tendo em vista a implementação de amplas reformas*, por um caminho mais curto que o da competição política normal".[33]

Ressalto que o presidencialismo plebiscitário no Brasil não foi privilégio de qualquer dos polos em que se divide usualmente o espectro político. Pode-se encontrar exemplos de ambos. Ele en-

[33] Bolívar Lamounier, "Antecedentes, riscos e possibilidades do governo Collor", cit., p. 26.

carnou-se em correntes consideradas "de esquerda" que aspiravam a um Executivo forte, para produzir desequilíbrio contra os "conservadores" para realizar "reformas de base", ou em correntes "de direita" contra a esquerda "atrasada", os "fisiológicos" e as "elites parasitárias" para realizar reformas liberais. É importante, contudo, sublinhar que *esta utopia nunca se institucionalizou em um regime político*, embora tenha havido tentativas de fazê-lo. O governo Collor iniciou anunciando e realizando praticamente uma aspiração plebiscitária. Passada, no entanto, a situação de "emergência política" que lhe permitiu agir com muita latitude, os demais poderes — Judiciário, Procuradoria da República e, principalmente, o Poder Legislativo principiaram a constranger suas ações para tentar ajustá-lo a uma relação democrática mais equipotente.

Especialmente a partir de junho, o Legislativo tomou iniciativas de afirmação de seu poder próprio, é verdade que também por impulso dos trabalhadores organizados e dos interesses de políticos que começaram a se avivar em função das disputas que se aproximavam, já que em outubro haveria eleições para as Assembleias Legislativas, para o Congresso Nacional e para os governos estaduais.

A vitória sobre o governo na votação da MP 185 e a sua confirmação pelo Judiciário, a mudança da direção dos reajustes de preços — que começaram a subir depois do descenso inicial — e a proximidade das eleições acentuaram *a percepção por parte das organizações sindicais de que surgiam novas oportunidades políticas*[34] para a mobilização grevista e para aumentar a pressão sobre os parlamentares em favor dos seus interesses.

A pressão sindical e o entusiasmo pela vitória parlamentar e pela decisão do STF favorável ao Legislativo impulsionaram as lideranças do PMDB, PSDB, PDT, PT, PC do B, PCB, PSB e PL a deixar a posição defensiva diante do governo.

[34] Charles Kurzman ("Structural Opportunity and Perceived Opportunity", *American Sociological Review*, vol. 61, nº 1, fev. 1996, pp. 153-70) mostrou que as oportunidade políticas (cf. Tilly, 1978) precisam ser percebidas pelos atores para que possam ser aproveitadas.

Na verdade, logo depois da aprovação do Plano Collor a liderança do PMDB já vinha tomando iniciativas para restringir legalmente o poder do Executivo de editar medidas provisórias. A Comissão de Constituição e Justiça da Câmara dos Deputados aprovou projeto de lei complementar regulando o instituto da medida provisória, restringindo o arbítrio com que o Executivo a utilizava. Ato contínuo, as lideranças do PMDB, PSDB e PT definiram sua tramitação como prioritária, o que constituía promessa de batalha pelo poder do Legislativo no interior do Estado.[35]

Era, de fato, iniciativa de maturação demorada, mas sinalizava uma postura mais ativa e não apenas de resistência ao governo entre os partidos de centro e de esquerda. Esta regulamentação tornou-se chave não apenas pela emissão de medidas provisórias em grande quantidade; também porque *o governo, para evitar derrotas, emitia seguidas medidas, que substituíam as anteriormente emitidas mas ainda não votadas pelo Congresso*. Isso, obviamente, significava *legislar por decreto*, porque perpetuava o conteúdo das medidas sem que o Congresso conseguisse opinar sobre elas. O pior é que o Legislativo não podia contar com o STF para restringir o poder do Executivo, pois o tribunal *só considerou inconstitucional a reedição de medidas provisórias rejeitadas pelo Congresso*.

Entretanto, o núcleo da articulação oposicionista esteve na formulação de uma nova lei salarial em substituição à definida pelo Plano Collor. Embora a hiperinflação tivesse sido afastada, a inflação não tinha desaparecido e, ao invés, tinha retomado um curso ascendente a partir de maio. Isso repunha de forma urgente a necessidade de reformar a legislação para o movimento sindical e para os partidos de centro e de esquerda. Note-se que a questão

[35] O projeto foi feito e apresentado pelo deputado Nelson Jobim, do PMDB, com base em sugestão da OAB. Ele foi aprovado pela Comissão no dia 6 de maio. No dia 8 de maio houve a decisão dos três partidos, capitaneada por Ulysses Guimarães, de tornar prioritária a tramitação do projeto de lei complementar sobre o rito das medidas provisórias. Cf. *Banco de Dados POLI*, evento 044 de 8/5/1990.

transcendia a questão da renda propriamente dita ou, mesmo, interesses eleitorais imediatos dos partidos que disputariam eleições em outubro. Estava em jogo também a concepção de democracia que se expressou na Constituição de 1988, regime que tinha como *ethos* não apenas assegurar a liberdade e a igualdade políticas mas também condições materiais e sociais mínimas para o exercício da cidadania. Até as manifestações incipientes de oposição, ocorridas quando da discussão do Plano Collor, tinham implícita ou explicitamente as marcas da frustração daqueles valores, sustentados pelo movimento de democratização e, no Congresso, pelos partidos de centro e de esquerda.

Pois bem, os partidos de oposição decidiram produzir um projeto de lei salarial que atendesse as demandas de preservação da renda dos assalariados. Negociaram uma nova lei que protegesse os salários tanto mais quanto mais baixa fosse a faixa salarial. Assim, se garantiria correções mensais para os que recebessem até cinco salários mínimos, trimestrais para os que recebessem de cinco a dez salários mínimos e a partir daí os reajustes dependeriam apenas da livre negociação. Definiram regime de urgência para a aprovação do projeto na Câmara dos Deputados. Mas antes que pudessem votar o projeto, o governo emitiu em 26 de junho a MP 193 para definir uma nova política salarial.

A MP 193 definia que até agosto do ano seguinte haveria *reposições salariais pela média real dos ganhos dos últimos 12 meses*, instituindo depois a "livre negociação". Como se vê, o governo melhorara bastante sua oferta. Antes instituíra a "livre negociação" sem qualquer transição. Tinha razões para isso. Se não fixasse uma regra de "reposição", a Justiça do Trabalho o faria à sua maneira.[36]

A oposição no Congresso, porém, manteve o curso já definido e aprovou logo depois, em 10 de julho, o projeto de lei salarial que indexava os rendimentos, particularmente dos que ganhavam

[36] A fixação da regra era premente, pois o TST marcara a resolução do dissídio para o dia 27 de junho.

menos.[37] Collor vetou o projeto, mas o veto teria que ser confirmado ou derrubado pelo Congresso. Ressalte-se que os reajustes definidos pelo Congresso, se confirmados, seriam definidos por índices nominais de preços, ao passo que os propostos pelo governo tomavam em conta a variação média dos salários reais. Do ângulo do movimento operário a oferta parlamentar parecia mais vantajosa.

Além do governo ter feito a oferta pior, a inflação já estava em ritmo ascendente,[38] a sua popularidade se esvaía[39] e a pressão sindical e os movimentos grevistas respaldavam a ação oposicionista no Congresso.[40] Talvez por tudo isso o governo tenha recuado mais ainda de suas intenções originais. Antes mesmo que o Congresso votasse a MP 193 e apreciasse o veto do Executivo ao projeto aprovado em 10 de julho, o governo melhorou mais ainda sua oferta: editou em 27 de julho a MP 199, em substituição à MP 193, acrescentando a concessão de abono para os trabalhadores que ganhavam menos de cinco salários mínimos, inclusive os funcionários civis e militares, cujos ganhos tinham sido congelados.[41]

Finalmente, em agosto, o Executivo conseguiu conter o movimento sindical e a oposição parlamentar. O Tribunal Superior do Trabalho considerou abusivas as greves da Companhia Siderúrgica Nacional e dos eletricitários, que voltaram ao trabalho só

[37] Cf. *Banco de Dados POLI*, eventos 009 de 10/7/1990 e 009 de 29/7/1990.

[38] O INPC do IBGE, que tinha chegado ao mínimo de 7,3% de aumento em maio, atingiu 11,6% em junho, 12,6% em julho, 12,2% em agosto, até pular para 14,3% em setembro.

[39] No final de junho de 1990, segundo o Datafolha, apenas 36% da população considerava o governo bom ou ótimo, contra 71% que esperavam este desempenho em março. Cf. *Folha de S. Paulo*, 23/6/1990, p. 1-1.

[40] Algumas dessas greves foram bastante agressivas: no dia 21 de julho, 2 mil operários da Ford depredaram as instalações da empresa em protesto contra a retenção dos salários dos não grevistas, e no dia 25 voltaram a fazer depredações. A greve na estatal CSN também foi bastante conturbada.

[41] Cf. *Folha de S. Paulo*, 27/7/1990, pp. A-1 e B-3.

com o reajuste definido pelo Tribunal. E no dia 22 de agosto a oposição parlamentar não conseguiu derrubar o veto de Collor ao seu projeto de reindexação dos salários, mas deixou de consegui-lo por pouco: na Câmara dos Deputados o veto presidencial foi derrubado, mas o governo conseguiu assegurá-lo no Senado, por apenas quatro votos.

A vitória do Executivo teve, porém, mais um preço a pagar: no dia 27 de agosto foi editada a MP 211 estendendo aos aposentados e pensionistas o abono concedido antes aos trabalhadores da ativa; por fim, no dia 4 de setembro, o governo substituiu esta última medida pela MP 219, expurgando daquela as inconstitucionalidades que punham em risco sua validação no STF.[42]

Daí em diante o Congresso se esvaziou, pois os parlamentares mergulharam na campanha que culminaria nas eleições de outubro, quando o Congresso, as assembleias estaduais e os governos estaduais seriam renovados. Assim, o governo não teve problemas em reeditar várias vezes, com números diferentes, o conteúdo da medida provisória que regulava os salários, antes que cada uma pudesse ser votada pelo Legislativo.[43]

A dificuldade do governo Collor de *compatibilizar sua política de estabilização com as demandas distributivas* — sustentadas pelas organizações sindicais e pelos partidos de esquerda e de centro (principalmente) — não se limitou à legislação salarial. Incluiu, também, a regulamentação de um dos dispositivos centrais da Constituição que definia como dever do Estado assistir os incapacitados e muito pobres. Assim, em 17 de setembro de 1990 o presidente vetou, integralmente, projeto aprovado que regulamentava os artigos constitucionais que definiam a assistência social como política de Estado, impedindo em nome da contenção dos gastos

[42] O governo tentara pela MP 211 proibir os repasses para os preços das "perdas salariais" reconhecidas pelos empresários.

[43] A MP 219 foi reeditada mensalmente, com outros números, até janeiro de 1991, quando perdeu validade por decurso de prazo. Antes de perder validade, porém, foi instituída uma nova política nacional de salários em 31/1/1991, incluída no Plano Collor II.

que se materializasse a ampliação da cidadania inscrita na Constituição de 1988.[44]

Superada, temporariamente, pelo menos, a batalha travada entre o governo e a oposição de esquerda e de centro, cabe sublinhar as dificuldades da vitória conseguida pelo Executivo. Mesmo usando, no seu limite extremo, os recursos da legislação de urgência favorável ao Executivo, o governo teve que ceder bastante para chegar à vitória. Ele cedeu, de um lado, no que diz respeito à indexação dos salários, anátema do plano de estabilização. Não teve como deixar de protegê-los das "perdas". De outro, cedeu ao diferenciar assalariados e em aumentar gastos públicos — já que concedeu abonos para os assalariados de baixa renda, para os servidores, aposentados e pensionistas. Cedeu, pois, em dois pontos-chave para o seu programa de estabilização, a eliminação de toda a indexação salarial e a restrição dos gastos públicos, esta última considerada chave para a produção de um superávit nas contas públicas já em 1990.

Estas concessões não decorriam apenas da força da oposição — de fato esta força era eventual e aqueles que se opunham sistematicamente ao governo eram minoria parlamentar. No âmbito do Congresso, as dificuldades do Executivo decorriam *também* da *opção* do governo Collor *de não constituir uma coalizão partidária majoritária para governar. Com efeito, o Poder Executivo era, até então, composto por escolha unilateral do presidente*, quer dizer, não decorria de negociações com os partidos para compartilharem cargos relevantes no Executivo tendo em vista constituir maioria orgânica no Congresso. A maioria que constituiu era *ad hoc*, caso a caso, embora houvesse um conjunto preferencial de partidos e deputados de onde ela era obtida. Como observou agudamente um analista político daquele período: "O governo Collor não se constituiu segundo os moldes do 'presidencialismo de coalizão', nem loteou politicamente os principais núcleos decisórios do Estado, como o fizeram Tancredo Neves e José Sarney. Ao

[44] Cf. *Banco de Dados Legislativos do CEBRAP*, organizado por Argelina Figueiredo e Fernando Limongi.

mesmo tempo, como a eleição do presidente se deu fora dos limites partidários [...], também não foi um governo de partidos. O Executivo não tem uma base orgânica no Congresso e, por isso mesmo, sofre sistemática pressão para ajustar-se ao padrão clientelista. Não obstante tem atacado duramente muitas das instituições que viabilizam este padrão e, assim, desgostado os setores que o apoiam no Congresso".[45]

É claro que o governo tentava constituir uma maioria favorável, mas como isso era feito a cada votação, a insegurança no processo decisório era grande; *nas medidas muito controversas*, quando crescia a oposição, o governo tinha dificuldades para assegurar seus votos, inclusive em função das ausências dos parlamentares "situacionistas", muitas vezes sinalizando resistência em função do não atendimento de demandas pelas autoridades do Executivo.

Assim, passado o período de "ditadura romana", as maiores dificuldades de o Executivo obter maioria no Congresso em 1990 decorreram tanto do governo não constituir uma coalizão partidária majoritária de situação como de suas iniciativas serem entendidas como contrárias às expectativas de mudança carregadas pelo movimento de democratização vindo dos anos 1980. Nessas questões os partidos de centro do Congresso, PMDB e PSDB, tendiam a se unir aos de esquerda (PDT, PT, PC do B, PCB e PSB), podendo, *eventualmente*, atingir maioria de 53% na Câmara dos Deputados e de 54,5% no Senado. Digo eventualmente porque uma parte dos parlamentares nem sempre seguia a orientação partidária.[46]

[45] Sérgio Abranches, "O Estado", em Hélio Jaguaribe (org.), *Sociedade, Estado e partidos na atualidade brasileira*, São Paulo, Paz e Terra, 1992, p. 133.

[46] O já mencionado substitutivo do PMDB à MP 168 foi derrubado em abril, principalmente porque 42 dos 131 deputados do partido votaram com o governo. Em agosto, o Executivo conseguiu manter seu veto ao projeto de política salarial da oposição porque no Senado a centro-esquerda votou com o governo, ao contrário do que fizera na Câmara.

Ainda assim, as dificuldades do governo no Congresso ocorreram com pouca frequência em 1990. Mesmo no caso das questões que envolviam as expectativas do movimento de democratização o governo contava, como já sublinhei, com a possibilidade de reeditar medidas provisórias não colocadas ainda em votação, arma poderosíssima contra a eventual resistência parlamentar. Quando as questões eram de outra natureza, referindo-se por exemplo às *reformas liberais*, o governo Collor encontrava bastante apoio *também nos partidos de centro*.[47]

Esta posição tendente à liberalização do centro partidário do Congresso tinha respaldo no empresariado e na grande imprensa. Depois dos ônus iniciais ocasionados pelo Plano Collor, o empresariado passou a dar suporte claro e, às vezes, até entusiástico ao governo.[48] Isso se associava, certamente, aos avanços havidos na política de liberalização econômica. O projeto de "integração competitiva" do governo continuava a avançar: editou-se em junho a nova Política Industrial e de Comércio Exterior e, em julho, Collor e o presidente da Argentina, Carlos Menem, assinaram a "Ata de Buenos Aires" marcando para fins de 1994 o início do Mercosul como união aduaneira.[49] Em agosto, um conjunto de decretos regulamentou o programa de desestatização. Em setembro, reduziu-se a reserva de mercado para a informática e foi lançado o Programa de Capacitação Tecnológica. Satisfazia ao empresariado, ademais, que o governo tivesse mostrado boa vontade para renegociar a dívida externa, quando o presidente assumiu o compromisso de retomar os pagamentos atrasados para o Clube de Paris.

[47] Exemplo disso é a votação da MP 155/1990, que trata da política de desestatizações, repudiada quase unanimemente pela esquerda partidária, mas que contou com 81,82% dos votos do PMDB e 68,33% dos votos do PSDB. Cf. *Banco de Dados Legislativos do CEBRAP*.

[48] Em final de agosto, Collor recebeu a aclamação de mais de 2 mil empresários, na cerimônia de premiação promovida pela revista *Exame*.

[49] Também houve entre os dois países um compromisso em relação à questão nuclear.

Por último, havia em setembro expectativa positiva quanto à eliminação dos controles de preços.

A despeito da vitória política do governo no Congresso na questão salarial e da trégua parlamentar provocada pelas eleições de outubro, o governo sofreu uma defecção importante entre fins de setembro e começos de outubro: a do ministro da Justiça, Bernardo Cabral. Cabral era quem, no Executivo, encarregava-se da enorme legislação produzida pelo Planalto e de parte das negociações políticas. Foi substituído pelo senador Jarbas Passarinho, do PDS, ex-ministro no regime militar. Mais importante do que a substituição do ministro, porém, foi ela ter ocorrido em razão de ter se tornado público seu romance com a ministra Zélia Cardoso de Mello.[50] A divulgação do romance entre ela e um ministro casado prejudicava o governo porque podia atingir *a autoridade da ministra* Zélia, já abalada pela pouca eficiência da política de estabilização. Daí por que neste período, por reiteradas vezes, Collor assegurou seu apreço pela ministra. É pouco provável, porém, que sua autoridade não tenha sofrido prejuízos.

No mesmo final de setembro, o Plano Collor deu sinais bastante claros de que o tiro disparado em 15 de março afastara o perigo extremo da hiperinflação mas não acertara no coração da inflação. O índice nacional de preços ao consumidor (INPC), que fora de 12,2% em agosto, saltou para 14,3% em setembro. Outro sinal de fracasso da equipe econômica e do presidente veio do front externo, onde o governo tentava realizar uma "negociação soberana" da dívida externa.[51] Tanto o governo norte-americano quan-

[50] A própria ministra foi responsável pela divulgação, dando mostras do romance durante sua festa de aniversário, em 20 de setembro, em frente a vários jornalistas por ela convidados. Não haveria nada de mais nisso se Cabral não fosse casado e, além disso, desejasse continuar sendo. Já no dia 22 deu-se início à divulgação do romance. Cf. *Folha de S. Paulo*, 22/9/1990, pp. 1-1 e 1-6. Demitido o ministro, o caso foi divulgado amplamente.

[51] Segundo essa estratégia, os pagamentos devidos aos bancos privados seriam postergados, subordinando a liberação das parcelas às necessidades do "ajuste fiscal" que o governo não queria prejudicar. Também constrangia o governo o nível baixo de reservas internacionais, cerca de US$ 8

to o FMI reagiram muito negativamente às propostas de negociação efetuadas pelo governo.[52]

Assim, embora na esfera do Congresso o governo não encontrasse muita oposição, aumentou a inquietação empresarial com a possibilidade de um novo choque heterodoxo. O governo até ensaiou uma tentativa de "entendimento nacional" com organizações empresariais e sindicais, mas tratava-se mais de convencer os interlocutores sobre a qualidade da política econômica — a essa altura pautada pela ortodoxia monetária e fiscal — do que chegar a algum acordo sobre eventuais medidas. A despeito das conversas entre centrais sindicais, empresários e governo prosseguirem, houve muitas dificuldades, reuniões sem resultados e falta de interesse do governo, da CUT e do PNBE, que acabaram abandonando o processo, o que precipitou o fim, em dezembro, do ensaio de pacto iniciado em setembro.[53]

Enquanto corriam as tratativas de "pacto social" transcorreram as eleições para o Legislativo e os governos estaduais. Ao final delas, o governo teve que amargar alguns resultados ruins nas disputas para governador, mas a mudança principal no âmbito parlamentar o favoreceu, embora muito pouco. Com efeito, os partidos de "direita", onde o governo buscava maioria nas votações, melhoraram um pouco sua posição no Congresso. Conseguiram passar de 47% para 51% das cadeiras na Câmara e de 45,5% para 46% no Senado. É certo que os partidos de esquerda tiveram

bilhões, correspondente ao mínimo desejável para garantir quatro meses de importações.

[52] No dia 23 de setembro, Nicholas Brady, secretário do Tesouro do EUA, exigiu da ministra Zélia Cardoso de Mello que o Brasil resolvesse seus atrasados com os bancos credores simultaneamente ao acordo com o FMI, e no dia 24 Michel Camdessus reafirmou que não enviaria a Carta de Intenções do governo brasileiro ao Conselho Executivo do FMI antes de certificar-se de que as negociações com os bancos credores estivessem firmemente encaminhadas para uma solução satisfatória. Mais: os bancos ameaçaram cortar o financiamento de curto prazo ao comércio exterior. Cf. *Banco de Dados POLI*.

[53] Consultar sobre isso Alberto Tosi Rodrigues, *Brasil de Fernando a Fernando*, cit., pp. 120-1 e 131.

uma taxa de crescimento maior, de 14% para 20%, mas os partidos de centro, de quem precisavam para conseguir vitórias, perderam bastante. O PSDB, principalmente, perdeu 23 cadeiras na Câmara, o mesmo que o PMDB, que chegou a 103 representantes. Em conjunto, atingiram 29% da representação na Câmara dos Deputados. Em compensação, os partidos de centro passaram de 34 para 37 cadeiras no Senado, o que lhes deu uma participação de 46%, igual à da direita. Na eleição para governador, o governo amargou várias derrotas em estados importantes — Paulo Maluf (PDS) perdeu em São Paulo para Fleury (PMDB), José Ignácio (PFL), líder do governo no Senado, perdeu para Albuíno Azeredo (PDT) no Espírito Santo, José Carlos Martinez (PRN) perdeu para Roberto Requião (PMDB) no Paraná, Hélio Costa (PRN) perdeu para Hélio Garcia (PRS) em Minas Gerais, e Nelson Marchezan (PDS) perdeu para Alceu Collares (PDT) no Rio Grande do Sul. Estas derrotas não significavam, porém, necessariamente vitórias da oposição, pois os vitoriosos poderiam se compor com o governo federal. Ademais, em termos numéricos o saldo foi favorável para o governo pelo enfraquecimento do PMDB na Federação e porque o aliado PFL venceu em 9 dos 27 estados, concentrados na região Norte.[54]

Em suma, o governo teria pela frente a partir de fevereiro um Congresso parecido com o que vinha enfrentando em 1990, mas em que poderia matematicamente constituir maioria absoluta na Câmara apenas com os partidos "de direita". Claro que isso era muito pouco provável, a menos que o governo mudasse sua forma de relacionamento com o Congresso. Apesar das pequenas mudanças globais entre as posições — salvo o esvaziamento do centro na Câmara —, há que sublinhar que uma nova legislatura dá aos parlamentares muito mais segurança política — quatro anos de mandato — para negociarem suas demandas, o que significa que o Executivo teria, provavelmente, a partir de fevereiro muito mais

[54] Consultar, sobre o pleito de outubro, A. T. Rodrigues, *op. cit.*, pp. 121-31, e B. Lamounier, *Depois da transição*, cit., pp. 94-7.

trabalho pela frente para obter maioria de votos no Congresso Nacional.

Enquanto se ensaiava um entendimento entre governo e representantes de empresários e trabalhadores assalariados, os índices de inflação não deixaram de avançar: o de outubro, 14,2%, manteve-se no nível do de setembro, mas no mês seguinte atingiu 16,9% e em dezembro 19,2%. A equipe econômica, incapaz de encontrar uma alternativa prosaica para o problema, tentava transferir a culpa da elevação dos índices para fatores que não controlava e, especialmente, para o empresariado. Assim, por exemplo, no começo de novembro a ministra da Economia, Zélia Cardoso de Mello, ao fazer um balanço do plano de estabilização, eximiu o governo federal da responsabilidade pela intensificação da inflação e a atribuiu aos gastos dos estados e municípios, à guerra no Oriente Médio e à quebra de safra. Afirmou, também, que "a classe empresarial ainda não se acostumou à nova política e ainda sente falta dos ganhos obtidos na ciranda financeira". Segundo ela, o empresariado era a categoria que mais ganhava com a inflação, pois "consegue colocar seus preços à frente dos salários". E recomendava aos empresários que refizessem suas planilhas de custos e "se modernizem para serem competitivos e se adaptarem a um novo ambiente de austeridade".[55]

A confrontação do governo com o empresariado não ficou só nas palavras. O Ministério da Economia editou em dezembro a Portaria 852/1990 solicitando informações muito detalhadas sobre os negócios de aproximadamente 700 das maiores empresas nacionais. Exigia mais de 250 tipos de informação, muitas das quais o governo já dispunha e que chegavam a detalhes como solicitações de nome, endereço e telefone de cada sócio da empresa. A FIESP, de início, chegou a recomendar que as empresas se recusassem a responder, mas, depois de pressões e contrapressões, acabou recomendando o envio das informações.[56]

[55] Cf. *Banco de Dados POLI*, evento 008 de 5/11/1990.

[56] Peter Kingstone, *Crafting Coalitions for Reform: Business Preferences, Political Institutions and Neoliberal Reform in Brazil*, cit., pp. 171-2.

O distanciamento do empresariado em relação ao governo não decorreu apenas do modo agressivo com que era tratado ou do temor de que o fracasso do Plano Collor levasse a um novo choque heterodoxo; resultou também da recessão pronunciada indicada por quedas de 4,6% no PIB e de 9,5% na indústria de transformação, acompanhadas de elevação do desemprego.

Não foi somente o empresariado que tomou distância do governo. A oposição sindical também cresceu, pois as questões salariais, a inflação e a recessão tocavam muito mais aos trabalhadores que aos empresários. Além disso, o chamado "entendimento nacional" foi se mostrando cada vez mais uma forma de ganhar tempo e de lançar a responsabilidade da ineficiência governamental em outros atores, inclusive as centrais sindicais. Também no plano, mais difuso, da "opinião pública", o prestígio do governo declinou consideravelmente. Embora houvesse no noticiário reportagens sobre casos de corrupção, eles não eram explosivos e não afetavam decisivamente a imagem governamental.[57] A questão que comprometia, sem dúvida, era a gestão econômica do governo. Pesquisa do IBOPE divulgada em 18/12/1990 mostrava que seu prestígio declinava, pois agora só 30% da população considerava seu governo bom ou ótimo e 24% já o consideravam ruim ou péssimo; na mesma pesquisa, 35% dos consultados acreditavam que sua política econômica estava no caminho errado, ao passo que só 25% a consideravam no rumo certo.[58]

Dessa maneira, os recursos com que o governo contava na luta parlamentar escassearam: reduziu-se o prestígio popular do governante e de sua equipe econômica, continuou a restrição de

[57] Surgiu neste período um escândalo envolvendo a Petrobras, a VASP e Paulo César (PC) Farias, tesoureiro da campanha eleitoral de Fernando Collor. Sobre isso, ver A. T. Rodrigues, cit., p. 125.

[58] Cf. *Banco de Dados POLI*, evento 038 de 18/12/1990. Embora não seja muito adequada a comparação, a pesquisa do Datafolha de setembro de 1990 registrava que 34% dos respondentes qualificavam o governo como ótimo ou bom. No outro extremo o percentual não apresentava variações significativas.

recursos materiais para manter fiéis os "aliados"; manteve-se a relação frouxa, não orgânica, com os partidos onde o governo buscava apoio parlamentar e, de outra parte, a situação econômico-social e as pressões sindicais impulsionavam a coesão dos partidos de esquerda e de centro-esquerda que se opunham ao governo.

Isso tudo ajudou a mudar a direção em que se inclinava, até então, a balança de poder entre governo e oposição no Congresso. Esta balança, ao longo do primeiro ano do governo Collor, tinha pendido de forma acentuada em favor do Executivo. Com efeito, neste período, de 15 de março a 31 de dezembro de 1990, foram editadas e reeditadas 143 medidas provisórias (149 MPs até 31/1/1991), quase sem rejeições. O governo conseguiu este resultado, como já sublinhei, negociando, caso a caso, o voto com os parlamentares de centro e de direita em troca de recursos materiais do Executivo para as respectivas clientelas, do prestígio que a vinculação com o governo emprestava aos parlamentares e/ou em função da afinidade político-ideológica entre governo e seus apoiadores. A oposição de centro, embora constituísse frente, em alguns casos, com a minoria de esquerda, não tinha unidade suficiente para evitar que uma parte de seus quadros votasse conforme os interesses do governo. De toda maneira, a possibilidade de reeditar medidas provisórias não votadas dava e deu ao governo Collor uma enorme vantagem sobre a oposição partidária e, mesmo, sobre os parlamentares recalcitrantes à vontade governamental. A possibilidade de o governo substituir medidas provisórias ainda não votadas reduzia muito as chances de sucesso de qualquer coalizão contrária aos interesses governamentais.

É preciso sublinhar, além de tudo, que a debilidade parlamentar diante do governo Collor — seja dos partidos de centro e de esquerda, seja dos parlamentares situados do centro para a direita — foi particularmente afetada em 1990 por dois fatores importantes: no início do governo, como já sublinhei, durante a "ditadura romana", o Congresso temia desencadear uma crise econômica e política caso contrariasse as propostas do Plano Collor; em segundo lugar, 1990 foi o último ano de exercício do mandato dos parlamentares eleitos em 1986, o que pode ter produzido insegurança de se opor entre os parlamentares, ainda mais porque a queda de prestígio do presidente só se tornou mais pronunciada no final de 1990.

Essas debilidades já não mais existiam. Passara há muito a "ditadura romana" e o teste eleitoral de outubro já ocorrera. Dessa forma a escassez de recursos do Executivo e a sua pouca disposição de oferecê-los aos seus aliados preferenciais acabaram ajudando a inclinar a balança de poder no Congresso contra o governo ainda no mês final da legislatura que começara em 1987 e se encerraria em 31 de janeiro de 1991. De volta da campanha eleitoral, os parlamentares — especialmente os que davam apoio a Collor — derrubaram em janeiro duas medidas provisórias propostas pelo governo. Em 10/1/1991 o governo foi derrotado na votação da MP 289, que dava nova sistemática à cobrança do Imposto Territorial Rural. Ela foi derrubada por 167 votos a 163, com 156 faltas e 9 abstenções. No PFL, 40% dos parlamentares a rejeitaram e houve 38% de ausência; no PDS, as rejeições foram de 33% e as faltas, de 36%. Até no PRN as rejeições foram de 31% e as faltas, de 27,6%. No mesmo mês de janeiro foi derrubada a MP que extinguia o Lloyd Brasileiro.[59]

Com dificuldades no Congresso, sofrendo oposição dos sindicatos, distanciado do empresariado e com inflação em contínua elevação (chegou a 20,95% em janeiro de 1991), o governo terminou por adotar o "remédio de última instância", antevisto e temido pelo empresariado, produzindo em 31 de janeiro um novo "choque heterodoxo", o Plano Collor II.

Confessava, sem dizê-lo, que o plano de 16 de março de 1990, destinado a derrubar em definitivo a inflação, tinha fracassado. O novo plano, consubstanciado nas Medidas Provisórias 294 e 295, era uma tentativa óbvia de "sair do canto do ringue", onde o governo estava acuado, de ganhar algum fôlego pelo desempenho econômico, fôlego que permitisse recuperar a força

[59] Cf. *Banco de Dados Legislativos do CEBRAP*.

política da Presidência da República, da equipe econômica e do governo.

Ele enfrentaria um novo Congresso, com mandato de quatro anos, composto por deputados e senadores vitoriosos em outubro de 1990.

Com o Plano Collor II e com os parlamentares recém-empossados se inaugura uma nova fase do governo saído das eleições de 1989.

3.
A AFIRMAÇÃO DO LEGISLATIVO

Ao tomarem posse no dia 1º de fevereiro de 1991, os senadores e deputados eleitos em outubro do ano anterior receberam de imediato o encargo de avaliar as duas medidas provisórias que condensavam as diretrizes básicas do Plano Collor II, qualificado pelo governo e pelo presidente como um *aprofundamento* do seu primeiro plano de estabilização. Apresentando as novas medidas em rede nacional de rádio e televisão, o presidente pediu à população uma "mobilização cívica, fiscalizando preços, denunciando abusos, economizando energia, comprando apenas o essencial". Pedido reforçado com o apelo dirigido à massa que o assistia: "não me deixem só, eu preciso de vocês" — o que repetia o bordão usado em sua campanha eleitoral para a Presidência.

As medidas provisórias anunciadas foram a MP 244 e a MP 245. A segunda congelou preços — e deu poderes excepcionais para o Ministério da Economia gerenciá-los —, criou câmaras setoriais com a participação dos trabalhadores para assessorar o ministério na flexibilização de preços e promoveu um grande aumento de tarifas públicas (energia elétrica, gás, gasolina e álcool, telefone). Além disso, redefiniu a política salarial, fixando os salários de fevereiro pela média dos últimos 12 meses, congelando os seus valores até julho e unificando as datas-base de renegociação salarial para este último mês.

A MP 244 eliminou os indexadores oficiais da moeda e os substituiu pela TR (taxa referencial de juros), fixada a cada início de mês para remunerar as aplicações financeiras, os atrasos de pagamentos de tributos etc. Procurou alongar os prazos das aplicações financeiras, eliminando o *overnight* e criando os Fundos de

Aplicação Financeira, com taxação em proporção inversa ao prazo das aplicações, remuneração igual (em cada instituição gestora) para todos os aplicadores e incluindo títulos públicos federais, necessariamente, em suas "carteiras". Além disso, a MP criou a alíquota de 35% para o Imposto de Renda de 1992 para os ganhos de capital conseguidos na liquidação dos saldos devedores da compra de casa própria pelo Sistema Financeiro de Habitação e "tornou indisponíveis" entre 90% e 95% do orçamento federal, cortando-se o custeio das empresas estatais.[1]

O Congresso que recebeu estas medidas não era muito diverso em termos de composição partidária daquele que legislara até janeiro anterior. Comparando-se a nova situação da Câmara dos Deputados com aquela registrada antes das eleições de outubro, percebe-se uma pequena redução dos partidos de centro em favor da esquerda (mais 10%) e da direita (mais 4%). No conjunto, porém, a direita tornou-se majoritária (51%), ficando a esquerda com 20% e o centro com 29% dos deputados. No Senado não ocorreu o mesmo, mantendo-se praticamente as mesmas proporções de antes das eleições: os percentuais ficaram 46% para a direita, 46% para o centro e 8% dos senadores para a esquerda.[2]

Ainda que as mudanças de composição partidária não fossem grandes, a situação política do Congresso era muito diversa da que Collor enfrentara quando tomou posse. Em primeiro lugar, como já sublinhei, os parlamentares tinham a segurança de dispor de quatro anos de mandato, situação muito diversa da anterior, quando tinham poucos meses para enfrentar as urnas, em outubro. Em segundo lugar, o presidente já não carregava o prestígio com que iniciara o governo, de vencedor das primeiras eleições diretas e livres para a Presidência, além de responsável por um Plano que tinha apoio popular, pois dava a impressão de poder afastar a hi-

[1] Encontra-se um resumo do Plano Collor II em José Serra e Gustavo Franco, "Análise econômica do novo plano de estabilização", em Clovis de Faro (org.), *A economia pós-Plano Collor II*, Rio de Janeiro, LTC, 1991, pp. 139-41.

[2] Bolívar Lamounier, *Depois da transição*, cit., p. 96.

perinflação com as medidas tomadas logo que assumira. Agora, Collor era o presidente que acabara de desencadear um novo "choque econômico" porque fracassara no primeiro, tanto porque a inflação não fora domada como porque seu governo produzira recessão e desemprego.

Nessa nova situação, o Congresso estava longe de ser refém do Executivo, como fora no início do governo Collor. Depois das eleições das mesas diretoras da Câmara dos Deputados e do Senado, os presidentes eleitos Ibsen Pinheiro (PMDB-RS) e Mauro Benevides (PMDB-CE) defenderam a autonomia do Legislativo. Benevides foi além, prometendo regulamentar o uso de medidas provisórias pois o considerava "abusivo".[3] Embora Benevides, muito vinculado a Ulysses Guimarães, fosse usualmente um parlamentar moderado, isso soava como um aviso, pois o presidente do Senado e do Congresso tinha o poder de nomear uma Comissão para examinar a *relevância* e a *urgência* das medidas provisórias do Poder Executivo. Caso elas não fossem assim consideradas, seriam devolvidas ao Executivo. Ibsen Pinheiro foi mais duro ainda em relação ao governo. Em meados de fevereiro, depois de reunião com Orestes Quércia, governador de São Paulo, e Antônio Fleury, seu sucessor eleito, o novo presidente da Câmara dos Deputados afirmou que o PMDB preferia o entendimento em torno das propostas do partido para alterações no Plano Collor II. "Mas se for necessário o *enfrentamento*, completou, nós também vamos a ele, se as questões [...] como *salários* e *autonomia real dos estados* não forem contempladas em uma negociação".[4]

Diante do conjunto drástico de medidas, a maioria da população, ao invés de mobilizar-se em favor do presidente como ele pedira, reagiu negativamente. O governo Collor e a equipe econômica estavam politicamente muito isolados e eram tão impopulares que, pela primeira vez na história dos planos heterodoxos, o edito anti-inflacionário e o seu lançamento publicitário não produ-

[3] Cf. *Banco de Dados POLI*, evento 013 de 2/2/1991.

[4] Cf. *Banco de Dados POLI*, evento 028 de 14/2/1991.

ziram a "mágica" da conversão política. Menos de um mês depois da edição das medidas provisórias publicou-se pesquisa do Datafolha em que 58% da população considerava o Plano Collor II "ruim para o país"; em que 12% o consideravam "em parte bom, em parte ruim"; e apenas 18% o consideravam "bom".[5] As massas populares não acudiriam mais ao chamado do presidente. Collor já parecia ter sido deixado do mesmo modo como governava, por sua conta.

As organizações empresariais manifestaram-se contra a nova tentativa heterodoxa: "os empresários, dizia a nota da FIESP, são por princípio [...] contra a adoção de controle ou congelamento de preços, por violar os mecanismos de mercado"; apontavam para os perigos que corriam as empresas por obedecer ao congelamento em uma situação de recessão e falta de liquidez; e houve várias manifestações contra a unificação das datas-base que poderiam, dizia Albano Franco, da Confederação Nacional da Indústria (CNI), "fortalecer as greves gerais e causar grande impacto na inflação". A "esquerda" empresarial — do Pensamento Nacional das Bases Empresariais (PNBE) — acusou o governo de enganá-los com o "teatro" do pacto social para ganhar tempo e preparar na surdina o "pacote".[6] Para completar, no dia 20 de fevereiro, mais de 80 representantes de associações nacionais, sindicatos e federações da indústria, comércio, agricultura e setor financeiro elaboraram proposta a ser apresentada ao governo em que reivindicavam "a redução das taxas de juros, aumento dos preços congelados ou tabelados, redução de impostos sobre os produtos da cesta básica e manutenção do poder de compra dos salários".[7]

Quanto às centrais sindicais, elas reagiram com animosidade. Francisco Canindé Pegado, presidente da CGT, atacou o novo pacote econômico: "Uma vez mais os salários são atingidos com a

[5] Cf. A. T. Rodrigues, *Brasil de Fernando a Fernando*, cit., p. 139.

[6] Cf. A. T. Rodrigues, *op. cit.*, p. 134. Ver também P. Kingstone, *Crafting Coalitions for Reform*, cit., pp. 171-3.

[7] Cf. *Banco de Dados POLI*, evento 036 de 20/2/1991.

correção pela média. O movimento sindical deve apressar sua mobilização para responder rapidamente ao governo". A "esquerda sindical", a CUT, opôs-se de forma drástica: "o Plano Collor II trará mais recessão, mais miséria e mais inflação. O governo agiu de forma autoritária, porque não tem credibilidade para negociar com a sociedade" — afirmou seu secretário-geral; e a organização, dias depois, recusou-se a atender convite da ministra Zélia Cardoso de Mello para uma conversa, exacerbando sua distância em relação ao governo.

Estas declarações de combate e repúdio a novos entendimentos foram sustentadas por uma intensificação dos movimentos de greve e protesto coletivo de trabalhadores: no ABC, em Taubaté, São Paulo, Santos, Rio de Janeiro e Belo Horizonte ocorreram manifestações contrárias ao governo, de trabalhadores ou de empresas que reagiam com demissões ao anúncio das novas medidas de estabilização.[8]

O Plano Collor II agregou aos conflitos com empresários, trabalhadores e Congresso uma exacerbação das tensões e disputas intragovernamentais — entre o Ministério da Economia, cujos poderes ele ampliara, e vários ramos e segmentos do aparelho de Estado. "Pelas MPs e portarias do pacote — observa Rodrigues — a área econômica assumiu atribuições concernentes a outros ministérios, que iam desde a autorização de importação de produtos agrícolas até a compra de insumos para hospitais, do controle sobre a gestão das empresas estatais até as decisões sobre despesas correntes, investimentos e política de pessoal das Forças Armadas. Esta transferência [...] do centro de poder político para o Ministério da Economia redundou em uma situação de perda efetiva de atribuições de diversos ministérios importantes. [...] Essa situação espelhava um novo descompasso de poder e desaguava naturalmente no presidente, cujo gabinete passou a ser o estuário de queixas dos ministros e secretários que perdiam atribuições e controle

[8] Estas e outras informações sobre as reações dos assalariados encontram-se em A. T. Rodrigues, *op. cit.*, pp. 134-5 e 142-3.

[...] [com] reflexos sobre os distintos grupos de aliados políticos que estavam na base das indicações desses postos."[9]

Esta situação conflagrada, no plano societário, no interior do Estado e do próprio governo, produziu impacto importante na conduta do Executivo: este passou a pregar o "entendimento político" não só para aprovar o Plano Collor II mas também para afastar a ameaça que representava para ele a eventual aprovação do projeto de lei complementar, de autoria do deputado Nelson Jobim (PMDB), que limitava sua capacidade de emitir medidas provisórias.

A proposta de "entendimento" era, obviamente, resultado do enfraquecimento político do governo perante o Congresso; a resposta reticente mas positiva de uma parte dos parlamentares de oposição decorria do temor de que as dificuldades políticas e a instabilidade monetária se agravassem de forma drástica. Em relação ao novo plano de estabilização, os pontos de maior resistência política foram a proteção dos salários e das finanças estaduais — principalmente dos estados endividados, como São Paulo.[10] Em relação aos salários, os partidos de centro (PMDB e PSDB) e também o PDT de Leonel Brizola conseguiram adicionar para todos os assalariados uma série de abonos e outras correções vinculadas à variação dos custos de uma cesta básica. Foi retirado também o artigo que unificava as datas-base para negociação salarial, principalmente em função do protesto empresarial. Em relação aos estados, a ministra da Economia comprometeu-se a permitir que os títulos das dívidas públicas estaduais, de difícil comercialização, fossem incluídos também, junto com os federais, nas carteiras dos

[9] A. T. Rodrigues, *op. cit.*, pp. 138-9. Um episódio relevante desses conflitos foram os atritos entra a ministra da Economia e o secretário de Desenvolvimento Regional, Egberto Batista, muito ligado ao presidente, a propósito da concessão de cotas de importações para as empresas do irmão do secretário na Zona Franca de Manaus.

[10] Na MP 244 também foi suprimida a nova alíquota de 35% de IR sobre o "ganho de capital" auferido na liquidação dos saldos devedores das compras de casa própria pelo Sistema Financeiro de Habitação (SFH).

Fundos de Aplicação Financeira. Com estas modificações, o Plano Collor II foi aprovado no início de março.

As controvérsias seguiam, assim, *o mesmo padrão anterior*: diziam respeito a *demandas básicas do processo brasileiro de democratização* — proteção da remuneração dos assalariados e autonomia para os estados.[11] A diferença aqui é que *o governo concedeu, por negociação com os partidos de centro, parte das mudanças exigidas pela oposição*. Recorde-se que em 1990 *as mudanças eram feitas por reedição modificada de medidas provisórias*. Deixando de usar este expediente, o Executivo evitava agora "provocar" o Congresso em um momento em que este podia reduzir seu poder institucional, com a aprovação do projeto Jobim proibindo o governo de *reeditar mais de uma vez* uma medida provisória não votada.

De fato, a aprovação — com alterações importantes — do Plano Collor II deu à equipe econômica da ministra Zélia e ao próprio governo um novo fôlego. Mas a eventual aprovação pelo Congresso do projeto do deputado Nelson Jobim poderia *impor* limites bem estreitos ao poder do Executivo, contando para isso com grande apoio parlamentar e sustentação social. Com efeito, a iniciativa de limitar o poder de Collor tinha respaldo de algumas organizações da "sociedade civil". No dia 26/2/1991, por exemplo, a OAB promoveu um encontro com entidades de classe, entre elas o Pensamento Nacional das Bases Empresariais (PNBE), a Confederação Geral dos Trabalhadores (CGT), a Central Geral dos Trabalhadores e a FIESP, para formalizar o apoio ao projeto de lei complementar do deputado federal Nelson Jobim.[12]

Em função da possibilidade de restrição *institucional* de seu poder, o governo promoveu manobras parlamentares para postergar a votação da lei complementar, realizou negociações com lide-

[11] Não discuto aqui a demanda dos estados no que diz respeito à "responsabilidade fiscal". A precariedade das finanças estaduais — e federais — era manifestação do processo de crise política que o país experimentava desde 1983.

[12] Cf. *Banco de Dados POLI*, evento 026 de 26/2/1991.

ranças com influência sobre o Congresso (como o governador eleito Leonel Brizola) e prometeu pela palavra do próprio presidente da República, desta vez com pompa e circunstância, na reunião ministerial de 14 de março em que comemorava seu primeiro ano de governo, de que *governaria de forma negociada*, evitando enviar ao Congresso medidas provisórias, a menos que fossem realmente relevantes e urgentes.

O anúncio desta inovação de forma — *mais negociação e valorização do Congresso e menos imposição* — foi acompanhado de uma mudança de prioridades no conteúdo das políticas de governo. A inflação, que julgava controlada, deixaria o topo da agenda.[13] Daquele momento em diante, as prioridades seriam saúde, educação e a negociação "com a sociedade" de um *Projeto de Reconstrução Nacional*, o "projetão", conjunto de 7 propostas de emenda constitucional, 42 projetos de lei e decretos destinados a *aprofundar o processo de liberalização* da economia.

O anúncio desta *autocontenção* no exercício do Poder Executivo — editando, dali por diante, medidas provisórias de forma parcimoniosa — constituía uma tentativa significativa de aproximação com o Legislativo. Tratava-se, porém, de um gesto *limitado* de recomposição política, pois Collor anunciou, no mesmo pronunciamento, que *manteria sua forma usual de sustentação política* no Congresso, sem constituir uma base partidária sólida e majoritária, argumentando ser mais democrático governar com uma base de apoio flutuante. Com isso reafirmava, implicitamente, que seguiria *sem dar aos partidos políticos participação relevante na condução do Poder Executivo*, fosse na composição de seu ministério, fosse, menos ainda, na orientação das políticas de governo. Ele continuaria a ser o senhor absoluto do Executivo, entendido como condutor dos negócios de Estado.

O lançamento do "projetão" confirmava também a *perspectiva hierárquica e voluntarista do governo Collor em relação ao Congresso*, embora adocicada pela retórica do "entendimento". O "projetão" era para ser "negociado com a sociedade" — como

[13] Cf. *Banco de Dados POLI*, eventos 011 e 012 de 14/3/1991.

se o Congresso não tivesse representatividade suficiente para fazê-lo. Ademais, ele incluía propostas que, se aprovadas, alterariam bastante o *status quo*, produziriam grande oposição dos grupos atingidos e, por isso, teriam muita dificuldade para serem aprovadas no Congresso. Entre as propostas incluíam-se, por exemplo, a eliminação do imposto sindical e a criação de um contrato coletivo de trabalho, o imposto sobre as grandes fortunas, a eliminação dos subsídios públicos à agricultura e sua substituição por instituições de crédito privado cooperativo, o fim da estabilidade do funcionalismo, a revisão da aposentadoria por tempo de serviço etc. Tendo em vista a dificuldade de o governo conseguir, em algumas situações, maioria simples para aprovar suas medidas provisórias, o "projetão" parecia em boa parte mais uma das manifestações de extremo voluntarismo governamental, embora disfarçado sob o apelo à negociação.

Em vista disso, o Congresso não se desarmou com a promessa de autocontenção e com os chamados ao "entendimento" feitos por Collor. Ao invés, a oposição no Congresso insistiu na tentativa de limitar *normativamente* os poderes da Presidência, inviabilizando a reedição por mais de uma vez das medidas provisórias não apreciadas. No dia 20 de março, mesmo sem o voto da "bancada de José Sarney" e do PDT de Leonel Brizola, a oposição parlamentar (MDB, PSDB, PT e partidos de esquerda) quase conseguiu aprovar, com a ajuda de alguns governistas dissidentes, o núcleo do projeto Jobim; conseguiu maioria simples na Câmara dos Deputados, mas o projeto foi rejeitado por não ter obtido, por cinco votos, a maioria absoluta necessária para a aprovação de uma lei complementar. Impediram a vitória da oposição as negociações com José Sarney em torno da realização da Ferrovia Norte-Sul, projeto lançado ainda no seu governo, e com Leonel Brizola em torno de interesses do governo do Rio de Janeiro.[14] Ainda assim, a oposição continuou nos meses seguintes a tentar reintro-

[14] A "bancada" de José Sarney — em parte filiada ao PMDB — votou em peso contra o projeto, e a do PDT de Leonel Brizola ausentou-se do plenário no momento da votação.

duzir e aprovar o dispositivo no Senado, mantendo a pressão sobre o governo.

Portanto, no fim de março, Collor parecia ter afastado os perigos provenientes da resistência da oposição no Congresso, conseguindo aprovar o Plano Collor II e derrotando a tentativa de redução *institucional* de seus poderes legislativos. Para isso, no entanto, *restringira o seu poder de mando*, incorporando demandas da oposição ao seu novo plano de estabilização e prometendo *limitar* a edição de medidas provisórias *voluntariamente (embora por força da pressão política)*.

Caso fosse mantida esta restrição voluntária do poder presidencial sobre o Congresso, ela acentuaria a dificuldade do governo em superar a resistência da oposição parlamentar em casos muito controversos como os que diziam respeito a salários, tal como ocorrera no ano anterior. Ele dependeria mais do assentimento negociado, em situações talvez menos favoráveis. Além disso, o presidente continuaria a não contar com aliados seguros nas votações. No entanto, em situações desvantajosas, o Executivo ainda poderia usar a ameaça ou efetivar o seu poder de veto, difícil de ser superado, pois a derrubada de vetos governamentais exige maioria absoluta dos parlamentares (metade mais um), reunidos em sessão conjunta do Congresso Nacional.

Se do ponto de vista econômico o plano de estabilização parecia de início produzir bons resultados sobre a inflação — o INPC fora 20,2% em fevereiro, 11,8 em março e 5% em abril —, o prestígio popular do governo não ajudava: quando Collor comemorava seu primeiro ano na Presidência, 34% da população considerava o governo ruim ou péssimo, ultrapassando com folga os 23% que o julgavam ótimo ou bom; isso praticamente invertia os percentuais alcançados seis meses antes.[15] Seria preciso que a inflação continuasse caindo — ou pelo menos se mantivesse relativamente baixa — para que a opinião pública talvez se tornasse mais favorável, a despeito das taxas altas de desemprego não ajudarem.

[15] Cf. pesquisas do Datafolha.

Esta disposição negativa *difusa* em relação ao governo ganhava contornos mais nítidos no movimento sindical. A animosidade dos sindicatos e centrais sindicais em relação ao governo continuou, apesar da queda dos índices de inflação. Além das declarações e manifestações públicas de protesto, três centrais sindicais — a CUT e as duas CGT — convocaram, em 29 de abril, greve geral de repúdio à política econômica do governo, ao seu caráter recessivo, que teria produzido, segundo Jair Meneguelli, presidente da CUT, "um milhão de desempregados em São Paulo". A greve foi convocada para o mês seguinte, dias 22 e 23 de maio.[16]

Quanto ao empresariado, sua posição em relação ao governo seguiu ambivalente, como até o Plano Collor II: contra o intervencionismo estatal e em favor das reformas liberalizantes. O lançamento, em março, do "projetão" foi, *em princípio*, bem recebido, pois estava, de forma geral, em sintonia com as crenças e aspirações do empresariado. Mas isso não fez decrescer a sua animosidade em relação ao controle de preços e salários como mecanismo de estabilização. Por exemplo, em abril, pouco mais de dois meses após o congelamento, o vice-presidente da FIESP, Aldo Lorenzetti, acusou o governo de empurrar as empresas para a ilegalidade em função da necessidade de administrar as pressões de preços e salários. E, confirmando a deterioração da autoridade governamental, o semanário *Veja* publicou, na edição de 17/4/1991, que a FIESP negociava em surdina um reajuste salarial ilegal com o Sindicato dos Metalúrgicos de São Paulo.[17]

Dessa forma, embora tivesse afastado os perigos da rejeição do seu recente plano de estabilização e da restrição institucional ao seu poder de emitir medidas provisórias, Collor estava diante de uma *situação política desfavorável — na opinião pública, entre os trabalhadores organizados e as entidades empresariais — para*

[16] Cf. *Banco de Dados POLI*, evento 009 de 29/4/1991. Como vimos, a Confederação Geral dos Trabalhadores, presidida por Francisco Canindé Pegado, e a Central Geral dos Trabalhadores, presidida por Antônio Neto, tinham a mesma sigla, CGT.

[17] Cf. P. Kingstone, cit., p. 173.

seguir com seu programa de governo, mantendo a promessa de realizá-lo negociando com o Congresso sem usar, a não ser por exceção, medidas de urgência.

Em busca do consenso, pela negociação

A saída política que Collor adotou para efetivar o programa de reformas, mantendo as promessas de autocontenção feitas em março, foi mudar o eixo de seu governo, desanuviando a hostilidade existente na sociedade e no interior do Estado em relação à equipe econômica.[18]

No começo de maio, a ministra Zélia Cardoso de Mello deixou o governo Collor, substituída pelo embaixador brasileiro nos EUA e ex-diretor do Unibanco, Marcílio Marques Moreira. Parecia ter havido uma grande virada. O governo conservava o reformismo liberal e a aposta no equilíbrio fiscal, mas abandonava as alternativas heterodoxas de combate à inflação e apostava em uma recomposição menos conflitiva com os credores externos para integrar-se ao Primeiro Mundo. Esta foi a mensagem enviada pelo presidente com a troca de ministros da Economia.

Logo no começo da nova gestão, o governo beneficiou-se, ao menos de imediato, do fracasso da greve geral convocada pela CUT e as CGTs. Nos dias 22 e 23 de maio o movimento teve baixa participação, provavelmente em função da recessão e consequente desemprego. As centrais e sindicatos envolvidos não podiam contar, assim, com uma mobilização que confirmasse de forma visível sua oposição frontal ao governo Collor. Daí em diante, as centrais sindicais concentraram sua atuação nos órgãos de Es-

[18] Desde o romance com Bernardo Cabral, a posição da ministra se fragilizara. Depois do Plano Collor II, além das divergências com sindicatos, empresários e oposição parlamentar, intensificaram-se as disputas com outros integrantes do governo. A última parece ter sido com Egberto Batista, secretário de Desenvolvimento Regional, em função da não autorização pela ministra de cotas de importação para a Zona Franca de Manaus.

tado. Passaram a atuar mais como *grupos de pressão*, principalmente no Parlamento, do que como *organizações do movimento dos trabalhadores*.[19] A recessão não produziu o fim das greves nem das manifestações públicas de protesto, mas reduziu o seu número e a quantidade de trabalhadores mobilizados; as manifestações de protesto, contra as privatizações, por exemplo, reuniam principalmente ativistas sindicais.

Depois que o embaixador Marcílio Marques Moreira assumiu o Ministério da Economia, a relação entre empresariado e governo melhorou, mas apenas parcialmente. Bem menos, talvez, do que Collor teria esperado, dado que a escolha incluiu consultas a segmentos da elite empresarial. A nomeação de Marcílio pretendera, como já sublinhei, *materializar no âmbito da gestão econômica a nova fase de seu governo*: sem os sobressaltos da heterodoxia, sem ameaças à riqueza financeira e à liberdade de mercado; daí em diante a gestão da economia deveria ser mais ortodoxa, respeitadora dos contratos e, nestes limites, teria que continuar o programa liberal de reformas. De fato, a nomeação do novo ministro apenas deu sequência — mas com ênfase, pelo impacto da saída da ministra Zélia, símbolo do voluntarismo presidencial — ao novo estilo negociador ("soft", dizia a publicidade oficial) prometido na comemoração do primeiro aniversário do governo, em 14 de março.

Entretanto, a manutenção da estabilidade dos preços exigia equilíbrio fiscal — tanto sob as diretrizes da ministra substituída como segundo as do novo ministro. Na verdade, com Marques Moreira no Ministério da Economia as exigências fiscais até se *exacerbaram* porque tinham sido descartadas novas iniciativas

[19] As centrais atuavam também junto ao Executivo, mas com mais dificuldade, dado que Collor mantinha a atitude hierárquica de distância social e política em relação a elas. Assim, no final de agosto, pouco antes da votação de uma nova lei salarial pelo Congresso, os presidentes da CUT, da CGT e da Força Sindical tiveram que reunir-se com os ministros da Justiça e do Trabalho para discutir suas propostas em relação aos salários, *porque o presidente se recusou a recebê-los*. Posteriormente Collor recebeu apenas Luiz Antônio Medeiros, da Força Sindical.

heterodoxas e em decorrência da nova diretriz governamental de negociação da dívida externa. Esta implicava aceitar as exigências dos credores para renegociar a dívida nos termos do Plano Brady — quer dizer, com desconto nos pagamentos. Tais exigências envolviam o pagamento dos débitos atrasados, o que requeria mais esforço fiscal porque, em função da escassez de reservas internacionais, o governo tinha que comprar as divisas necessárias com o superávit de suas contas.

De qualquer maneira, a reação do empresariado à nova equipe econômica foi cautelosa, dado o potencial recessivo da ortodoxia fiscal e monetária prometidas, mas positiva em função do diálogo mais fácil com as autoridades econômicas, da mudança da estratégia de negociação da dívida externa (mais favorável à recomposição com os credores e à *captação de investimentos externos*) e da *perspectiva* de fazer avançar de forma *efetivamente negociada* a nova política industrial e as reformas liberais contidas no "projetão".

Gerou assentimento e expectativa positiva, por exemplo, a proposta feita pelo novo ministro, ainda em maio, de ampliação dos objetivos das câmaras setoriais instituídas pelo Plano Collor II; além das questões de preços e salários, elas passariam a discutir questões estratégicas referentes à competitividade de cada setor; e prometeu estudar também a redução de imposto para importação de máquinas e equipamentos.[20] Também gerou expectativas positivas o fato de que, no começo de julho, em seminário da Comissão Empresarial de Competitividade, o novo ministro tenha sublinhado que o Projeto de Reconstrução Nacional visava à "inserção competitiva do Brasil no contexto mundial" e envolvia atuar simultaneamente em três dimensões: a consolidação de um ambiente macroeconômico estável; o aprofundamento das reformas es-

[20] Cf. *Banco de Dados POLI*, evento 023 de 23/5/1991. Os empresários aceitaram a proposta para as câmaras setoriais e sugeriram temas a serem aí discutidos. Comprometeram-se — embora não tivessem capacidade de comando sobre seus pares — a obedecer a uma gradual liberação de preços conforme as câmaras setoriais.

truturais para modernizar o Estado e reestruturar a economia para que alcançasse altos padrões de produtividade e qualidade; e a renegociação da dívida externa e a normalização das relações do país com a comunidade financeira internacional.[21] Contudo, embora tais proposições pudessem soar bem aos ouvidos dos empresários, as exigências políticas para sua realização eram tão grandes que elas foram recebidas com cautela e, em alguns casos, até ceticismo.

Há que adicionar a esta cautela e razoável ceticismo quanto à viabilidade das intenções proclamadas os frequentes conflitos em relação ao processo de "descongelamento" de preços e o desagrado decorrente tanto da estagnação econômica como dos custos produzidos pela política de recuperação das finanças públicas. Já no fim de junho, por exemplo, o governo editou a MP 297, mudando a forma de indexação dos tributos, facilitando o pagamento de dívidas ao setor público com cruzados novos ainda retidos e, entre outras providências, reduzindo o prazo para pagamento de IPI de 45 para 5 dias, o que foi objeto de reclamações seguidas de lideranças empresariais.[22] Dessa forma, *dificilmente Collor teria no empresariado um aliado que pudesse atuar decidida e univocamente em seu favor no debate público ou no Congresso.*

Outro conjunto de atores que o governo tratou de incluir no processo de negociação das reformas, inclusive para apoiá-lo junto ao Congresso, foram os novos governadores, empossados em 15 de março. As tentativas de aproximação de Fernando Collor em direção a eles também foram dificultadas pelas iniciativas da equipe econômica, moldadas pelas exigências de "ajuste fiscal". Até a nova política de negociação da dívida externa, desenvolvida por Marcílio Marques Moreira, agravou a tensão política entre o poder central e outros centros de poder do Estado. É que a nova orientação de "recomposição das relações com os credores" exigia o pagamento dos juros atrasados e implicava aumento da despesa

[21] Cf. *Banco de Dados POLI*, evento 018 de 3/7/1991.

[22] Cf. *Banco de Dados POLI*, eventos 004 de 4/7/1991, 001 de 5/7/1991 e 017 de 8/7/1991.

pública. Isso levou o governo federal a apertar o torniquete sobre as finanças dos estados, dos municípios e das empresas estatais, devedores inadimplentes. Com os governadores, prefeitos e dirigentes das estatais, o problema imediato a resolver dizia respeito às suas dívidas externa e interna, cujos pagamentos eram deixados "tacitamente" a cargo da União, avalista em última instância dos empréstimos. Como o governo federal concordara, com o apoio do Senado Federal, em pagar os atrasados devidos aos credores externos, o Tesouro Nacional teria que despender recursos, tanto maiores quanto menores fossem os pagamentos das dívidas, contraídas com aval da União, por empresas estatais, dos estados e dos municípios. Por isso, em 24 de junho, o governo federal anunciou o bloqueio das contas bancárias das empresas estatais e a retenção de parte dos fundos de participação dos estados e municípios que não tivessem pago até aquela data suas dívidas externas.[23] Impondo tais limites às receitas de governadores e prefeitos, Collor resolvia parte do seu problema imediato, mas criava tensão política na Federação, ainda em desordem desde o fim do regime militar.

A despeito desses problemas, Collor esperava poder superá-los no futuro ao renegociar com governadores e prefeitos a enorme dívida de estados e municípios. Entretanto, naquele momento, junho e julho, a equipe econômica ainda não estava preparada para fazer uma proposta. Quando fosse possível, o governo planejava fazer o acerto das dívidas estaduais e converter os governadores em aliados na promoção das reformas que tencionava propor.

Assim, as relações e negociações com atores — empresários e governadores — mostravam-se difíceis, principalmente em função dos impactos que lhes causava a política econômica rigorosa do ministro da Economia. Eles não eram refratários ao governo,

[23] Cf. *Banco de Dados POLI*, evento 021 de 24/6/1991. Foram retidas partes equivalentes aos débitos não pagos da ordem de US$ 120 milhões. O total da parcela de juros atrasados pagos no fim de julho foi de US$ 900 milhões.

mas seria, no mínimo, trabalhoso conseguir o seu apoio efetivo para aprofundar as reformas liberais como o governo pretendia.

No Congresso, a opção feita pelo presidente por soluções negociadas com autocontenção no uso de medidas provisórias não desarmou a oposição nem recebeu o entusiasmo dos deputados que tinham, em geral, afinidade com o governo. De fato, o Legislativo continuou a bloquear aquelas iniciativas governamentais que entendia serem onerosas para os assalariados. Foi marcante, neste sentido, a derrota sofrida pelo governo, *em fins de junho*, na votação da MP 296, que dava reajustes diferenciados a algumas categorias do funcionalismo civil e militar. Ela mostrou que *a capacidade do Executivo de exercer poder sobre o Congresso havia efetivamente se reduzido*. A concessão do Príncipe redundou em uma conquista do Congresso. A derrota do governo ocorreu por larga maioria, de 329 votos contra 111.[24] A votação sublinhou a *fragilidade da base de sustentação* parlamentar de Collor e provocou o pedido de demissão ("por ter fracassado") do ministro da Justiça, Jarbas Passarinho, que não foi atendido por Collor.[25]

Desafiado e temendo perder o controle sobre o Congresso, Collor estimulou a emissão de uma *nota de protesto dos ministros militares* contra a rejeição da MP 296. Usando contra o Congresso a *ameaça da força*, de eventual crise institucional, Collor pode ter atemorizado o Parlamento, mas revelou o *esvaziamento da própria autoridade política*. Em resposta, o Congresso decidiu regular por *decreto legislativo, não sujeito a veto presidencial*, os efeitos da medida provisória derrubada para que os funcionários

[24] Cf. *Banco de Dados POLI*, evento 036 de 26/6/1991. A diferença de votos ocorreu porque a liderança do governo "liberou a base" — do compromisso de votar a favor da MP 296 — para que sua derrota fosse menos flagrante.

[25] Cf. *Banco de Dados POLI*, evento 011 de 27/6/1991. Jarbas Passarinho desabafou na ocasião: "Este governo vive um paradoxo, tem um diplomata no Ministério da Economia, um jurista como chanceler e um coronel na Justiça. Não pode dar certo".

não fossem obrigados a devolver os reajustes já recebidos.[26] Com isso tranquilizou, *ao seu próprio modo*, os servidores públicos, inclusive os militares, até que uma nova lei fosse aprovada depois do recesso parlamentar de julho.

Logo no início de agosto, depois do recesso parlamentar, o governo conseguiu a aprovação de um *projeto de lei negociado com o Congresso* — e não, sublinhe-se, uma medida provisória — concedendo um reajuste linear de 20% para todos os funcionários e aumentos diferenciados para algumas categorias profissionais, como antes demandara o Legislativo.[27]

O mês de agosto foi pleno de iniciativas orientadas para alterar a balança de poder entre o governo federal e o Congresso, com a participação de outros atores, como centrais sindicais, governadores de estado e empresariado, incluídos pelos contendores na luta. Duas questões deram matéria para essas disputas. De um lado, a nova lei salarial e do salário mínimo e, de outro, o aprofundamento das reformas liberalizantes e a renegociação das dívidas dos estados e municípios.

Os debates em torno de uma nova política salarial resultaram de um acordo entre os partidos de oposição e o governo, que conseguira aprovar a Lei de Diretrizes Orçamentárias (LDO) com o compromisso de apresentar e discutir com o Congresso uma lei salarial que substituísse a existente. As polarizações ocorreram quanto ao valor do salário mínimo e ao dilema indexação/livre negociação, sendo esta última a aposta do governo. Desde julho, o ministro Jarbas Passarinho e a equipe do ministro Marcílio iniciaram os contatos com as centrais sindicais, inclusive a CUT, e com o empresariado para construir um consenso sobre os dois temas. Eles enfrentaram, porém, grandes dificuldades, principalmente com a CUT, como seria de esperar. Dizia então o seu presidente, Jair Meneguelli, que "somente aceita negociar uma nova

[26] Cf. *Banco de Dados POLI*, evento 010 de 28/6/1991.

[27] Cf. *Banco de Dados POLI*, eventos 016 de 7/8/1991 e 018 de 13/8/1991. No dia 14 de agosto, o presidente sancionou a lei com vetos, incidentes sobre algumas emendas parlamentares não acordadas na negociação.

política salarial com governo e empresários se a remuneração dos trabalhadores for indexada à inflação",[28] justamente o que o governo queria evitar.

Insistindo na livre negociação e na fixação, apenas, do salário mínimo, o governo decidiu *não enviar um projeto de lei* ao Congresso sobre o assunto, preferindo tomar por base projetos em tramitação desde o tempo da ministra Zélia, cujo conteúdo aceitava. O Executivo conseguia, porém, pouco apoio para seus pontos de vista, mesmo entre suas lideranças no Congresso. À vista da decisão do governo, o Congresso Nacional *tomou a iniciativa de formular e aprovar um projeto próprio*, tendo como núcleo negociador uma comissão formada por parlamentares do PMDB, PSB, PDT e PT.[29]

Enquanto transcorria esta disputa, o presidente tentava retomar o controle do processo político, buscando a adesão de governadores e empresários a seu projeto de aprofundamento das reformas. Sua tentativa já se desenvolveu, porém, em um ambiente político que depunha contra sua autoridade. De fato, operava em meio à controvérsia sobre a conduta político-administrativa da sua esposa e à exposição pública de sua vida pessoal desde que o *Jornal do Brasil* informara que o seu casamento passava por crise aguda. Esta tinha como um dos pomos de discórdia a Presidência da Legião Brasileira de Assistência (LBA), ocupada por Rosane Collor.[30]

Collor aproveitou a comemoração do seu aniversário, no dia 12 de agosto, para desencadear um conjunto de iniciativas políticas destinadas a superar os constrangimentos políticos que o Congres-

[28] Cf. *Banco de Dados POLI*, evento 033 de 15/7/1991.

[29] Cf. *Banco de Dados POLI*, eventos 022 e 044 de 14/8/1991.

[30] Cf. *Banco de Dados POLI*, evento 011 de 10/8/1991, e *Veja*, 21/8/1991. Desde março apareceram denúncias de irregularidades na LBA, e uma comissão da Câmara pretendia convocar Rosane Collor para esclarecimentos. Fernando Collor pretendia transformá-la em presidente de honra da LBA, mas ela resistia e exigia reparações, por nomeações de aliados e demissões de desafetos.

so vinha lhe impondo. Em primeiro lugar, a comemoração permitiu ao presidente demonstrar prestígio político. Com efeito, chegou ao evento festivo acompanhado da esposa e foi recebido em um salão do Palácio do Planalto pelas principais autoridades políticas do país, chefes dos poderes Legislativo e Judiciário e o Procurador-Geral da República, 26 governadores e ministros, em meio a 500 pessoas. Em segundo lugar, o evento se desdobrou em um almoço entre o presidente, seus ministros e os governadores. Estes já vinham conversando em grupos menores com o presidente, sobre a preservação da estabilidade política, as finanças estaduais e a necessidade de reformas. Os governadores enfatizaram desejar contribuir para a "governabilidade" e sua disposição de dialogar sobre as reformas pretendidas pelo presidente. Foi marcada uma nova reunião para o dia 28 do mesmo mês para discutir, em conjunto, o programa de reformas e a proposta de negociação das dívidas estaduais que seriam apresentadas previamente. Ainda no dia 12, o presidente fez reunião parcial do ministério para anunciar várias iniciativas — materializadas em recursos — que favoreciam a recomposição das relações do governo com o empresariado, algo distantes em função de acusações mútuas.[31]

No entanto, logo depois deste momento muito positivo foram publicadas duas reportagens do *Jornal do Brasil* que revelaram, com documentos oficiais, o uso fisiológico, e eventualmente ilegal, de recursos do Estado pela presidente da Legião Brasileira de Assistência (LBA), o que redundou em sua demissão.[32] Estas matérias jornalísticas reforçaram o impacto negativo causado, anteriormente, pela matéria de capa publicada em julho pela *Veja*, sobre a "República de Alagoas".[33] Nesta matéria foram levantadas suspeitas de corrupção dos aliados alagoanos do presidente. Assim, o "problema Rosane Collor" não era apenas uma rusga de casal que se tornou pública e objeto de "fofocas" do mundo político de

[31] Sobre esses eventos, consultar *Banco de Dados POLI*.

[32] Cf. *Veja*, 4/9/1991.

[33] Cf. *Veja*, 3/7/1991.

Brasília. Era questão grave, pois podia remeter a questão da corrupção diretamente ao presidente.[34] Com efeito, segundo um jornalista que acompanhou os acontecimentos, as matérias do *JB* sobre a LBA e sua repercussão por outros órgãos de comunicação tiveram, segundo pesquisa da Vox Populi, "um terrível impacto negativo na opinião pública. A população associou o governo à corrupção de maneira cabal e definitiva".[35]

Além do esvaziamento da autoridade e da liderança da Presidência da República, crescente desde a derrota parlamentar de junho (MP 296), o mau desempenho da política econômica no controle da inflação (em agosto anunciou-se que a inflação de julho subira para 12,6% ao mês) criou o ambiente para que no Congresso vários parlamentares sugerissem publicamente medidas destinadas a superar o "impasse político" que lhes parecia haver. Sugeriam "reforma ministerial", "antecipação do plebiscito" sobre o sistema de governo e outras — *todas elas resultando, se adotadas, em redução dos poderes da Presidência.*[36]

Os sinais de deterioração da autoridade governamental ampliaram as oportunidades para que os *parlamentares de oposição* articulassem a aprovação de uma nova lei salarial, definida pelo

[34] Note-se que acusações de corrupção contra membros do governo não eram novidade, mas não constituíam uma "onda". Em março, na época da comemoração do primeiro ano de mandato, tinham havido denúncias contra José Luitgard, indicado por PC Farias, acusado de desviar recursos do Fundo Nacional de Desenvolvimento da Educação, e de Tasso Jereissati e Ciro Gomes contra a Sansuy, que teria intermediado verbas do Ministério da Ação Social para construir cisternas em municípios cearenses. Cf. A. T. Rodrigues, *Brasil de Fernando a Fernando*, cit., p. 146.

[35] Mario Sergio Conti, *Notícias do Planalto: a imprensa e Fernando Collor*, São Paulo, Companhia das Letras, 1999, p. 476. A impossibilidade de acesso à pesquisa da Vox Populi impede uma análise mais elaborada da vinculação "cabal e definitiva", feita pela "população", entre governo e a corrupção. Parece-me, de todo modo, que há certo exagero na afirmação.

[36] O senador José Richa (PSDB-PR) apresentou em 13 de agosto proposta de emenda constitucional antecipando o plebiscito sobre o sistema de governo para 1992. Cf. *Banco de Dados POLI*, evento 026 de 13/8/1991.

próprio Congresso, dado que o Executivo não tencionava fazê-lo. O elemento politicamente *crucial* desta articulação foi ter um *núcleo parlamentar oposicionista — e não o governo — se tornando o eixo de uma negociação* que envolveu não apenas parlamentares governistas e representantes do Executivo mas, também, empresários e centrais sindicais. Afirmando-se como centro de negociações, a Câmara dos Deputados promoveu um seminário sobre "Política Salarial e Recessão" com a participação da comissão parlamentar encarregada de formular a nova lei salarial e representantes da CUT, das CGTs e da Força Sindical, da FIESP e da CNI.[37] Em seguida, os parlamentares do PMDB, PT, PSB e PDT encarregados de negociar a lei salarial diretamente com o Ministério da Economia decidiram convidar para uma reunião no dia 20 de agosto os dirigentes da FIESP, da CUT e da Força Sindical, porque queriam redigir a "lei salarial possível, que não seja vetada pelo presidente da República".[38] Já em 21 de agosto, dia seguinte à realização da reunião mencionada, o presidente da Câmara e os líderes de 12 partidos, inclusive governistas, definiram *regime de urgência* para votar o projeto de lei salarial antes do fim do mês de agosto, quando perderia a validade a lei vigente.[39]

Em meio a este clima político conturbado — e, mesmo, hostil à sua orientação política — o presidente, que encontrava por vezes dificuldade para aprovar matérias que exigiam apenas maioria simples de votos no Congresso, *resolveu dobrar a aposta* lançando um "Programa de Saneamento Financeiro e de Ajuste Fiscal", que demandava que se alterassem 44 artigos da Constituição, acompanhado de uma proposta de refinanciamento das dívidas

[37] Cf. *Banco de Dados POLI*, evento 020 de 13/8/1991. Houve vários outros contatos entre os atores mencionados, às vezes reunindo apenas parte deles, que não cabe reconstituir aqui.

[38] As palavras são de José Genoino, líder do PT na Câmara dos Deputados, ditas após a reunião dos líderes dos partidos de oposição para discutir a estratégia de votação da nova lei. Cf. *Banco de Dados POLI*, evento 032 de 15/8/1991.

[39] Cf. *Banco de Dados POLI*, eventos 033 e 038 de 21/8/1991.

estaduais, de US$ 57 bilhões, por 20 anos. O Programa e a proposta foram apresentados em 22 de agosto pelo ministro da Economia em reunião com todos os secretários de Fazenda estaduais.[40] O conjunto dessas propostas foi denominado "Emendão" e incluía emendas temporárias, válidas até o final de 1993, essenciais para acertar as finanças públicas, e emendas permanentes à Constituição. Entre as primeiras havia a suspensão da estabilidade dos servidores públicos, a suspensão da anualidade para a criação de impostos sobre a renda e o patrimônio, a redução da participação dos estados no rateio do ICMS, a destinação de 80% dos fundos constitucionais do Norte, do Nordeste e do Centro-Oeste e uma parte do Fundo de Amparo ao Trabalhador (FAT) para o ajuste fiscal etc. Entre as alterações permanentes propunha-se que, além do tempo de serviço, fosse exigida idade mínima para aposentadoria — 60 anos para os homens e 55 para as mulheres —, houvesse redução de salários de funcionários colocados em disponibilidade, um limite máximo de gastos com pessoal para estados e municípios (60%) e para a União (65%), uma distribuição de percentuais máximos de gastos com pessoal dos três poderes, o fim da obrigação da União de gastar 18% em educação, uma restrição da obrigação do Estado com a educação limitando-a ao ensino de 1º e 2º graus, a possibilidade de privatizar universidades federais, a telefonia e a comunicação de dados etc.[41]

Este arrolamento extenso, mas parcial, das propostas mostra claramente o descompasso extraordinário entre o desejado pelo Executivo e as possibilidades políticas efetivas de consegui-lo. Repito: o governo tinha dificuldade de fazer passar projetos que exigiam maioria simples. Como conseguiria aprovar emendas constitucionais em número tão grande e que afetavam tantos direitos e interesses? Como imaginava conseguir, para tais reformas, maio-

[40] No mesmo dia, o governo teve o cuidado de apresentar o Programa aos líderes do governo na Câmara e no Senado, deputado Humberto Souto e senador Marco Maciel, respectivamente.

[41] Cf. *O Estado de S. Paulo*, 23/8/1990, p. 4.

ria de 3/5 em dois turnos de votação na Câmara dos Deputados e no Senado?

A dificuldade era óbvia. Por isso, já se viu, o governo tentou, desde o início, incluir os governadores como aliados do programa de reformas, ainda que eles se ressentissem das providências tomadas, algum tempo antes, pelo ministro Marcílio para que cumprissem algumas exigências dos credores externos. Agora, e isso foi dito explicitamente aos secretários de Fazenda, *a renegociação ficava condicionada* ao apoio que dessem à tramitação das reformas, especialmente porque os recursos para o acerto entre União e estados viria com as medidas temporárias apresentadas. Divulgado o Emendão, houve protestos, especialmente dos governadores do Nordeste, do Norte e do Centro-Oeste, que teriam parte dos seus recursos (fundos regionais e ICMS) drenados para pagar dívidas contraídas principalmente por estados do Centro-Sul e do Sul, os grandes devedores. Também houve, quase de imediato, críticas das bancadas parlamentares dos partidos de centro, PSDB e PMDB, nas quais o presidente talvez imaginasse encontrar algum apoio para suas propostas.

A despeito das diversas objeções e críticas contundentes de governadores e parlamentares, os entendimentos culminaram em uma reunião, realizada no dia 28/8/1991, entre Collor, seus ministros e 26 governadores, que resultou em uma *declaração* conjunta de "pacto" no sentido desejado pelo governo federal.

O que estava em jogo dependia, porém, *da disposição e da capacidade efetivas* dos governadores afetarem o Congresso. Teriam eles a disposição de, por exemplo, perder o poder de emitir dívida pública em troca da renegociação das suas dívidas? Ou, tendo situação financeira tão diferente, conseguiriam agir unitariamente, como o governo desejava, e não de forma divergente? Ademais, mesmo que eles tentassem cumprir o compromisso *declarado*, sua capacidade de influenciar os congressistas era limitada. As "bancadas estaduais" no Congresso são em geral heterogêneas do ponto de vista partidário, pertencendo ao partido do governador apenas parte da representação estadual e, mesmo quando há coligação entre partidos no plano estadual, nem sempre as bancadas partidárias das Assembleias Legislativas têm a mesma orientação que as do Congresso Nacional. E não era só isso: embora a vontade dos governadores fosse importante, ela competiria com as bases eleitorais dos parlamentares. Como se vê, não seria tarefa fácil moldar a vontade dos parlamentares federais, mesmo que os governadores tivessem disposição para isso, o que muitos deles não pareciam ter, pois enfatizaram que não gostariam de condicionar a renegociação das dívidas à aprovação das reformas.

Enquanto o governo — presidente e ministros — *encenava* o "compromisso" com os governadores, a Câmara dos Deputados *aprovava*, no mesmo dia 28, uma nova lei salarial de iniciativa dos partidos de oposição — PMDB, PSDB, PDT, PT, PSB, PCB e PC do B, após terem fracassado as negociações com os ministros da Justiça, da Economia e líderes governistas no Congresso.[42] O projeto aprovado definiu um salário mínimo bem superior ao proposto pelo governo, além de antecipações, correções e reajustes reais periódicos, segundo três faixas distintas — a primeira constituída daqueles que ganhavam o mínimo, a segunda dos que tinham remuneração entre um e três salários mínimos e a terceira dos que auferiam de três a sete salários mínimos. Acima desta faixa se instituía a livre negociação.[43]

Com a aprovação deste projeto, confirmava-se o reposicionamento do Poder Legislativo, que *tomava a iniciativa em lugar de somente bloquear ou alterar as propostas do Executivo*. A vitória por 245 votos contra 195 e 4 abstenções reiterava, de um lado, a disposição desta "frente partidária" para tomar as rédeas do processo político, ainda que em minoria parlamentar; de outro,

[42] Cf. *Banco de Dados POLI*, eventos 016 de 27/8/1991 e 023 de 28/8/1991.

[43] O salário mínimo de setembro foi fixado em Cr$ 42.000,00 e o de outubro, em Cr$ 46.000,00 mais a variação do INPC, antecipações bimestrais, conforme índice do Ministério de Economia, e aumentos reais de 5% a cada trimestre. Em janeiro de 1992 definiu-se reajuste pelo INPC acumulado no quadrimestre mais 4%, descontadas as antecipações. Definiu-se formas distintas de antecipação e correção para as faixas de 1 a 3 e de 3 a 7 salários mínimos. Cf. *Banco de Dados POLI*, evento 023 de 28/8/1991.

revelava a *insuficiência dos recursos e métodos* usados pelo governo para conseguir os votos necessários para fazer valer seus pontos de vista.[44]

Reconhecendo o enfraquecimento do Poder Executivo, o ministro da Justiça anunciou, no começo de setembro de 1991, que o presidente Collor, embora com alguns vetos, sancionaria a lei salarial aprovada pelo Legislativo, "pois o veto total levaria à necessidade de edição de uma medida provisória, o que *levaria fatalmente a novos confrontos com o Congresso*"[45] (grifo meu).

Ao mesmo tempo, em face das dificuldades enfrentadas pelo governo diante do Congresso e dos governadores em relação ao "Emendão", surgiram em agosto, mas avançando em setembro, várias declarações de governadores, dos editoriais da grande imprensa e, principalmente, de entidades empresariais, que enfatizavam a necessidade do "entendimento", de um "pacto político", de "pacto social" ou, mesmo, de "governo de coalizão" para que se superasse o clima de confronto e se avançasse no programa de liberalização econômica. O presidente Collor aproveitou o temor da desagregação política e as aspirações "de entendimento" e procurou canalizá-las em favor de sua política de reformas. Neste ensaio de "pacto": "do lado empresarial, o IEDI substituiu o PNBE como principal interlocutor. Esta tentativa iniciou com reuniões entre Collor e um pequeno grupo de proeminentes empresários, incluindo Luiz Carlos Mandelli, da FIERGS, Mario Amato, da FIESP, Albano Franco, da CNI, Paulo Cunha, presidente do IEDI, e Max Feffer, do IEDI. Este grupo apoiou o chamado de Collor para reformar a Constituição e apresentou a ele um documento com cinco pontos: o primeiro expressava concordância com as políticas de Collor e com um pacto social como meio de superar os

[44] À vista do resultado da votação inicial, os partidos mais afinados com o governo — PFL, PRN, PTB, PDS e PDC — retiram os seus destaques para emendar o projeto, deixando que passasse inalterado, para ser depois apreciado rapidamente pelo Senado, como estava combinado. Cf. *Banco de Dados POLI*, evento 023 de 28/8/1991.

[45] Cf. *Banco de Dados POLI*, evento 027 de 2/9/1991.

problemas nacionais; o segundo apelava por reformas estruturais urgentes para solucionar o desequilíbrio fiscal do setor público, restaurar a credibilidade do cruzeiro e para que o Congresso cooperasse nesta tarefa; o terceiro demandava um compromisso de deixar de usar o 'choque heterodoxo' como mecanismo anti-inflacionário; o quarto solicitava um compromisso de deixar de sustentar altas taxas de juros sem uma reforma fiscal; e o quinto afirmava entendimento de que ataques episódicos à inflação erodem a credibilidade do governo e tornam os atores sociais defensivos. O documento termina por pedir um compromisso do governo em atacar o que entendiam ser a base da inflação, as finanças do setor público".[46] Embora o documento possa ser lido como de apoio "em geral" às políticas de reformas de Collor, ele sinaliza claramente sua oposição à política monetária (juros altos) *antes* de uma reforma fiscal e, principalmente, sua frontal oposição aos usuais choques heterodoxos — envolvendo congelamentos — como terapia anti-inflacionária. Como bem observa Kingstone, a propósito deste ensaio de pacto: "embora ambos os lados saíssem felizes com seu compromisso, não ocorreram negociações com quem realmente tinha importância, governadores, Congresso e partidos".[47]

Dessa forma, as iniciativas de Collor no sentido de obter apoio político efetivo de governadores e empresários para pressionar o Congresso em favor de seu programa de reformas criaram pouco mais, se tanto, que *eventos midiáticos* destinados a recuperar um pouco do prestígio declinante do presidente da República e do seu governo.

A "opinião pública" expressou, em setembro de 1991, sua avaliação sobre o desempenho do governo, mostrando que tais iniciativas não tinham o impacto desejado. Pesquisa do Datafolha mostrou que o prestígio do governo estava em queda vertiginosa: 42% da população o considerava ruim ou péssimo, contra apenas 18% que o percebia como bom ou ótimo. Recorde-se que seis

[46] Cf. P. Kingstone, *op. cit.*, p. 179.

[47] *Idem*, p. 180.

meses antes, em março, os números eram, respectivamente, 34% e 27%. A estagnação econômica e a inflação certamente tiveram efeitos sobre tais resultados. Esta última continuava não respondendo positivamente à política econômica do governo: ela passou de 12,1% no mês de julho a 15,6% em agosto e setembro, atingindo 21,1% em outubro, a despeito da contração econômica que resultava da política ortodoxa.

O esvaziamento político do Executivo

Com a aprovação da nova lei salarial pelo Congresso, os partidos situados do centro para a esquerda — PMDB, PSDB, PDT, PT, PSB, PCB e PC do B —, herdeiros das forças políticas que tinham estado, em maior ou menor medida, na linha de frente do processo de democratização, deram fortes indicações de que atuavam como uma *frente parlamentar* que podemos qualificar como *democratizante*.

Tais partidos constituíam uma *frente* porque não havia articulação duradoura entre eles. Havia articulação, sim, mas era ocasional e dependente do surgimento de questão que a provocava. Eles expressavam, no plano político-parlamentar, as faces partidárias do movimento pela democratização do país, articulado na origem no Movimento Democrático Brasileiro (MDB).

Ainda que houvesse divergências entre eles (e mesmo no interior de cada um deles), no que dizia respeito ao processo de liberalização econômica, tais partidos acabaram atuando — de forma geral — na mesma direção quando se tratava de defender as prerrogativas do Legislativo, a autonomia dos entes federados e sua concepção de democracia. Esta não era entendida apenas como forma de escolher dirigentes políticos ou como divisão equilibrada dos poderes de Estado mas, também, como regime político orientado para a *universalização da cidadania*, entendida em sentido amplo, incluindo a expectativa de que a ação do Estado se orientasse para a proteção aos destituídos e para a geração de mais igualdade entre seus cidadãos.

Sinais da atuação de uma frente partidária já tinham surgido ao longo do primeiro ano do governo Collor, seja na decisão do Congresso sobre o limite de saques das cadernetas de poupança, na derrubada da medida provisória que bloqueava o efeito das decisões dos Tribunais Regionais do Trabalho, na aprovação do projeto de lei salarial em junho de 1990, na quase derrubada do veto do governo àquela lei etc. Ela se desfez quando da negociação da lei salarial do Plano Collor II mas, depois, voltou a agir na mesma direção nas votações sobre os reajustes do funcionalismo e, especialmente, da nova lei salarial aprovada em agosto de 1991.

Sublinho que o entendimento dessa *frente partidária* em relação à democracia não decorria só de afinidades político-ideológicas e da história de atuação parlamentar conjunta dos partidos componentes. Esse entendimento e essa tradição de atuação parlamentar assentavam-se no movimento social pela democratização da sociedade brasileira que vinha atuando não só *dentro* mas também *fora* das instituições estatais. Este movimento produzira, entre outros resultados, as vitórias eleitorais da oposição ao regime militar autoritário, a formação de dezenas de milhares de Comunidades Eclesiais de Base e outras organizações populares, o surgimento de um movimento sindical autônomo, a atuação destemida da Ordem dos Advogados do Brasil e outras organizações de classe média em favor da democracia, a campanha das Diretas-Já, a organização, expansão e atuação de centrais sindicais, as campanhas bem-sucedidas por emendas populares para a Constituição e a grande mobilização societária em favor da candidatura de Luiz Inácio Lula da Silva nas eleições presidenciais de 1989. A pressão sindical sobre o Congresso Nacional, ao longo do governo Collor, sinalizava que aquele movimento em prol da democracia e pela *dignidade* "dos de baixo" — reivindicada por movimentos populares, por organizações religiosas, sindicais e organizações de classe média — ainda tinha vigor.[48]

[48] Entre as organizações de classe média contavam-se, recorde-se, a OAB, a SBPC, outras associações profissionais e o movimento estudantil

Com efeito, na presente fase do processo político, a pressão política vinda de fora do Estado persistia. Organizações como a OAB, a CUT, o PNBE e a CNBB seguiam lutando por interesses e valores políticos que sustentavam societariamente as ações parlamentares da *frente partidária democratizante*. A CUT teve participação importante na gestação das leis salariais para o funcionalismo e para os assalariados da área privada, no combate à política econômica do governo e ao "Emendão". Sua capacidade de articulação societária estava, contudo, enfraquecida pelas divisões internas, exacerbadas durante a renovação de suas direções estaduais e nacional.[49] No segundo semestre de 1991, o PNBE continuou, como antes, a se manifestar em eventos e pela imprensa em oposição sistemática ao governo Collor, não tanto pelo conteúdo de suas políticas mas muito mais pelo modo tecnocrático e autoritário com que as definia e perseguia. Embora criticasse as consequências recessivas da política governamental, o mote de suas intervenções era a *exigência de negociações e entendimento do governo com os atores políticos e societários*. A atuação mais destacada, entre as organizações da "sociedade civil", veio da OAB e da CNBB. As duas opuseram-se ao "Emendão" apresentado por Collor, a primeira em nome da defesa da Constituição e da "soberania nacional", e a segunda porque seria prioritário, antes de reformar a Constituição, efetivar as conquistas democráticas nela

(recorde-se o apoio societário ao projeto Jobim). Entre os empresários, o PNBE claramente seguia na mesma direção.

[49] A CUT renovou a direção de suas seções estaduais em julho, e de sua direção nacional em setembro. Esta renovação foi muito disputada. No plano estadual, a corrente predominante, a Articulação, conseguiu a vitória em 20 dos 26 estados onde se realizaram congressos. Em São Paulo, o seu núcleo mais importante, também venceu a Articulação, embora por diferença mínima sobre a oposição "de esquerda", que reunia correntes católicas e de orientação trotskista. No Rio de Janeiro, a Articulação foi derrotada por correntes vinculadas ao PC do B, trotskistas e outras. No 4° Congresso Anual da CUT, Jair Meneguelli, da Articulação, foi reeleito por pouca diferença, vencendo a candidatura "de esquerda". Esta vitória ocorreu, porém, em meio a confrontos agudos, terminando em agressões físicas entre militantes.

inscritas. Ademais, tanto uma quanto outra desenvolveram iniciativas envolvendo a *articulação de diversas entidades* para reforçar sua intervenção política. A OAB, por exemplo, ainda em outubro, iniciou um "Movimento de Articulação da Sociedade Civil" reunindo 33 organizações societárias (CNBB, ABI, PNBE, CUT, SBPC etc.) e partidos políticos para participar mais efetivamente da vida política nacional. Formaram grupos de discussão e enviaram mensagem ao presidente e aos responsáveis pela Câmara e o Senado.[50] A iniciativa não teve sequência, porém. De forma similar, a CNBB patrocinou, já em novembro, o "Movimento Opção Brasil", que reuniu no TUCA (Teatro da Pontifícia Universidade Católica de São Paulo) 33 entidades que definiram um conjunto de demandas, que iam desde a reforma tributária até o combate a corrupção, para enviar para os presidentes da Câmara dos Deputados e do Senado — *mas não para o presidente da República*.[51]

Está claro, pois, que afinidades políticas, teia de relações tecidas ao longo do processo de democratização e sustentação societária contaram para o *adensamento* da frente partidária democratizante.

Mas seria demasiado parcial e ingênuo fechar os olhos para um *outro componente* da unidade da oposição democratizante. Esta resultava *também* da forma de "gestão política" que Collor adotava em suas relações com o Congresso; forma que, além de contar com a afinidade política "liberal-conservadora", envolvia trocar verbas por votos *sem que os partidos dos parlamentares aderentes tivessem qualquer participação política, seja na composição do Executivo*, seja, menos ainda, na formulação de suas po-

[50] Cf. *Banco de Dados POLI*, evento 024 de 12/9/1991.

[51] Cf. *Banco de Dados POLI*, evento 015 de 11/11/1991. Além de entidades como FIESP, PNBE, CUT, CGTs etc., integrantes de todos os partidos de oposição estiveram presentes no ato. Sobre isso, consultar Carmem Priscila Bocchi, *O Movimento pela Ética na Política e as mobilizações pró-impeachment: elementos para a análise da sociedade civil no Brasil contemporâneo*, dissertação de mestrado apresentada ao Departamento de Ciência Política da FFLCH-USP, 1996, pp. 38-56.

líticas. Fosse mais "compartilhada" a forma de Collor exercer o poder, talvez houvesse a possibilidade de fragmentação da *frente partidária democratizante* com a inclusão de alguns dos partidos que a compunham na base de sustentação parlamentar do Executivo, como sugeriu a já mencionada troca de apoio entre Collor e Brizola, ou Collor e o grupo de Sarney, na votação do projeto de Nelson Jobim, que limitava a reedição de medidas provisórias.

Collor não estava, porém, disposto a compartilhar o Poder Executivo com os partidos para, por essa via, constituir uma maioria partidária permanente no Congresso. A fragilidade e a insuficiência de sua base parlamentar *decorria desse exclusivismo e não, necessariamente, do sistema presidencialista de governo*, como argumentavam os parlamentaristas. Por outro lado, o exclusivismo presidencial e o caráter unilateral e "recessivo" de sua política "de ajuste" tendiam também a contrariar as expectativas alimentadas pelo movimento de democratização e a fortalecer a atuação *como frente* dos partidos nascidos do MDB.

O fortalecimento desta *frente partidária*, adensando as relações entre os partidos de "centro" e de "esquerda", teve um efeito importante sobre o processo mais amplo de superação da transição política: *reduziu as possibilidades imediatas de aprofundamento da liberalização econômica.*

Com efeito, o adensamento das relações entre os partidos de "centro" com os de "esquerda" dificultava a aliança daqueles com partidos próximos a Collor,[52] o que era chave para possibilitar a aprovação, pelo menos parcial, das reformas constitucionais propostas pelo governo. Ademais, a *forma voluntarista e tecnocrática de Collor governar* e suas tentativas de pressionar o Congresso desde fora, apelando seja ao empresariado, seja aos governadores, encontravam grande resistência interna, até entre os partidos de

[52] Este adensamento não é apenas interpretação do analista. A *Folha de S. Paulo* noticiou que em 12 de novembro reuniram-se em Brasília, na residência do deputado Ibsen Pinheiro, presidente da Câmara dos Deputados, líderes do PMDB, PSDB e PT com o objetivo de se aproximarem. Cf. *Folha de S. Paulo*, 12/11/1991, p. 1-4.

centro que eram, de fato, os alvos das jogadas de Collor. Com efeito, esses partidos, PMDB e PSDB, já não acreditavam em entendimentos com Collor. Consideravam que seu governo, acusado de corrupção e produzindo mal-estar econômico, mostrava-se *cada vez mais incapaz de dar direção ao Estado*. É o que declaravam lideranças expressivas desses partidos — Orestes Quércia e Ulysses Guimarães, pelo PMDB, e Tasso Jereissati, pelo PSDB.[53] Acrescente-se que este descrédito não decorria apenas das ações do presidente e do seu governo. Estavam em jogo também os interesses de candidatos potenciais e de partidos — de Quércia e do PMDB, em especial — na disputa presidencial de 1994.

O descrédito desses partidos em relação ao governo não tinha como deixar de aumentar, pois o presidente da República, "cego" para as *relações efetivas de força política*, continuava a repetir que *não pretendia ceder nenhuma parcela de seu poder nem modificar o ministério* para conseguir o entendimento nacional.[54] Assim sendo, o espaço de manobra do Executivo tendia a seguir se restringindo.

Os sinais da *incapacidade do governo de dar direção ao processo político*, liderando forças políticas majoritárias em algum sentido, a inflação crescente e uma opinião pública cada vez mais negativa traduziram-se em maiores dificuldades na aceitação do "Emendão" no Congresso. As discussões com os parlamentares levaram ao descarte de componentes seus que "não tinham consenso", obrigaram o Executivo a reformular as propostas e, ainda assim, o Congresso não deu sinais de aprová-lo, sequer em parte.[55] O Congresso, de fato, acabou "engavetando" o "Emendão"

[53] Cf. *Banco de Dados POLI*, evento 002 de 11/9/1991.

[54] Entrevista coletiva de Fernando Collor. Cf. *Banco de Dados POLI*, evento 016 de 16/9/1991.

[55] Em outubro já era possível detectar, pelo exame das relações de força, a possibilidade de ocorrerem soluções "extremas" para a crise política. Analistas já aventavam algumas dessas possibilidades: o impeachment; o parlamentarismo; parlamentarismo branco (parlamentarização do governo presidencialista). Acreditavam que, naquele momento, as oposições ainda apos-

em novembro, não colocando sua apreciação na agenda legislativa para o restante do ano.[56]

Com a inflação em elevação (chegou a 25,1% em novembro e 23,7% em dezembro), com um déficit público previsto de 2% do PIB (decorrente do estancamento econômico e da queda da arrecadação) e com seu projeto mais ambicioso de reformas engavetado, o governo Collor viu-se obrigado a enviar ao Congresso, em novembro, um projeto de "reforma tributária de emergência" e a dar sequência à proposta de renegociação das dívidas dos estados. A urgência decorria da necessidade de conseguir boas perspectivas fiscais para que pudesse "fechar" o acordo da dívida externa com o FMI e o Clube de Paris e ter um mínimo de recursos para governar no ano seguinte, 1992.

Quanto à reforma tributária de emergência, ela reindexava os impostos, aumentava de 25% para 35% a alíquota máxima do Imposto de Renda e antecipava a data de recolhimento do imposto de renda das empresas. O Congresso Nacional, de início, recusou-se a aprová-la mas, diante das várias concessões feitas por Collor, acabou dando ao governo federal parte do que queria — US$ 8 bilhões dos US$ 12 bilhões pretendidos (não foi aumentada a alíquota máxima do IR).[57]

A concessão principal arrancada do governo Collor para aprovar a reforma tributária de emergência foi a renegociação das dívidas dos estados. De fato, o Congresso incluiu o reescalonamento *incondicionado* das dívidas estaduais e municipais que já totalizavam o equivalente a US$ 70 bilhões. Com esta decisão, o Congresso não colocou em xeque a política de "ajuste fiscal" do ministro Marcílio, mas acabou *invertendo as relações federativas*: ao invés dos governadores e prefeitos reforçarem a pressão do gover-

tavam na "parlamentarização" — quer dizer, em um governo de coalizão. Cf. *Carta Política*, ano 1, nº 29, 7-13/10/1991, p. 4.

[56] Cf. *Banco de Dados POLI*, evento 018 de 12/11/1991.

[57] Cf. P. Kingstone, cit., pp. 181-2. A nova lei foi sancionada por Fernando Collor em 31 de dezembro de 1991.

no sobre o Congresso pelas "reformas", de modo a obter como prêmio uma rolagem *condicionada* das dívidas estaduais e municipais, o Legislativo exigiu que Collor concedesse um reescalonamento *sem condições* das dívidas de governadores e prefeitos para que o Executivo recebesse como "prêmio de consolação" uma forma restrita da "reforma tributária de emergência". Note-se que estes resultados parlamentares não seriam possíveis apenas com os votos dos partidos de esquerda e de centro. Parte da base parlamentar vinculada aos partidos de direita contribuiu para eles. Isso sinalizava que Collor teria que refazer suas relações com o Congresso e, especialmente, com os parlamentares dos partidos de direita e de correntes políticas de centro. Teria que atender às suas demandas — recursos e nomeações — sob pena de enfrentar muito mais dificuldades no ano seguinte.[58]

Com as decisões tomadas, o Congresso restringiu extraordinariamente as *possibilidades materiais* de Collor exercer o poder em 1992, *ao menos se prosseguisse com a diretriz de ajuste fiscal que vinha adotando*. Ainda assim, garantiu-lhe recursos suficientes para, obedecida aquela diretriz fiscal, concluir os acordos relativos à dívida externa com o FMI e o Clube de Paris.

Não bastasse o Legislativo estreitar, desse modo, a margem de manobra política do governo, o Superior Tribunal de Justiça (STJ) produziu, em 17 de dezembro, decisão que tornava mais difícil ainda uma gestão econômica ortodoxa em 1992. Com efeito, o STJ deu ganho de causa aos aposentados e pensionistas, julgando *inconstitucional* o índice de 54,06%, fixado por decreto de setembro de 1991, para corrigir os benefícios daqueles que recebiam valores maiores que o salário mínimo. A decisão determinou que, em lugar daquele percentual, os benefícios fossem corrigidos em 147%, mesmo índice de atualização do salário mínimo.[59] Com essa decisão o STJ tornava quase certa a vitória dos aposen-

[58] Não faltaram avisos de aliados sobre isso. Ver, por exemplo, Cláudio Humberto Rosa e Silva, *Mil dias de solidão: Collor bateu e levou*, São Paulo, Geração Editorial, 1993, pp. 83-98.

[59] Cf. *Banco de Dados POLI*, evento 006 de 17/12/1991.

tados que, por meio de suas associações, entidades sindicais e da Procuradoria da República, vinham recorrendo ao Judiciário, desde outubro último, e obtendo liminares favoráveis ao reajuste pretendido de suas instâncias inferiores. Mantida a decisão do Tribunal — pois ainda cabia recurso judicial —, ela teria impacto enorme nas finanças do Estado.[60] Como se verá, mais do que impacto fiscal, a questão do reajuste dos aposentados terá em 1992 um impacto *político* extraordinário.

Dessa forma, *a capacidade do Executivo de liderar o Estado — pressuposto dos sistemas presidencialistas de governo — foi restringida de forma drástica, no final de 1991, pelas limitações materiais que as decisões do Legislativo e do Judiciário lhe impuseram.*

A imposição de tais limitações materiais foi, porém, ela mesma, *resultado do enfraquecimento político do Executivo, decorrente das diretrizes políticas adotadas pela Presidência da República* — voluntarismo extremado, exclusivismo do Executivo, direção tecnocrática, falta de articulação partidária no Congresso, entendimento limitado da democracia e/ou baixa prioridade para a efetivação dos seus valores igualitários, reformismo liberal sem sustentação política —, diretrizes que reduziram as chances de que se superasse a crise de hegemonia que engolfava o Estado brasileiro desde o início da década de 1980, e — mesmo — que realizasse boa parte de suas pretensões iniciais de governo.

A fragilização política do Executivo no já debilitado Estado brasileiro não ocorreu, porém, pela concessão política feita pelo presidente ao Congresso. Collor cumpriu a promessa, feita em 14 de março de 1991, véspera do primeiro aniversário de seu governo, de só enviar ao Congresso medidas provisórias em caso de real

[60] Fazendo contraponto à decisão do STJ, o presidente do STF, Sydney Sanches, suspendeu no dia 23 de dezembro os mandados de segurança concedidos à Associação dos Aposentados de Brasília e ao Sindicato dos Metalúrgicos de São Paulo em favor do pagamento dos 147% aos aposentados do Distrito Federal e de São Paulo. A suspensão, feita a pedido do governo, que alegou prejuízos enormes às finanças públicas, duraria até fevereiro, quando o STF retomasse suas atividades regulares.

necessidade e urgência: de 1º de fevereiro de 1991 até o fim do ano, o governo editou apenas 5 medidas provisórias, incluindo a derrubada em junho, ao passo que no período anterior do governo, de 15 de março de 1990 até 31 de janeiro de 1991, tinham sido editadas 149 medidas provisórias.[61] A promessa de autocontenção foi cumprida, entretanto, não por desprendimento do Executivo, como este de início a apresentou. Além da promessa de autocontenção auxiliar na rejeição do projeto de lei complementar que regulamentava o instituto da medida provisória, o governo calculou que mantendo a palavra ganharia maior boa vontade do Congresso para aprovar a legislação para lá enviada, e que dispunha de um arsenal de poderes legislativos suficiente para comandar o processo legislativo e conduzir o Estado. Com efeito, mesmo editando de forma parcimoniosa medidas provisórias, o Executivo dispunha de *iniciativa exclusiva para emitir leis orçamentárias* (e de suplementação de crédito), capacidade de *solicitar urgência para projetos de sua autoria*, o que inclui a exigência do Congresso de se manifestar sobre ela, possibilidade de *vetar total ou parcialmente matérias aprovadas pelo Congresso*, exigindo-se *maioria absoluta* para a rejeição dos vetos e outros mecanismos.[62]

Examinados os números de suas iniciativas legais, fica evidente que, *quantitativamente, o cálculo do Executivo foi correto*: aumentaram muito as iniciativas legais — projetos de lei, medidas provisórias e medidas orçamentárias e de crédito — a partir do Plano Collor II até o final de 1991; elas aumentaram, a despeito da enorme redução de medidas provisórias editadas.

[61] No ano de 1990, o governo Collor emitiu 143 MPs, e em 1991 editou 11 MPs. Nos períodos em que aqui o processo político foi segmentado, foram editadas 149 MPs entre 15/3/1990 e 31/1/1991, e 5 MPs entre 1/2/1991 e 31/1/1991. Nesses números estão consideradas medidas provisórias reeditadas. Cf. *Banco de Dados Legislativos do CEBRAP*.

[62] Sobre o poder legislativo do Executivo, consultar A. Figueiredo e F. Limongi, *Executivo e Legislativo na nova ordem constitucional*, cit., cap. 2; e F. Limongi, "O Poder Executivo na Constituição de 1988", em R. G. Oliven, M. Ridenti e G. M. Brandão (orgs.), *A Constituição de 1988...*, cit.

Não foi, portanto, o cumprimento da promessa de restringir o envio de medidas provisórias para o Congresso que fragilizou o governo. Ainda que não dispusesse do instituto da medida provisória, o governo tinha poderes suficientes para conduzir o Estado. O que o fragilizou, fundamentalmente, foi exercitar a democracia segundo uma concepção plebiscitária de Presidencialismo, subestimando os demais poderes do Estado, contra as expectativas majoritárias existentes sobre o regime democrático entre as forças políticas. É verdade que esta concepção de Presidência deixou de se materializar, depois do Plano Collor II, na emissão torrencial de medidas provisórias. Mas se expressou no extraordinário *voluntarismo* do presidente — do qual são exemplos o "Projetão" e o "Emendão" —, no *exclusivismo do Executivo* — deixando os partidos aliados à margem da composição ministerial —, na *despreocupação em construir uma maioria parlamentar* sólida para governar e na *baixa prioridade dada aos valores igualitários* inscritos na Constituição de 1988.

Cabe sublinhar que a tentativa de exercer o poder presidencial em moldes plebiscitários *autoriza o voluntarismo* do chefe de governo, mas certamente *não determina o grau em que ele se efetiva*. No caso do governo Collor, este voluntarismo foi certamente extremado, despropositado diante das "relações de força política" existentes.

Tudo isso indicava que, no final de 1991, se esboçavam as condições básicas que poderiam tornar o governo Collor incapaz de conduzir o Estado, a menos que mudasse completamente sua forma de exercer o poder. Suas alternativas políticas tinham se estreitado extraordinariamente e surgiam sinais de que o centro do poder tendia a se deslocar para o Legislativo.

O próprio comportamento político de Itamar Franco, vice-presidente da República, havia sinalizado, ao longo do segundo semestre de 1991, o deslocamento mencionado. O vice-presidente passou a distanciar-se nitidamente de Collor dando a entender que, no poder, exerceria a Presidência "em sintonia" com o Congresso. Já em setembro de 1991, quando ocupava a Presidência, entrou em atrito com o ministro da Justiça e divulgou nota: "Deixei de demitir o senhor ministro da Justiça Jarbas Passarinho, como era meu desejo, para não acrescentar mais dificuldades ao país".[63] Em dezembro, também no exercício da Presidência, ele foi mais longe. Reafirmou, por meio de seu porta-voz, ter sido ele "o responsável pela concessão de abono de Cr$ 21 mil e 13º salário para os trabalhadores que ganham até 3 salários mínimos [e não apenas um salário mínimo, como desejava Collor]"; afirmou também que "a equipe econômica foi apenas comunicada de sua decisão por Jarbas Passarinho". Declara, por fim, que não consultou Collor porque "ele está muito longe [viajava para a Áustria e a Itália]" e que a decisão "*foi de cunho social e facilitará os entendimentos do governo com o Congresso Nacional*" (grifo meu).[64]

Por fim, o próprio Collor, no pronunciamento que fez na última reunião ministerial do ano de 1991, sinalizou indiretamente que seu governo estava para esgotar sua capacidade de conduzir o Estado conforme as próprias diretrizes. Anunciou, naquela reunião, que cobraria *pessoalmente* respostas para as denúncias de corrupção no governo, que "*não cederá a pressões por uma reforma ministerial*" e que a "prioridade da agenda política do governo em 1992 [... será...] *a aprovação das propostas de emenda constitucional contidas no Emendão*". Ademais, dirigiu-se diretamente aos governadores *apelando* — pois não teria como obrigá-los a isso — para que "o alívio resultante da rolagem de suas dívidas não se transforme [...] em prejuízo para os esforços de ajuste fiscal".[65]

Dessa forma, no final de 1991, a agenda do governo Collor *para o ano de 1992 era a mesma que fracassara ao longo do ano que se encerrava* e as armas com que contaria para realizá-la eram de menor calibre do que aquelas de que dispusera na batalha recém-perdida.

[63] Cf. *Banco de Dados POLI*, evento 019 de 13/9/1991.

[64] Cf. *Banco de Dados POLI*, evento 031 de 12/12/1991.

[65] Cf. *Banco de Dados POLI*, evento 015 de 23/12/1991.

4.
CRISE DE GOVERNO E REFORMA MINISTERIAL

O ano de 1992 começou, no plano político, com o governo Collor agindo em duas dimensões, a das limitações materiais com que se defrontava até para dar início à agenda de iniciativas com que se comprometera no fim de 1991 e a dos valores, normas e diretrizes políticas. Assim, tornou públicas, já nos primeiros dias de janeiro, as dificuldades que enfrentava para pagar a diferença entre o reajuste concedido pelo governo aos aposentados em outubro e o aumento de 147% que o Superior Tribunal de Justiça definira, em dezembro, como o devido. Claro que o problema com os aposentados remetia, de imediato, ao desequilíbrio fiscal do Estado, à política econômica adotada pelo governo e às restrições materiais que a oposição impôs ao Tesouro ao aprovar em dezembro a Reforma Fiscal de Emergência. E, certamente, tais fatores remetiam a outros. O importante é que a resolução da questão não era simples e exigiria ação política concertada para superar os obstáculos fiscais, judiciais e políticos que certamente surgiriam no caminho.

Na outra dimensão, o presidente fez publicar, a partir do dia 5 de janeiro, uma série de sete artigos diários, sob o título geral "Agenda para o consenso: um projeto social-liberal", em que expunha a orientação política do seu governo. Tratava-se de exposição doutrinária que condenava o estatismo, valorizava a sociedade mercantil, a democracia e a orientação política social-democrata.[1]

[1] Os artigos foram publicados de domingo, 5/1, a sábado, 12/1/1992, em vários jornais. Revelou-se, mais tarde, que derivavam de texto escrito por José Guilherme Merquior, falecido em 7 de janeiro de 1991.

Não apresentava novidades pois, de forma assistemática, as ideias expostas tinham constado de vários documentos oficiais. A reação de intelectuais e políticos aos artigos sublinhou o problema político central que vinha se arrastando sem solução desde o início do governo Collor. Embora elogiassem a iniciativa do presidente, quase todos enfatizaram, de um modo ou outro, o descompasso entre as ideias políticas e a forma como o governo tentava realizá-las. "O problema não é o consenso sobre as reformas — escreveu Luciano Martins — mas de articulação de maioria política em torno de projetos claros e sobre os quais haja um mínimo de garantias de que sejam coerentemente executados."[2]

Com efeito, à medida que a série de artigos ia sendo publicada foi perdendo rapidamente relevância no debate público, que passou a ser ocupado não apenas por controvérsias sobre a questão dos aposentados mas também pelos "problemas de articulação política" que aquela questão desencadeou.

O basta do Legislativo

O pagamento dos 147% de reajuste dos aposentados ganhou grande urgência no dia 6 de janeiro, quando o presidente do Supremo Tribunal Federal, então em recesso, decidiu não ter competência para sustar uma decisão de juiz federal que determinara o pagamento da diferença devida aos aposentados do Rio de Janeiro. Não se poderia postergar mais a definição da fonte dos recursos, pois decisões judiciais anteriores em favor do reajuste de 147% teriam que ser obedecidas já em janeiro, pelo menos para aposentados do Rio de Janeiro e de São Paulo.[3] Mais: o conjunto das decisões judiciais mostrava que dificilmente o governo escaparia de pagar o reajuste; poderia talvez adiá-lo, na expectativa de que

[2] Luciano Martins, "Parece o discurso de um candidato", *Folha de S. Paulo*, 5/1/1992, p. 1-6.

[3] Em São Paulo, o juiz determinou que o pagamento fosse feito no dia 17 de janeiro.

o STF o beneficiasse mais adiante com uma decisão favorável ao julgar o mérito da ação.

Assim, ou bem o Executivo aceitava pagar — arcando com o ônus fiscal correspondente — ou procurava uma alternativa que evitasse um prejuízo imediato às finanças públicas. Foi esta última a opção do governo Collor. As obrigações impostas ao Executivo pelo Judiciário — calculadas pelo governo em 11 trilhões de cruzeiros (ou 6 bilhões de dólares) — foram interpretadas pela Presidência da República como um *desafio insuportável* ao seu governo, para sua política de "ajuste fiscal" e para o sucesso da renegociação da dívida externa, cujos passos decisivos ocorreriam em janeiro mesmo — quando o FMI deveria aprovar os termos do acordo — e logo depois, quando seria acertada a negociação com o Clube de Paris dos empréstimos oficiais devidos.

Interpretando a situação deste modo, *Collor reagiu como de costume*, fazendo um pronunciamento em rede de rádio e televisão no dia 7 de janeiro, procurando convencer a população de que não havia recursos para atender às determinações judiciais e, por isso, precisara convocar extraordinariamente o Congresso — então em recesso — para que aprovasse a cobrança de contribuições de aposentados e pensionistas e um aumento das contribuições previdenciárias dos assalariados da ativa. O Congresso se reuniria extraordinariamente, só para tratar do problema do pagamento das aposentadorias, a partir do dia 13 de janeiro, segunda-feira.

Com este movimento, o presidente introduziu o Legislativo na disputa que mantinha com o Judiciário, fazendo uma "jogada" política de alto risco, considerado o histórico recente das relações entre os dois poderes. Ademais, ao fazê-lo, ele converteu a questão das aposentadorias em foco da disputa política, abandonando na prática a "agenda para o consenso" com que procurava agregar as forças políticas de centro e de direita em torno de suas políticas liberalizantes. Com isso, tornou central a *agenda distributiva*, identificada pelos partidos de centro e de esquerda como inerente à Constituição de 1988 e, portanto, base para atuação da *frente partidária democratizante* que vinha se consolidando no Congresso Nacional. Por último, ao iniciar com um "pronunciamento à nação" a nova fase da disputa em torno das aposentadorias, Collor reiterou seu padrão político de relacionamento com o Legislativo: ao invés de conquistar o Congresso "por dentro", constituindo uma coalizão parlamentar majoritária permanente, o presidente preferiu continuar tentando obter maiorias *ad hoc* com a ajuda de pressão "de fora", da opinião pública, que procurava moldar com suas habilidades de comunicador.

O pronunciamento do presidente e a publicidade governamental não produziram, porém, resultados francamente positivos. Em primeiro lugar, a imprensa — jornais e revistas semanais — vinha dando uma cobertura muito favorável aos aposentados desde o final do ano anterior. Um dia depois do pronunciamento de Collor, por exemplo, a edição de *Veja* (8/1/1992) começou a circular com um editorial (Carta ao Leitor) com o título "A dura realidade do aposentado no Brasil" que iniciava com a seguinte frase: "Para quem imaginava que já eram mais do que suficientes os problemas do menor abandonado, estão aí, em desfile diário, as dificuldades do velho maltratado". O assunto ocupava quatro páginas com o título "Maiores abandonados", tendo como chamada: "O conflito pelo reajuste de 147% nas aposentadorias mostra que a Previdência está sendo destruída por mazelas históricas e inépcias do governo Collor".[4] Na edição anterior da mesma revista já fora publicada matéria favorável aos aposentados e este era o tom geral da imprensa diária e mesmo da televisão. Em suma, antes de eclodir a crise entre Executivo e Legislativo, os órgãos de comunicação de massa já vinham dando bastante destaque à luta das organizações de aposentados pelo reajuste de 147% em seus ganhos;[5] ao contrário, davam cobertura jornalística negativa ao

[4] Cf. Júlio Assis Simões, *Entre o lobby e as ruas: movimento de aposentados e politização da aposentadoria*, tese de doutorado, Pós-Graduação em Ciência Política, IFCH-Unicamp, 2000, p. 213.

[5] Até então as organizações de aposentados desenvolviam, principalmente, pressão sobre os parlamentares e demandas junto ao Judiciário (cf. J. A. Simões, *op. cit.*, cap. 3).

ministro do Trabalho e Previdência, Antônio Magri, alvo do protesto dos aposentados.[6]

A imagem do governo Collor construída pelas organizações de aposentados e pela imprensa era de uma administração inepta e impiedosa, que maltratava injustamente velhos aposentados indefesos. A isso se acrescentou a baixa confiabilidade do presidente da República, para dizer o menos. Primeiro, a *Folha de S. Paulo* revelou que os artigos que definiam as diretrizes da "agenda para o consenso" eram em parte cópia de um programa de partido político a ser criado por alguns adeptos do presidente e, mais grave, plagiavam textos de José Guilherme Merquior, intelectual já falecido.[7] Segundo, segmentos da burocracia do Ministério do Trabalho e Previdência deixaram "vazar" para a imprensa — já sinalizando perda de autoridade do governo sobre seu quadro administrativo — informações que indicavam serem falsos os números apresentados pelo governo sobre o déficit previdenciário, havendo de fato superávit.[8]

É provável que este enfraquecimento da autoridade moral do governo e do presidente (qualificados como ineptos, impiedosos e pouco confiáveis) tenha aumentado a resistência das forças políticas à alternativa política escolhida por Collor. Como seria de esperar, lideranças sindicais e de partidos de esquerda repudiaram prontamente a iniciativa de elevar o valor das contribuições previdenciárias para fazer frente ao reajuste de 147%. Entretanto,

[6] Uma das matérias jornalísticas de maior efeito foi a entrevista do pai aposentado do ministro Magri, que se queixava tanto do tratamento dado pelo governo aos aposentados quanto da desatenção do filho ministro em relação ao pai. Cf. J. A. Simões, *op. cit.*, pp. 212-3.

[7] A cópia e o "plágio" foram denunciados pela *Folha de S. Paulo*. Collor acabou reconhecendo a origem do texto — ele tinha sido encomendado a Merquior. A questão produziu nas circunstâncias efeitos políticos negativos para Collor, ainda que dificilmente se encontrará texto publicado e assinado por um presidente de sua própria autoria.

[8] No final de janeiro o Tribunal de Contas da União confirmou a falsidade do déficit alegado pelo governo, tornando mais difícil a posição governamental.

desta vez, elas foram secundadas por lideranças dos partidos de centro — o PMDB e o PSDB — que criticaram de forma ácida a iniciativa do governo, alegando que o problema previdenciário decorria dos números exagerados do déficit previdenciário que anunciava, de sua recusa em adotar outros meios possíveis, que não elevação das contribuições, para fazer frente ao reajuste definido pelo Judiciário, e da incompetência governamental — que não renovara o Finsocial e atrasara a regulamentação do Plano de Custeio da Previdência Social.[9] Voltavam assim a esquerda e o centro partidários a atuar como *frente democratizante*. Mais grave para o governo, porém, foi a reação negativa de lideranças de partidos afinados, usualmente, com o governo. Cabe destacar aqui o governador da Bahia, Antônio Carlos Magalhães, liderança reconhecida do PFL e aliado muito próximo de Collor. Desde o início de 1992, ACM vinha condenando a "agenda para o consenso" proposta pelo presidente, pois "ele não tem condições de ditar as regras para o país"; recomendou, ademais, que mudasse o ministério *de modo a ajustar-se às forças políticas* e, por fim, criticou a tentativa de resolver o problema previdenciário pelo aumento de contribuições.[10]

As reações políticas negativas culminaram logo depois do início do período de trabalho extraordinário do Congresso. No dia 14 de janeiro, as lideranças dos partidos de centro, de esquerda e outros pequenos partidos, mais os líderes de partidos usualmente afinados com o governo — PDS, PL, PDC e PTB —, rejeitaram, em nota, a elevação das contribuições previdenciárias proposta pelo presidente.[11] Na noite do mesmo dia, o Bloco Parlamentar

[9] Fernando Henrique Cardoso sumariza bem esses argumentos em artigo intitulado "Imprevidência", publicado no jornal *Folha de S. Paulo* de 16/1/1992, p. 1-2.

[10] Cf. *Banco de Dados POLI*, eventos 021 de 23/1/1992 e 011 de 5/1/1992.

[11] Cf. *Banco de Dados POLI*, evento 014 de 14/1/1992. Assinam a nota os líderes do PMDB, PSDB, PDT, PT, PC do B, PCB, PV, PTR e PST, além dos citados PDS, PTB, PDC e PL.

Governista (PRN, PFL, PSC, PMN e PST) também condenou o projeto, sintonizando com as manifestações de Antônio Carlos Magalhães.[12] No dia seguinte, por proposta do presidente da Câmara dos Deputados, com apoio das lideranças partidárias, definiu-se a data de 23 de janeiro, na semana seguinte, para o projeto de aumento das contribuições para a Previdência ser rejeitado. No dia 16 de janeiro, cerca de 100 parlamentares das comissões de Segurança, Trabalho e Economia da Câmara dos Deputados, após cinco horas de discussão com o ministro da Justiça, confirmaram a rejeição ao reajuste das contribuições e protestaram contra a incompetência e a corrupção dos ministros Rogério Magri, do Trabalho e Previdência, e Margarida Procópio, do Ministério da Ação Social.[13]

Foi a gota d'água. Instalara-se uma crise política, embora à primeira vista limitada. *Ficou claro que o Congresso não aprovaria o projeto do Executivo*. E sequer aceitava discuti-lo. Fernando Collor — que já reconhecera publicamente seu isolamento político[14] — deu-se conta afinal, mas com bastante atraso, de que teria que mudar sua forma de relacionamento com o Congresso, sob pena de seu governo ficar politicamente paralisado.

A reação de Collor ao desafio do Judiciário e do Congresso foi dupla e ambivalente. De um lado, ele atendeu aos clamores do Congresso: substituiu os dois ministros questionados, o sindicalis-

[12] Cf. *Folha de S. Paulo*, 15/1/1992, p. 1-6. O deputado Ricardo Fiúza (PFL-PE) foi exceção.

[13] Cf. *Banco de Dados POLI*, evento 016 de 16/1/1992.

[14] Collor reconheceu seu isolamento político no dia 14 de janeiro, em discurso pronunciado na cerimônia em que incluiu a Embraer no programa de privatização. Neste mesmo discurso relançou o tema da antecipação do plebiscito sobre a eventual mudança do sistema de governo (parlamentarismo x presidencialismo), antecipação que no ano anterior, no segundo semestre de 1991, o governo mesmo ajudara a derrubar (emenda Richa). O sentido deste "relançamento" destinava-se a sugerir que daria ao Congresso e aos partidos o valor devido. De qualquer maneira, o esvaziamento da autoridade presidencial favorecia a aprovação da antecipação, que fortaleceria o Legislativo, caso o sistema parlamentarista fosse escolhido.

ta Rogério Magri e Margarida Procópio, não vinculada a nenhum partido, mas diretamente ao presidente. No dia 17 de janeiro eles foram afastados[15] e substituídos pelos deputados do PFL Reinhold Stephanes e Ricardo Fiúza, este último muito fiel ao governo. Além dos dois pertencerem ao maior partido dentre os que lhe davam apoio, tinham bom trânsito entre os governistas do Congresso e Stephanes conhecia as questões previdenciárias, tema-chave naquele momento. O presidente parecia tentar superar o "isolamento político" de que se queixara há pouco, com mudanças no ministério que pareciam anunciar uma reforma mais ampla. Com efeito, dias depois, seguiram-se as demissões do ministro da Saúde, Alceni Guerra, acusado de corrupção,[16] e do secretário para Assuntos do Mercosul, Carlos Chiarelli. Aquele foi substituído pelo médico Adib Jatene, inquestionável do ponto de vista técnico e moral.

De outro lado, o presidente decidiu tirar do Congresso o poder de decidir sobre os recursos necessários para cobrir o reajuste de 147% para os aposentados. Para isso assinou no dia 20 de janeiro o Decreto nº 430, que transformava em crédito precatório, pagável só em 1993, a dívida do governo para com os aposentados e pensionistas. Desse modo, ainda que o STF mantivesse a decisão do STJ sobre os 147%, o reajuste não oneraria as contas públicas em 1992. Pretendia, é claro, evitar que sua política econômica ficasse, ao menos no curto prazo, ao sabor do Legislativo e do Judiciário.

Assim, tratava-se mesmo de política ambivalente. De um lado, buscava aproximar-se do Congresso, valorizando os partidos

[15] O ministro da Justiça, Jarbas Passarinho, relatou que a decisão de mudança foi tomada no dia 17 de janeiro, depois da "reunião das 9h", quando se fez uma avaliação da situação. Cf. *Banco de Dados POLI*, evento 041 de 17/1/1992.

[16] Alceni Guerra foi depois inocentado das acusações. Estas parecem ter tido origem em disputas do ministro com a família de PC Farias, cujo irmão dirigia a Funasa (Fundação Nacional de Saúde).

que o apoiavam. De outro, tirava do Congresso — e do Judiciário — a oportunidade de exercer o seu poder próprio.

A minirreforma ministerial em curso tinha um sentido muito distinto das modificações anteriores feitas por Collor em seu ministério. Todas elas tinham sido destinadas a afastar personagens incômodos — seja por acusações públicas difíceis de enfrentar, seja por falta de adaptação ao seu estilo voluntarista de mando.[17] Apenas a substituição de Zélia Cardoso de Mello por Marcílio Marques Moreira tinha envolvido uma reorientação política clara — da heterodoxia para a ortodoxia, do confronto para a negociação de concessões mútuas com os credores externos. Agora Collor tencionava, a um só tempo, *afastar as acusações de corrupção do Executivo e, aparentemente, redefinir as relações com o Congresso*, com a incorporação do principal partido governista ao Executivo e a reorganização da base parlamentar de apoio ao governo no Congresso. Este movimento culminou, ainda em janeiro, com o convite do presidente ao ex-senador Jorge Bornhausen, liderança reconhecida do PFL, para assumir a "secretaria de governo", a ser criada para "assessorar" na articulação política com o Congresso, já que a tarefa cabia, em princípio, ao ministro da Justiça, Jarbas Passarinho. Collor atendia, assim, às demandas e críticas de Antônio Carlos Magalhães (PFL-BA), embora premiando a corrente do PFL sobre a qual o governador baiano não tinha liderança. Mas o fazia *premido pelas circunstâncias*. Circunstâncias que bloqueavam suas possibilidades de manter comando sobre o Con-

[17] As substituições de ministros desde o início do governo Collor foram as seguintes: Joaquim Roriz deixou o Ministério da Agricultura poucas semanas depois do início do governo para concorrer ao governo do Distrito Federal. Foi substituído por Antônio Cabrera. Bernardo Cabral foi substituído em outubro de 1990 por Jarbas Passarinho. Ozires Silva, do Ministério de Infraestrutura, foi substituído em março de 1991 pelo economista Eduardo Teixeira, ligado à ministra Zélia. Esta última perdeu o posto de ministra da Economia em maio de 1991 para Marcílio Marques Moreira. Eduardo Teixeira então demitiu-se, acompanhando a equipe da ministra substituída. Em seu lugar foi nomeado o jornalista João Santana. Carlos Chiarelli foi substituído na pasta da Educação por José Goldemberg em agosto de 1991.

gresso ao modo anterior, preservando o monopólio sobre o Executivo, não incorporando os partidos ao ministério.

No entanto, ao evitar por decreto a intervenção do Legislativo no pagamento da dívida para com os aposentados, *Collor declarava que não estava sendo forçado à reforma ministerial pelo Legislativo*, que podia dispensá-lo se assim quisesse, como o fazia editando o Decreto nº 430. A reforma ministerial transformava-se, assim, em concessão do Príncipe em lugar de ato de reconhecimento do Poder Legislativo. Aí estava, como disse, a *ambiguidade* do significado político da minirreforma ministerial.

As reações colhidas pelo governo a estes dois movimentos, o de se fortalecer no Congresso com uma reforma ministerial e o de *contornar* a resistência do Congresso com o Decreto nº 430 de *adiamento*, mostraram a estreiteza dos limites políticos deixados às "jogadas" do presidente pelas forças que a ele se opunham.

O PT, o PDT, a Ordem dos Advogados do Brasil (OAB) e o procurador-geral da República entraram com Ações Diretas de Inconstitucionalidade (ADIN) contra o Decreto nº 430, mas não conseguiram obter liminares do presidente do STF, Sydney Sanches, sustando o decreto. A autoria das ADINs já revela a amplitude da oposição ao governo, pelo menos no que dizia respeito ao assunto. E, sintomaticamente, a única liminar concedida contra o Decreto nº 430 incidiu sobre o artigo que considerava crime o pagamento do reajuste dos aposentados sem previsão orçamentária. Consequências: ficava adiada a decisão do Supremo sobre a constitucionalidade do Decreto nº 430 até a manifestação do seu plenário, fosse em caráter liminar, fosse no mérito; entretanto, a decisão do presidente do STF, não criminalizando o pagamento pelo INSS do reajuste sem previsão orçamentária, enfraquecia a posição do governo. De qualquer modo, ao tentar *contornar o poder* do Congresso, que o próprio presidente tinha convocado para resolver com urgência o reajuste das aposentadorias, o Executivo foi obrigado pela oposição de esquerda, pela OAB e, mais importante, pela Procuradoria-Geral da República, a disputar a questão dos limites do seu próprio poder em uma arena que, no momento, não o vinha favorecendo, a do Judiciário.

Mais ainda: os partidos de centro e de esquerda *recusaram-se a aceitar a exclusão do Legislativo* da disputa sobre a questão previdenciária. De fato, um dia depois da edição do Decreto nº 430, os líderes do PMDB, PSDB, PDT, PT, PSB, PCB, PC do B e PST na Câmara dos Deputados assinaram projeto de *decreto legislativo* para anulá-lo. A oposição não se intimidara; continuaria testando sua capacidade de impor-se no Congresso e diante do Executivo.

De outra parte, a reforma ministerial — incluindo o PFL, enquanto partido, no Executivo — produziu um movimento destinado a "valorizar" o apoio das demais agremiações que usualmente sustentavam o governo, mas entendiam não serem por ele devidamente consideradas. Assim, os líderes do PTB, PL, PDC e PDS anunciaram a formação de um "Bloco Parlamentar Independente", congregando 113 deputados, para melhorar suas condições de barganha política.[18]

O Bloco Parlamentar trazia à tona *demandas diferentes* das formuladas pela "frente partidária democratizante", eventualmente formada pelos partidos de centro e de esquerda. Para o Bloco, o governo não atendia devidamente às suas demandas de prestígio, recursos materiais e nomeações. A tentativa de coligação entre esses partidos *almejava compartilhar o poder do Executivo*, de preferência pela conquista de postos ministeriais e, portanto, da capacidade que os ministérios tinham de definir políticas e de distribuir recursos monopolizados, até então, pelo presidente e seus auxiliares. Questionava-se aí o exercício da democracia por Collor no plano "político-operacional", a distribuição de recursos do Executivo com seus aliados enraizados no Legislativo. Na "frente partidária democratizante" predominavam questionamentos distintos, que se referiam a outras dimensões da democracia: demandava-se um *maior equilíbrio institucional* entre os poderes da República — como tinha ocorrido na tentativa de regulamentar as medidas provisórias — ou sublinhava-se a necessidade de enfatizar

[18] A formação deste Bloco Parlamentar, com variadas composições partidárias, vinha sendo articulada desde meados de 1991.

a *dimensão "social", distributiva, do regime* — como ocorria no caso do reajuste de 147% para os aposentados. Tais demandas distintas não dependiam apenas dos programas dos partidos, mas também das posições que ocupavam no sistema. Fossem diferentes as posições, mudariam provavelmente as demandas partidárias.

O anúncio da formação deste Bloco Parlamentar Independente, a ser efetivado na reabertura regular dos trabalhos do Congresso, em fevereiro, mostrava também que o *movimento de reforma ministerial, pelo qual o PFL fora incorporado ao ministério, não poderia ser interrompido sob pena de se acentuarem as dificuldades para o governo recuperar a liderança sobre o processo político.* Parecia que o governo Collor estava muito perto da seguinte alternativa: ou bem desistia de definir uma agenda política e pautar por ela o processo político ou, então, teria que seguir incorporando partidos políticos ao Executivo até formar maioria. Estava perto, mas ainda tentou soluções intermediárias.

Assim, o governo aproveitou-se, na sequência, do reforço político decorrente da incorporação dos novos ministros do PFL — cuja posse foi assistida por mais de uma dezena de governadores — para retomar a iniciativa política, propondo uma solução de pagamento parcial e em parcelas do reajuste dos aposentados. No entanto, uma manifestação do Tribunal de Contas da União acabou por tornar politicamente inviável uma proposta deste tipo: o Tribunal divulgou relatório em 23 de janeiro sobre as contas da previdência social, em que se afirmava haver superávit suficiente para o governo pagar os 147% de reajuste aos aposentados que ganhavam mais do que um salário mínimo. Este relatório foi um golpe forte na autoridade moral do governo Collor. Por que os partidos negociariam, se o governo mentia quanto aos recursos de que dispunha?

A fragilização da posição do governo — contestado moral, judicial e politicamente pela maior parte da imprensa, pela maioria das lideranças parlamentares, por setores da administração federal e do Poder Judiciário — serviu provavelmente de estímulo para as organizações de aposentados darem maior amplitude às suas ações: elas agregaram demonstrações de massa às iniciativas de contestação judicial do governo. Assim, em 20 de janeiro, ainda sem conhecimento do Decreto nº 430 que Collor assinava neste dia, 500 aposentados e pensionistas invadiram a sede do INSS em Salvador; ocorreu também invasão de agência bancária e da sede do INSS em Criciúma (SC).[19] Em seguida, no dia 24 de janeiro, Dia Nacional do Aposentado, houve as manifestações mais significativas.[20] Com apoio da CUT, da Força Sindical e da CGT, a Federação dos Aposentados de São Paulo e outras associações reuniram 3 mil pessoas em ato público contra o governo, manifestação transformada depois em passeata até a sede do INSS em São Paulo. Ocorreram também manifestações em Criciúma e Joinville (SC), em que aposentados e pensionistas obrigaram agências de diversos bancos a fecharem as portas. Ademais, em Belo Horizonte fez-se ato público de protesto em frente ao INSS.[21]

A posição do governo tornou-se frágil a ponto de Fernando Collor convocar uma reunião ministerial (realizada no dia 25 de janeiro) *para exigir unidade da equipe* e afirmar que o governo *partiria para a ofensiva.*

Na mesma data, à noite, bem ao seu estilo, fez pronunciamento em rede nacional de rádio e televisão reiterando a veracidade dos números deficitários da previdência social apresentados pelo governo. Esta reiteração da posição inicial foi seguida, nos dias seguintes, de iniciativas que visavam dobrar o Congresso: de um lado, o governo conseguiu que a Comissão dos Representantes do Congresso (de novo em recesso) bloqueasse a aprovação do decreto legislativo da oposição, o que obrigou esta última a esperar até a abertura dos trabalhos legislativos, em meados de fevereiro, pa-

[19] Cf. *Banco de Dados POLI*, evento 023 de 20/1/1992.

[20] Cf. *Banco de Dados POLI*, evento 024 de 24/1/1992.

[21] Depois desta data ocorreram outros protestos e ações coletivas de menores dimensões, com exceção da grande manifestação pública de aposentados rurais ocorrida em Porto Alegre em meados de fevereiro de 1992. Encontra-se na tese de Júlio Assis Simões, *Entre o lobby e as ruas*, cit., pp. 210-35, um estudo extenso e detalhado do movimento dos aposentados ao longo da crise política que examinamos.

ra submetê-lo ao Plenário; de outro lado, o governo conseguiu impedir — já em fevereiro — a formação efetiva do Bloco Parlamentar Independente, tanto pela oferta de posto de segundo escalão no Ministério da Ação Social a um indicado de senador do PTB como pela intervenção política na eleição de líderes parlamentares do PTB e do PDC, derrotando as lideranças que insistiam na formação do Bloco.[22]

Impedindo a formação do Bloco Parlamentar Independente, o governo reduziu a força política de aliados usuais que lutavam por uma melhor posição entre as forças governistas. Não aproveitou, porém, sua debilidade para incorporá-los de imediato ao ministério em condições vantajosas. Deixou, assim, de consolidar sua base parlamentar e de mitigar a contrariedade das lideranças derrotadas. Esta hesitação em construir maioria parlamentar pelos meios usuais ao presidencialismo de coalizão lhe traria consequências negativas a seguir, como se verá, pouco depois do reinício dos trabalhos ordinários do Legislativo.

Essa ofensiva do governo frente às forças políticas sediadas no Congresso foi amparada pela decisão do Supremo Tribunal Federal, tomada a 12 de fevereiro, de *não julgar a constitucionalidade* do Decreto nº 430, que transferia o pagamento do reajuste adicional dos aposentados para 1993. A decisão foi tomada por 6 votos a 5, sob a alegação de que *não cabia o julgamento do decreto mas apenas da lei* em que se baseava. O decreto ficava, assim, mantido, pelo menos até que o STF se manifestasse sobre o conteúdo do assunto, o que demoraria, calculava-se, cerca de três meses.[23] Continuaram, porém, a ocorrer decisões de outras instâncias do Judiciário que deixavam o governo na defensiva nesta área. Exemplo disso foi a decretação de prisão do presidente do INSS

[22] Tratava-se de indicado do senador Affonso Camargo (PTB-PR). A intervenção política do governo favoreceu a eleição de lideranças adversárias dos líderes do PTB e do PDC que insistiam na formação do Bloco Parlamentar Independente. Cf. *Banco de Dados POLI*, eventos 018 de 13/2/1992, 004 de 15/2/1992, 005 de 16/2/1992 e 007 de 20/2/1992.

[23] Cf. *Banco de Dados POLI*, evento 006 de 12/2/1992.

no fim de fevereiro por deixar de pagar reajuste determinado por decisão judicial.[24]

Depois da abertura dos trabalhos do Congresso, em 15 de fevereiro, a oposição condicionou a concessão de *regime de urgência* para a tramitação do projeto que criava a Secretaria de Governo, a ser ocupada por Jorge Bornhausen, à atribuição de regime igual para o trâmite do decreto legislativo que anulava o Decreto nº 430 do Executivo. Mais ainda, em 10 de março, a Comissão Executiva do PMDB recomendou que suas bancadas na Câmara dos Deputados e no Senado Federal não votassem nenhuma matéria antes da votação do referido decreto legislativo.

Dessa forma, sem que o governo tivesse organizado sua "base parlamentar", a oposição cerrava fileiras contra a política do Executivo contornar o Congresso desconsiderando o seu poder específico de legislar e, principalmente, de restringir o exercício da vontade do Executivo. Com a decisão do PMDB, a situação do governo tornou-se dramática: não se tratava mais apenas da questão previdenciária; *o governo já não conseguia sequer criar um cargo no Executivo sem aceitar a demanda da oposição parlamentar. O governo parecia ter perdido o que lhe restava de poder de agenda, de definir as questões a serem decididas*.

Ressalte-se que esta iniciativa do PMDB e da oposição em geral, colocando o governo Collor em xeque, reiterava uma concepção de democracia que tinha entre seus componentes o compromisso com a redução das desigualdades sociais, e correspondia aos interesses das candidaturas presidenciais de dois partidos, o PMDB e o PT. Com efeito, as pré-candidaturas de Orestes Quércia e Luiz Inácio Lula da Silva já estavam postas claramente pelo menos desde o final do ano anterior.

A iniciativa da oposição estava sintonizada, ademais, não apenas com organizações de aposentados e com os aposentados em geral; ela também era expressão político-legislativa de um *movimento de opinião pública* contra o governo — alimentado não

[24] Cf. *Banco de Dados POLI*, evento 004 de 29/2/1992.

só pelo seu desempenho mas também, e cada vez mais, pelos frequentes escândalos de corrupção descobertos e sublinhados pela imprensa. Com efeito, desde 1991 vieram à luz com bastante frequência práticas de corrupção — reais ou supostas — que envolviam diferentes personagens ou órgãos da administração pública federal. Tais escândalos, mesmo quando revelados pela imprensa regional, do Rio de Janeiro ou de São Paulo, ganhavam *dimensão nacional* na medida em que receberam repercussão das revistas semanais, distribuídas em todo o país.[25]

Com efeito, apesar das demissões dos ministros acusados de corrupção em janeiro último, o tema se mantinha no topo da agenda da imprensa, em função de novas denúncias sobre as atividades escusas de PC Farias junto ao governo e do avanço das investigações sobre os escândalos. Assim, na semana de 19/2/1992 circulou o número 1.222 da revista *Veja* com reportagem em que se afirmava que Pedro Collor, irmão do presidente, reunira um "dossiê explosivo" sobre as atividades de PC Farias, ex-tesoureiro da campanha eleitoral de Fernando Collor. A reportagem afirmava que se o dossiê viesse a público levaria em 72 horas ao impeachment de Collor. O ex-tesoureiro da campanha eleitoral de Collor, PC Farias, estaria usando em proveito próprio suas relações com o presidente. Ainda em março, a revista *Veja* publicou três edições com reportagens sobre corrupção envolvendo o ex-ministro Magri, uma delas com seu retrato estampado na capa.

O *movimento de opinião* foi sinalizado pela *Folha de S. Paulo* no dia do segundo aniversário do governo Collor, 15 de março. Neste dia, o jornal publicou pesquisa do Datafolha em que 48% dos entrevistados declaravam ruim ou péssimo o governo Collor;

[25] O assunto corrupção vinha sendo objeto frequente dos jornais e das revistas semanais. Foram relevantes os "escândalos" que envolveram a LBA e sua presidente Rosane Collor, a compra de fardas do Ministério do Exército, a compra de bicicletas pelo ministro da Saúde Alceni Guerra — todos ocorridos no segundo semestre de 1991 —, além da propina ao ministro Antônio Magri e os favorecimentos do Ministério da Ação Social, ocorridos em 1992. Enfatizo o termo "escândalos" pois pelo menos parte deles não passou disso, dado que não houve depois comprovação.

35% o consideravam regular e apenas 15% o qualificavam como bom ou ótimo. Recorde-se que seis meses antes, em setembro de 1991, os números eram 41%, 39% e 18%, respectivamente. O Gráfico 1 expressa o movimento de opinião assinalado:

Gráfico 1
AVALIAÇÃO DO GOVERNO COLLOR

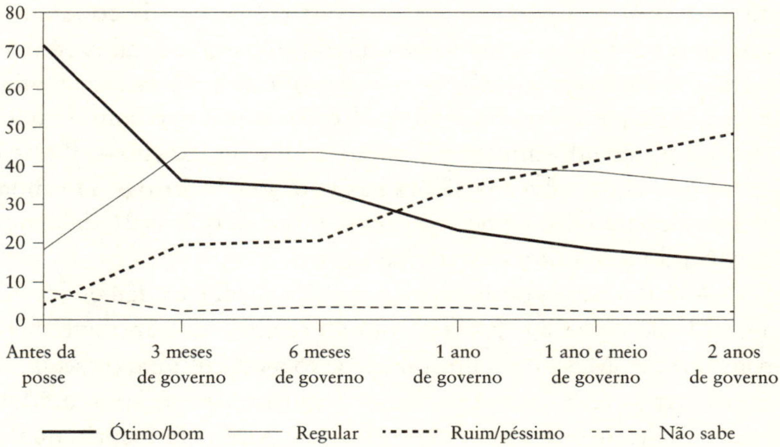

Fonte: Dados originais do Datafolha, em Consórcio de Informações Sociais (CIS) e Centro de Estudos de Opinião Pública (CESOP).

A percepção de que a vinculação entre o governo e a corrupção poderia ser politicamente perigosa fez com que Collor demitisse sumariamente, no dia 21 de março, o secretário do Meio Ambiente, José Lutzenberger, por ter levantado suspeitas de corrupção em relação ao IBAMA.[26] Contudo, a sequência de acusações não se interrompeu. No dia seguinte à demissão do secretário, o jornal *O Estado de S. Paulo* mostrou que o chefe do SNI e amigo do presidente, Pedro Paulo Leoni Ramos, tinha conseguido

[26] Eduardo de Souza Martins, presidente do IBAMA, pediu demissão. Cf. *Folha de S. Paulo*, 22/3/1992, Painel, e *O Estado de S. Paulo*, 22/3/1992, pp. 1 e 18.

formar na Petrobras, com a nomeação de amigos, o que os repórteres denominavam "esquema PP", acusado de realizar negócios suspeitos.[27]

Dessa forma, *politicamente enfraquecido, desprestigiado e acuado por novas suspeitas de corrupção*, o governo Collor teve que ceder em fins de março aos partidos de oposição no Congresso, apoiados significativamente pela "base parlamentar" situacionista.[28] Para recuperar um mínimo de condições de conduzir o processo político — criando pelo menos o cargo de ministro para o seu coordenador político —, ele teve que assentir em dar *regime de urgência* para a tramitação do decreto legislativo com o qual a oposição pretendia anular o Decreto nº 430 do Executivo.[29] Disso resultou a vitória das oposições nas votações ocorridas na Câmara dos Deputados e no Senado Federal nos dias 25 e 26 de março aprovando o referido decreto legislativo.

A importância desta vitória oposicionista excedeu em muito a obtida na disputa específica sobre o reajuste dos aposentados e pensionistas. Mesmo no que diz respeito a esta última, o resultado obtido teria efeitos práticos (maior reajuste para os aposentados) bastante incertos, embora ele sinalizasse para o Judiciário qual a posição majoritária no Parlamento, o que talvez pudesse afetar a futura decisão do STF sobre o tema.[30] A vitória foi também uma afirmação do Legislativo como poder de Estado. Afirmação que

[27] *O Estado de S. Paulo*, 22/3/1992, p. 4. Ver também M. S. Conti, *Notícias do Planalto*, cit., p. 510.

[28] Cf. *Banco de Dados POLI*, eventos 003 de 25/3/1992 e 004 de 26/3/1992.

[29] O fato de que o decreto legislativo tivesse sua eficácia contestada pelo governo — que alegava que qualquer despesa não prevista no orçamento poderia ser paga no ano seguinte — não diminui o peso da aprovação do decreto. Tratava-se antes de tudo da afirmação de poder do Legislativo perante o Executivo.

[30] No que se refere à disputa previdenciária, ela só foi decidida quatro meses depois, em 26/6/1992, quando o STF determinou o pagamento dos 147%. Quando isso ocorreu, ela já perdera há muito relevância para a disputa política.

confrontava o Executivo em três dimensões da democracia que praticava: "político-operacional", "social" e "institucional". Esta última dimensão da contestação não se limitou à afirmação do direito do Legislativo de emitir decretos com força de lei. O Legislativo aprovou também, no mesmo período, a antecipação do plebiscito sobre a forma de governo, embate que poderia resultar em maior proeminência do Legislativo caso fosse escolhida a forma parlamentarista de governo.[31]

A principal consequência deste embate foi, porém, que *a derrota do governo tornou evidente a incapacidade do Executivo de continuar governando nos mesmos moldes que o fizera até então.* A derrota tornava, muito mais que antes, *imperiosa — e desta vez praticamente incontornável — uma redefinição das relações do Executivo com o Legislativo* para que o governo conservasse um mínimo de capacidade de conduzir o Estado.

Reforma ministerial: uma solução precária

Diante do dilema premente, de manter baixa sua capacidade de conduzir o Estado ou ceder mais aos partidos com que tinha afinidade e ganhar, em troca, condições melhores para governar, Collor optou pela segunda alternativa, dando sequência à reforma ministerial iniciada em janeiro. O aprofundamento da crise política, porém, parecer tê-lo levado a ir bem além de sua intenção original.

De fato, obtida do Congresso a criação da Secretaria de Governo, Collor poderia "completar" a movida iniciada em janeiro último. Claro está que o ato de "completar" a reforma poderia ter maior ou menor amplitude. Poderia, por exemplo, apenas fazer a nomeação tão esperada de Jorge Bornhausen para o cargo. As

[31] A antecipação do plebiscito sobre a forma de governo para abril de 1993, ainda que tivesse apoio do Executivo, pode ser entendida também como uma afirmação do Legislativo, não só pelo resultado eventual da decisão popular mas também pela rapidez e a grande maioria com que foi aprovada.

indicações dadas até fevereiro eram de que resistiria às demandas dos partidos que lhe davam apoio. De fato, em fevereiro, atuando como se viu contra as lideranças que pretendiam formar o Bloco Parlamentar Independente sinalizava sua resistência. No entanto, a derrota que o Congresso lhe impôs, atrasando dois meses a entrada oficial de Jorge Bornhausen no ministério e, pior, autorizando-a em troca da possível anulação de um ato pelo qual Collor pretendera contornar o poder do Congresso de legislar, *tornou quase impositiva uma reforma ministerial de maior amplitude, sob pena de o Executivo perder o pouco comando que tinha sobre o processo político.*

Decidindo virar o jogo, Collor promoveu uma reforma ministerial bastante ampla, a título de resposta à *nova onda de acusações e suspeitas de corrupção* no governo surgida com a denúncia sobre o "esquema PP" pelo jornal *O Estado de S. Paulo* e sua repercussão pela revista *Veja*.[32]

O presidente deu início a ela induzindo seu ministério a fazer um pedido de demissão coletiva. Não havia, porém, como justificar a saída do ministro Jarbas Passarinho por insinuações ou suspeitas de corrupção.[33] "Providencialmente", a manchete da edição de domingo, 1º de abril, do *Jornal do Brasil*, órgão que emprestava total apoio ao presidente, assegurou que o ministro da Justiça teria pedido ao serviço de informações do Exército que investigasse possíveis desvios de conduta do delegado Romeu Tuma, secretário

[32] A revista *Veja* que começou a circular no sábado, dia 31 de março, deu abrangência nacional às suspeitas sobre o "esquema PP" reportadas antes pelo jornal.

[33] Desde janeiro houve vários sinais de que Bornhausen substituiria — e não apenas auxiliaria — o ministro da Justiça como articulador político. Em primeiro lugar, o ministro da Justiça não foi consultado pelo presidente — como usualmente se fazia — sobre o convite feito ao seu suposto "auxiliar" (entrevista do ex-ministro Passarinho ao autor). Em segundo lugar, na imprensa surgiram diversas notas sobre a "fritura" e/ou esvaziamento provável das funções de articulador político exercidas pelo ministro da Justiça (embora isso tenha sido desmentido pelo presidente). Cf. Jarbas Passarinho, *Um híbrido fértil*, Rio de Janeiro, Expressão e Cultura, 1997, pp. 568-76.

da Receita e da Polícia Federal. Isso tornou quase obrigatório que o ministro entregasse o cargo, embora negasse com veemência a informação. Com isso o presidente aproveitou a oportunidade que desejava para afastar o ministro, "aceitando" sua demissão.[34]

Liberado pela demissão do ministério, o presidente iniciou a constituição de uma nova equipe. Ela seria maior, com desdobramento de alguns ministérios, para ampliar o leque de nomeações afinadas com os partidos que o apoiavam ou poderiam apoiá-lo. Deveria ter mais "trânsito" no Congresso e ser composta de gente qualificada e insuspeita de corrupção. Mas não bastava consolidar com as nomeações a sua base parlamentar atual. Ele almejava agora construir com a nova equipe uma *maioria parlamentar estável*, incorporando o PSDB ao governo, além dos apoiadores costumeiros.

Os ministros recém-nomeados, em janeiro, foram mantidos. O ministro da Economia, Marcílio Marques Moreira, sem vínculo partidário, foi preservado. Antônio Cabrera, ministro da Agricultura desde 1990, também não foi substituído. O ex-senador Jorge Borhausen, conservou, é claro, a Secretaria de Governo; Reinhold Stephanes foi mantido apenas no Ministério da Previdência (desdobrado do de Trabalho). Ricardo Fiúza (PFL-PE) permaneceu no Ministério da Ação Social. Por fim, a ala oposta do PFL, liderada pelo governador Antônio Carlos Magalhães, foi contemplada com a nomeação de Ângelo Calmon de Sá na Secretaria de Desenvolvimento Regional, em substituição a Egberto Batista, objeto de várias controvérsias sobre negócios suspeitos. Dado que foram mantidos os presidentes do Banco do Brasil e da Caixa Econômica Federal, Lafaiete Coutinho e Álvaro Mendonça, também ligados a ACM, o governador baiano manteve acesso privilegiado a recur-

[34] É provável que a matéria do *JB* de domingo (1º de abril) possa ter sido publicada com a intenção de provocar a demissão do ministro da Justiça. Parecem confirmar esta interpretação o relato do ex-ministro sobre o comportamento do presidente antes do início da "reunião das 9h" do dia em que ocorreu a demissão coletiva do ministério e o fato de Célio Borja já ter sido, anteriormente, pelo menos sondado quanto à aceitação do cargo.

sos com potencial de favorecer municípios. O médico Adib Jatene, nomeado em fevereiro para o Ministério da Saúde, foi preservado. Tinha grande prestígio profissional e era associado ao PDS, mas não se podia dizer que tivesse ligações com a bancada do partido. Também foi mantido José Goldemberg no Ministério da Educação. Tinha muito prestígio acadêmico mas não vinculação partidária. Alguns partidos que ameaçavam formar o Bloco Parlamentar Independente foram contemplados com nomeações no primeiro escalão, *embora os ministros convidados não tivessem muita sintonia com as demandas daquelas correntes parlamentares*. Com efeito, embora certos ministros tivessem, naquele momento ou anteriormente, vinculação com os partidos sintonizados com o governo, as conexões eram fracas, especialmente com suas atuais bancadas no Congresso. Era o caso de Célio Borja. Juiz do Supremo Tribunal Federal e ex-ministro do regime militar, associado vagamente ao PDS, foi nomeado para o Ministério da Justiça, sem as funções políticas de seu antecessor Jarbas Passarinho. Pode-se dizer o mesmo de Marcus Pratini de Moraes, ex-ministro durante o regime militar, vinculado ao PDS, nomeado para a pasta de Minas e Energia, desdobrada do extinto Ministério da Infraestrutura; de João Mellão Neto, jornalista, vinculado ao Partido Liberal, escolhido para o Ministério do Trabalho e Administração, separado do Ministério da Previdência; e, mesmo, do senador Affonso Camargo, do PTB, com poucos vínculos com a bancada do partido na Câmara dos Deputados, nomeado para o Ministério dos Transportes e Comunicações, também desdobrado do extinto Ministério da Infraestrutura.

A tentativa de incorporar o PSDB se frustrou, apesar das várias conversas de Collor e Bornhausen com lideranças importantes do partido, como Tasso Jereissati, seu presidente, e Fernando Henrique Cardoso, líder do partido no Senado. O PSDB dividiu-se em relação ao convite, de modo que sua direção optou por ficar fora do governo para que não se produzisse uma fenda irreparável no partido.[35] A hesitação e a divisão dos tucanos, embora criticada

[35] A Comissão Executiva do PSDB reuniu-se duas vezes. Na primeira

por gregos e troianos, era compreensível. O partido, que nascera de uma dissidência do PMDB, tivera um fraco desempenho eleitoral nas primeiras eleições parlamentares de que participara. O partido vinha compondo ocasionalmente, mas cada vez mais firmemente, com o PMDB, o PT e os partidos de esquerda, o que antes denominei *frente parlamentar democratizante*. Entretanto, tinha afinidades com o reformismo liberal do governo, acompanhando-o majoritariamente em boa parte das votações de projetos de lei que se orientavam nesta direção. O ingresso do partido no governo poderia dar ao PSDB recursos políticos significativos em eleições futuras. Por outro lado, o presidente que fazia o convite era bastante impopular e, pelo menos nas eleições municipais de outubro próximo, dificilmente poderia ser de grande auxílio. Mais ainda, pareceu a algumas lideranças tucanas que o convite foi feito não bem ao partido, *que enquanto tal não compartilharia a gestão*, mas sim a algumas de suas lideranças mais destacadas. Na opinião de seu presidente, senador Tasso Jereissati, elas seriam uma espécie de "vitrine" que qualificaria o novo ministério.[36] Apesar da recusa do PSDB, Collor completou sua equipe nomeando personalidades politicamente próximas ao partido, o diplomata Celso Lafer para o Ministério das Relações Exteriores e Helio Jaguaribe para a Secretaria de Ciência e Tecnologia. A recusa do PSDB ao convite do governo inviabilizou a formação de uma maioria parlamentar governista mais estável. Ao invés, manteve o partido disponível para adensar eventualmente seus vínculos com o PMDB e os partidos de esquerda, preservando a possibilidade de novas intervenções da *frente partidária democratizante*.

reunião, com vários titulares ausentes, houve empate entre favoráveis e contrários a aceitar o convite de Collor. Tendo em vista esta divisão, o presidente Tasso Jereissati decidiu pela negativa. Na segunda reunião houve claramente maioria contrária ao ingresso no ministério.

[36] Conforme entrevista de Tasso Jereissati ao autor. Collor havia convidado Fernando Henrique Cardoso para o Ministério das Relações Exteriores e Tasso para o Ministério da Infraestrutura. Na segunda reunião da Executiva do PSDB a recusa ao convite incluiu os votos dos dois convidados.

De qualquer modo, a reforma ministerial produziu uma mudança significativa nas relações entre Executivo e Legislativo: deu participação ao PFL na gestão do Executivo e premiou os demais partidos de direita com postos no ministério e/ou nos escalões inferiores. A mudança vinha sendo demandada — velada ou explicitamente — pelos apoiadores parlamentares do governo desde o seu início. Com ela *alterou-se a forma do Executivo controlar o Legislativo, beneficiando os partidos governistas*, sem que houvesse alteração na hierarquia institucional entre os poderes.

Qual a natureza da crise política instaurada em janeiro e encerrada pela reforma ministerial de março-abril de 1992? Ela não foi uma crise do regime político, fixado pela Constituição de 1988. Foi uma crise do governo Collor; ou melhor, entrou em crise *o modo como o presidente da República interpretava o regime democrático por suas palavras e atos de governo*, modo distinto em relação ao esperado e propugnado pela maioria das forças políticas presentes no Congresso. A concepção de democracia implícita nas ações do governo Collor era "delegativa", para usar um termo cunhado por Guillermo O'Donnell, entendendo a eleição presidencial direta como dando, delegando, ao Executivo uma legitimidade superior aos demais poderes para conduzir o Estado de acordo com a vontade do eleito, ainda que ela fosse referida sempre ao programa do candidato vitorioso.[37] De um lado, o governo Collor

[37] O'Donnell usa a expressão no artigo "Democracia delegativa?": a eleição do presidente daria uma delegação popular da "vontade nacional" ao eleito; o voto majoritário daria ao eleito uma legitimidade superior aos dos demais poderes de Estado, tornando algo dispensável ao presidente prestar contas a eles de seus atos. Cf. Guillermo O'Donnell, "Democracia delegativa?", *Novos Estudos CEBRAP*, nº 31, 1991, pp. 25-40. A qualificação "delegativa" chama a atenção para uma forma incipiente de democracia, com precária *accountability*, que tem afinidades com uma forma de regime dominado pelo que Bolívar Lamounier denominou "presidencialismo plebiscitário", aspiração conservadora a que já me referi neste volume. O'Donnell refere-se no texto a uma forma de regime democrático vigente em alguns países latino-americanos; aqui não chego a tanto, pois identifico a democracia delegativa como uma interpretação da democracia de 1988 que foi adotada e tentou ser implantada como regime, sem sucesso, por Collor e apoiadores.

não articulava coalizão com os partidos que o apoiavam distribuindo para seus quadros cargos e controle sobre recursos do Executivo. Recursos poderiam até ser objeto de barganha e ser transferidos para políticos aliados. Mas os postos do Executivo que controlavam a distribuição de recursos não eram compartilhados com os aliados — e, menos ainda o eram a formulação e/ou gestão de políticas governamentais. De outro, as políticas do governo Collor deram tal prioridade à estabilização monetária e às reformas liberalizantes que deixaram em plano muito secundário a orientação "social" da democracia de 1988, de reduzir as desigualdades socioeconômicas. Daí que na crise política iniciada em janeiro o governo Collor foi confrontado nessas duas dimensões: os partidos que formavam, de tempos em tempos, a *frente democratizante* questionaram Collor por contrariar a orientação "social" da democracia; e seus aliados no Legislativo o confrontaram por exigir-lhes sacrifícios políticos sem compartilhar com eles cargos e controle de recursos do Executivo.

Embora o governo tenha sido confrontado nessas duas dimensões da democracia, a crise foi superada sem alteração substantiva nas políticas do governo. A solução incidiu apenas sobre a dimensão "político-operacional" da democracia, sobre o modo como operavam as relações entre os poderes de Estado, iniciando-se a partir da reforma ministerial uma forma incipiente de "governo de coalizão". Em relação à outra dimensão, as pressões da *frente partidária democratizante* não tiveram resultado positivo, a não ser pela contribuição que deram para o sucesso dos partidos de direita; somente mais tarde o Judiciário acabou por decidir a questão dos aposentados e pensionistas, atendendo às suas demandas.

Além da crise de janeiro de 1992 colocar em xeque apenas a interpretação com que o governo efetivava a democracia de 1988, ela teve um *caráter circunscrito*, não ultrapassando os *limites usuais do campo político-institucional*. As disputas ocorreram entre participantes regulares do campo político, sem a intervenção significativa de atores que usualmente operaram fora de suas fronteiras. Como em todas as disputas políticas, as empresas de comunicação de massa — embora enraizadas na esfera econômica — tiveram atuação relevante, amplificando ou restringindo os efeitos de "jogadas" dos atores políticos nucleares e atuando, elas próprias, como atores.

Atores societários, de outras esferas da vida social — sindical, educacional, profissional, empresarial — não irromperam no campo político ampliando suas dimensões e, muito menos, houve diluição das fronteiras e unificação dos vários campos sociais como costuma ocorrer em crises mais graves, mais próximas às situações revolucionárias.[38] Apenas um número diminuto de aposentados, quando muito apoiados por sindicatos a que se vinculavam, atores diretamente envolvidos na questão que desencadeou a crise entre Executivo e Legislativo, empreenderam protestos coletivos, invasão de agências bancárias etc. Ainda assim, foram poucas as ações de protesto, dispersas no território nacional, congregando quantidades raramente significativas de manifestantes e que não apresentaram sequência que pudesse caracterizá-las como um movimento social.

Por que os aposentados não se mobilizaram de forma massiva? Analisando o processo político da ótica da teoria do confronto político se poderia dizer talvez que o *contexto político favorecia a mobilização* — pois as divisões entre as elites governantes aumentaram substancialmente as oportunidades de protesto a partir de janeiro de 1992 — e a *interpretação* que tinham sindicatos, organizações de aposentados, meios de comunicação e a "opinião pública" da situação qualificava os aposentados como vítimas e o governo como seu algoz. Isso tudo favorecia a mobilização. Então

[38] Consultar, sobre a natureza das grandes crises políticas, Michel Dobry, *Sociologie des crises politiques: la dynamique des mobilisations multisectorielles*, Paris, Presses de la Fondation National des Sciences Politiques, 1992. A crise de governo que reconstituimos esquematicamente é exemplo de crise de menor intensidade em relação às examinadas por Dobry. A variedade das crises e sua distinta dinâmica é um dos temas pouco desenvolvidos na ciência política e na sociologia política, embora esta tenha avançado muito no exame das revoluções.

por que, repito, não houve um movimento social significativo de aposentados contra o governo? Embora não caiba aqui investigar este ponto, sugiro que uma mobilização não ocorreu em razão das organizações sindicais e de aposentados não disporem de redes de relacionamento — estruturas de mobilização, como analistas do confronto político costumam denominar — que as vinculassem aos seus representados e os estimulassem a sair do isolamento para converter um grande número deles em participantes de movimentos de protesto coletivo. Tais organizações, ao invés, estavam bem aparelhadas para a disputa judicial pela qual costumavam atender às demandas de seus associados. Mantiveram-se, pois, fundamentalmente, na condição de grupos de pressão, sem transformar-se em organizações de movimento social.

A despeito da frustração do governo por não conseguir formar maioria parlamentar orgânica, a repercussão da reforma ministerial foi bastante favorável. Ela foi bem recebida na esfera política propriamente dita, entre os parlamentares com afinidade com o governo e saudada com entusiasmo nos diversos meios de comunicação de massa. Editoriais da imprensa diária e as revistas semanais deram à "movida" de Collor uma recepção extremamente positiva. Até os órgãos de imprensa mais críticos, como a *Folha de S. Paulo*, viram na reforma "uma mudança para melhor", pois substituía "figuras inexpressivas" e/ou de "comportamento duvidoso" por "nomes de reputação ilibada e competência reconhecida".[39] A reação positiva chegou a extremos na revista *Veja*, que fez apologia da reforma em várias edições semanais. Isso vale, particularmente, para a edição de 8/4/1992. Ela tinha como manchete "Eles não usam jet-ski" e continha, além do editorial (Carta ao Leitor), nada menos que cinco matérias favoráveis à iniciativa de Collor. A principal, com o título "Sem choro nem vela" explicava em seu subtítulo: "Com a maior vassourada ministerial do século, Collor derruba um governo moído pela corrupção e chama

[39] *Folha de S. Paulo*, 5/4/1992, p. 2. A *Folha* não deixou, porém, de chamar a atenção para possíveis dificuldades no futuro.

uma turma que não usa jet-ski". Na edição seguinte, de 15 de abril, dedica uma longa matéria à montagem do ministério com título e subtítulo que dizem tudo: "De volta para o futuro — Com idas e vindas, Collor monta o ministério de seu segundo governo com uma equipe de políticos veteranos". E, fazendo contraponto, dedica duas páginas ácidas à decisão do PSDB de não aceitar entrar no ministério. Também aqui os títulos indicam o teor da matéria: "Os virtuosos ridículos" e "Num país onde os políticos aderem fácil, os patéticos tucanos decidem ficar fora do governo". Na edição de 22/4/1992 há uma cobertura crítica às demandas dos políticos por cargos públicos ("Temporada de caça") e na de 6 de maio a matéria de capa faz o elogio do ministro Marcílio Marques Moreira, da Economia: "Ruim com ele. Pior sem ele".

O impacto da reforma ministerial sobre a opinião do conjunto da população também parece ter sido positiva, a se julgar pela pesquisa feita entre os habitantes da cidade de São Paulo. De imediato, a reforma não provocou reação significativa entre os paulistanos: três dias depois do anúncio da queda do ministério, o Datafolha mostrou que 54% dos paulistanos consideravam o governo ruim e péssimo e apenas 12% o consideravam ótimo e bom. Tratava-se de uma melhora muito pequena em relação à avaliação que o Datafolha realizara dia 15 de março, segundo aniversário do governo Collor.[40] No entanto, logo depois da apresentação do novo ministério, a opinião pública paulistana mostrou alteração muito significativa e positiva na avaliação do governo. A nova pesquisa revelava que 21% da população *esperava* do novo governo resultados bons ou ótimos. E, no polo oposto, "apenas" 32% dos consultados tinham *expectativas* ruins ou péssimas no novo governo, o que surpreendia na medida em que, poucos dias antes, 54% avaliavam negativamente o governo Collor. Os números melhores diziam respeito, no entanto, a expectativas. Ademais, embora houvesse expectativas de melhora do governo em relação à

[40] Encontram-se estes e outros resultados no jornal *Folha de S. Paulo*, 5/2/1992, p. 1-7. O Datafolha realizou a pesquisa na capital paulista em 2/4/1992.

avaliação de pouco tempo antes, o ceticismo em relação à presença de corrupção no governo continuava grande: 18% apostava em *aumento* da corrupção e 46% que ela continuaria igual.[41]

O impacto positivo no mundo político oficial, nos meios de comunicação de massa e na opinião pública indicava que *a reforma ministerial permitira ao governo superar a crise governamental iniciada em janeiro e retomar a iniciativa do processo político.* Note-se que *a própria reforma ministerial foi feita por medida provisória*, a MP 302, instituto que desde fevereiro de 1991 o governo usava muito raramente, como já destaquei.

Ainda assim, os *efeitos políticos positivos* da reforma ministerial *foram limitados* pois, apesar de permitirem ao governo retomar a iniciativa do processo político, essencial no regime presidencialista, *não estabeleceu uma relação de plena reciprocidade entre o Executivo e os partidos, embora tenha avançado bastante nesta direção.*

De fato, o principal efeito político-parlamentar da reforma ministerial *foi aproximar* a relação governo/base parlamentar *do formato de uma coalizão político-partidária governista*, reforçando a fidelidade política da base de parlamentares cujos partidos tinham mais vínculos com o governo. Mas com a reforma ministerial o governo não chegou a constituir uma coalizão forte e majoritária. Por isso era arriscado apostar com segurança na lealdade dessa base ao governo em situações de adversidade.

De qualquer modo, o governo ganhou condições para retomar o procedimento — *interrompido pela crise de janeiro último* — de obter maiorias parlamentares *ad hoc* para seus projetos. De fato, naquele momento, a base governista incluía um bloco parla-

[41] Encontram-se estes e outros resultados no jornal *Folha de S. Paulo*, 13/4/1992, p. 1-5. O Datafolha realizou a pesquisa em 10/4/1992. Note-se que há certa ambiguidade na escolha da alternativa "continuaria igual", pois embora a pergunta mencionasse como dada a existência de corrupção, não há meios de saber se o entrevistado considerava haver muita ou pouca corrupção no governo. De todo modo, do ângulo do seu "sucesso" popular, não era uma resposta positiva à iniciativa do governo.

mentar de 236 deputados, composto de 120 parlamentares do PFL-PRN-PSC e de 116 parlamentares de PDS-PTB-PDC-PL. Faltariam 17 votos para chegar à maioria de 252 votos (metade mais um dos 503 votos possíveis na Câmara dos Deputados). Se tivesse conseguido absorver o PSDB, com seus 41 deputados, teria ultrapassado "potencialmente" a maioria absoluta da Câmara. Como o PSDB ficou de fora, o governo ficou condenado a negociar caso a caso, projeto a projeto, a maioria de votos para aprová-los, garantindo presença e fidelidade dos parlamentares de sua "base" e atraindo parlamentares, seja de partidos pequenos, fisiológicos e não ligados à esquerda, como o Partido Trabalhista Renovador (PTR), chefiado por Joaquim Roriz, com 12 deputados, o Partido das Reformas Sociais (PRS), chefiado por Hélio Garcia, com 3 deputados, ou o Partido Social Trabalhista (PST), chefiado por Luiz Carlos Hauly, com 9 deputados, seja dos partidos de centro e até de esquerda.

Os partidos de centro — PMDB e PSDB — contavam com 142 deputados, o PDT, de Leonel Brizola, tinha 43 deputados, e os partidos de esquerda — PT, PSB, PC do B, PV e PPS[42] — congregavam 55 deputados. No conjunto, os partidos de centro e de esquerda com uma representação de 240 parlamentares também não tinham possibilidade de obter, sozinhos, maioria de votos na Câmara.[43] Eles teriam, como o governo, que conquistá-la caso a caso; mas, usualmente, não dispunham para isso de recursos de poder, nem de longe, equivalentes aos controlados pelo Executivo. Até então, poucas vezes esses partidos tinham conseguido a maioria dos votos, seja por ausência da "base", seja por adesão, mas em todos os casos isso ocorrera quando atuavam como *frente partidária democratizante*. Como se viu, isso só ocorreu em ocasiões em que estiveram em jogo questões — institucionais ou "sociais"

[42] O PPS (Partido Popular Socialista) foi criado a partir de uma dissidência do PCB. O novo partido, liderado por Roberto Freire, obteve seu registro em 19/3/1992.

[43] A composição partidária da Câmara dos Deputados foi tomada de A. T. Rodrigues, *op. cit.*, pp. 173-4.

— que aqueles partidos entendiam serem chave seja para sua expansão político-eleitoral, seja para tornarem efetivas suas concepções de democratização.

Outra implicação importante da reforma ministerial, geralmente negligenciada pelos analistas do governo Collor, é que o novo ministério — exatamente porque foi constituído por políticos veteranos, qualificados e sem vínculos pessoais com Fernando Collor — *reduziu as possibilidades* do presidente de atuar de forma personalista, se assim o quisesse. Em algumas áreas, isso seguramente ocorreu. Com efeito, a reforma ministerial excluiu do governo um conjunto de amigos e/ou auxiliares próximos que acompanhava Collor desde a campanha eleitoral ou mesmo de tempo anterior a ela. Foi o caso de Cláudio Humberto, Cláudio Vieira, Pedro Paulo Leoni Ramos, João Santana, Egberto Batista e assim por diante. Da antiga "clique" que o acompanhava desde o início ficaram algumas figuras importantes, como os presidentes do Banco do Brasil e da Caixa Econômica Federal, que controlavam recursos políticos não desprezíveis para a manutenção e/ou a conquista de apoios políticos.

O novo ministério, além de incluir acadêmicos e profissionais de seus setores, com ideias próprias sobre como gerir as suas respectivas áreas (Saúde, Educação, Relações Exteriores, Justiça, Assuntos Estratégicos etc.), incluía políticos profissionais cujo acesso ao ministério tinha dependido também dos seus partidos, o que dava aos interesses destes últimos e do Congresso Nacional uma importância que antes não tinham nos processos de decisão.

Desse modo, embora a reforma ministerial efetuada tenha permitido ao governo retomar a condução do processo político por meio da negociação de maiorias *ad hoc* no Congresso Nacional, ela o fez *restringindo a amplitude com que o poder presidencial podia ser exercido* comparativamente à situação anterior à crise de janeiro.

Os resultados das disputas parlamentares que ocorreram na sequência, entre fins de abril e começos de maio, a propósito da nova lei do salário mínimo, confirmaram que a crise política de janeiro de 1992 fora, de fato, superada, embora com as restrições mencionadas anteriormente. A aprovação pela Câmara dos Deputados do projeto do salário mínimo válido a partir de 1º de maio, *nos termos propostos pelo governo* e, especialmente, *a manutenção do projeto inicial* — que incluía reajustes quadrimestrais — *contra o projeto modificado pelo Senado (fixando reajustes bimestrais)*, demonstra bem tanto a superação da crise política como os limites em que se deu essa superação. É certo que a proposta mesma era "palatável" para os partidos de centro. Ainda assim, o governo não tinha maioria parlamentar e o projeto tratava de assunto capaz, por seu conteúdo, de agregar maioria parlamentar em torno das oposições de centro e de esquerda, ainda mais porque se aproximavam as eleições municipais de outubro de 1992. Daí a importância do projeto proposto pelo governo ter sido aprovado inicialmente (29 de abril) na Câmara dos Deputados por 233 votos contra 215 votos contrários, 5 abstenções e 50 ausências. Além das defecções e ausências de parlamentares dos partidos de centro, o resultado dependeu de uma negociação de cargo com o PDC, que não tinha sido contemplado na reforma ministerial. A introdução de reajustes bimestrais no Senado Federal mostra claramente que o governo não controlava bem a situação no Legislativo. No entanto, o governo conseguiu a vitória final na Câmara dos Deputados: o projeto original foi aprovado na Câmara em 6 de maio por 229 votos contra 200, 5 abstenções e 69 ausências.[44] Houve até ampliação da diferença em favor do governo, em razão principalmente de um deslocamento dos votos do PMDB, obtido à custa de intensas negociações, apoiadas pelos governadores de estado que, à exceção do de São Paulo, favoreciam a lei salarial apresentada pelo governo.

A aprovação da lei do salário mínimo confirmou que Collor recuperara a capacidade de governar e, com isso, deu maior solidez às expectativas favoráveis geradas pela reforma ministerial de começo de abril. Compartilhando o seu governo com os partidos que o apoiavam — ainda que de forma limitada —, ele ganhou novo

[44] Cf. *Banco de Dados Legislativos do CEBRAP*.

fôlego político. A coalizão governamental era, no entanto, recente e não majoritária no Congresso. Descansava sobre acordos que, à exceção do que o governo tinha com o PFL, não pareciam muito sólidos. Mas o governo podia, se assim quisesse, consolidá-los. Certamente o novo coordenador político do governo trabalharia neste sentido. Mas o histórico do governo Collor não permitia colocar todas as fichas nisso.

5. O DESAFIO

O governo Collor mal pôde comemorar a vitória parlamentar de aprovar, sem emendas, seu projeto de lei definindo o novo salário mínimo. Quatro dias depois, domingo, 10 de maio, a revista *Veja* circulou com uma matéria, com "chamada" na capa, contendo acusações de Pedro Collor, irmão do presidente, contra Paulo César Farias, ex-tesoureiro da campanha eleitoral de Fernando Collor. A matéria "Tentáculos de PC", ilustrada com documentos que, aparentemente, comprovavam existir negócios internacionais suspeitos de Farias, foi composta com base em seção de um dossiê preparado por Pedro Collor sobre as atividades ocultas de PC Farias junto à administração federal. Notícia da existência do dossiê já fora dada em fevereiro último, em matéria da mesma *Veja*. Pedro Collor não divulgara o dossiê inteiro para não atingir de forma muito violenta o irmão presidente, mas ameaçava fazê-lo caso PC Farias e Fernando Collor não suspendessem os planos de fundar um jornal em Alagoas, colocando em risco a sobrevivência da *Tribuna de Alagoas*, que dirigia. As acusações eram perigosas para o governo. Embora as atividades de PC Farias não fossem desconhecidas e já tivessem sido noticiadas anteriormente, a matéria tinha agora dois agravantes importantes: ter a chancela do próprio irmão caçula do presidente da República e conter ameaça implícita de envolver o próprio Fernando Collor.

Na reportagem, Pedro Collor não fazia acusação direta a seu irmão presidente, mas ficava a um passo disso. De todo modo, a matéria da revista trouxe à tona de novo o tema da *corrupção, remetendo-a em direção ao centro da cena política*. E o fazia menos de um mês depois de encerrada a reforma ministerial que tivera como um de seus objetivos básicos afastar suspeitas desse tipo do primeiro escalão do governo. A acusação de corrupção, ademais, oferecia agora muito mais riscos políticos, pois, desta vez, tinha possibilidade de atingir não o "ministério dos notáveis" mas o próprio presidente da República. Em suma, o tema "corrupção" *poderia ganhar*, na sequência, *centralidade* na luta política e não posição de complemento, como até aquele momento, a disputas específicas, ligadas ao desempenho do governo, como fora no caso do reajuste da remuneração dos aposentados.

A publicação das acusações de Pedro Collor e as disputas subsequentes dele com PC Farias e o presidente da República tiveram impacto político considerável. Por duas semanas, os atores que participavam cotidianamente da vida político-institucional — incluídos aí os meios de comunicação de massa — lutaram em torno do relevo, maior ou menor, que teriam as acusações de Pedro Collor na disputa política. O presidente, seus familiares e aliados políticos mais íntimos tentaram circunscrever as acusações e até fazer com que Pedro retrocedesse em relação a elas. A persuasão mostrou-se ineficaz. Apelou-se então para a punição e desmoralização: a família tirou de Pedro, temporariamente, o comando dos meios de comunicação de propriedade da família, atribuindo a ele "desequilíbrio emocional".[1] O governo, seus aliados costumeiros no Congresso e, de forma hesitante e muito comedida, os partidos de centro (PMDB e PSDB), o PDT e o PPS propuseram que investigações sobre as acusações fossem feitas pelos órgãos responsáveis do governo — Secretaria da Polícia Federal, Secretaria da Receita Federal e o Ministério Público. Governadores estaduais e boa parte dos meios de comunicação de massa se manifestaram também contra a convocação de uma Comissão Parlamentar de Inquérito. Note-se que, embora o posicionamento desses diferentes atores fosse similar, seus objetivos eram muito diversos. Alguns almejavam abafar as acusações submetendo-as às exigências de prova de

[1] Carta de Leda Collor de Mello, mãe de Pedro e principal proprietária das Organizações Arnon de Mello. Cf. *Banco de Dados POLI*, evento 011 de 19/5/1992.

órgãos administrativos e jurídicos não interessados em envolver o presidente no assunto; outros tencionavam evitar que a aprovação de uma CPI pudesse criar uma catapulta para provocar uma crise política que pusesse em risco o regime democrático, constitucionalizado há menos de quatro anos.[2]

As preocupações quanto à possibilidade de crise institucional foram acentuadas, em primeiro lugar, por uma série de saques a supermercados ocorrida na cidade do Rio de Janeiro desde começos de abril até princípios de maio.[3] Tais eventos inquietaram fortemente as autoridades de segurança pública — que os atribuíam oficialmente não à inflação e à recessão mas à ação de quadrilhas existentes nas favelas. De qualquer modo, os saques foram preocupantes o bastante para provocar até uma reunião do ministro do Exército, Carlos Tinoco, com o governador do Rio de Janeiro, Leonel Brizola.[4] Para algumas lideranças dos partidos de centro e de centro-esquerda, o perigo maior era que a continuidade dos saques suscitasse uma ação repressiva mais forte, com eventual protagonismo das Forças Armadas. O outro fator que acentuava as preocupações institucionais de várias lideranças de centro e de centro-esquerda era a crescente insatisfação manifestada pelos militares quanto à sua remuneração. Ela já se tornara pública em julho de 1991, quando da derrubada pelo Congresso de medida provisória que procurava corrigir parcialmente a defasagem dos

[2] Em relação às preocupações com o impacto institucional das acusações de Pedro Collor, o mais notável é o quase silêncio das lideranças partidárias na imprensa. Parecia ser grave demais para "atear fogo em paiol". Ver, sobre a reação imediata em relação à entrevista, o jornal *Folha de S. Paulo*, 12/5/1992, p. 4 (Painel).

[3] Somente entre os dias 7 de abril e 8 de maio, 24 supermercados e mercearias foram saqueados e houve mais 15 tentativas frustradas. Cf. *Banco de Dados POLI*, evento 015 de 8/5/1992. O mesmo número da revista *Veja* que continha a matéria sobre as conexões internacionais de PC Farias publicou reportagem sobre a onda de saques. O número de saques diminuiu depois, embora tenham ocorrido também no interior do Rio de Janeiro e em São Paulo (Mauá).

[4] Cf. *Banco de Dados POLI*, evento 031 de 8/5/1992.

soldos dos militares. A política de contenção de gastos com o setor público promovida pelo ministro Marcílio Marques Moreira — e as dificuldades de arrecadação do governo federal — suscitavam agora novamente a questão. Em maio, subiu o tom das manifestações de insatisfação militar, seja em relação à desigualdade de salários existente entre os funcionários dos três poderes, seja, especialmente, no que dizia respeito ao montante de seus soldos. Os militares passaram a exigir abertamente isonomia com os demais poderes do Estado — e chegaram a fazê-lo em publicação de sua principal força, o *Noticiário do Exército* —, negociando com os demais poderes do Estado uma maneira de consegui-lo por meio de representação própria, distinta do Poder Executivo. Isso já indicava um protagonismo militar maior do que o usual durante o governo Collor.[5] Não era sem razão, pois, que houvesse temor entre parlamentares de que um questionamento mais acentuado da autoridade presidencial oferecesse perigo para as instituições. O líder do PDT no Senado, Maurício Corrêa, manifestava claramente esta inquietação. Referindo-se às suspeitas de envolvimento do presidente, alertou que "não seria bom para o país se as apurações sobre as denúncias de corrupção contra o empresário PC Farias constatarem o envolvimento do presidente Fernando Collor de Mello. Poderia haver uma desestabilização das instituições e eu não quero outro golpe de 1964".[6]

Divergindo um pouco dessa moderação, o Partido dos Trabalhadores e os demais partidos de esquerda propugnaram pela constituição de uma Comissão Parlamentar de Inquérito para investigar não só os negócios de PC Farias mas também a participação neles de Fernando Collor. No dia 19 de maio, o Partido dos Trabalhadores apresentou ao Colégio de Líderes da Câmara dos Deputados requerimento de criação de CPI, assinado pelo deputado José Dirceu e pelo senador Eduardo Suplicy. Note-se que a própria forma de apresentação da proposta — com assinatura de

[5] Cf. *Banco de Dados POLI*, eventos 015 e 023 de 8/5/1992, 009 de 13/5/1992 e 017 de 17/5/1992, entre outros.

[6] Cf. *Banco de Dados POLI*, evento 014 de 13/5/1992.

um deputado e de um senador — mostrava alguma contenção na jogada petista, pois a constituição de uma CPI mista, das duas casas do Congresso, era mais difícil em função do número maior de assinaturas exigido. A maioria dos líderes partidários decidiu, de qualquer modo, aguardar a evolução dos acontecimentos para se definir em relação à criação da comissão. Ao invés de alinharem-se à esquerda, os partidos de centro — PMDB e PSDB — mantiveram posição cautelosa em relação aos acontecimentos. Embora lideranças do PT expressassem compreensão em relação à cautela dos demais, o partido decidiu dois dias depois, 21 de maio, iniciar de imediato, com outras agremiações de esquerda, PSB, PST e PC do B, o processo de coleta das assinaturas necessárias para validar o requerimento. É certo que o conjunto dos parlamentares de esquerda não totalizava o número necessário para constituir uma CPI — 1/3 dos deputados e 1/3 dos senadores — mas, procedendo deste modo, o PT assumia a vanguarda de um movimento parlamentar que podia ser vitorioso.[7] Ademais, como se verá melhor mais adiante, o PT aplacava assim suas próprias correntes de esquerda, dando curso à sua demanda de confronto contra o governo Collor, sintetizada na palavra de ordem "Fora Collor", ainda que o fizesse "pelo caminho institucional".

Além da reação da maioria do Congresso ter sido cautelosa em relação às acusações de Pedro Collor divulgadas em 10 de maio, o governo manteve a iniciativa, levando adiante sua política de reformas econômicas e produzindo imagem de grande atividade.[8] Os projetos de reforma tributária, de concessões de serviços

[7] Em 1991 o Partido dos Trabalhadores tinha 35 representantes na Câmara e o PC do B congregava 5 deputados. A esquerda inteira, incluindo-se aí o PDT (47 parlamentares) e o PPS, que tinham posição mais ao centro, contava 101 deputados, 20% do total. Uma CPI exclusiva da Câmara dos Deputados demandava um mínimo de 171 assinaturas para ser formada.

[8] O governo promoveu ao longo de três dias (de 15 a 17 de maio) um "Seminário de Articulação das Ações do Governo Federal", com a participação de todo o ministério, dos secretários e líderes parlamentares governistas, para discutir a implementação das políticas de governo e entrosar a sua equipe. Cf. *Banco de Dados POLI*, evento 023 de 15/5/1992. O seminário teve

públicos à iniciativa privada, de modernização dos portos e de uma nova lei de patentes continuaram em curso. Tais projetos e a realização do grande encontro internacional sobre ecologia — a Conferência Mundial das Nações Unidas para o Meio Ambiente e o Desenvolvimento, Rio-92 — continuaram como os itens principais da agenda governamental, objetos centrais da pauta empresarial e dos editorais da imprensa. Embora os jornais fizessem a cobertura do caso Pedro Collor/PC Farias/Fernando Collor, foram raros os editoriais sobre o assunto. E quase sempre favoráveis ao esclarecimento dos fatos e congratulatórios em relação às iniciativas tomadas pelo presidente para apurá-los. No polo mais governista, o jornal *O Globo* publicou no dia 21 de maio o editorial "Na hora de construir", propugnando a apuração dos fatos, como já se fazia, mas com a manutenção da agenda de reformas econômicas.[9] No polo menos situacionista, a *Folha de S. Paulo* publicou o editorial "Pacto de silêncio" no mesmo dia 21 de maio, condenando o presidente, a Procuradoria da República e o Congresso por silenciarem ou se omitirem quanto às acusações de Pedro Collor a Paulo César Farias e à morte do governador do Acre, Edmundo Pinto, assassinado em um hotel em São Paulo no dia 17. O Congresso teria se omitido ao postergar a criação de uma CPI. O editorial da *Folha* não a reivindicava mas exigia genericamente "investigações urgentes", pois "democracia não pode ser confundida com impunidade".[10]

Em suma, embora a publicação da reportagem com parte do dossiê de Pedro Collor tivesse gerado certa perturbação na situação política, colocando o presidente Collor na defensiva, ela não foi suficiente para tirar do governo o controle do processo político. Suas perdas pareciam recuperáveis.

ampla cobertura da imprensa e da televisão, embora tenha sofrido críticas ácidas em alguns editoriais, além das feitas por lideranças da oposição, que o qualificavam como truque de marketing.

[9] Cf. *Banco de Dados POLI*, evento 032 de 21/5/1992.

[10] Cf. *Banco de Dados POLI*, evento 023 de 21/5/1992.

A CPMI E A COALIZÃO PARTIDÁRIA DE CENTRO-ESQUERDA

Duas semanas depois da publicação das acusações de Pedro Collor contra PC Farias, uma nova reportagem da revista *Veja* lançou as *disputas políticas em andamento para um novo patamar*. O título da capa da edição que começou a circular no domingo, dia 24 de maio, anunciava "Pedro Collor conta tudo". Na entrevista, o irmão de Fernando Collor dizia, entre outras coisas, que *PC Farias era operador e testa de ferro dos negócios escusos do presidente da República*. Entre as demais acusações incluía-se uma bastante desmoralizante para quem cultivava a imagem de grande estadista: a de que o irmão maior e atual presidente, quando jovem, o influenciara a usar drogas (cocaína e LSD).

O impacto dessa entrevista sobre o mundo político foi extraordinário. As acusações de Pedro Collor contribuíram decisivamente para mudar a tendência dominante no Congresso em relação ao caso PC Farias. As acusações desencadearam, elas mesmas, pelo menos parte da instabilidade política que o governo, seus apoios no Congresso e lideranças parlamentares de centro tentavam evitar postergando ou bloqueando a criação da CPI. A entrevista publicada transferiu o foco da disputa política das ações do governo — de suas políticas, projetos etc. — para a *qualificação moral* que o presidente tinha para exercer o cargo.

A reação do presidente Collor à entrevista do irmão foi rápida: já na segunda-feira, 25 de maio, divulgou uma "Carta à Nação" qualificando as acusações do irmão como "insensatas e falsas" e prometendo processá-lo pelo crime de calúnia. Deu sequência à reação na noite de terça-feira, fazendo pronunciamento em sua defesa por rede de rádio e televisão. O próprio Pedro Collor, instado pela família, recuou em suas declarações, sublinhando que não tinha provas para sustentar as acusações. Agiram no mesmo sentido os meios de comunicação: os editoriais dos jornais do dia 26 de maio repeliram a criação de uma CPI, chegando, quando menos, no caso da *Folha de S. Paulo*, a sugerir que o Congresso constituísse uma comissão de acompanhamento das investigações do Executivo e do Ministério Público.[11] A oposição da imprensa, vale lembrar, dizia respeito à CPI proposta pelo PT — que incluía Collor como objeto de investigação. Caso fosse menos abrangente o objeto, talvez a rejeição pelos jornais à criação de uma CPI não tivesse sido tão unânime.

Apesar destas reações, o peso político das acusações, o seu impacto provável na opinião pública e no voto popular, a se manifestar nas eleições municipais de outubro próximo, contribuíram para redefinir as posições dos partidos de centro em relação à criação da CPI. Ademais, tratava-se de afirmar com a CPI a relevância do Congresso em uma questão institucional tão delicada.

Já na terça-feira, dia 26 de maio, o PSDB, o PMDB e o PDT aderiram ao requerimento apresentado pelo PT.[12] Este reposicionamento político foi chave, pois os partidos de esquerda não tinham condições de criar, sozinhos, uma CPI.

Mostrando-se inevitável a decisão de criar uma CPI, a discussão entre governo e partidos políticos passou a ser apenas sobre o seu objeto e composição, o que não era algo de menor importância.

As acusações de Pedro Collor e a decisão dos partidos de esquerda e de centro de criarem uma CPI *mudaram qualitativamente a disputa político-institucional*. Em primeiro lugar, o que elas punham em questão *já não era o desempenho de Fernando Collor de Mello na Presidência; era se ele dispunha, ou não, dos requisitos morais implícitos naquela investidura*. A comprovação — ou, melhor, a crença fundada — de que agira em desacordo com

[11] Cf. *Banco de Dados POLI*, evento 001 de 26/5/1992. A recomendação da *Folha de S. Paulo* começava com um elogio às providências tomadas pelo presidente para investigar os fatos. Os jornais a cujos editoriais me refiro são *O Estado de S. Paulo*, *Folha de S. Paulo*, *Gazeta Mercantil*, *Jornal do Brasil* e *O Globo*.

[12] A decisão do PMDB em favor da criação da CPI ocorreu no mesmo dia 26 de maio em uma reunião de que participaram Orestes Quércia, Ibsen Pinheiro, Mauro Benevides, Ulysses Guimarães e Humberto Lucena. Cf. *Banco de Dados POLI*, evento 016 de 26/5/1992.

a ética esperada de um chefe de governo e de Estado poderia conduzir ao seu impeachment.

Em segundo lugar, ainda que a CPI não produzisse material que levasse ao impedimento do presidente, a mera investigação do governo por um órgão do Legislativo — e não do Executivo — já era fator que diminuía sua autoridade diante dos demais poderes e do conjunto dos cidadãos, especialmente por Fernando Collor entendê-la de forma desmesurada, como já se viu.

Em terceiro lugar, a criação de uma CPI — além de colocar em xeque, por si só, o Poder Executivo — instituía uma trincheira de onde podiam partir, com cobertura quase garantida dos meios de comunicação, acusações e cobranças da oposição em relação ao governo, fragilizando-o.

Por último, a possibilidade ainda que remota de impeachment tornava o presidente da República dependente de sua base parlamentar para sua própria manutenção no cargo. O que estaria em jogo para o governo, de agora em diante, não seria mais um ou outro projeto de lei, sua maior ou menor viabilidade no âmbito do Legislativo. Tratava-se agora do presidente Fernando Collor encontrar ou gerar no Parlamento um conjunto de defensores em número suficiente para assegurá-lo em seu posto. A tarefa poderia não ser fácil, apesar das relações anteriores de Collor com o Congresso terem melhorado desde a reforma ministerial de fins de março e começos de abril.

Embora a criação da CPI aumentasse bastante o "poder de fogo" da oposição em relação ao presidente da República e os riscos políticos que ele corria, Collor dispunha de um considerável conjunto de recursos para conter a ação dos adversários.

No Congresso, Collor contava, de início, com uma base governista razoável em sua defesa, pois a reforma ministerial de abril último melhorara a articulação parlamentar do governo. Recorde-se que a base governista incluía um bloco parlamentar de 236 deputados (PFL-PRN-PSC-PDS-PTB-PDC-PL), menos da metade da Câmara dos Deputados, mas podia atrair cerca de 24 votos de partidos pequenos não ligados à esquerda (PTR-PRS-PST). Além disso, Collor tinha em seu favor a moderação dos partidos de centro, cujas principais lideranças — já se indicou — procuravam evitar os riscos institucionais do questionamento da autoridade do presidente da República. Tais partidos receavam que um "vazio" de poder pudesse produzir demasiada instabilidade política para uma democracia tão recente como a brasileira. Por último, o presidente podia contar com algum apoio no PDT. Este tinha uma situação peculiar, de tensão permanente entre, de um lado, a maioria de seus parlamentares, inclinados à oposição de esquerda, e de outro, o líder nacional do partido, Leonel Brizola, governador do estado do Rio de Janeiro, que em geral apoiava Collor, na expectativa de investimentos federais nos projetos de seu estado e/ou pelo temor de contribuir para uma crise política que pudesse pôr em xeque as instituições.[13]

Mesmo entre seus adversários declarados, Collor não enfrentava incendiários. Todos os partidos de esquerda, ainda que estando na vanguarda do combate ao governo Collor, procuravam ajustar-se aos limites institucionais da luta política. Os grandes impulsionadores deste "ajustamento" foram, de um lado, a queda do Muro de Berlim, em 1989, com a desagregação simultânea da experiência soviética de socialismo; e, de outro, a derrota por pequena diferença do candidato de esquerda nas eleições presidenciais daquele mesmo ano. A queda do Muro de Berlim mostrara que o "socialismo real" não era mais uma alternativa política imediata para as esquerdas, o que era importante mesmo para aquelas correntes que não se identificavam com ela. A vitória apertada de Collor sobre Lula mostrara que a luta política no interior dos quadros institucionais vigentes poderia levar a esquerda no futuro ao centro do poder político, como quase o fizera em 1989.

O exemplo mais importante deste ajustamento ao quadro institucional vigente foi o do Partido dos Trabalhadores, principal núcleo de oposição de esquerda ao governo Fernando Collor. No

[13] Em função disso, por vezes parlamentares do partido, estimulados pelo líder, tinham dado apoio disfarçado ao governo, ainda que a contragosto, ausentando-se do plenário do Congresso, por exemplo, para enfraquecer a oposição parlamentar.

PT, a demanda por um movimento contra Collor que não se limitasse às possibilidades fixadas pelos marcos institucionais era bastante disseminada entre as tendências mais à esquerda do partido. Estas identificavam o governo Collor ao "projeto neoliberal", "apostando que dava para questionar a legitimidade do governo e devia-se apostar na sua inviabilização".[14] Entre estas, atuava com grande autonomia no partido a *Convergência Socialista*, tendência de inspiração trotskista.[15] Desde 1991, ela vinha apresentando e praticamente sustentando, contra a orientação dominante na direção do PT, a demanda insurgente, que se expressava na palavra de ordem "Fora Collor". A proposta foi discutida e derrotada no I Congresso do PT, ocorrido em dezembro de 1991. Reforçando o caráter de "ajustamento reformista" da decisão do partido, o mesmo Congresso derrotou a proposta, anteriormente aprovada em encontro estadual de São Paulo, que entendia ser a ditadura do proletariado uma fase intermediária de transição para o comunismo. Em função destas decisões, a resolução final do Congresso sublinhou que o impeachment do presidente só poderia resultar de um processo *legal* e político em que fosse julgado por crime de responsabilidade.

Este enquadramento da ação política aos *limites institucionais*, promovido pela direção do PT, teve sequência nos meses seguintes. Logo depois do I Congresso do PT formou-se no partido uma nova tendência, a *Democracia Radical*, constituída por um

[14] Vito Giannotti, *Collor, a CUT e a pizza*, São Paulo, Scritta, 1992, p. 83.

[15] A Convergência Socialista surgiu em 1978, integrando-se depois ao PT. A Convergência não era a única "tendência" de inspiração trotskista existente no PT; havia ainda O Trabalho — que mantinha periódico de mesmo nome e apresentou a proposta "Fora Collor" em conjunto com a Convergência; e a Democracia Socialista, que publicava o periódico *Em Tempo*. Anos depois, as tendências O Trabalho e Convergência Socialista acabaram formando o PSTU — Partido Socialista dos Trabalhadores Unificado. Cf. Danilo Martuscelli, *A crise do governo Collor e a tática do PT*, dissertação de mestrado apresentada ao Departamento de Ciência Política, IFCH-Unicamp, 2005, p. 87.

setor minoritário da corrente hegemônica do partido, a Articulação, visando acentuar o conteúdo das decisões lá tomadas: ela assumia "o reformismo como paradigma da política", condenava a ideia de que a violência era a "parteira da história", afirmava o valor da democracia e da pluralidade política e via na política de alianças uma questão estratégica para o partido.[16]

A direção do PT — controlada pela tendência majoritária *Articulação* — tentava equilibrar-se entre os polos em luta dentro do partido, aproximando sua ação das demandas "de esquerda" mas tratando de "esvaziar" sua autonomia. Em março de 1992, o Diretório Nacional do partido autorizou sua bancada no Congresso a lutar por uma CPI destinada a investigar casos de corrupção, facilitando a construção de maioria política para propor o impeachment do presidente. Pouco depois, em abril, deu curso à luta contra a autonomia da Convergência Socialista: por proposta do secretário-geral, José Dirceu, o Diretório Nacional do partido deu prazo, sob pena de extinção da tendência, para que ela abandonasse suas pretensões de autonomia e as ações contrárias às decisões partidárias que resultavam disso. Em 25 de maio, um dia antes do Congresso decidir pela criação da CPI para investigar os negócios de PC Farias, o Diretório Nacional do PT confirmou a expulsão da Convergência Socialista do partido.

Dessa forma, *foi sem sua minoria de extrema esquerda que o PT passou a enfrentar as disputas políticas em torno da investigação sobre a corrupção em que estaria envolvido o governo Collor*. Portanto, da perspectiva do Partido dos Trabalhadores, sua prática política tinha como horizonte desgastar o governo, ampliar o leque de alianças, posicionar-se bem nas eleições municipais de outubro e vencer as eleições presidenciais de 1994. A luta pela CPI e a sua aprovação pelo Congresso Nacional realizavam o "Fora

[16] A Democracia Radical congregava, entre outros, parlamentares como José Genoino, Eduardo Jorge e Tarso Genro. Para uma discussão sobre as razões e o significado político do surgimento desta tendência, consultar Maria Francisca Pinheiro Coelho, *José Genoino: escolhas políticas*, São Paulo, Centauro, 2007, pp. 317-24.

Collor" demandado pelas tendências de esquerda do PT, mas *dentro* dos quadros da "democracia de 1988". Ao absorver como sua, adaptando-a, a demanda de sua esquerda, a direção do PT atenuava o impulso que pudesse existir em outras de suas demais tendências trotskistas de abandonar o partido em função da sua opção exclusiva pela política institucional.

Outro partido de esquerda, o PC do B, passou por um processo similar ao do PT, embora mantendo a adesão à ortodoxia marxista-leninista. Em meados de 1991, o PC do B adotou a palavra de ordem "Fora Collor" e a demanda de realização de eleições gerais para substituí-lo, o que implicava ruptura com as regras políticas vigentes. Ainda em maio de 1992, no Congresso da União Nacional dos Estudantes (UNE), em que o partido tinha maioria, a palavra de ordem foi aprovada por grande maioria. Em seguida, porém, o PC do B redefiniu sua posição, seguindo os passos do PT: deixou de lado a exigência de eleições gerais para ampliar o leque de alianças políticas possíveis para derrubar o presidente. Refletindo esta mudança a UNE passou a defender desde junho o "Impeachment Já".[17]

Este tipo de divergência e resultado similar não foram exclusivos dos partidos de esquerda. Apareceram também na Central Única dos Trabalhadores, o que indica tratar-se de fenômeno social mais inclusivo. Na CUT, central sindical com vínculos umbilicais com o PT, a tendência hegemônica Articulação vinha travando desde as eleições de 1989 disputa acesa com correntes de oposição sobre a estratégia de luta da Central em relação ao governo Collor. Tratava-se de disputa entre duas estratégias como as definiu um membro da oposição da CUT: uma demandando "Fora Collor Já" ou "Fora Collor e Eleições Gerais", e outra apregoando "Diga Não a Collor" e tendo como palavra de ordem, em meados de julho de 1992, na Plenária Nacional da CUT, "CPI pra valer, pelo impeachment e pelo fim do governo Collor". Já se viu que no segundo semestre de 1991 a tendência Articulação conseguiu maioria tanto nas disputas pelas direções estaduais da CUT como na elei-

[17] Cf. Vito Giannotti, *Collor, a CUT e a pizza*, cit., pp. 87-8.

ção para sua direção nacional. Mas foram vitórias apertadas, insuficientes para definir uma clara hegemonia na Central. Em suma, na CUT ocorria contraponto similar ao existente no PT entre uma oposição ao governo Collor que legitimava as regras institucionais e outra que implicava contestá-las.[18]

Não cabe aqui explicar esta disputa. Pode-se apontar, porém, para o fator-chave que permite explicar a debilidade das correntes sindicais e partidárias que na CUT e no PT defendiam uma política de maior ruptura com o *status quo* político. A política defendida por essas correntes exigia, para se tornar efetiva, grande capacidade de mobilização dos trabalhadores, o que foi se mostrando cada vez menos factível ao longo do governo Collor. Com efeito, a massa dos trabalhadores assalariados experimentou constrangimentos econômicos muito fortes, que reduziu muito sua disposição de luta, debilitando politicamente aquelas organizações de esquerda. Mesmo que as camadas populares se mostrassem cada vez mais insatisfeitas com o governo Collor, as condições materiais opressivas que enfrentavam, gerando grande temor de desemprego, tornavam difícil a conversão da insatisfação em mobilização coletiva para o protesto. Recorde-se que no primeiro ano do governo Collor a recessão foi maior que 4%; em 1991 o PIB recuperou-se um pouco — cresceu 1% — mas declinou novamente em 1992. A taxa de desemprego aberto que em 1989, último ano do governo Sarney, alcançara 6,5% da população economicamente ativa, passou a ser de 7,4% em 1990, 7,9% em 1991 e seria 9,2% em 1992.[19] A inflação, depois da redução drástica ocorrida no Plano Collor I, retomou ritmo ascendente até janeiro de 1991, foi golpeada pelo Plano Collor II mas, poucos meses depois, retomou ritmo ascendente, acomodando-se do segundo semestre de 1991

[18] Ver sobre a natureza e evolução das divergências da CUT, Vito Giannotti, *op. cit.*, pp. 72-97.

[19] Dados do DIEESE sobre a Região Metropolitana de São Paulo. Segundo o mesmo instituto, a taxa de desemprego total (que inclui o desemprego oculto, por desalento) foi de 8,7% em 1989, 10,3% em 1990, 11,7% em 1991 e 15,2% em 1992.

em diante, ao longo de todo o ano de 1992, em torno de 20% ao mês. Esta persistência inflacionária constituía fonte permanente de ameaça à remuneração dos assalariados, especialmente aqueles cuja remuneração não permitia a manutenção de reservas.

É bem provável que esses constrangimentos materiais e a baixa expectativa de sua alteração no governo Collor tenham atuado como redutores da capacidade de mobilização e luta dos assalariados. Esta capacidade, medida pelo número de greves, se reduziu ano a ano: média de 320 greves por mês em 1989, último ano do governo Sarney, 196 greves/mês em 1990, 116 greves/mês em 1991, atingindo a média de 45 greves/mês no ano de 1992. Ainda mais significativo, como indicador da redução da disposição à reivindicação coletiva dos trabalhadores, foi o declínio pronunciado no número de participantes de movimentos grevistas do segundo semestre de 1991 em diante, até o fim de 1992. Um assessor da Central Única dos Trabalhadores, onde eram mais fortes as correntes sindicais de esquerda, interpreta estes números decrescentes no governo Collor como "uma perda substancial do *poder sindical* da CUT e dos sindicatos em geral, entendido esse 'poder' como capacidade de fiscalizar o cumprimento de direitos, como poder de negociação frente aos patrões, legitimidade na representação dos trabalhadores, taxa de sindicalização etc.".[20]

Ressalte-se, ademais, que uma parte significativa dos sindicatos de trabalhadores não se vinculava à CUT e à CGT mas estava ligada à Força Sindical, que pugnava por um sindicalismo voltado não para demandas "políticas", mas para a defesa dos interesses materiais imediatos dos trabalhadores; defendia um "sindicalismo de resultados", apoiando de forma geral o governo Collor e seu projeto de liberalização. Dessa forma, as correntes de esquerda da CUT e do PT que propugnavam por uma política mais agressiva, de ruptura institucional, foram perdendo chão ao longo do governo Collor, o que facilitou o predomínio político das correntes mais moderadas, pelo menos enquanto ele durou. A fragilização atingiu

[20] Gustavo Codas, "Posfácio", em Vito Giannotti, *Collor, a CUT e a pizza*, cit., pp. 197-8.

a própria CUT, como um todo, o que fez com que, desde o segundo semestre de 1991, ela se ativesse principalmente às atividades de grupo de pressão.

Retomando a questão das condições de defesa do presidente no campo político-institucional, pode-se dizer que Collor dispunha de razoável base parlamentar, contava com uma oposição de centro bastante moderada e com uma minoria oposicionista de esquerda decidida a atuar dentro dos quadros institucionais vigentes.

Além disso Collor tinha, em princípio, o apoio da maioria dos meios de comunicação de massa, o que favorecia a moderação dos congressistas, dependentes da "opinião pública". Com efeito, as emissoras de televisão, principalmente a Rede Globo, líder de audiência, e a grande imprensa diária alinhavam-se majoritariamente àqueles que procuravam afastar a possibilidade de uma crise institucional e/ou, como diziam, "uma ação radical da esquerda".

O presidente contava também com o apoio do grande empresariado e das organizações empresariais que, em nome da continuidade do programa liberalizante, e por temor da instabilidade política, não desejavam a CPI e temiam o radicalismo político da esquerda. A seu pedido, as principais organizações empresariais, as federações de indústria de São Paulo, Rio de Janeiro, Minas Gerais e Rio Grande do Sul divulgaram, já no dia 27 de maio, um documento em que manifestavam solidariedade ao presidente da República em relação às denúncias de Pedro Collor e apoiavam a decisão de Collor pedir a apuração dos fatos.[21]

Por fim, além da moderação das forças oposicionistas, da cautela com que a imprensa via a ação da oposição parlamentar e do governismo dos meios empresariais, a própria *lógica da situação* impunha a moderação aos agrupamentos políticos interessados em atingir politicamente e mesmo em impedir o presidente: apenas *convencendo* boa parte da base parlamentar governista a oposição conseguiria resultados significativos, seja na CPI, seja na Câmara

[21] Cf. *Banco de Dados POLI*, evento 028 de 27/5/1992. A *Folha de S. Paulo* indicou, na edição do dia 26 de maio, que Collor solicitara a Marcílio Marques Moreira que mobilizasse o empresariado em seu favor.

dos Deputados, onde, no limite, seriam necessários 2/3 dos votos para autorizar um eventual processo de impeachment.

Contudo, a oposição partidária de centro e de esquerda entendeu que a conjuntura política em curso *não demandava apenas moderação*; com o poder presidencial abalado, ela considerou fundamental também *assegurar a estabilidade institucional e dar direção ao processo político a partir do Congresso.*

Foi com isso em vista que os presidentes do PMDB, do PT e do PSDB decidiram constituir, já no dia 27 de maio, uma "frente partidária de oposição" cujo objetivo explícito *não era o impeachment* do presidente, mas a "atuação conjunta na CPI e em outras questões relevantes" de modo a ocupar o eventual "vazio de poder" deixado pelo presidente da República. A despeito do nome — *frente* — tratava-se de uma *coalizão* político-partidária que articulou, *de forma duradoura*, os partidos de centro com o principal partido de esquerda.[22] Na medida em que cumprisse seus objetivos, esta *coalizão partidária de centro-esquerda* assumiria paulatinamente o *comando sobre o processo político*, caso, e na medida em que, a Presidência da República perdesse a capacidade de conduzi-lo.

Portanto, a coalizão de centro-esquerda surgia como *alternativa, possível, de poder*. Ainda que esta alternativa não se efetivasse, o importante é que a gravidade da crise de governo e a possibilidade do impeachment — ou da renúncia — do presidente da República deram impulso para que *o núcleo da frente partidária democratizante*[23] *se convertesse em coalizão*, conferindo certa uni-

[22] Insisto em distinguir a *frente* parlamentar *eventual* entre os partidos de centro e de esquerda para a votação de certos projetos da *coalizão* que formaram em 1992. Mostrei antes que essa frente, que denominei *democratizante*, surgia de quando em quando, propiciada por certas condições. Ela não contava com uma *articulação duradoura* entre os partidos *nem com um "comitê" dirigente*, formado pelos presidentes dos partidos componentes, *que pudesse definir e redefinir objetivos, estratégias e táticas de luta*. Todas estas características estiveram presentes na *coalizão partidária de centro-esquerda*, formada por PMDB, PSDB e PT.

[23] Sinais dessa *frente* partidária informal surgiram em 1990 e, ao lon-

dade e organização ao conjunto dos partidos de centro e de esquerda. A constituição dessa coalizão tendia a amainar as disputas interpartidárias como, por exemplo, as derivadas das polarizações existentes entre reformistas liberais e seus opositores; elas não seriam eliminadas mas tenderam a se tornar secundárias perante as exigências ligadas à preservação do regime democrático e à luta contra as forças governistas.

Embora isso não estivesse em pauta naquele momento, cabe sublinhar que a constituição dessa coalizão *elevava de forma exponencial a capacidade de ação política que tinham, isoladamente, cada um dos partidos componentes*. O Partido dos Trabalhadores, esquerda da coalizão, fazia a ponte com os demais partidos desta corrente. Ademais, embora numericamente pouco expressivos no plano parlamentar, os partidos de esquerda podiam se tornar elos entre a coalizão parlamentar de oposição, os sindicatos de trabalhadores e outras organizações com capacidade de efetuar, eventualmente, mobilizações de massa. Ampliavam também, graças à grande penetração que tinham nas redações de jornais e revistas, as conexões dos partidos de centro com os meios de comunicação. O centro partidário, por sua vez, dava à coalizão partidária capacidade de negociação com os partidos mais conservadores, com núcleos importantes de poder no Estado, com entidades ligadas à classe média profissional, com o empresariado e os responsáveis pelos meios de comunicação de massa. Embora de existência pouco reconhecida pelos analistas, *esta coalizão partidária de centro-esquerda será fator-chave no desenrolar e na superação da crise política*.

Desde a sua formação, a coalizão de centro-esquerda contou com o apoio de um conjunto de organizações que haviam participado, de forma relevante, no movimento de democratização dos anos 1980. CUT, CNBB, OAB e PNBE vinham há muito criticando e protestando contra as consequências negativas da política econômica do governo — desemprego, contenção salarial e infla-

go de 1991, foram mostrando maior regularidade. Sobre isso, ver capítulo 3 deste livro.

ção alta. Mais do que isso: foi se generalizando e tornando-se mais nítido para as lideranças dessas organizações que o governo Collor era insensível às demandas para que mudasse de rumo.[24] Ele parecia seguir impávido a despeito de sua orientação vir se revelando incapaz de enfrentar adequadamente os problemas econômicos e sociais brasileiros, desconsiderando sistematicamente aquelas organizações setoriais que não rezavam pela sua cartilha, menosprezando as demandas dos partidos políticos com presença no Congresso, o que gerava um sentimento de opressão política. O presidente preferia o recurso ao marketing político ao da negociação de alternativas, atuando como se sua eleição lhe desse carta branca para governar.

O sentimento de opressão política derivava, no fundo, de o governo atuar conforme uma concepção restrita, delegativa, de democracia, encarnada em um ideal de presidencialismo plebiscitário reivindicado pelo presidente diante de forças políticas cuja concepção de democracia era mais robusta. Ela envolvia não só eleições livres do governante pelo número mais amplo possível de cidadãos. Incluía também o reconhecimento de legitimidade igual dos três poderes do Estado, ao contrário da hierarquia existente no regime militar e implícito na concepção plebiscitária que favorecia o Executivo. Além disso, a concepção de democracia das forças de oposição entendia ser dever do regime promover maior

[24] Jair Meneguelli, presidente da CUT, expressou esse sentimento de opressão de forma aguda: "O país enfrenta um governo fortemente autoritário, marcado pela fabricação da imagem, baseado no uso estratégico da intimidação e da submissão das forças e dos atores sociais, e trabalha segundo a cartilha neoliberal, privatizante e socialmente irresponsável", em *Informacut, CONCUT Brasil, Boletim do 4º Congresso Nacional da CUT*, nº 1, 4/8/1991, *apud* Luciana Tatagiba, *Dos significados da "Ética na Política": articulação e discurso no contexto pró-impeachment*, dissertação de mestrado apresentada ao Departamento de Ciência Política, IFCH-Unicamp, 1998, p. 86. Mesmo uma organização de pequenos empresários, liberalizante, como o PNBE, protestava fortemente contra o governo: no lançamento do Plano Collor II, por exemplo, qualificou-o como ruptura de promessas anteriores de "construção pactuada de uma política econômica".

igualdade no plano econômico e social e reconhecia a "sociedade organizada" como interlocutora legítima dos governantes.

Em vista desse contraponto, desde 1991 aquelas organizações societárias vinham buscando na articulação *multissetorial* um meio de ampliar sua força política. Diversas tentativas de *articulação* contaram com participação de lideranças políticas de centro e de esquerda para pressionar o governo a mudar sua política econômica, valorizar o Congresso e formular políticas mais negociadas, com a sua própria participação no processo. As iniciativas, porém, não conseguiam ser levadas avante nem ultrapassar o círculo dos ativistas. Ainda assim, este processo de articulação periódica ganhou corpo no final de 1991, com o lançamento do *Movimento Opção Brasil*, em São Paulo, reunindo mais de uma dezena de entidades, incluindo centrais sindicais, organizações de classe média profissional, uma organização empresarial e associações em prol dos direitos humanos e da democracia. A iniciativa contou também com o apoio de grande número de políticos paulistas que tinham tido proeminência na luta pela democratização do país. Embora a rede de atores articulados no movimento tenha se ampliado em relação a eventos anteriores, a iniciativa não conseguiu ter desdobramentos, pelo menos imediatos.[25]

Em março de 1992, antes que a crise de janeiro de 1992 tivesse sido superada, teve início outra iniciativa similar às anteriores, a partir das atividades de uma organização não governamental, o INESC (Instituto de Estudos Socioeconômicos), sediado em Brasília. Em uma das reuniões mensais da entidade, José Carlos Saboia, deputado pelo PSB do Maranhão, queixou-se do isolamento dos parlamentares democráticos no Congresso e sugeriu que o INESC convidasse a OAB, a CNBB e algumas personalidades políticas para discutirem a questão e auxiliá-los na resistência às iniciativas do governo Collor.

Embora a iniciativa do INESC incluísse organizações de escopo mais amplo do que as ocupacionais, como as vinculadas à

[25] Cf. C. P. Bocchi, *O Movimento pela Ética na Política e as mobilizações pró-impeachment*, cit., pp. 38-56.

Igreja Católica, e tivesse ocorrido em meio à crise do começo de 1992, não parecia que pudesse ter sucesso maior que as tentativas de articulação anteriores, especialmente porque, em começo de abril, Collor retomou a iniciativa política e pareceu superar a crise com a nomeação, muito festejada pelos meios de comunicação, do "ministério dos notáveis".

Desta vez, porém, a articulação da "sociedade organizada" foi mais longe. O que permitiu que isso acontecesse? Qual a razão pela qual uma articulação modesta, como a iniciada pelo INESC, tivesse superado as tentativas anteriores? O elemento decisivo para explicar o sucesso da articulação desencadeada na reunião do INESC em março de 1992 foi a mudança ocorrida *posteriormente*, a partir de maio, no contexto político em que se desenvolveu aquela iniciativa. Na nova conjuntura, o presidente tornara-se suspeito de corrupção, os partidos de centro e de esquerda já haviam decidido criar uma CPI (em 26 de maio) para investigar as acusações de Pedro Collor, e PMDB, PT e PSDB haviam constituído uma coalizão partidária de centro-esquerda (em 27 de maio) para atuar em conjunto no período de instabilidade que se avizinhava.

Nesse novo contexto, doze organizações se reuniram no dia 29 de maio na sede da OAB, em Brasília, criando o Movimento pela Ética na Política (MEP). Naquele dia, elas firmaram uma "Declaração ao Povo".[26] No documento, as entidades assumem sua responsabilidade pela preservação da democracia e convocam uma mobilização da "sociedade civil" para garantir que as investigações das denúncias apurem a verdade e se aplique a lei igualmente para todos, como forma de combater a impunidade e preservar as instituições democráticas. Era claro, embora implícito, o apoio à CPI e o ataque aos privilégios das elites governantes.

O próprio *nome* dado ao movimento mostra que a articulação tinha agora um significado diverso do projetado inicialmente.

[26] A "Declaração ao Povo" foi assinada pelas seguintes entidades: OAB, CNBB, ABI, PNBE, FENAJ, SBPC, Comissão de Justiça e Paz, Conselho Federal de Economia, CONTAG, Movimento Nacional dos Direitos Humanos, INESC e IBASE.

Não se tratava agora apenas de dar apoio à atuação de parlamentares democráticos contra as políticas do governo Collor. Na nova conjuntura, questionava-se a distância entre a prática e o dever no tratamento dos assuntos de Estado. Não se tratava mais de uma articulação de defesa; exigia-se dos homens públicos uma conduta ajustada à ética.

O sinal mais evidente do impulso derivado da mudança de contexto foi o grande afluxo de novas organizações, representativas de múltiplos campos de atividade, para a segunda reunião do MEP ocorrida em 9 de junho, apenas dez dias depois da primeira. Realizada na sede da OAB, em Brasília, não estiveram presentes apenas 12 mas 23 organizações participantes, além de 26 parlamentares dos partidos de centro e de esquerda e algumas personalidades destacadas na esfera pública. Nesta reunião, propôs-se uma ação em favor de projetos favoráveis ao "movimento popular", de apoio aos partidos progressistas e democráticos e a realização de um ato público pela ética na política.[27]

Certamente pode-se dizer que a mudança nas oportunidades políticas — o enfraquecimento da elite governante — favoreceu a articulação multissetorial que emergiu em março. Mas há outros componentes da situação que devem ser destacados. Um deles, a passagem de uma postura de defesa para uma que fazia exigências, já foi destacado. Mas há que sublinhar também a mudança havida no próprio campo político-institucional, pois isso redefiniu a posição relativa da "sociedade organizada" no processo político. Passou-se de uma articulação da "sociedade civil" em defesa de um conjunto pouco articulado de parlamentares de centro e de esquerda contra as iniciativas do governo Collor para uma forma de articulação que apoiava o ataque de uma coalizão partidária a um governo suspeito de corrupção, dispondo, para isso, de uma

[27] Em relação a este ato, por proposta do presidente da OAB, Marcelo Lavenère, decidiu-se a realização em 23 de junho de uma "Vigília pela Ética na Política", em auditório do Congresso Nacional, a instituição que as entidades do MEP desejavam fortalecer.

trincheira institucional, a CPI, que não só a fortalecia mas também ao Congresso diante do Poder Executivo.

O conceito de "oportunidade política" deve ser entendido, se vê, em uma *perspectiva relacional*, que toma as oportunidades/ameaças como parte de uma relação de força política entre a coalizão estabelecida no poder e os atores e/ou a coalizão de atores desafiantes — sejam eles *de fora e/ou de dentro* do campo político-institucional.[28] No caso do processo aqui examinado, as oportunidades políticas estimularam mudanças relevantes *nas relações* entre atores *dentro do campo político-institucional* e entre atores de *fora do campo com os seus participantes regulares*.[29] Mas, *note-se*, a ação mesma dos partidos de centro e de esquerda constituindo uma coalizão partidária de oposição contribuiu para configurar as oportunidades para a coalizão societária. *O contexto político não é exterior à ação, faz parte dela; por isso as oportunidades precisam ser entendidas em termos relacionais.*

Ressalte-se, ademais, que entre os participantes regulares do campo político não se encontravam apenas atores atuantes no plano federal — de um lado os partidos de centro-esquerda e suas correntes, e de outro a coalizão governista em torno da Presidência. Tanto do lado que desafiava a elite governante como do lado dominante distribuíam-se governadores, prefeitos e outros políticos que usualmente atuavam nos planos estadual e municipal. Tais relações complexas foram se tornando cada vez mais favoráveis à mobilização societária na medida em que o núcleo governista foi se desidratando. Este processo de estímulo não ocorreu, porém, de modo contínuo; foi marcado por inflexões importantes.

[28] Sidney Tarrow, *O poder em movimento: movimentos sociais e confronto político*, trad. Ana Maria Sallum, Petrópolis, Vozes, 2009, cap. 5.

[29] Encontra-se em Jack Goldstone crítica em relação ao tratamento usual dado aos movimentos sociais, tratados como desafiantes "de fora" do campo político. Ver J. Goldstone, "Introduction: Bridging Institucionalized and Noninstitucionalized Politics", em J. Goldstone (org.), *States, Parties, and Social Movements*, Nova York, Cambridge University Press, 2003. A análise se desenvolverá aqui mostrando a articulação entre desafiantes "de dentro" e desafiantes "de fora" do campo político-institucional.

Dessa forma, a coalizão partidária de centro-esquerda foi, desde o início, o núcleo de uma coalizão mais ampla, parlamentar e extraparlamentar, de oposição ao governo e ao presidente Collor *e, mais tarde, pró-impeachment.*

A postura moderada e cautelosa da coalizão de centro-esquerda e as ambiguidades do PDT permitiram que o governo Collor conseguisse, pelo menos de imediato, restringir as possibilidades da CPI converter-se em foco privilegiado de ataques ao governo no Congresso. Em primeiro lugar, os governistas conseguiram que o objeto da Comissão Parlamentar Mista de Inquérito (CPMI, quer dizer, comissão da Câmara dos Deputados e do Senado) fosse investigar apenas os negócios suspeitos de PC Farias, *sem incluir nele um inquérito específico sobre o presidente da República.*

Em segundo lugar, aceitou-se que houvesse na CPMI uma inversão da regra usual que dava ao partido majoritário a presidência da CPMI e a relatoria ao segundo partido. Assim, o PFL ficou com a presidência — e o comando — da CPMI e o PMDB com a relatoria. Em terceiro lugar, foram indicados políticos "confiáveis" para tais cargos. A presidência ficou com o deputado Benito Gama (PFL-BA), pertencente ao grupo do governador Antônio Carlos Magalhães, aliado muito próximo do presidente da República. Foi indicado como relator o senador Amir Lando (PMDB-RO), parlamentar de forma geral moderado, que não fazia oposição sistemática ao governo. Além disso, o presidente Collor contava com a possibilidade de atrair uma parte dos representantes dos partidos de centro e de esquerda, metade dos membros da CPMI. A outra metade, em princípio, era governista, pois era composta por parlamentares indicados por partidos aliados a Fernando Collor de Mello.[30]

[30] Os membros indicados pelos partidos para a CPMI foram os senadores Pedro Simon (PMDB-RS), Antônio Mariz (PMDB-PB), Amir Lando (PMDB-RO), Iram Saraiva (PMDB-GO), Odacir Soares (PFL-RO), Raimundo Lira (PFL-PB), Almir Gabriel (PSDB-PA), Ney Maranhão (PRN-PE), José Paulo Bisol (PSB-RS), Valmir Campelo (PTB-DF) e Maurício Corrêa (PDT-DF); e os deputados Benito Gama (PFL-BA), José Múcio (PFL-PE), José

Apesar de tudo isso, desde a instalação da CPMI, no dia 1° de junho, reduziram-se um pouco as possibilidades do governo "administrá-la". Desde logo, pela surpreendente inclusão na CPMI do senador José Paulo Bisol (PSB-RS), candidato a vice-presidente na chapa de Lula em 1989, por indicação do presidente do PDS, Esperidião Amin, de Santa Catarina.[31] Com isso, as oposições — se nelas fosse incluído o PDT — teriam maioria numérica na CPMI. Ademais, a direção do PMDB, já na qualidade de partido participante da coalizão partidária de centro-esquerda, além de ceder para o PT um dos lugares de suplente a que tinha direito na CPMI, reuniu seus seis representantes na Comissão para pedir empenho na apuração dos fatos, com o que Orestes Quércia pretendia reforçar a disciplina partidária.[32] Este esforço em obter dos parlamentares de centro-esquerda uma ação coletiva organizada teve seguimento com reuniões semanais sigilosas entre os membros de oposição da CPMI (incluídos aí os do PDT) para a definição de suas iniciativas e tarefas.[33]

Carlos Vasconcellos (PRN-PE), Odacir Klein (PMSB-RS), Marcelo Barbieri (PMDB-SP), Antonio Carlos Mendes Thame (PSDB-SP), Roberto Jefferson (PTB-RJ), José Dirceu (PT-SP), Miro Teixeira (PDT-RJ), Jonival Lucas (PDC--BA) e Aécio de Borba (PDS-CE). Cf. *Folha de S. Paulo*, 2/7/1992, p. 1-6. O senador Eduardo Suplicy, do PT, um dos autores originais do pedido de instalação da CPMI, foi indicado como suplente pelo PMDB. Posteriormente, os partidos promoveram substituições de alguns parlamentares.

[31] A explicação mais difundida da decisão de Esperidião Amin é que ela foi retaliação à inação de aliado de Bornhausen (seu adversário estadual), quando de enchente ocorrida pouco antes em Santa Catarina. A decisão mostrou a fragilidade da base parlamentar governista, não plenamente superada pela reforma ministerial de começo de abril.

[32] Esta orientação de Quércia teve peso maior do que o usual, porque ocorreu na sequência de uma reunião da Comissão Executiva Nacional do PMDB especialmente convocada para discutir os entendimentos havidos com o PT e o PSDB para ação articulada na CPMI e no Congresso. Cf. *Banco de Dados POLI*, evento 022 de 2/6/1992.

[33] Cf. entrevista de José Genoino ao autor.

A redução do objeto da CPMI — excluindo o presidente das investigações — e o razoável controle que o governo conseguiu ter sobre sua composição resultou em menor oposição e até em apoio da imprensa para os trabalhos da Comissão, pois fora reduzido o seu potencial para gerar uma crise institucional. Assim, já no dia 28 de maio, *O Estado de S. Paulo* publicou editorial considerando que o fato de Pedro Collor ter abrandado suas acusações em relação ao presidente e a decisão do Congresso de investigar preferencialmente os negócios do PC Farias — apesar das pressões dos "radicais do PT" — permitia dizer que "o vento parece ter amainado e a tripulação do barco institucional pode ter esperança e quase certeza de que navegará em águas tranquilas".[34] O *Jornal do Brasil* seguiu na mesma linha, acentuando que "a legitimidade do governo eleito pelo voto direto está resguardada [...] Ao esclarecimento através de CPI competirá remover as sombras projetadas pela denúncia sem provas".[35]

O vento pareceu, de fato, perder seu potencial destrutivo.

Durante quase todo o mês de junho os trabalhos da CPMI resultaram na reafirmação, pelos depoentes, das informações que já existiam sobre os negócios de PC Farias e suas relações com Collor. Os parlamentares "de oposição" contaram todo o tempo com o apoio e a assistência do Movimento pela Ética na Política.[36] Mas *não houve avanço nas investigações*, embora a mera reiteração e a maior publicidade dada às denúncias pela imprensa e pela televisão tenham reforçado a imagem negativa do presidente da República. Parecia que a CPMI teria o mesmo destino de outras criadas pelo Congresso, o de terminar melancolicamente ao final dos 45 dias estipulados para o seu funcionamento.

Ao longo de junho, ademais, as atividades políticas nucleadas pela CPMI não provocaram a desestruturação do processo legis-

[34] Cf. *Banco de Dados POLI*, evento 003 de 28/5/1992.

[35] Cf. *Banco de Dados POLI*, evento 006 de 29/5/1992.

[36] Cf. entrevista de Paulo Pires de Campos, assessor técnico do INESC, em Luciana Tatagiba, *op. cit.*, Anexo 3.

lativo — este prosseguiu se desenvolvendo, ainda que com lentidão, inclusive porque a oposição de centro-esquerda operava com cautela, procurando não exacerbar a instabilidade política, pelo menos enquanto não tivesse definido o rumo a tomar. Dessa forma, a Câmara dos Deputados deu sequência, em junho, à tramitação de várias matérias relevantes da agenda do governo Collor, tais como as normas para a concessão de serviços públicos para a iniciativa privada, para as licitações públicas, para a atividade portuária, a Advocacia Geral da União e a reforma agrária. A tramitação era lenta porque o governo não tinha, apesar da reforma ministerial de abril, uma articulação parlamentar boa o suficiente.[37]

Ressalte-se que, nas votações das "reformas", não foram suprimidas as polarizações existentes na coalizão de centro-esquerda entre reformistas liberalizantes e estatais-desenvolvimentistas.[38] Ao contrário, nelas os parlamentares dos partidos de centro se alinhavam com aqueles usualmente afinados com o governo; foi o caso, por exemplo, da aprovação, em junho, da proposta de regulamentação da concessão dos serviços públicos para a iniciativa privada.[39] A preservação da convergência das opiniões e vontades liberalizantes entre as forças governistas e uma parte significativa dos partidos de centro, ainda que estes últimos atuassem na coali-

[37] A "lentidão" da tramitação das matérias foi até objeto de discussão entre o ministro Jorge Bornhausen e o presidente da Câmara, Ibsen Pinheiro. Este último respondeu com irritação a declarações do primeiro dizendo: "O que falta na Câmara é a presença do Poder Executivo; este que tem a responsabilidade de mobilizar suas bancadas para votar as matérias de seu interesse [...]. O presidente Collor levou mais de dois anos para perceber que precisava de maioria parlamentar e ainda não a conseguiu [...]. Uma reunião com as lideranças e bancadas governistas poderia dar mais resultados que uma entrevista à imprensa [como a de Bornhausen]". Cf. *O Estado de S. Paulo*, 2/6/1992, p. 5.

[38] Estas diferenças foram discutidas no capítulo 1 deste livro.

[39] Na sessão de 10 de junho de 1992, em que foi aprovado o projeto na Câmara, a totalidade dos parlamentares do PSDB votaram a favor (27 a 0); os do PMDB foram na mesma direção (58 a 2); ao invés, os do PT votaram quase todos contra (1 a 24). Cf. *Banco de Dados Legislativos do CEBRAP*.

zão oposicionista de centro-esquerda, confirma que o processo de confrontação e, depois, de impedimento do presidente Collor não decorreu de eventual oposição à sua política, supostamente neoliberal, como argumenta uma parte dos analistas. Ainda que parte dos partidos de esquerda pudessem ter isso na agenda, o eixo da coalizão de centro-esquerda era outro, a democracia de 1988.

O governo Collor estava, pois, ainda conduzindo o processo político, embora a autoridade da Presidência junto às forças político-partidárias e à opinião pública tivesse se deteriorado.

Não ocorreram, até o final de junho, manifestações públicas de massa contra o presidente. Continuou, porém, o processo de mobilização multissetorial de ativistas e suas organizações em favor da ética nos assuntos públicos e do trabalho da CPMI. No dia 23 de junho, o Movimento pela Ética na Política (MEP) fez sua primeira grande manifestação pública, reunindo em auditório do Senado Federal quase duas centenas de organizações de diferentes setores sociais — religiosos, profissionais de classe média, operários, empresariais, ONGs, grupos estudantis — além de senadores e deputados federais "de oposição" em uma "Vigília pela Ética na Política". O ato não teve impacto mais amplo pela ausência de divulgação pelos meios de comunicação. Mas foi muito importante para a articulação da oposição extraparlamentar ao governo. Embora os signatários do manifesto que resultou desta "Vigília" não denunciassem especificamente o presidente Collor, convocavam uma mobilização mais ampla da cidadania em defesa da ética política e da responsabilidade democrática.[40] Esta ênfase nos valores que se deveria exigir e esperar da democracia não

[40] O manifesto dos participantes da "Vigília" foi assinado por 183 organizações, 10 senadores, 65 deputados federais e 35 "personalidades". Cf. Ann Mische, *Partisan Publics: Communication and Contention Across Brazilian Youth Activist Networks*, Princeton/Oxford, Princeton University Press, 2008, p. 158; C. P. Bocchi, *op. cit.*, p. 72; e Carlos Fico, em http://www.brasilrecente.com/2011/08/o-movimento-pela-etica-na-politica-de.html. O discurso do presidente da CNBB na "Vigília" pode ser encontrado no Doc. 58 dos Pronunciamentos da CNBB 1992-1996 (coletânea), em www.pscjms.org.br/index.php/documentos-cnbb/.

atingia de imediato o governo, mas ajudava a ampliar expectativas quanto à governança democrática, preparando o terreno para uma avaliação mais severa dos governantes do dia.

O próprio sucesso da manifestação no Congresso — sucesso em termos da presença de organizações — tornou claro para seus promotores que a continuidade do MEP exigia uma organização mais robusta. Criou-se, então, na sequência, um núcleo coordenador, sediado na OAB/DF, em Brasília, composto de 45 entidades, responsável por fazer as convocações, distribuir manifestos à imprensa, organizar os atos públicos etc.[41]

Em suma, embora as oposições parlamentar e extraparlamentar estivessem se organizando para confrontar de forma mais robusta o governo e o presidente, parecia pouco provável quase até o final de junho que o núcleo dirigente do Estado, mesmo que fragilizado, pudesse ser sitiado e, muito menos, que Fernando Collor fosse perder o seu cargo.

Crise política: o impacto de um testemunho

No fim de junho, contudo, foi quebrada a relativa estabilidade das relações de forças políticas que davam a Collor a possibilidade de completar seu mandato, ainda que politicamente debilitado. O estopim da mudança foi a publicação pelo semanário *IstoÉ*, na edição que começou a circular em 28 de junho, último domingo do mês, de uma entrevista com Eriberto França, motorista da secretária de Fernando Collor, Ana Acioli. Na entrevista, o motorista declarou que PC Farias custeava despesas da casa do presidente da República, a Casa da Dinda, e fazia depósitos para seus parentes (esposa, ex-esposa, irmã etc.) por intermédio da secretária do presidente. Afirmou que testemunhara isso pessoalmente pois fazia, a pedido dela, o transporte dos cheques e do dinheiro.[42] Na

[41] Este núcleo incluía entidades como OAB, CNBB, INESC, CRUB (Conselho de Reitores das Universidades Brasileiras), CUT e IBASE.

[42] Cf. *IstoÉ*, 1/7/1992, pp. 12-7. A interpretação de que a publicação

Folha de S. Paulo, do próprio dia 28 de junho, o deputado Delfim Netto (PDS-SP) dramatizou, com perspicácia, o impacto político da entrevista: "Dou a mão à palmatória: o governo acabou".[43]

De fato, as declarações do motorista Eriberto França deram mais veracidade às denúncias de que PC Farias era um agente a serviço do presidente da República, como afirmara Pedro Collor. Além disso, elas abriram uma senda até então inexplorada pela CPMI, a de *documentar* — pelas transações bancárias — as conexões entre PC Farias e Fernando Collor, deslocando o foco do inquérito para o presidente, o que tinha sido evitado inicialmente pela definição do objeto da comissão parlamentar. Para documentar a investigação, a CPMI criou uma subcomissão dos bancos, coordenada pelo senador José Paulo Bisol,[44] que passou a desenvolver atividade febril de pesquisa documental sobre as conexões Collor/PC Farias, utilizando, extensamente, a quebra judicial dos sigilos fiscal e bancário.

O impacto da entrevista foi enorme. Ela desencadeou uma nova conjuntura, de crise política. A possibilidade do presidente deixar o cargo, pela renúncia ou pelo impeachment, tornou-se moeda corrente no noticiário da imprensa diária. A *Folha de S. Paulo* publicou no dia 30 — em sua primeira página — editorial de grande repercussão, cujo título diz tudo: "Renúncia Já". O texto afirma que as denúncias atingiram o "cerne do governo", ocasionando "completo colapso da credibilidade presidencial" e que Collor "não possui hoje condições de governar o país". E se-

da entrevista do motorista Eriberto França foi um divisor de águas é praticamente consensual. Ver José Nêumanne, *A República na lama: uma tragédia brasileira*, São Paulo, Geração Editorial, 1992; A. T. Rodrigues, *op. cit.*, pp. 195-8; e, especialmente, M. S. Conti, *op. cit.*, p. 606.

[43] Cf. *Folha de S. Paulo*, 28/6/1992, p. 1-4 (Painel).

[44] A subcomissão foi formada inicialmente por José Paulo Bisol (PSB-RS), Jackson Pereira (PSDB-CE), Aloizio Mercadante (PT-SP), Sigmaringa Seixas (PSDB-DF), Wilson Muller (PDT-RS) e Roberto Jefferson (PTB-RJ). Sobre isso ver Gustavo Krieger, Luiz Antônio Novaes e Tales Faria, *Todos os sócios do presidente*, São Paulo, Scritta, 1992, pp. 174-8.

guia dizendo que a sociedade não espera dele "nenhuma atitude" a não ser "a da renúncia" com a posse do vice-presidente Itamar Franco.[45] Ademais, o título do editorial introduzia ainda um chamamento, implícito, à mobilização popular, pois fazia óbvia alusão ao lema da campanha das Diretas-Já, do começo dos anos 1980. O jornal *O Estado de São Paulo* seguia na mesma linha, defendendo a renúncia do presidente, afirmando que a posse de Itamar Franco "é menos traumática do que os seis meses em que viveremos a angústia do processo de impeachment".[46] Mesmo o *Jornal do Brasil*, sempre na defesa do governo, só encontrou modo de fazê-lo defendendo a preservação dos procedimentos legais, com a continuação da investigação dos negócios de PC Farias pela CPMI, que estaria "apta a garantir aos fatos em apuração a objetividade e aos depoentes a segurança de que não se afastará um milímetro da lei".[47] Abandonava, pois, a posição combativa em favor do presidente, orientando-se agora para a defesa da legalidade. *O Globo*, quase uma semana depois, seguiu na mesma direção. Em editorial de 6/7/1992, criticou o governador do Rio de Janeiro, Leonel Brizola, por sua postura radical de atacar a CPMI, que "não interessa ao país sabotar". Além da mudança de postura dos vários órgãos de imprensa, o "furo de reportagem" da *IstoÉ* intensificou a competição entre eles, ampliando muito o esforço de investigação[48] e — embora isso seja pouco explicitado nos relatos jornalísticos — a colaboração entre repórteres e parlamentares.

No plano partidário, começou a se desagregar o "dispositivo" de defesa política do presidente, já de início não muito sólido. Mesmo o partido-eixo do ministério, o PFL, ameaçou retirar seu apoio ao governo. O pronunciamento de Collor, em rede nacional

[45] Cf. *Banco de Dados POLI*, evento 030 de 30/6/1992.

[46] Cf. *Banco de Dados POLI*, evento 032 de 30/6/1992.

[47] Cf. *Banco de Dados POLI*, evento 034 de 30/5/1992.

[48] Cf. M. S. Conti, *op. cit.*, pp. 606-9. Encontra-se no mesmo livro (pp. 607-12) relato dos bastidores das decisões da *Folha* e de *O Estado de S. Paulo* publicarem os editoriais em que pediram a renúncia do presidente.

de rádio e televisão, refutando as afirmações do motorista, reafirmando não ter relações com PC Farias desde sua posse e se recusando a renunciar, *deu argumentos* para que o PFL não se retirasse do ministério. Para o PFL, o acesso aos recursos do governo federal, ainda que politicamente enfraquecido, eram cruciais para sua sobrevivência política. Entretanto, o partido tornou mais condicionada a sua permanência no governo. Além das dificuldades enfrentadas por Collor com o seu principal apoio partidário, a *Folha de S. Paulo* revelou, um dia depois do seu pronunciamento, que o ministro da Justiça, Célio Borja, teria classificado sua situação de insustentável. Ele teria dito: "vim para o governo com toda a disposição para colaborar; abri o biombo e encontrei um monstro".[49] O ministro, porém, ficou no ministério.[50] Mais condicionados ficaram também os apoios dados a Collor pelos governadores Leonel Brizola e Antônio Carlos Magalhães. Brizola, por exemplo, passou a ter grande dificuldade de manter o PDT alinhado à sua posição favorável ao presidente.[51] Outro impacto negativo sobre o situacionismo: na semana posterior à publicação da entrevista de Eriberto França, o PTB enviou observador para reunião da coalizão de centro-esquerda.

De qualquer modo, a despeito do realinhamento da imprensa diária e do impeachment de Collor ganhar maiores chances que antes, o núcleo partidário governista ainda foi preservado depois do agravamento da crise.

Mas os recursos governamentais foram em parte neutralizados. Com efeito, a ameaça da força militar, um dos recursos em

[49] Cf. *Folha de S. Paulo*, 1/7/1992, p. 1-11.

[50] Na interpretação do ex-assessor de imprensa de Collor, Cláudio Humberto, a primeira demonstração de fraqueza do presidente perante o ministério foi não ter demitido Borja ao saber de suas declarações, feitas *em off* à *Folha*. O ministro jogou a culpa nos jornalistas e o presidente aceitou. Cf. Cláudio Humberto Rosa e Silva, *Mil dias de solidão*, cit., p. 356.

[51] O jornalista José Nêumanne relata reunião bastante tensa havida entre o governador e políticos do PDT. Ver o seu *A República na lama*, cit., pp. 113-4.

potencial que o governo poderia utilizar na disputa com a oposição, deu sinais, pelas ações e manifestações de seus comandantes, de que não estava mais à mão do presidente. A questão militar aflorou porque a entrevista do motorista Eriberto França acentuou o risco do presidente ser processado pelo Congresso, aumentando, com isso, a incerteza em relação à obediência das regras do jogo. Isso despertou o temor de que o presidente pudesse, por intermédio dos militares, intimidar a oposição, como o fizera no ano anterior quando da discussão sobre o reajuste dos soldos militares. Os ministros militares, porém, asseguraram por vários meios que o vice-presidente Itamar Franco seria empossado *de acordo com a Constituição* em caso de afastamento do presidente Collor.[52] Dessa forma, colocando-se mais como ministros de Estado do que de governo, os chefes das Forças Armadas acabaram reduzindo um dos recursos de poder disponíveis para Collor, a ameaça e o próprio emprego da força.

Por outro lado, a entrevista do motorista Eriberto França também teve um efeito importante sobre as forças oposicionistas, fortalecendo-as. Primeiro, a entrevista alterou a disposição de ânimo da oposição na CPMI, cujos parlamentares estavam desmotivados porque não viam como encontrar provas da corrupção que supunham existir.[53] Como já sublinhei, abriu-se a possibilidade de documentar as investigações, formando-se uma subcomissão es-

[52] Cf. *Banco de Dados POLI*, eventos 004 de 29/6/1992 e 006 de 29/6/1992.

[53] Segundo participante do MEP, "isso ajudou na própria atuação dos parlamentares, que vinha sendo um desânimo total, porque não havia o que pegar, como pegar, as coisas eram difíceis... Apesar de que Collor, na sua prepotência, não havia mexido uma palha para prejudicar o andamento da CPMI. Quando era pedido para quebrar o sigilo bancário de fulano, o BC demorava um pouco, mas mandava. Ele se achava tão poderoso, acima de todas as coisas, que pensava que jamais cairia, logo não precisava se preocupar em sabotar. Assim fomos tendo acesso às coisas. Quando veio o Eriberto, tivemos as ligações. Começaram a aparecer as secretárias, quem assinava, onde estavam as contas fantasmas, se começou a fechar o círculo. Isso jogou os parlamentares para cima". *Apud* L. Tatagiba, *op. cit.*, p. 237.

pecial para isso, a Subcomissão dos Bancos. Em segundo lugar, aumentou a pressão dos políticos do PDT para que o governador Brizola deixasse de apoiar Collor. Tiveram destaque nisso o governador do Espírito Santo, Albuíno Azeredo, e o deputado Miro Teixeira (RJ), embora sem sucesso.

Mais relevante, porém, é que a entrevista permitiu à oposição reorientar a atuação de seus representantes na CPMI em relação aos objetivos políticos perseguidos explicitamente por ela. Em 1º de julho reuniu-se a coalizão de centro-esquerda — mais os partidos de esquerda, à exceção do PDT, e o PTB — para avaliar a nova situação e fixar diretrizes. As lideranças dos partidos da coalizão, além de qualificarem como não convincente o pronunciamento de Collor em sua própria defesa, sublinharam que a CPMI tinha dali em diante o *direito de investigar o próprio presidente*, tirando as consequências do que ela conseguisse demonstrar, provavelmente o impeachment.[54]

Além desta *redefinição do foco explícito* que a coalizão de centro-esquerda pretendia dar aos trabalhos da CPMI, as fraturas aparecidas entre os situacionistas, o posicionamento dos ministros militares e a presença, já mencionada, do PTB na reunião oposicionista sinalizavam que a *balança de poder se inclinara agora contra a permanência de Collor no poder*.

Mesmo assim, o pronunciamento feito pelo presidente da República na noite do dia 30 de junho em rede de rádio e televisão *pareceu estancar as perdas do situacionismo*. Além de justificar a manutenção do PFL como núcleo da situação acompanhado dos seus principais aliados, o pronunciamento garantiu que a saída fácil proposta pela imprensa paulista — a renúncia — não ocorreria. Para afastá-lo do cargo, a oposição teria que ultrapassar todos os obstáculos legais e políticos existentes para o impeachment. E estes não eram poucos, a começar por haver incerteza até quanto à existência de uma lei que regulasse a matéria, já que a disponível era da década de 1950, o que tornava incerta sua validade a partir da Constituição de 1988.

[54] Cf. *Banco de Dados POLI*, evento 003 de 1/7/1992.

Collor, além de conter possíveis perdas, partiu para a ofensiva. De um lado, passou a atacar de forma virulenta a oposição — escrevia bilhetes para serem publicados denominando-a "sindicato do golpe"; não foi atitude passageira, pois manteve daí em diante esta agressividade com os adversários reais ou supostos, mostrando ter perdido muito da sua margem de manobra e qualquer esperança de composição com o centro partidário. De outro lado, procurou usar o apoio empresarial à política liberalizante do ministro Marcílio Marques Moreira e, principalmente, os seus resultados efetivos no front externo para assegurar a sustentação empresarial ao governo.

O resultado desta última iniciativa foi notável. Conseguiu-se produzir em São Paulo a maior homenagem que até então qualquer titular da Economia havia recebido do empresariado. Mais de *meia centena de organizações empresariais* patrocinaram um jantar em homenagem ao ministro Marcílio, realizado na noite de 8 de julho, contando com a presença de 1.300 empresários e de 9 ministros. O homenageado agradeceu o apoio empresarial transferindo as honras ao presidente, responsável último — disse — pela política que executava. Embora os organizadores do evento e lideranças empresariais tivessem enfatizado que se tratava de apoiar o ministro e sua política e não o governo ou o presidente, seguramente o sucesso da homenagem mostrou em que segmento social Collor poderia encontrar sustentação. A *Folha de S. Paulo* encarregou-se de empanar, porém, a disseminação do impacto desejado pelo presidente para além do público empresarial. A manchete do dia seguinte anunciava que "62% dos empresários negam apoio a Collor no banquete pró-Marcílio". Referia-se a resultado de pesquisa de opinião que realizara com os presentes. A questão não era bem a implícita na manchete. Perguntou-se se o apoio a Marcílio se estendia a Collor. Como o evento foi explicitamente em favor de Marcílio, o resultado poderia ser enviesado. Além disso, os resultados foram muito afetados pela presença de maioria de empresários da capital do estado. Entre os do interior encontrava-se mais apoio explícito ao presidente e, mais ainda, entre os empresários de outros estados.

Já a noite de 9 de julho e o dia 10 de julho foram inteiramente do presidente: ele anunciou em rede nacional de rádio e televisão o acordo sobre a dívida externa com os bancos credores; comemorou o encerramento de 10 anos de crises e ter sido o acordo mais favorável dentre os assinados por países do Terceiro Mundo; na manhã do dia 10 todos os jornais estampavam a notícia, comentários favoráveis de especialistas e opiniões favoráveis de empresários e políticos.[55]

Este movimento em busca do apoio empresarial prosseguiu, culminando no dia 15 de julho, quando o presidente recebeu para "um café da manhã" mais de uma dezena de grandes empresários ou presidentes das maiores entidades empresariais das áreas financeira, industrial e comercial, que foram hipotecar-lhe apoio. "O senhor pode contar conosco [...] o seu programa de modernização tem todo o nosso apoio", disse-lhe Jorge Gerdau em nome dos demais. E Mario Amato, presidente da FIESP, completou: "chegou a hora de sermos solidários com as instituições, com os ministros e com o presidente da República". Todos enfatizaram seu apoio aos projetos de "reforma fiscal" e "modernização da economia". Assim, parecia que, pelo menos entre os grandes empresários, o presidente estava a salvo.[56]

Entretanto, o impacto político desta aproximação com o empresariado foi passageiro. Não só a "opinião pública" — identificada por pesquisas — rejeitava crescentemente o presidente; os meios de comunicação alimentavam cada vez mais as representações negativas em relação ao governo; e ele mesmo gerava inimigos, incorporando ao "sindicato do golpe" não só o PT e a CUT, referências óbvias, mas as empresas automobilísticas, os empresários de cimento e assim por diante. Exacerbou mesmo os ataques

[55] Cf. José Nêumanne, *op. cit.*, pp. 123-5. Talvez o jornalista tenha razão na avaliação: "Foi uma grande vitória política do governo, talvez a maior de todas, no meio da crise".

[56] Cf. *Banco de Dados POLI*, evento 021 de 15/7/1992. A imprensa anotou que, embora convidado, o empresário Antônio Ermírio de Moraes não compareceu.

aos adversários, referindo-se àqueles que sublinhavam a corrupção em que ele e o seu governo estariam envolvidos como "porcos" aos quais se deveria deixar que "chafurdem nesta lama".[57]

O presidente parecia emocionalmente descontrolado; parecia agir como se estivesse acuado. Não era para menos. A imprensa estava, de forma mais ou menos explícita, contra ele — exceção feita ao *Jornal do Brasil*. Jornais e revistas competiam na investigação de indícios ou provas de corrupção e/ou favorecimento de responsabilidade dele, dos seus parentes e auxiliares.

A partir de julho, ademais, algumas estações de televisão — porta-vozes usuais do centro do poder de Estado — permitiram que os adversários do presidente ganhassem voz e imagem para os milhões de espectadores que usualmente acompanhavam, de forma eventual e algo distante, a luta pelo poder que se travava.

Com efeito, as redes de televisão começaram a ter uma importância crucial no desenrolar da crise política. Até o final de junho sua cobertura era restrita, limitada até nos telejornais, especialmente no que se referia à Rede Globo, líder absoluta de audiência. De julho em diante, a TV Bandeirantes começou a transmitir *ao vivo* as atividades da CPMI, começando pelo depoimento de Eriberto França, no dia 1º de julho. Com isso, a televisão permitiu que um enorme público, incluindo aquele com pouco acesso aos jornais e revistas semanais, apreciasse diretamente a investigação sobre a corrupção nos negócios públicos, o que parecia estar no centro da crise política.

Mais ainda, o patrocinador do espetáculo da CPMI não era, como usualmente, o Executivo — com discursos presidenciais, corridas aos domingos, subidas de rampa do Palácio do Planalto, posses de ministros, lançamentos de programas —, mas o Congresso, centro de poder usualmente subalterno, que agora desafiava o primeiro, fazendo uma investigação independente, mas dentro da lei, e em nome de um dos valores maiores da comunidade política, a honestidade no trato da coisa pública. Complementavam esta inversão da cobertura costumeira da mídia dois programas do

[57] Cf. J. Nêumanne, *op. cit.*, p. 126.

SBT. Neste canal, Boris Casoy aumentou a cobertura política do noticiário *TJ Brasil* aparecendo como restaurador da moralidade pública com o bordão "É preciso passar o Brasil a limpo". Ao fazê-lo, ele "captava um espírito de indignação contra o uso do poder público em benefício privado, promovido pelo presidente e PC Farias". Mais tarde à noite, no mesmo canal, Jô Soares, no seu *Onze e Meia*, transformou o programa em "um fórum de debates sobre a situação política e, o que foi devastador para o presidente, em palco para o humor", chegando a converter os ataques que Collor fazia a seus adversários em motivo de chacota. A Rede Manchete também abria amplo espaço nos noticiários para a crise política.[58]

Ainda na área dos meios de comunicação, a própria TV Globo acabou contribuindo para o desenrolar da crise política. Não tanto para a consolidação da imagem negativa do presidente da República, mas para valorizar, pela reconstituição de eventos do passado, a ação política de protesto e a capacidade dos jovens de desencadeá-la. Este parece ter sido o papel desempenhado pela minissérie *Anos rebeldes*, apresentada pela Rede Globo entre 14 de julho e 15 de agosto. A série, cuja trama envolvia os movimentos de protesto estudantis ocorridos em 1968, durante o regime militar autoritário, apresentava os estudantes de forma positiva, até heroica, por desafiarem uma ordem política repressiva.

Estas mudanças ajudaram a moldar a "opinião pública" invertendo o sistema de representações que ajudara a eleger Fernando Collor. O antigo herói que combateria marajás e a corrupção foi convertido em um anti-herói marajá e corrupto que deveria ser cassado; aquele que, de início, parecera ser o portador do interesse geral e da ética política foi convertido em agente do particula-

[58] Há informações mais detalhadas sobre a cobertura de televisão em M. S. Conti, *op. cit.*, pp. 622-6. Sobre os efeitos da transmissão de acontecimentos pela televisão, ver Daniel Dayan e Elihu Katz, "Articulating Consensus: The Ritual and Rhetoric of Media Events", em Jeffrey C. Alexander (org.), *Durkheimian Sociology: Cultural Studies*, Nova York, Cambridge University Press, 1990, pp. 161-86.

rismo e dos privilégios. O Brasil "collorido" foi identificado como país impuro, devendo ser "passado a limpo", para que imperasse a ética na política e fosse trocado o particularismo da "república de Alagoas" pelo universalismo da democracia.

As relações de força entre a coalizão de oposição e a governista foram se inclinando, assim, cada vez mais em favor dos desafiantes. *A agenda modernizadora cedia passo para a agenda oposicionista* — a da democracia e da ética na condução dos negócios públicos. As preferências da população e, em especial, das classes médias, como se verá mais adiante, tendiam cada vez mais a contrariar o presidente. E as investigações da CPMI, embora ainda não tivessem produzido os resultados mais impactantes, estavam em curso, *e isso o presidente tinha como saber, pois o trabalho de identificação dos cheques se fazia no Banco Central.*

A consciência que Collor provavelmente tinha de que as acusações que lhe faziam seriam proximamente documentadas, permite compreender o linguajar agressivo do presidente da República e de seus aliados; "sindicato do golpe" e "porcos" que "chafurdam na lama" são expressões do desespero de quem se sentia acuado e de quem sabia que o pior estava por vir. A agressividade trazia, porém, um recado do presidente: as acusações que eram feitas a ele, de participar de esquema de corrupção, eram questões menores, questões que só dão satisfação aos porcos e golpistas; o que importa mesmo são as reformas que colocarão o Brasil no rumo da modernidade. O recado teve pouco eco; mesmo para os que acreditavam na necessidade das reformas liberais, elas não justificavam a corrupção.

Seja como for, as novas denúncias contra o presidente e a agressividade das suas respostas e de seus aliados polarizaram a disputa política de forma irreversível, tornando aberta a luta entre a coalizão de centro-esquerda e os governistas. Esta polarização estimulou, *em julho*, manifestações coletivas de protesto. A oposição societária passou a reforçar mais extensamente o desafio da oposição parlamentar ao presidente. A União Nacional dos Estudantes, cujo 42º Congresso ocorrera em fins de maio, promoveu no começo do mês uma série de manifestações contra Collor em

Brasília, Rio de Janeiro, São Paulo, Belo Horizonte, Belém, Curitiba e Recife. Foram, porém, manifestações estudantis quase vazias, talvez porque ocorreram em meio às férias escolares. Em seguida, em 12 de julho, o Conselho da Sociedade Brasileira para o Progresso da Ciência (SBPC), associação de cientistas e professores universitários, endossou e reiterou, durante a reunião anual da entidade, a posição da Diretoria que condenara Collor pela "arrogância, prepotência e descaso com que o governo trata a ciência" e pedira sua renúncia para superar a ingovernabilidade.[59]

Na terça-feira, dia 13 de julho, onze "entidades da sociedade civil" promoveram um *Ato Público pela Ética na Política* com cerca de 700 ou 800 participantes, superlotando o auditório da Faculdade de Direito da USP. Além da prefeita de São Paulo, Luiza Erundina, e de autoridades universitárias, estiveram aí presentes organizações representativas das classes médias profissionais (SBPC, OAB, Associação Brasileira de Juristas Democratas, Federação Nacional dos Médicos, Federação Nacional dos Engenheiros), dos assalariados da indústria e dos serviços (CUT e CGT), de estudantes universitários (Centro Acadêmico XI de Agosto, UNE), da Igreja Católica (CNBB e Comissão de Justiça e Paz) e de segmento específico, minoritário, do empresariado (PNBE).

Com este "Ato Público", o Movimento pela Ética na Política retomava a manifestação em recinto fechado como forma de ação coletiva ao modo como o fizera em junho, na Vigília pela Ética na Política.[60] Além do MEP reunir organizações de coletividades *enraizadas e atuantes em diferentes esferas da vida social*, o ato teve como foco o combate à corrupção política, ao comportamento particularista e predatório dos governantes e a defesa da democratização do Estado, sua subordinação aos ditames do universalismo, aos interesses do conjunto dos cidadãos.

[59] Tratava-se da 42ª Reunião Anual da SBPC, ocorrida em Niterói, RJ.

[60] O MEP organizou depois outras manifestações públicas em recinto fechado, por exemplo, na UFMG e na UFRJ. Cf. L. Tatagiba, *op. cit.*, 1998, p. 111.

O caráter multissetorial e a expansão das atividades do MEP sinalizavam que *a crise tendia a ganhar profundidade, com atores coletivos provenientes de várias esferas sociais lançando-se diretamente na luta política, tentando expandir os limites da política oficial.* O MEP elaborou, ademais, *pelo debate entre seus participantes*, uma *interpretação unificada da situação política* que acabou balizando a retórica dos atores envolvidos no processo de impeachment. Esta interpretação unificada *não dizia respeito ao desempenho* de políticas públicas específicas — científica, estudantil, econômica, salarial —, mas aos *valores políticos que se julgava inerentes a um Estado democratizado.* Ela tinha no lema "ética na política" o denominador comum que permitiu incluir no mesmo movimento um conjunto muito grande e variado de organizações, a despeito do modo específico como cada um entendia a disputa política em curso. O combate ao neoliberalismo, por exemplo, embora empolgasse algumas organizações de esquerda, ficou fora do universo de demandas do MEP porque seria inaceitável — ou pouco relevante — para algumas organizações participantes. O próprio entendimento da demanda "ética na política" apresentava ênfases variadas segundo o ator coletivo envolvido no MEP.[61] De todo modo, as organizações componentes do MEP subordinavam suas demandas específicas ao denominador comum definido pelo movimento.

Mas todo este movimento de práticas e representações, que adensava a força da oposição, conservando-se dentro dos quadros do regime democrático de 1988, só conseguiria atrair parte significativa dos políticos vinculados à coalizão governista *caso a CPMI pudesse demonstrar de forma crível* — politicamente falando — que o presidente da República cometera crime de responsabilidade,

[61] Mais adiante, no próximo capítulo, esta questão será retomada. Sobre o significado e as distintas ênfases de "ética na política", ver Luciana Tatagiba, *op. cit.*, 1998. A autora examina a gênese e as variantes do discurso do MEP em quatro das organizações sociais participantes: CNBB, OAB, PNBE e CUT.

podendo assim ser impedido. Em caso contrário, tanto quanto se podia projetar para o futuro, ele se manteria no poder.

Ora, até 20 de julho *não havia, ainda, provas documentais* que alicerçassem uma recomendação da CPMI para o impeachment. Somente tais provas, ou — pelo menos — fortes indícios documentais, levariam todas as correntes dos partidos de centro-esquerda da coalizão a lutar francamente em favor do impeachment. Sem comprovações documentais nítidas, repito, dos vínculos entre PC Farias e Fernando Collor de Mello, que abrissem com mais segurança o caminho do impeachment (ou a renúncia para evitá-lo), a oposição de centro-esquerda — e não apenas a de esquerda — dificilmente *assumiria clara e explicitamente* como seu objetivo a saída de Collor da Presidência da República. Ainda assim, haveria grande possibilidade do presidente Collor não ser julgado pelo Congresso, pois se a Câmara dos Deputados não autorizasse o processo, o presidente se manteria no cargo até o fim do mandato, ainda que confrontado pelos adversários e muito debilitado politicamente.

Os documentos, porém, vieram. Em 20 de julho, segunda-feira, o Banco Central entregou à CPMI extratos das contas bancárias e cópias dos cheques das empresas de PC Farias. A CPMI tinha em mãos, agora, os documentos com que a oposição esperava provar as suspeitas e acusações que fazia.

6. ENCURRALADO

"Novos cheques ligam PC à família Collor" — esta foi a manchete da *Folha de S. Paulo* na terça-feira, dia 21 de julho de 1992. O título da *Folha* e os similares de outros órgãos de comunicação impactaram leitores, ouvintes e telespectadores que difundiram a notícia para quase todo o Brasil. O noticiário sintetizou o cerne da documentação entregue pelo Banco Central à CPMI no dia anterior: ela permitia comprovar que as empresas de *PC Farias tinham transferido recursos para a esposa e familiares do presidente da República e pago serviços feitos em suas propriedades*. As transferências e pagamentos tinham se dado por meio de um conjunto de cheques assinados, sob nome fictício, pela secretária das organizações de PC Farias. Os meios de comunicação fizeram destes personagens fictícios — apelidados "fantasmas" — expressões do embuste praticado em favor do presidente. Nos dias seguintes, foram revelados pela imprensa mais documentos sobre os vínculos materiais que ligavam PC Farias ao presidente Collor.

Os documentos, seu "vazamento" e apresentação em tom de escândalo pelos meios de comunicação tiveram importância-chave no desenrolar da crise; permitiram e/ou induziram os atores políticos a redefinir suas posições no processo em curso.

A documentação obtida pela CPMI e divulgada pelos meios de comunicação deu à oposição uma arma poderosa que aumentou, dramaticamente, as chances da coalizão de centro-esquerda conseguir o impeachment do presidente.[1] Com ela a CPMI poderia caracterizar atos de Collor como incompatíveis com o exercício

[1] Atribui-se ao presidente da CPMI, Benito Gama (PFL-BA), ligado ao governador baiano Antônio Carlos Magalhães, a avaliação do impacto da

da Presidência da República. Além disso, a divulgação feita reforçava o posicionamento da oposição no plano simbólico, pois associava o presidente Collor ao ícone da corrupção, PC Farias, fazendo deste último o provedor daquele, o que abalava a imagem de independência e autonomia cultivada pelo chefe de governo.

Do lado da oposição, a documentação de posse da CPMI *permitiu que fossem vencidas as últimas resistências existentes no PMDB e no PSDB para que se definisse o impeachment de Fernando Collor como objetivo central da coalizão de centro-esquerda.* Com efeito, apesar da deterioração da posição política do presidente, havia nesses partidos lideranças parlamentares importantes — como Ulysses Guimarães e Fernando Henrique Cardoso — que temiam as possíveis consequências institucionais do processo de impeachment. Ulysses Guimarães, por exemplo, manifestava receios em relação aos eventuais problemas políticos que o caráter idiossincrático do vice-presidente Itamar Franco poderia ocasionar quando substituísse Collor no cargo. Receava-se também a possível reação militar à exacerbação da luta política que poderia ocorrer caso o presidente Collor viesse a ser processado. Tais receios, se não foram superados com a nova documentação, que tornara mais factível o impeachment, pelo menos acabaram suplantados, seja pela avaliação do risco que o processo democrático correria caso a autoridade do presidente da República continuasse a se deteriorar,[2] seja porque tinham aumentado as chances da oposição chegar ao poder.

Esta definição da coalizão de centro-esquerda tinha uma implicação política central no que diz respeito aos poderes de Estado:

documentação: "Estávamos fazendo fogo para assar um leitão; agora corremos o risco de botar fogo na casa" (*Folha de S. Paulo*, 22/7/1992, p. 1-1).

[2] Ulysses Guimarães, ao tomar conhecimento dos pagamentos feitos a familiares do presidente, teria se convencido de que se tornara inviável preservar Collor na Presidência (cf. entrevista de José Genoino). Fernando Henrique Cardoso, em artigo publicado na *Folha de S. Paulo* no dia 23 de julho ("O desafio"), também reconhecia que era inevitável processar o presidente, mas sublinhava a necessidade de fazê-lo de forma politicamente articulada, evitando riscos para o regime democrático. Este seria o desafio a vencer.

se fosse bem-sucedida, ela faria do Congresso Nacional o poder central da República, juiz do destino do seu presidente, definidor daquele que comandaria o Estado, o que reverteria, temporariamente, pelo menos, o presidencialismo imperial pretendido por Fernando Collor.

Outra consequência da nova situação foi aumentar as expectativas políticas vinculadas ao vice-presidente Itamar Franco, visto cada vez mais como eixo de uma futura coalizão governante, o que o tornava interlocutor-chave para as forças políticas que pretendiam participar de um futuro governo. Do lado do governo e da coalizão política nucleada por Collor se manifestaram sinais de distanciamento de seus componentes em relação ao presidente, alguns deles advertindo sobre o possível abandono de suas posições, caso não houvesse meios de reagir aos adversários.

Em primeiro lugar, a "materialização" das conexões Collor/PC Farias deu a oportunidade para a *reiteração* da postura das Forças Armadas de reconhecimento da legitimidade da luta política em curso, incluindo o impeachment ou a renúncia do presidente Collor, desde que não se rompesse a ordem constitucional. Os ministros militares aproveitaram a oportunidade aberta pela viagem de Collor à Espanha para sublinhar seu apreço ao presidente em exercício. Fizeram isso em cerimônias públicas como a da visita que Itamar Franco fez, a convite do Ministério da Aeronáutica, às instalações do centro técnico da Embraer, em São José dos Campos (SP), e ao evento que comemorou o 46º aniversário do Estado-Maior das Forças Armadas (EMFA), em Brasília. Defenderam também as regras do jogo em declarações explícitas ou "vazadas" para a imprensa. Após a cerimônia de Brasília, por exemplo, o ministro da Aeronáutica criticou "aqueles que não veem legitimidade no vice-presidente" — referindo-se, implicitamente, a declarações do governador da Bahia, Antônio Carlos Magalhães — e enfatizou que os militares são "fiadores do cumprimento da Constituição".[3]

[3] Cf. *Banco de Dados POLI*, eventos 002 de 22/7/1992 e 009 de 24/7/1992, e *Folha de S. Paulo*, 25/7/1992, p. 1-7. Vários parlamentares vincula-

Estas manifestações dos militares confirmaram de forma clara que *o presidente da República não poderia usar ou ameaçar utilizar a força física do Estado em sua própria defesa, enquanto a luta política se desenrolasse dentro da legalidade vigente.* Esta "neutralização" de parte dos recursos coercitivos estatais, usualmente à disposição do presidente, os excluiu das disputas e fragilizou o poder da Presidência na arena coercitiva, tornando muito mais igualitário o confronto entre a coalizão pró-impeachment e os governistas.[4] Há que sublinhar, ademais, que o posicionamento dos militares, mais do que mudar o peso da violência nas mãos do Estado em uma arena específica, deu muito maior *segurança política* à coalizão de centro-esquerda para articular o impeachment, dado que a oposição continuava atuando à sombra do fantasma do regime militar-autoritário, encerrado em 1985.

Em segundo lugar, os partidos governistas emitiram sinais claros de que consideravam legítima a disputa política em curso, não importando o seu resultado. Assim, já no dia 23 de julho — enquanto Collor estava em viagem pela Espanha e Itamar Franco o substituía no exercício do cargo — representantes de todos os

dos à coalizão — como José Sarney, Fernando Henrique Cardoso e José Genoino — fizeram contato com os ministros militares para assegurar-se da posição deles em relação à crise. Sua resposta foi sempre de que não interviriam na medida em que ela se desdobrasse dentro dos marcos legais (entrevistas ao autor de Fernando Henrique Cardoso e José Genoino).

[4] Scott Flanagan distingue três arenas principais de disputa política, conforme a natureza dos recursos usados pelos atores em luta: a *arena coercitiva* (em que são usadas armas, ou outros meios coercitivos, interrupções nas atividades usuais por manifestações públicas de protesto, greves, paralisações), a *arena institucional* (em que estão em jogo decisões dos órgãos do Estado, recursos e cargos públicos disputados, em geral, por atores regulares do campo político-institucional, inclusive grupos de pressão) e a *arena da influência* (em que se disputam ideias e opiniões e na qual os meios de comunicação têm papel proeminente, embora não exclusivo). Uso estas distinções para efeitos descritivos. Cf. Scott C. Flanagan, "Models and Methods of Analysis", em Gabriel A. Almond, Scott C. Flanagan e Robert J. Mundt, *Crisis, Choice, and Change: Historical Studies of Political Development*, Boston, Little, Brown and Company, 1973.

partidos, incluindo parlamentares governistas do PFL, PDS e PTB, visitaram o presidente em exercício para manifestar-lhe apoio, caso necessitasse substituir o presidente.[5] Esta deferência dos partidos "da situação" em relação ao vice-presidente decorria, provavelmente, de uma reavaliação das relações de força. Não parecia pairar dúvida em relação ao enfraquecimento da posição de Collor. O PFL, principal partido de sustentação ao governo, deixou "vazar" pela imprensa que, não sendo mais possível impedir que o relatório final da CPMI citasse o envolvimento de Collor com PC Farias, tornara-se inevitável o pedido de impeachment. A menos que fatos novos revertessem o quadro, restava procurar impedir que a oposição conseguisse na Câmara dos Deputados maioria de 2/3 para permitir o julgamento do presidente pelo Senado.

Em terceiro lugar, apareceram efeitos nos meios de comunicação. A Rede Globo de Televisão, cujo governismo a levara a praticamente desconhecer a crise política em curso, anunciou *em manchete* do *Jornal Nacional* de 21 de julho que o deputado Ulysses Guimarães mostrava-se preocupado com as descobertas da CPMI e entristecido pelas suas possíveis consequências.[6] Dada a conduta anterior da Rede Globo, tratava-se de sinal claro de que a empresa já não podia ser contada de modo tão automático entre os governistas. Assim, inclinava-se mais a relação das forças em luta, na arena da influência, em favor da oposição.

Em meio a estes sinais de retraimento e desagregação da coalizão governista, o seu núcleo dirigente tentou encontrar meios drásticos para anular ou reduzir a potência das armas do adversário. Em resposta à CPMI e à oposição, o presidente Collor desencadeou, ao voltar da viagem à Espanha, um contra-ataque que visava desarmar de argumentos os seus adversários. No dia 27 de julho, seu ex-chefe de gabinete pessoal, Cláudio Vieira, convocado pela CPMI para explicar pagamentos feitos à secretária do presi-

[5] Cf. *Banco de Dados POLI*, evento 036 de 23/7/1992.

[6] No dia seguinte o deputado Ulysses Guimarães foi entrevistado sobre o mesmo tópico, mais extensamente, no *Bom Dia Brasil*, programa matutino da Rede Globo.

dente, Ana Acioli, negou que o presidente Collor e sua família fossem sustentados por PC Farias. Procurou demonstrar que os pagamentos feitos pelas empresas de PC Farias em benefício de familiares do presidente ou de quem lhe prestara serviços eram, de fato, provenientes de recursos do próprio chefe de governo, derivados de empréstimo que realizara no Uruguai. De acordo com o ex-chefe de gabinete, os depósitos originavam-se de empréstimo feito por ele, Cláudio Vieira, em nome de Collor, a uma empresa uruguaia, e eram destinados a financiar sua campanha à Presidência. Não chegara, porém, a ser usado para isso — não fora preciso —, servindo depois para cobrir despesas pessoais do presidente. A série de transações que acabaram resultando no pagamento de gastos de Fernando Collor e sua família ficou conhecida como "Operação Uruguai". Dado que Cláudio Vieira não apresentou documentos probatórios do empréstimo no Uruguai, foi lhe dado o prazo de 72 horas para apresentá-los à CPMI. A operação teria envolvido transações com vários intermediários do "submundo financeiro" e foi também investigada em Montevidéu por membros da Comissão Parlamentar Mista de Inquérito.

Caso esta "Operação Uruguai" pudesse ser confirmada, PC Farias passaria à condição de mero intermediário dos recursos de Fernando Collor. Este não poderia ser acusado de improbidade, de sustentar suas despesas com recursos de Farias, supostamente derivados de negócios escusos.

O depoimento de Cláudio Vieira "que explicaria tudo" e calaria a oposição — e a imprensa que a apoiava — não manteve um mínimo de credibilidade sequer até o final das 72 horas concedidas pela CPMI ao ex-chefe de gabinete pessoal de Collor para documentá-lo. Confirmando as desconfianças em relação à veracidade da "Operação Uruguai", um dia antes do segundo depoimento de Cláudio Vieira noticiou-se que uma secretária da ASD, empresa de Alcides Santos Diniz, amigo de Fernando Collor, afirmava que o empréstimo alegado era uma farsa. Segundo a secretária, tudo teria sido forjado na empresa de Diniz. A secretária, apresentada pelo senador Eduardo Suplicy (PT-SP), também não mostrou documentos probatórios de sua revelação, mas anulou qualquer eventual impacto simbólico e político positivo que a divulgação da "Operação Uruguai" pudesse ter tido.[7]

No âmbito da CPMI, a maioria oposicionista da Comissão não recuou em relação a seus objetivos em função da divulgação da "Operação Uruguai". Dado que tanto as explicações de Cláudio Vieira sobre o alegado empréstimo obtido em Montevidéu como o testemunho da secretária sobre sua falsidade não foram adequadamente comprovados, a CPMI aferrou-se aos resultados documentais de suas investigações. Eles permitiam caracterizar os atos e/ou omissões do presidente como crimes de responsabilidade. As enquetes sobre a opinião dos membros da Comissão atestavam que um relatório final deste tipo seria apresentado e aprovado. A própria prorrogação sem dificuldades, por quinze dias, do prazo para a votação do relatório final reforçou os sinais quanto à tendência predominante na CPMI.[8] É que a pequena prorrogação permitia a conclusão dos trabalhos sem ultrapassar o prazo necessário para a tramitação e a votação do pedido de impeachment na Câmara dos Deputados *antes* das eleições municipais de outubro, dando à disputa eleitoral influência máxima sobre a decisão dos deputados. Claro que se contava com um "clima de opinião" cada vez mais desfavorável ao governo e, portanto, constrangedor para os parlamentares-candidatos associados a Collor.

A coalizão oposicionista: definições, componentes e primeiras mobilizações de rua

Embora a nova documentação entregue à CPMI em 20 de julho tivesse produzido quase imediatamente efeitos políticos relevantes sobre os contendores, a coalizão parlamentar de centro-

[7] Consultar, sobre a "Operação Uruguai", José Nêumanne, *op. cit.*, pp. 179-98; e G. Krieger, L. A. Novaes e T. Faria, *Todos os sócios do presidente*, cit., pp. 178-81.

[8] O prazo vencia no dia 11 de agosto. A CPMI foi prorrogada no dia 3 de agosto até 26/8/1992.

-esquerda só redefiniu oficialmente sua posição diante da nova situação em reunião realizada em 28 de julho, terça-feira, um dia depois do primeiro depoimento de Cláudio Vieira.

Os presidentes do PMDB, do PSDB e do PT, além do PSB e do PC do B, decidiram pedir o impeachment do presidente Collor por ele ter incorrido em crime de responsabilidade. O depoimento de Vieira, que apresentara a "Operação Uruguai" como fonte dos pagamentos feitos em favor do presidente e sua família, não lhes pareceu obstáculo relevante. Segundo Orestes Quércia, "ficou claro que desta vez o presidente foi diretamente envolvido na CPI sobre o PC. Mesmo que os documentos [a serem apresentados por Vieira] sejam bons, estão caracterizadas várias irregularidades, envolvendo compra de ouro e entrada de dinheiro no país".[9]

Na mesma reunião, a coalizão parlamentar de centro-esquerda definiu também seus próximos movimentos: decidiram procurar os governadores de estado e os partidos governistas — PFL, PTB, PDS, além de PDT — para pedir apoio ao impeachment, enfatizando *o perigo que eles estariam correndo* caso continuassem a dar sustentação política ao governo. Correriam o risco de ficar associados a um governo que provavelmente seria, no mínimo, moralmente condenado pela CPMI e por isso ser penalizados nas próximas eleições municipais.[10] A coalizão passava, pois, à tentativa explícita de conquistar os 2/3 dos votos da Câmara dos Deputados, necessários para autorizar o processo de impeachment pelo Senado. Não se tratava ainda de um "corpo a corpo", mas de um movimento indireto de atração de quem poderia influenciar os deputados, governadores e lideranças partidárias. Sublinhe-se que a inclusão do PDT entre os partidos a serem procurados pela Comissão decorria da necessidade de convencer Leonel Bri-

[9] Cf. *Banco de Dados POLI*, evento 009 de 28/7/1992.

[10] Cf. *Banco de Dados POLI*, evento 009 de 28/7/1992. Duas semanas depois, no dia 12 de agosto, reiterou-se a decisão de formar uma frente pró-impeachment com prefeitos, governadores e entidades da sociedade civil para promover manifestações populares "suprapartidárias", sem interesses eleitorais.

zola, ainda associado a Collor,[11] pois os representantes do PDT na CPMI atuavam junto com a oposição.

Estas declarações públicas das lideranças da coalizão de centro-esquerda expressavam, porém, apenas de modo parcial o conjunto de *definições políticas* com que a coalizão pautou o movimento pró-impeachment; elas também davam indicação muito seletiva das diferentes *atividades políticas* por meio das quais ela estimulou e articulou o processo.

A definição política mais geral da coalizão partidária de centro-esquerda, marcante para a interpretação dada pelos próprios atores sobre o movimento pró-impeachment, foi de *apresentá-lo e procurar realizá-lo* dentro da lei política vigente, regida pela Constituição democrática de 1988. Esta caracterização implicava uma pré-definição do resultado aceitável para a crise política. Do ângulo da coalizão de centro-esquerda — e dos militares que aceitavam aquela definição — não havia mais do que dois resultados possíveis para a crise: caso o presidente fosse impedido ou renunciasse, a posse do vice-presidente Itamar Franco e, se Fernando Collor não fosse condenado, seria preservado na Presidência da República até o fim do seu mandato. O que estava em jogo, portanto, era o presidente Collor e não o regime político.

Este balizamento político correspondia às concepções e interesses dos comandos dos partidos líderes da coalizão — PMDB, PT e PSDB — e foi a condição para a neutralização das Forças Armadas como ator político — pois definindo a si mesmas como forças do Estado de direito elas tornaram-se inúteis como instrumento político do governante, pelo menos enquanto a ordem jurídica não fosse ameaçada.

Portanto, a crise política que desestabilizou o governo Collor foi objeto de controle desde o seu início; e este propósito de fixar

[11] A última manifestação pública de Collor antes de viajar para a Espanha — atacando a "minoria intransigente", que "deseja o retrocesso, e não vai me impedir de continuar a governar" — tinha sido em comício organizado pelo governador Leonel Brizola no Rio de Janeiro. Cf. *Folha de S. Paulo*, 22/7/1992, p. 1-7.

limites para os meios e resultados foi essencial para que o movimento pró-impeachment atingisse o alvo almejado.

A definição de um marco "constitucional" para o movimento pró-impeachment tinha particular relevância não só para a "neutralização" política dos militares; ela evitou reações contrárias, facilitou a adesão de outros atores políticos relevantes — agentes do Poder Judiciário, elites empresariais, organizações de profissionais de classe média, sindicatos, organizações religiosas — e permitiu, mesmo, a incorporação de grandes massas de estudantes de classe média ao protesto contra Collor.

A relevância da definição do regime democrático vigente como baliza para o movimento pró-impeachment decorria da democracia ainda não estar consolidada e da presença do Partido dos Trabalhadores na vanguarda do movimento. Embora o comando do PT procurasse restringir as ambições mudancistas dos seus quadros desde o começo dos anos 1990, enquadrando-os no âmbito do permitido pelo regime constitucional de 1988, o partido era visto com desconfiança e receio nos meios militares, empresariais e políticos conservadores, percepção realimentada pela ação de correntes partidárias que, embora minoritárias, seguiam procurando impulsionar o PT a romper com o ordenamento político vigente.

Em adição a este balizamento, a coalizão parlamentar de centro-esquerda procurou suprimir da linguagem que empregava o seu particularismo partidário. As lideranças da coalizão classificavam o movimento como "*isento*", "*não partidário*", "*que não pode ser oposicionista ou eleitoreiro*" mas "*uma exigência da sociedade*". Calculavam as lideranças da coalizão que esta "despartidarização" facilitaria a adesão de governistas e a aprovação do futuro pedido de impeachment.[12] Isso fazia do movimento um meio de realização de interesses gerais, da democracia e da socie-

[12] Informação do *Jornal do Brasil* de 3/8/1992. Esta estratégia estaria sendo discutida ao longo das últimas duas semanas. Cf. *Banco de Dados POLI*, evento 003 de 2/8/1992.

dade, o que casava bem com as demandas de "ética na política" que várias organizações societárias apresentavam.

No universo político-institucional mais restrito, a definição do processo de impeachment como "não partidário" e "não eleitoreiro" procurava evitar cristalizar na condição de inimigos os políticos — parlamentares e governadores — e partidos próximos a Collor. Adesões seriam bem-vindas, não importava a que partidos pertencessem os novos adeptos. Além disso, o que não era sem importância, o movimento se dissociava das disputas, estas sim admitidas como partidárias, que se davam na campanha então em curso para as eleições de outubro de 1992. Esta definição não impedia, obviamente, que a eventual popularidade do movimento pró-impeachment — ou, ao contrário, a impopularidade do presidente Collor — tivessem impacto nas eleições de outubro, quando se renovariam todos os cargos municipais, de prefeitos e vereadores. Certamente elas teriam impacto eleitoral, o que garantia que, por sua vez, essa expectativa revertesse em favor de uma maior adesão ao movimento contra Collor.

A retórica "não partidária" e "isenta" dos partidos de centro-esquerda não era, porém, mero artifício pragmaticamente adotado para conseguir adesões. Estes qualificativos também estavam em sintonia com *certa concepção de democracia que deu identidade ao movimento de oposição*. Tratava-se de uma interpretação *normativa da democracia* que teve efeito catalisador para a massa dos participantes do movimento contra Collor e para as organizações representativas das distintas camadas sociais que nele tomaram parte. De fato, embora as políticas do governo Collor contassem com uma oposição social e política bastante ampla, não foi o seu desempenho específico no plano econômico, social e político o foco do movimento contra Collor e, depois, pró-impeachment; seu foco, como já se viu, foi a corrupção governamental. Esta, porém, só foi entendida como feito de extrema gravidade em função do ideal de democracia surgido e difundido naquele período de crise.

Certamente, as acusações de Pedro Collor acentuaram a relevância da corrupção governamental como questão política. O tema já vinha ganhando centralidade desde o ano anterior em função das atividades de Rosane Collor, esposa do presidente, na Legião Brasileira de Assistência, e das acusações feitas no início de 1992 a alguns ministros, mas dividia as atenções das forças políticas em confronto com outras questões, como a do reajuste dos aposentados, da recessão, da fixação do salário mínimo etc. As acusações de Pedro Collor conduziram a questão para o centro da cena porque ameaçaram envolver não mais um ou outro ministro mas o próprio presidente, comandante do principal poder da República.

No entanto, a crença disseminada na sociedade de que os interesses particulares e a desonestidade predominavam na esfera política e em seus agentes tornaria difícil ancorar no combate à corrupção um movimento social como foi se tornando a oposição a Collor. O envolvimento com corruptos seria apenas decepcionante, pois reduziria Collor — o caçador de marajás — à imagem socialmente predominante sobre a política e os políticos. O próprio Collor cultivou ao longo do seu mandato uma concepção pouco inspiradora, mecânica, *delegativa* de democracia.[13] Com efeito, desde a posse, Collor defendia e agia segundo uma concepção plebiscitária de presidencialismo, em que a democracia se identificava com a livre escolha do líder pelo conjunto dos cidadãos. Ele invocava de forma recorrente os 35 milhões de votos que recebera para agir autocraticamente, contrariando desta forma o "espírito da Constituição" que, em sintonia com o movimento de democratização dos anos 1980, ampliara o papel político do Legislativo, do Judiciário e do Ministério Público, estendendo o âmbito da cidadania para além do indivíduo votante.

Os valores aflorados pelo movimento de democratização não tinham sido completamente soterrados pela retórica de Collor. A oposição parlamentar continuara a levantar estas bandeiras, seja na luta para limitar a edição de medidas provisórias, seja na discussão de leis sobre proteção aos mais pobres, como no caso dos

[13] Sobre a noção de "democracia delegativa", consultar a nota 37 do capítulo 4.

salários, da assistência social aos incapacitados etc., algumas vezes com sucesso. Tais valores seguiam também orientando a ação de várias organizações da "sociedade civil", especialmente desde o ano anterior, 1991, em resposta ao que entendiam como autoritarismo de Collor. Até o começo de 1992, porém, nem parlamentares nem organizações societárias tinham conseguido afetar seriamente o rolo compressor governamental ou disseminar os valores democráticos para muito além dos seus ativistas.

O que converteu a presença de corrupção na política — e o envolvimento de Fernando Collor com ela — em objeto de rejeição e de confronto político foi a concepção que aos poucos se difundiu, a partir do Movimento pela Ética na Política (MEP), sobre a natureza e o valor da democracia, retomando e amplificando as concepções que sobre ela se tinha nos anos 1980. Interpretou-se pois a corrupção não apenas como uma ilegalidade, "comum entre os políticos", mas também como rompimento com a *moral* que deveria ser inerente à vida pública, o que provocou até *sentimentos de ultraje*, tendo em vista a impostação do presidente como combatente da corrupção e dos privilégios. No limite, algumas organizações ligadas ao MEP deram aos valores democráticos tal centralidade na vida social, que interpretaram a política experimentada em sua plenitude como encarnação do sagrado na vida civil. Fizeram da política ancorada na ética uma aspiração societária, a transcendência dos particularismos em favor da coletividade. Sem esta "moralização" e até "sacralização" da democracia, a corrupção seria, apenas, um desvio a ser punido, mas não algo que produzisse a rejeição moral e um esvaziamento tão grave da autoridade do presidente da República.[14]

[14] Aproveito aqui as observações de Jeffrey Alexander sobre o caráter sagrado que em determinadas situações, usualmente de crise, se atribui à autoridade política, seguindo observações de durkheimianos modernos como Roger Caillois e Edward Shils. Cf. Jeffrey C. Alexander, "Culture and Political Crisis: 'Watergate' and Durkheimian Sociology", em J. Alexander (org.), *Durkheimian Sociology: Cultural Studies*, cit.

As várias organizações que constituíram o MEP contribuíram para delimitar a concepção em torno da qual interviriam na esfera política, por meio de documentos produzidos isoladamente e das discussões que mantiveram para produzir textos conjuntos e planejar atividades. Teve papel central na construção do quadro interpretativo da situação a Conferência Nacional dos Bispos do Brasil (CNBB), secundada pela Ordem dos Advogados do Brasil (OAB).[15] O Quadro 1 permite visualizar as polarizações em torno das quais o MEP e as entidades componentes construíram sua interpretação do processo político em curso.

Quadro 1
POLARIZAÇÕES UTILIZADAS PELO MEP

Peso do passado		Futuro em construção
Corrupção Autoritarismo Marginalização Desigualdade social Interesses pessoais	PC Farias x CPMI Collor x Congresso Governo Collor x Sociedade	Ética Realização da democracia Direitos da cidadania Solidariedade Bem comum

Fonte: Polarizações tomadas de Luciana Tatagiba, *Dos significados da "Ética na Política"*, cit., pp. 116-7, à exceção da segunda coluna.

O elemento central dessa concepção de democracia é que ela não se reduzia a um conjunto de instituições jurídico-políticas livremente pactuadas e dirigidas por representantes políticos eleitos, livre e periodicamente, pelo conjunto dos cidadãos. Em uma verdadeira democracia, rezava-se, o exercício da autoridade pública

[15] Estas observações e o que se segue sobre as concepções do MEP — à exceção das referências à religiosidade de sua concepção e aos centros institucionais polarizados — apoiam-se fortemente em Luciana Tatagiba, *op. cit.*, caps. 3 e 4. Como vimos, encontra-se aí uma extensa análise do discurso e das concepções do MEP e de quatro de suas principais entidades participantes, CNBB, OAB, PNBE e CUT.

e a ação política teria que se subordinar à ética, ao fim dos privilégios, à solidariedade e ao bem comum, com participação dos cidadãos nos assuntos públicos e a inclusão da grande maioria da população socialmente marginalizada à cidadania plena.

Este *quadro interpretativo*[16] surgiu aos poucos do diálogo entre as lideranças das organizações participantes do MEP, embora a CNBB tenha tido aí o papel principal, o que não surpreende dada a sacralidade que se atribui à vida política, pelo menos aquela vivida em sua plenitude e entendida como aspiração da sociedade brasileira.

Com efeito, a inclusão da CNBB na articulação da "sociedade civil", iniciada em março de 1992, teve grande importância na construção da identidade do MEP e do movimento social pelo impeachment. Ao passo que as demais organizações envolvidas naquela articulação vinham criticando o governo Collor, seja por suas políticas substantivas — qualificadas pejorativamente de neoliberais, recessivas, excludentes etc. —, seja pela incapacidade de construí-las "democraticamente", pelo diálogo e pela negociação com o Congresso ou com portadores organizados de demandas dos vários segmentos sociais, a CNBB mantinha suas manifestações críticas em um nível mais geral, não nomeando o governo do dia mas demandando o ajustamento das práticas políticas à ética e fazendo desta uma condição da plenitude democrática. A suspeita de que o governo Collor abrigava e ocultava práticas corruptas, beneficiando os interesses materiais e privados de alguns contra os direitos da maioria, teve na concepção da Igreja sobre a política um quadro interpretativo particularmente apropriado para colocar

[16] O conceito de quadro interpretativo refere-se ao modo como os atores coletivos entendem e avaliam a situação política em que atuam. Ele seleciona, salienta, simplifica e avalia atores, objetos e as ações próprias ou dos demais atores. Obviamente, em cada situação definida, os atores em confronto atuam segundo distintos quadros interpretativos. A ideia de quadro interpretativo foi apropriada da obra de Erving Goffman. Ver David Snow e Robert Benford, "Master Frames and Cycles of Protest", em A. D. Morris e C. M. Mueller (orgs.), *Frontiers in Social Movement Theory*, New Haven, Yale University Press, 1992, pp. 133-55.

em xeque a autoridade moral do presidente e o caráter democrático do seu governo, a despeito dele ter resultado de eleição popular. A suspeita de que Fernando Collor era corrupto ou tolerava a corrupção o tornou, aos olhos da Igreja, não apenas divergente em relação à ética política que se deve esperar dos homens públicos, mas também dela distante por faltar ao dever da verdade fosse pela falsidade da retórica, fosse por sua conduta política. Collor se havia apresentado como apóstolo da moralidade na vida pública, como "caçador de marajás" e combatente da corrupção; tornara-se, agora, suspeito de falsidade, de cometer na Presidência os atos que fingidamente condenara.[17] Assim sendo, o próprio trabalho da CPMI ganhou uma coloração ética — de assumir a busca da verdade como dever, e a verdade como meio de realização superior do humano.

A perspectiva da Igreja — apresentada pela CNBB — deu tonalidade especial à própria defesa da democracia constitucional, mote da OAB, sublinhando o entendimento dos constituintes de que cabia ao Estado subordinar-se a princípios, aos direitos e deveres da cidadania. Pela via da ética, a democracia foi se fixando não apenas como um mecanismo de escolha de dirigentes, mas como um modo de vida superior a ser construído; e a democracia realmente existente passou a ser percebida com deficitária, conspurcada por um governo destituído de ética.

Esta interpretação foi uma espécie de mínimo denominador comum, capaz de acomodar todas as organizações participantes do MEP, embora cada uma tivesse um entendimento específico do quadro simbólico, em função das diferentes perspectivas com que avaliavam o governo Collor. O quadro interpretativo comum

[17] Ainda que sem referência à interpretação particular da CNBB, Kurt Weyland deu ênfase, com razão, à importância dessa inversão da posição de Collor em relação à corrupção — candidato acusador convertido em presidente acusado do mesmo crime — para explicar a mobilização por seu impeachment. Entretanto, a acusação caiu em terreno fertilizado pela recessão e pelo fracasso no combate à inflação. Ver K. Weyland, "The Rise and Fall of President Collor and Its Impact on Brazilian Democracy", cit., pp. 1-37.

não impediu, assim, a referência crítica do MEP ou das várias organizações componentes ao desempenho econômico, social ou político do governo Collor. Tais críticas — à política recessiva, à geração de desemprego, à falta de políticas de inclusão social — foram subordinadas à definição negativa do governo em termos do sistema simbólico que o avaliava segundo parâmetros éticos e conforme à concepção normativa de democracia a que antes me referi.

A despeito da flexibilidade do quadro simbólico do MEP, o movimento não era, porém, compatível com todas as modalidades de discurso da oposição. Assim, boa parte das organizações participantes[18] teve que abandonar — pelo menos enquanto participantes do MEP — o ataque ao neoliberalismo de que acusavam o governo Collor ou mesmo às suas políticas liberalizantes (privatização e abertura comercial) para não provocar o afastamento de potenciais aliados. O Pensamento Nacional das Bases Empresariais (PNBE), por exemplo, rejeitava o governo Collor não por sua orientação liberalizante, mas porque as políticas que efetivavam tal orientação não resultavam do diálogo e da negociação que a organização considerava inerentes à democracia que desejava. Também a liderança da SBPC, que congregava a classe média profissional dedicada à ciência e à docência universitária, ofereceu resistência à inclusão de ataques às reformas liberais na retórica anti-Collor do MEP.[19]

Esta *delimitação* do quadro simbólico não deve ser vista, porém, como resultado apenas de divergência com algumas de suas organizações componentes. A exclusão do neoliberalismo do quadro interpretativo decorria de fenômeno mais amplo. O reformis-

[18] A Central Única dos Trabalhadores (CUT), por exemplo, estava entre os que adotavam uma posição de crítica ao que denominavam neoliberalismo de Collor.

[19] Cf. Luciana Tatagiba, *op. cit.*, p. 171. A despeito da relevância da questão, não posso aqui examinar as posições das outras organizações setoriais de classe média profissional — como as associações de economistas, engenheiros, sociólogos etc.

mo liberal de Collor — embora não suas propostas específicas — contava com o assentimento de correntes importantes da coalizão partidária de centro, posicionadas tanto no PSDB como no PMDB, nos principais órgãos da imprensa e em entidades empresariais e até sindicais. Tratava-se, pois, de elemento que dividiria as forças de oposição e reduziria o potencial de assimilação de novos atores ao movimento pelo impeachment.

Tudo isso permite afirmar que o MEP teve a *direção cultural* do movimento contra Collor, mas não sua *direção política*.[20]

A oposição parlamentar e a coalizão de centro-esquerda que a nucleava *absorveram a interpretação* do MEP sobre o processo e sobre o significado do movimento que dirigiram. O governo Collor foi entendido, no interior dos polos simbólicos mencionados, como uma herança do passado que havia que reverter, retificar, para que a democracia pudesse ser aprofundada. Se o Poder Executivo estava dominado pelo passado, o Poder Legislativo e a CPMI eram vistos como portadores do futuro.

Na medida em que esta concepção normativa da democracia, moldada pela ética, se consolidou, deu identidade ao movimento e se difundiu por meio da imprensa e da extensa rede de afiliadas regionais e locais das dezenas de organizações que compunham o MEP, ganhou peso a acusação de corrupção, de privilégio, de autoritarismo. As organizações que mais contribuíram nesse processo de disseminação foram aquelas que tinham presença em toda a Federação, como a Igreja Católica, a OAB e a CUT. Não há dúvida, porém, de que a imprensa, o rádio e a televisão tiveram parte nessa difusão, embora eu não possa avaliar com que grau de relevância isso ocorreu.

[20] Estas referências à direção política e à direção cultural do movimento contra Collor são *inspiradas* em Gramsci tal como lido por Bobbio. Elas remetem aos processos de construção de hegemonia em um processo de luta política. Como se verá, a direção política do movimento foi da coalizão partidária de centro-esquerda. Sobre a distinção, consultar Norberto Bobbio, *O conceito de sociedade civil*, trad. Carlos Nelson Coutinho, Rio de Janeiro, Graal, 1982, pp. 41-9.

Desse modo, a campanha contra Collor foi capaz de catalisar organizações, ativistas e uma grande massa de participantes por oferecer uma *alternativa*, sintonizada com o movimento de democratização que vinha do final dos anos 1970, à *visão cínica* sobre a política — a visão de que a política é uma atividade onde, a despeito da retórica dos interesses gerais, impera o interesse particular, predomina quase *naturalmente* a corrupção e em que os seus agentes, os políticos, só por exceção nela deixam de se envolver.

As *definições políticas* e o *quadro simbólico* a que me referi orientaram o conjunto muito diversificado das *atividades* concorrentes, desenvolvidas por atores individuais e coletivos, atuando em diferentes âmbitos sociais, portadores de interesses muito diversos, nem sempre complementares em relação ao objetivo almejado. A coordenação destas ações foi — como sempre é na ação coletiva — muito problemática em função da diversidade dos interesses de curto e longo prazo, da precariedade com que cada coletividade os definia e da dificuldade de interpretar univocamente as situações em que as ações transcorriam.

No vértice do movimento atuava a coalizão parlamentar de centro-esquerda. A face mais visível da coalizão eram as reuniões divulgadas pela imprensa dos presidentes dos três partidos líderes — PMDB, PT e PSDB — e deles com os demais partidos de esquerda, PSB, PPS, PC do B, PST, menos o PDT, que oficialmente não participava da aliança. Os presidentes de partido não atuavam, porém, autocraticamente, mas articulados com lideranças relevantes dentro de suas agremiações, algumas delas com posições institucionais importantes, como governadores estaduais, por exemplo, e mesmo cruciais para o processo de impeachment, como era o caso do presidente da Câmara dos Deputados.

As articulações entre as lideranças dos partidos de centro-esquerda fixavam as grandes linhas de atuação da coalizão, as definições de seus objetivos imediatos, os meios a utilizar, as alterações de rumo etc. A coalizão de centro-esquerda cumpria assim a função de *dirigente político* no interior do movimento pró-impeachment. Definiam-se aí, por exemplo, as ações destinadas a assegurar as condições políticas mais gerais para o sucesso do movimento de impeachment em seu conjunto, como a "neutralidade" dos militares[21] ou a forma e a oportunidade da mobilização social em apoio ao impeachment.

Em função disso, a coalizão partidária de oposição decidiu não promover *oficialmente* manifestações populares pró-impeachment até a votação, pela CPMI, do relatório do senador Amir Lando. Com isso a coalizão mantinha-se estritamente no marco legal e não "forçava" a CPMI a decidir em função da pressão popular; pelo contrário, a definição institucional precederia a mobilização partidária, que viria apenas apoiá-la. Como se vê, os partidos de oposição mantiveram cautela extrema em relação aos militares. Sublinhe-se, contudo, que a decisão dos partidos não se referia a manifestações públicas em favor da CPMI ou contra Collor que fossem de iniciativa de governadores, prefeitos e organizações não partidárias, o que preservava a possibilidade de apoiarem ou participarem de manifestações convocadas por esses atores — como de fato acabaram fazendo. Além disso, o final da CPMI estava previsto inicialmente para o dia 11 de agosto, o que fez com que as engrenagens partidárias começassem a ser mobilizadas para manifestações neste período. De todo modo, a não convocação de manifestações pelos partidos era, como se verá, jogo de cena da oposição de centro-esquerda, pois ela teve quase sempre o comando das manifestações.

Além do "colegiado" dos presidentes dos três partidos da coalizão e do mais amplo, que incluía ademais os presidentes dos partidos de esquerda (menos o PDT), cumpriu função destacada de articulação um agrupamento de senadores, denominados "cardeais do Senado" pelo senador José Sarney por sua maior preocupação institucional, independente dos partidos a que pertences-

[21] Como vimos, parlamentares ligados ao movimento pró-impeachment, como Fernando Henrique Cardoso, José Sarney e José Genoino, mantiveram contato com os ministros militares, para assegurar, de início, sua não intervenção se o movimento se mantivesse nos limites constitucionais e, depois, para tratar de sua participação no governo Itamar. Cf. entrevistas de Fernando Henrique Cardoso e José Genoino ao autor.

sem. Este grupo de senadores se reunia de modo reservado para refletir sobre a conjuntura, sugerir e mesmo desenvolver linhas de ação em favor do impeachment.[22] Este agrupamento teve grande relevância no que diz respeito aos contatos com os militares, com outros poderes do Estado e com o vice-presidente Itamar Franco.[23]

Atuando em plano mais específico, a coalizão de centro-esquerda agrupava os parlamentares — deputados e senadores — que participavam da CPMI, neste caso incluindo os representantes do PDT. Este grupo também se reunia de forma reservada e frequente com o objetivo de articular as ações dos membros oposicionistas na Comissão.[24]

Governadores e mesmo prefeitos também tiveram participação nas atividades da coalizão. Inicialmente, nelas tomaram parte de forma secundária, mas, depois, de modo relevante, especialmente quando a mobilização de massa ganhou centralidade e a conquista de votos dos adversários tornou-se tarefa prioritária.

Toda a rede de atores que acabo de sumariar envolvia, principalmente, políticos, partidos e agrupamentos que atuavam regularmente no *campo político-institucional* tal como usualmente era circunscrito. O próprio evolver da crise política, porém, foi tornando mais porosos os limites usuais existentes entre a política e as demais esferas sociais.

Em meio ao conjunto dos atores, os meios de comunicação de massa tiveram um papel central na derrocada do governo Collor. Nem sempre se enfatiza suficientemente que esses meios, embora ocupando posição relativamente autônoma em relação ao campo político-institucional, fazem parte do cotidiano da vida política nas sociedades modernas. Ter sua opinião ou suas ações

[22] Cf. entrevista de Fernando Henrique Cardoso ao autor.

[23] Sobre os contatos com o vice-presidente, ver capítulo 7 deste livro. À medida que o processo foi se aproximando do desenlace, o vice-presidente Itamar Franco passou a se converter em eixo de uma nova coalizão governante em formação.

[24] Cf. entrevista de José Genoino ao autor.

divulgadas para um público abrangente — de centenas de milhares a milhões de cidadãos — é uma parte das práticas usuais daqueles que disputam o poder político e/ou procuram influenciar aqueles que o fazem. A disputa se dá não apenas pela divulgação dos feitos e opiniões mas também e principalmente pela sua divulgação sob uma perspectiva favorável, relevante para a conquista e a manutenção do poder político. Os meios de comunicação de massa são, pois, centrais na arena de influência, onde junto com atores políticos procuram conformar as "preferências" dos agentes sociais. Embora nas situações políticas "normais" o conjunto dos meios de comunicação reproduza de forma geral a perspectiva dominante no Estado, a competição pelo público — os meios de comunicação são em geral empresas capitalistas — pode levá-los frequentemente a contrariá-la, ainda mais nas crises políticas. Foi o que aconteceu ao longo dos meses, de maio em diante, quando a autoridade do presidente da República foi posta em xeque. Com efeito, os meios de comunicação de massa foram *atores cruciais* no processo de desagregação da autoridade presidencial. Eles investigaram e divulgaram informações sobre malfeitos (com graus variáveis de comprovação) do presidente da República, seus auxiliares e associados, que deterioraram a posição do governo Collor. Mais do que isso: disseminando, massivamente, declarações de personagens usualmente irrelevantes por não participarem do campo político ou terem posição política e/ou social subalterna, os meios de comunicação *aumentaram o espaço de luta política* muito além do seu âmbito usual, elevando exponencialmente o poder de atores sem posição na esfera pública como Pedro Collor e o motorista Eriberto França. A cobertura que os meios de comunicação de massa fizeram dos acontecimentos ajudou a reverter o peso político de atores e instituições — usualmente subalternas, como o Congresso Nacional — durante a luta contra o governo Collor. Abriram também espaço para que intelectuais e ativistas ligados às organizações do MEP interviessem no debate contribuindo para moldar a "opinião pública", em geral contra o presidente da República. A dinâmica da disputa política foi deslocando progressivamente a posição dos meios de comunicação, jornais, revistas e redes de televisão, que foram saindo da órbita governamental e se aproximando da oposição. Em suma, os meios de comunicação de massa não somente relataram os acontecimentos; atuaram decisivamente no processo, investigando e contribuindo para reverter as relações de força política até a destituição do presidente. A atuação foi decisiva em moldar tanto a opinião dos atores na arena institucional — políticos e outros agentes do Estado — como as preferências dos que atuaram na arena coercitiva.

Esta atuação da mídia ocorreu em graus variáveis de sintonia com a coalizão de centro-esquerda, tanto no que diz respeito à troca de informações como à ação concertada. Tratava-se de relações em vários níveis, vinculando os parlamentares aos jornalistas e às cúpulas das organizações de comunicação. Esta menção diferenciada às organizações e seus dirigentes é necessária. A dimensão empresarial destas organizações não é desprezível — elas vivem de publicidade. Por isso, a definição de parâmetros políticos estreitos para o movimento contra Collor — ações que obedeceriam às regras constitucionais e se faziam em nome da democracia — tornou menos problemático o reposicionamento político dos meios de comunicação. Embora não tenham o mesmo estatuto dos meios de massa referidos, cabe uma referência à imprensa sindical e outras publicações de organizações sociais no processo de difusão em massa da perspectiva pró-impeachment. É muito provável que esta "imprensa setorial" tenha cumprido papel relevante no processo de mobilização, embora eu não possa definir o grau em que isso teria ocorrido.[25]

Além da alteração do posicionamento dos meios de comunicação — participantes *regulares mas indiretos e relativamente autônomos* das disputas políticas —, atores coletivos *sem participação regular* no campo político passaram pouco a pouco a se incluir

[25] A despeito de sua relevância, não pude fazer aqui um exame extenso da atuação dos meios de comunicação de massa ao longo do período examinado. Trata-se de assunto complexo que exigiria uma investigação específica. Livros de jornalistas sobre o período contêm várias indicações a respeito. Ver, especialmente, Mario Sergio Conti, *Notícias do Planalto*, cit.

— e ser incluídos — na luta política, tomando parte, alguns deles, no cotidiano mesmo das atividades do Congresso.

Este foi o caso, já bastante examinado, do Movimento pela Ética na Política. Recorde-se que o MEP surgiu de articulação entre parlamentares de centro-esquerda e lideranças de dezenas de organizações usualmente voltadas para interesses específicos mas que decidiram, a convite daqueles políticos, apoiar a atuação parlamentar de oposição às políticas do governo Collor. No período em que a CPMI era o foco das atividades da coalizão, o MEP assessorava parlamentares da oposição, emitia comunicados e organizava manifestações em local fechado de apoio à CPMI. Seu crescimento extraordinário levou a mais de uma centena de entidades participantes das iniciativas e estabelecerem uma organização permanente. Como se recorda, o MEP criou um núcleo coordenador, sediado na OAB/DF, composto de 45 entidades, responsável por fazer as convocações, distribuir manifestos à imprensa, organizar os atos públicos. A partir do momento em que a CPMI precisou examinar cheques e outros documentos financeiros, o MEP contribuiu — por intermédio do sindicato dos bancários — com assessores técnicos que auxiliaram funcionários do Legislativo e parlamentares. Posteriormente, quando se tornou importante fazer demonstrações de massa, sem que os partidos da coalizão as convocassem, o MEP tomou a iniciativa e ajudou a organizá-las. Enfim, mesmo antes que grandes mobilizações de massa desencadeassem a conjuntura crítica que levou ao julgamento do presidente, houve articulação regular, mas informal, entre a coalizão parlamentar de centro-esquerda e o MEP.

Dessa forma, de um lado, o MEP deu a *direção cultural* do movimento pró-impeachment, fornecendo o quadro interpretativo que permitiu a mobilização societária em favor da destituição de Fernando Collor e legitimou a própria atuação dos parlamentares; de outro, o MEP foi organização societária-chave para sustentar política e operacionalmente a ação parlamentar na CPMI, para reunir ativistas e assegurar uma mobilização popular crescente em favor do impeachment e para pressionar diretamente parlamentares em favor dos objetivos definidos pela coalizão oposicionista.

Neste último aspecto, o da mobilização, algumas das organizações da sociedade civil vinculadas ao MEP tiveram papel central. É que elas dispunham de extensas *estruturas de mobilização*[26] que permitiram levar, quando foi necessário, grandes quantidades de manifestantes às ruas para protestar. Associados ao MEP como a CUT, a CGT, a OAB[27] e as comunidades religiosas ligadas à Igreja tinham grande disseminação no território nacional, com núcleos regionais e locais e/ou associados distribuídos por todo o país. Ademais, há que sublinhar a contribuição específica das organizações estudantis — UNE, DCEs, UBES, UMES, centros acadêmicos e grêmios estudantis. Essas organizações foram fator-chave para a mobilização de massa. Disseminadas em toda a Federação, elas possibilitaram a realização de protestos com grande afluência de público *em dias e horas de trabalho*, o que seria muito difícil para as organizações de classe média profissional, do pequeno empresariado e, principalmente, de trabalhadores assalariados. Um fator adicional que contribuiu para ampliar a capacidade de mobilização das organizações estudantis foi elas terem adotado, embora se situassem mais à esquerda que o restante do MEP e mesmo da esquerda partidária, o conjunto de símbolos do movimento "pela ética na política". É verdade que este ajustamento foi tenso, difícil e incompleto. Mas, ainda assim, a adoção do quadro simbólico do MEP contribuiu provavelmente para que as organizações estudantis acabassem abrindo caminho para a adesão em massa de estudantes — membros *em gestação* da classe média profissional —

[26] Estruturas de mobilização de atores coletivos incluem organizações formais, frequentemente legais, e informais que vinculam indivíduos de um movimento, constituindo redes sociais, por meio das quais os indivíduos se comunicam, divulgam e coordenam iniciativas, recrutam novos membros etc. Sobre os vários tipos de estruturas de mobilização, consultar Sidney Tarrow, *O poder em movimento*, cit., cap. 8.

[27] Infelizmente, não se dispõe ainda de um bom estudo sobre o MEP que tenha mapeado estas estruturas, mas, só para se ter uma ideia, apenas a OAB de São Paulo dispunha, dentro do estado, de 213 subsedes regionais. Cf. *Folha de S. Paulo*, 16/7/1992, p. 1-11.

com o assentimento dos seus pais, frequentemente indivíduos *estabelecidos* da mesma classe.[28]

Ainda no que diz respeito às estruturas de mobilização, cabe destacar que elas foram ampliadas com as redes de militantes e contratados dos próprios partidos políticos, em razão do movimento pró-impeachment ter se desenvolvido em meio às campanhas eleitorais municipais que ocorriam em todo o país. A popularidade do movimento contra Collor permitiu alavancar as campanhas eleitorais dos candidatos que se posicionavam em favor do impeachment. Caso esta não ocorresse no período eleitoral, os partidos políticos só teriam condições de atuar no plano parlamentar, pois, usualmente, suas redes de filiados são precárias e minúsculas, à exceção do PT, que sempre contou com uma militância mais ativa. Assim, os partidos da coalizão e os candidatos de centro-esquerda usaram, em parte, suas próprias estruturas de mobilização eleitoral — diretórios municipais e zonais, rede de militantes, cabos eleitorais e assessorias de candidatos a prefeito e a vereador — associando-se à campanha pró-impeachment. E, à medida que segmentos do núcleo político governista foram se deslocando para a oposição, eles passaram a contribuir, em função dos próprios interesses eleitorais, com suas próprias estruturas de campanha para amplificar o protesto contra Collor.[29] A campanha eleitoral acabou reforçan-

[28] Além de manter articulações estreitas com o MEP, a coalizão partidária de centro-esquerda formou outro agrupamento suprapartidário que articulava seus partidos componentes com organizações sindicais: no dia 11 de agosto criou o "Movimento Democrático contra a Impunidade" com as duas centrais sindicais, CUT e CGT, que apoiavam a oposição e se associavam também ao MEP. Cf. *Banco de Dados POLI*, evento 033 de 11/8/1992. A outra central sindical, Força Sindical, manteve-se ao lado de Collor, só se dissociando dele — mas não do seu programa — depois do final da CPMI.

[29] Obviamente, as campanhas municipais afetaram também a distribuição de forças pró ou contra o impeachment no plano político-partidário. Assim, por exemplo, um político conservador e afinado com Collor como Paulo Maluf — candidato à prefeitura de São Paulo — insistiu fortemente para que seu partido se virasse contra o presidente para não prejudicar sua eleição.

do o movimento do impeachment também por meio da propaganda eleitoral gratuita dos candidatos a postos municipais. Alguns desses programas de rádio e televisão, recursos do Estado postos a serviço das legendas partidárias, iniciaram em meados de agosto e acentuaram a estigmatização do presidente da República.

Embora o movimento societário contra Collor e, depois, em favor do seu impeachment fosse diversificado em termos setoriais, ele se enraizava preferencialmente em regiões intermediárias do espaço social. Dele participaram organizações de classe média profissional, sindicatos de assalariados — funcionários públicos, bancários e operários industriais —, associações de pequenos empresários, organizações de estudantes — em geral filhos de famílias de classe média — e organizações católicas voltadas para a democratização. Dizendo ao revés, o movimento em favor do impeachment não teve raízes nas elites proprietárias e no empresariado — os pequenos empreendedores do PNBE foram exceção — nem na base da pirâmide social.

A diversidade dos atores societários participantes do movimento em favor do impeachment, o enraizamento de cada um em setor social específico — jurídico, operário, estudantil, religioso, empresarial etc. — torna muito relevantes as *articulações* — e, ainda mais, as *relações de autoridade* que existiam — entre os atores político-institucionais e os atores coletivos e movimentos sociais que usualmente operavam fora da esfera política. Ao longo dos capítulos anteriores foi reconstruído, pelo menos esquematicamente, o processo de articulação entre as várias organizações societárias setoriais e o modo como deram suporte à coalizão político-partidária na luta contra o governo e, depois, em favor do impeachment. Trata-se agora de fazer um esboço das articulações entre as organizações societárias e as partidárias.

As conexões entre as faces *político-institucional* e *societária* do movimento pró-impeachment foram estabelecidas, de um lado, por lideranças do PT, do PC do B e outros partidos de esquerda que tinham *relação quase orgânica* com boa parte das organizações sindicais — a CUT e vários grandes sindicatos, como o dos bancários de São Paulo — e estudantis com capacidade de mobilização de massa, além de vínculos com os meios de comunicação. Embora PMDB e PSDB tivessem algumas conexões com o movimento estudantil, as articulações — inorgânicas — desses partidos de centro eram principalmente com as organizações de classe média profissional e de empresários, além dos meios de comunicação.

Sublinho as conexões entre partidos políticos e atores societários porque a definição do movimento pró-impeachment como movimento de "purificação" da política por exigência da "sociedade civil" tem sido, por vezes, interpretado *ipsis litteris* como se o Poder Legislativo e os partidos políticos tivessem sido apenas os executores do movimento da "sociedade civil". A despeito dos meios de comunicação noticiarem boa parte das reuniões da coalizão político-partidária de centro-esquerda — entre PMDB, PT, PSDB —, *elas não eram identificadas pela imprensa como uma sequência de ações de um ator coletivo*, de uma coalizão partidária. A própria literatura de ciências sociais não tem reconhecido o papel orientador da coalizão partidária na luta contra o governo Collor e, depois, da campanha em favor do impeachment. Na verdade esta coalizão nem sequer tem tido sua existência reconhecida pela literatura especializada.

O fato da coalizão partidária de centro-esquerda se *apresentar* como agente de um movimento social de "purificação" do Estado foi importante para o avanço e a massificação do movimento, mas *não lhe tira o papel de núcleo dirigente do processo de impeachment*.[30] Não constitui, pois, boa reconstrução do processo afirmar que — como já se escreveu — os partidos políticos e o parlamento foram levados pelo "clamor da sociedade civil mobilizada", que exigia ética na política, a impedir o presidente.[31]

[30] O papel dirigente da coalizão partidária no processo de impeachment foi reconhecido em entrevistas por Fernando Henrique, Tasso Jereissati e José Dirceu. Este último teve particular relevância na articulação entre os níveis político-partidário e o das organizações societárias do movimento.

[31] Esta interpretação consta de Leonardo Avritzer, "O conflito entre a sociedade civil e a sociedade política no Brasil pós-autoritário: uma análise do impeachment de Fernando Collor", em Keith S. Rosenn e Richard Downes

Isso não autoriza, porém, a qualificar — ao revés — como mistificação cínica a apresentação da coalizão como agente de um movimento societário, destinado apenas a facilitar a conquista dos votos dos governistas e a disfarçar seu apetite de poder.[32] Este tipo de acusação era veiculada pelos governistas e até por Leonel Brizola enquanto estava associado a Fernando Collor. A relação entre a coalizão dirigente e "o clamor das ruas" foi mais complexa do que fazem crer as duas interpretações opostas — a de que havia um sujeito "maquiavélico dirigindo tudo e se escondendo nos bastidores" ou, então, de que o Poder Legislativo foi mera marionete da pressão societária.

A interpretação que fazia da oposição partidária e do Legislativo agentes da sociedade facilitava, de fato, a incorporação dos parlamentares ao movimento, mas adotá-la na análise do processo não faz justiça ao papel central, de *direção política*, desempenhado pela coalizão partidária de centro-esquerda. Por outro lado, aquela interpretação contém um *grão de verdade*, pois a oposição partidária e o Legislativo vocalizaram um movimento societário. Com efeito, a coalizão político-partidária teria menor possibilidade de sucesso, mesmo no campo propriamente político, caso o MEP não houvesse construído — e difundido com o auxílio da imprensa — uma *interpretação* da situação política que legitimou a luta pelo impeachment, dando *direção cultural* ao movimento. A interpretação formulada pelo MEP fez de certa concepção normativa da democracia o contraponto do governo Collor, *canalizando* a rejeição ao governo por amplas camadas da população. O MEP, portanto, deu forma à rejeição ao governo, derivada não apenas

(orgs.), *Corrupção e reforma política no Brasil: o impacto do impeachment de Collor*, trad. Roberto Grey, Rio de Janeiro, Editora FGV, 2000. A interpretação foi adotada hoje por alguns atores-parlamentares do processo, que se eximem de maior responsabilidade afirmando terem agido em favor do impeachment conforme a pressão da sociedade.

[32] Ainda que os partidos de oposição tivessem, como quaisquer partidos, apetite pelo poder, houve mesmo indícios fortes de desvio de dinheiro público e, no mínimo, uso de recursos de proveniência duvidosa pelo presidente e sua família.

das críticas e da resistência oposicionista, mas consequência também dos atos do governo e de seu presidente.

Quanto a isso, *não faltavam sinais claros de insatisfação e até de rejeição social ao governo e ao presidente*. É possível até dizer que, em 1992, a sociedade brasileira experimentava um crescente *movimento de opinião pública* de rejeição a Collor e a seu governo, depois de um largo período de "indefinição social" a seu respeito. Este movimento de opinião começou a se evidenciar *antes que se formasse a coalizão de centro-esquerda* que conduziu a luta contra o governo Collor e antes do surgimento de qualquer mobilização significativa pró-impeachment.

O Gráfico 2 mostra uma reversão extraordinária do prestígio governamental, tanto no que se refere aos *índices de avaliação* (resultantes da diferença entre as opiniões positivas e negativas sobre o governo) como à abrangência desta avaliação, quer dizer, a proporção da população que tinha opiniões definidas sobre o governo. Passa-se de uma expectativa extremamente positiva (67,2% em março de 1990) para uma opinião intensamente negativa (-57,6% em setembro de 1992). Adicionalmente, observe-se o que denomino *índice de definição* da população em relação ao governo, representado por barras verticais no gráfico: no período inicial do governo, o gráfico mostra índices de aprovação bastante positivos e os índices de definição eram bastante altos (cor cinza forte), o que significa que a maior parte dos consultados tem opinião definida (no caso positiva) em relação ao governo; na fase intermediária, que vai do segundo semestre de 1990 até a metade de 1991, a definição popular torna-se bem menor (quase metade dos consultados não se define negativa ou positivamente em relação ao governo), o que aparece sob a forma de cores esmaecidas (e barras de menor tamanho); no final de 1991 e ao longo de 1992 o índice de definição vai *crescendo* (tons cada vez mais escuros), o que indica aumento no percentual da população com opiniões definidas em relação ao governo, majoritariamente negativas. A combinação dos dois índices — avaliação e definição — sugere que, depois de um período em que a opinião pública hesitou em sua avaliação do governo, no ano de 1992 a *avaliação negativa foi aumentando e se tornando cada vez mais abrangente na sociedade* em seu conjunto, o que indica ter havido um movimento de crescente rejeição popular ao governo.

Gráfico 2
ÍNDICES DE AVALIAÇÃO E DEFINIÇÃO
DO GOVERNO COLLOR

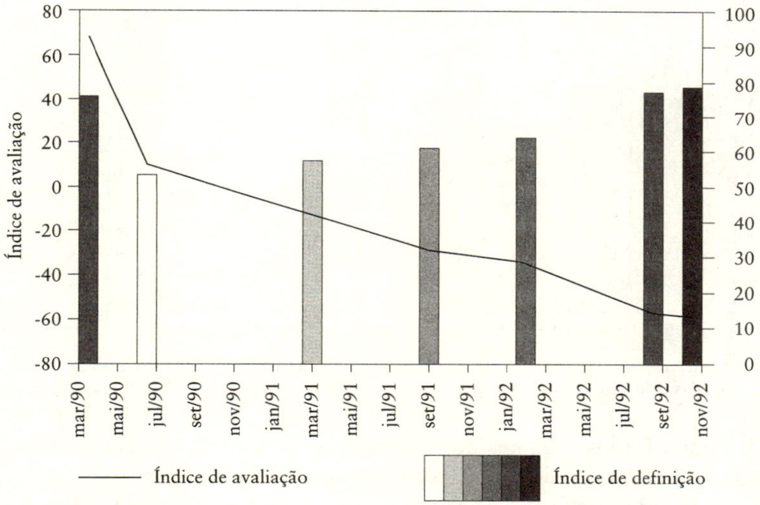

Notas: 1) O *índice de avaliação*, representado pela linha, resulta das diferenças entre as avaliações positivas (ótimo e bom) e as negativas (ruim e péssimo); sua variação, ademais, está indicada pelo eixo da esquerda do gráfico; 2) O *índice de definição*, representado pelas barras verticais, foi calculado somando-se as opiniões "regular" e "não sei" (indefinidas) e diminuindo este valor de 100. A variação do índice de definição está indicada pela altura — indicada no eixo da direita — e tonalidade de cor (mais definida ou esmaecida) das barras verticais.

Fonte: Dados originais do Datafolha, em Consórcio de Informações Sociais (CIS) e Centro de Estudos de Opinião Pública (CESOP).

Este movimento de opinião apresentou também diferenças nítidas de intensidade conforme as camadas sociais consideradas.

O Gráfico 3 mostra a evolução de tais diferenças de intensidade em dois agregados amostrais, de "camadas médias" e de "camadas populares", construídos em função de diferenças de renda e de educação.[33]

Gráfico 3
AVALIAÇÃO E DEFINIÇÃO DO GOVERNO COLLOR SEGUNDO CAMADAS MÉDIAS E POPULARES

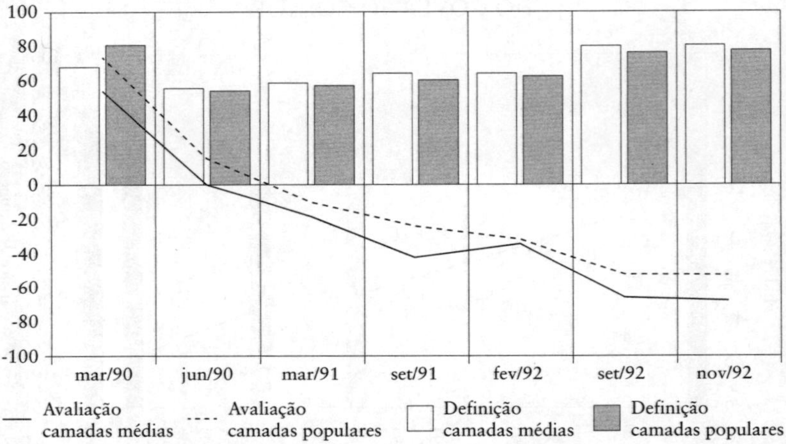

Fonte: Dados originais do Datafolha, em Consórcio de Informações Sociais (CIS) e Centro de Estudos de Opinião Pública (CESOP).

Nota explicativa: a) As curvas foram construídas deduzindo os percentuais de ruim e péssimo dos percentuais de bom e ótimo; b) As categorias "camadas médias" e "camadas populares" foram construídas segundo os respondentes que recebessem, no caso das primeiras, renda de 10 salários mínimos e mais e tivessem ensino de segundo grau e/ou superior e, no caso das segundas, auferissem renda de menos de 5 salários mínimos e no máximo tivessem ensino fundamental.

A posição das camadas médias foi, desde o início do período Collor, muito mais reticente em relação ao governo do que as camadas populares. Teve menor entusiasmo inicial e já no quarto mês de governo apresentava índice de avaliação negativa (-0,2%) con-

[33] As amostras nacionais produzidas pelas empresas de pesquisa de opinião não incluem respondentes de classes altas, pelo menos em número relevante.

tra índice decrescente, mas ainda positivo (+14,6%), das camadas populares. As curvas são descendentes para as duas camadas, embora as camadas médias sempre apresentem, a partir de março de 1991, índices mais negativos que as camadas populares. Em setembro de 1992, ápice do movimento pró-impeachment, as camadas médias apresentam um índice de avaliação negativa (-66,3%) bem mais extremo do que o das camadas populares (-52,3%).

Estes números são bastante compatíveis com os resultados eleitorais de 1989. Eles mostraram maior inclinação das camadas médias em favor da candidatura Lula e das camadas populares em favor da candidatura Collor. Certamente Collor teve grande apoio das classes proprietárias, mas elas têm peso eleitoral muito restrito, estatisticamente irrelevante. Assim, o ponto de partida das pesquisas de opinião — medindo as expectativas em relação ao governo Collor que logo se iniciaria — teve por base o alinhamento das camadas sociais em dezembro de 1989, mês em que se travou o segundo turno das eleições presidenciais.

As avaliações posteriores, mais negativas, não são também surpreendentes, já que as camadas médias foram, no início do governo Collor, mais oneradas que as camadas populares (bloqueio das contas bancárias e poupança). A continuidade das diferenças, porém, é menos óbvia e sua explicação exigiria uma investigação não apenas da evolução da economia mas também dos valores predominantes associados às diferentes camadas sociais.

Tais diferenças entre camadas sociais mostram-se ainda mais nítidas se forem consideradas as porções dos respondentes que tinham opiniões definidas (positivas ou negativas) no conjunto da amostra (representadas pelas barras no gráfico). Quer dizer, se subtrairmos do conjunto as respostas "não sei" e "regular", a tendência de opinião das camadas médias da população mostra-se menos abrangente dentro do segmento no início do período — quando predominavam opiniões positivas em relação ao governo — do que a das classes populares no seu próprio segmento. E, à medida que as avaliações sobre o governo vão se tornando mais negativas, os índices de definição nas camadas médias se tornam mais acentuados do que nas classes populares.

Em suma, o Gráfico 3 evidencia que, quando as opiniões eram positivas em relação ao governo, a perspectiva das camadas médias era menos favorável e mais hesitante do que a das camadas populares. Na medida em que as opiniões tornaram-se negativas, ao longo do período Collor, as classes médias mostraram opiniões mais negativas e mais definidas que as das camadas populares. Assim, é possível dizer que as opiniões das camadas médias foram em geral mais restritivas em relação ao governo do que as das camadas populares. Desse modo, havendo no ano de 1992 um verdadeiro "movimento de opinião" contra o governo, ele foi mais acentuado entre as camadas médias do que entre as populares.

Ainda que o "clamor popular" não tivesse se manifestado explicitamente, havia sim "insatisfação" e mesmo "rejeição" crescente em relação ao governo, mais intensa entre as camadas médias do que entre as populares, que *poderia* ser canalizada em manifestações públicas de protesto contra ele.

Claro que a *possibilidade de tradução da rejeição* em manifestações de protesto de massa não dependia apenas das *oportunidades* e da *decisão política* da coalizão partidária de centro-esquerda ou de outras organizações mobilizarem ativistas e simpatizantes. Dependia, também, da existência de *estruturas de mobilização* e de um *quadro cultural* que *interpretasse a situação* de forma polarizada (nós x eles) para atores originários de várias esferas da vida social e que, ao mesmo tempo, pudesse *impulsioná-los à participação* no protesto coletivo.

Todas estas condições para a mobilização de massa já existiam em maior ou menor medida antes do final de julho. As mobilizações que se realizaram até então, recorde-se, tinham sido promovidas pelo MEP e *incorporaram não muito mais do que lideranças e ativistas de suas várias organizações componentes* em apoio aos parlamentares oposicionistas, em *atos públicos realizados em locais fechados*. A opção por este tipo contido de mobilização decorria da decisão da coalizão político-partidária de centro-esquerda de não abrir o flanco a possíveis reações conservadoras à entrada "das massas" na luta política e da falta de definição precisa quanto ao seu objetivo. A despeito disso, principalmente a

OAB, as centrais sindicais e organizações estudantis conseguiram fazer nove pequenas manifestações em praça pública em diversas cidades do país, ao longo do mês de julho. O mês era particularmente ruim para reunir muitos manifestantes, por ser um período de férias escolares.

Com a conjuntura que se abriu com a revelação dos documentos comprobatórios das relações das empresas de PC Farias com o presidente e com a definição do impeachment como objetivo da coalizão de centro-esquerda, a mobilização de massa tornou-se central para o movimento. Digo central porque a coalizão partidária de centro-esquerda desejava *legitimar politicamente* o *impeachment*. Não queria destituir o presidente sem um apoio popular claro, que *desdissesse* o apoio anterior dado a Collor pela maioria dos eleitores. Da perspectiva da coalizão partidária de centro-esquerda, o impeachment não podia ser interpretado como um golpe da oposição contra um presidente eleito legitimamente, como rezava o discurso governista.

Redefinido o objetivo a atingir, os partidos da coalizão de centro-esquerda passaram a estimular manifestações de massa, "controladas", em apoio aos resultados da CPMI, sem se colocar porém na liderança delas. O Movimento pela Ética na Política e, mesmo, governadores e prefeitos podiam organizar e liderar as manifestações, sem marcar uma perspectiva partidária. Haveria que prepará-las logo para o começo de agosto, pois a CPMI se encerraria no dia 11. Assim, começaram a ser agendadas manifestações quando se decidiu, no dia 3 de agosto, ampliar por quinze dias o prazo da CPMI, adiando o seu final para o dia 26.

No dia 7 de agosto, sexta-feira, já ocorreram manifestações de rua importantes em Curitiba, Porto Alegre, Recife e São José dos Campos, mobilizando, segundo a *Folha de S. Paulo*, um total de 10 mil manifestantes. Não há nas fontes consultadas referência aos organizadores, mas pelo menos a de Curitiba parece ter sido promovida pelo MEP.[34]

[34] Cf. *Folha de S. Paulo*, 8/8/1992, p. 1-7.

No dia seguinte, sábado, 8 de agosto, cerca de 4 mil pessoas reuniram-se no centro de São Paulo em um *Ato Público pela Ética na Política*, promovido pelo MEP.[35] O ato havia sido planejado para dar apoio ao relatório final da CPMI, cujo término estava previsto, anteriormente, para dia 11 de agosto. A despeito do escudo do MEP e de suas palavras de ordem — "CPI para valer", "Basta de corrupção" e "Pela ética na política" — nem os organizadores nem os partidos da coalizão conseguiram controlar de todo a situação. Com efeito, naquela manifestação, alguns parlamentares e militantes do PT e do PC do B, estudantes mobilizados pela UNE e outras entidades estudantis e militantes de pequenas organizações de esquerda deram ênfase, maior do que a desejada pelo MEP e pela coalizão, aos partidos políticos a que pertenciam[36] e às palavras de ordem "Fora Collor" e "Impeachment Já". A *Folha de S. Paulo* fez o mesmo; noticiou a manifestação sob o título "São Paulo faz ato pró-impeachment" e abriu a matéria assim: "Os partidos de oposição (PT, PSDB e PMDB) e várias entidades da sociedade civil conseguiram reunir na Praça da Sé [...]". Em relação a isso, cabe assinalar dois pontos. Em primeiro lugar, não havia discordância substantiva em relação ao conteúdo da demanda — o impeachment; tratava-se apenas do momento em que ela era apresentada pelos manifestantes; a coalizão e o MEP não desejavam ser portadores da demanda antes da CPMI aprovar seu relatório afirmando que havia razões suficientes para o impeachment. Não desejavam parecer estarem "forçando" a definição da

[35] Segundo a *Folha de S. Paulo*, o número de manifestantes foi de 10 mil, o que parece algo exagerado à luz da foto que consta da edição do dia seguinte do jornal *O Estado de S. Paulo*. Cf. *Folha de S. Paulo*, 8 e 9/8/1992, pp. 1-7 e 1-13, e *O Estado de S. Paulo*, 9/8/1992, p. 6.

[36] Quatro dias depois, editorial da *Folha de S. Paulo*, de 12/8/1992, após qualificar as mobilizações dos dias 8 e 11 de agosto como pouco expressivas, se comparadas com as da campanha das Diretas-Já, afirmava que "a predominância de militantes e simpatizantes do PT, do PC do B e da CUT não lhes dava o direito de apropriar-se de um movimento [o MEP] com clara vocação suprapartidária", citado por Ann Mische, *Partisan Publics*, cit., p. 161.

CPMI. Em segundo lugar, a *Folha* enunciou na matéria um "segredo de polichinelo" que os partidos da coalizão não desejavam que viesse à luz — não queriam *ser percebidos "por trás" ou se apropriando* da manifestação da "sociedade civil", especialmente antes de surgirem os resultados da CPMI. Além de temerem ser vistos pelos militares como produtores de instabilidade, poderiam dar ao "partido do governo" material para confirmar as acusações de que os partidos de oposição estavam no centro de uma *conspiração* para assaltar o poder — o que poderia aumentar a resistência à sua ação.

O controle da coalizão de centro-esquerda e do MEP sobre as organizações estudantis e operárias não foi pacífico e nem sempre eficaz. As lideranças estudantis — e certas correntes de sindicalistas ligados à CUT — tinham posições políticas mais radicais que as da esquerda parlamentar, ainda que uma parte delas fosse de militantes partidários, principalmente do PC do B e do PT. A situação era mais difícil ainda porque na direção das organizações estudantis estavam incluídos militantes de organizações trotskistas, como a Convergência Socialista, que fora há pouco expulsa do PT. Entende-se, assim, por que organizações como a UNE e a União da Juventude Socialista confrontavam-se seguidamente com as lideranças do MEP e dos partidos da coalizão de centro-esquerda, particularmente com as direções do PT e do PC do B.[37]

A UNE, a União Brasileira dos Estudantes Secundaristas (UBES) e o Centro Acadêmico XI de Agosto (da Faculdade de Direito da USP) acabaram conseguindo promover em 11 de agosto

[37] Segundo Ann Mische (*op. cit.*, p. 161), "[um líder estudantil] recorda que em uma das manifestações do MEP, ele teve que manter 'muitas discussões com Lula' para conseguir que o líder do PT anunciasse a próxima manifestação estudantil. Da mesma forma, um líder importante da UJS [União da Juventude Socialista] disse que teve que discutir com líderes da OAB e outras organizações cívicas para que deixassem líderes estudantis falar na manifestação do MEP". O então membro das diretorias do DCE da Unicamp e da UNE e militante do PT, Ruy Braga, confirma essas dificuldades de relacionamento. Cf. entrevista de Ruy Braga ao autor.

o "Dia do Estudante", comemorativo da instituição dos cursos jurídicos no Brasil, uma grande manifestação pública na região central de São Paulo em favor do impeachment de Collor.[38] A manifestação uniu, de fato, uma passeata de cerca de 7 mil estudantes, que caminhou da avenida Paulista até o Largo de São Francisco (com proteção policial e saudados com chuva de papéis picados), e um ato público na Faculdade de Direito, comemorativa da renovação do contrato de assistência jurídica gratuita executado pelo Centro Acadêmico, com a presença de várias autoridades públicas (como a prefeita da São Paulo), lideranças e nomes representativos de associações profissionais, empresariais e comunitárias.

Esta manifestação pública apresentou várias características importantes para caracterizar o movimento de massa pró-impeachment. Ela mostrou o *suporte institucional e material* com que se desenvolveu o movimento; suas características de organização; e as inovações embrionárias de repertório utilizadas pelos manifestantes que viriam a identificar os protestos de rua que se seguiriam tanto em agosto como em setembro.

No que diz respeito ao suporte político-institucional da passeata (o Ato Público já tinha cobertura institucional), ela foi *autorizada pelo governo estadual* (pelo próprio governador Luiz Antônio Fleury, do PMDB) e *protegida pela Polícia Militar*. Este respaldo institucional, inclusive da força estadual de segurança, foi concedido depois de negociações entre a liderança do Centro Acadêmico XI de Agosto e o Secretário de Justiça do Estado de São Paulo. A articulação culminou em almoço de confraternização

[38] Cf. *Folha de S. Paulo*, 12/8/1992, pp. 1-1 e 1-6. A manifestação começou com um comício no vão do Museu de Arte de São Paulo (MASP), na metade da avenida Paulista, e transformou-se em passeata, seguindo pela avenida, descendo a avenida Brigadeiro Luís Antônio até o Largo de São Francisco, em frente à Faculdade de Direito da USP. O cálculo de 10 mil manifestantes é da Polícia Militar; o de 7 mil é da Companhia de Engenharia de Tráfego do Município de São Paulo e refere-se à passeata. Líderes da manifestação declararam à imprensa haver nela 20 mil pessoas.

entre o governador — de quem partiu o convite — e várias lideranças estudantis, inclusive o presidente da UNE. Dessa forma, tal como na campanha das Diretas-Já de 1984, não houve perigo de repressão dos órgãos de segurança estaduais.[39]

A manifestação contou, ademais, com um suporte que não tem sido ressaltado pela literatura. Refiro-me ao apoio material — carros de som, dezenas de ônibus para transportar estudantes, serviços gráficos para produzir panfletos e cartazes — sem o qual a manifestação não teria alcançado, nem de longe, as proporções que atingiu. A maior parte deste suporte foi fornecido pelas *centrais sindicais* e por *sindicatos de trabalhadores*, que dispunham destes recursos — derivados em boa parte do Imposto Sindical — e os colocaram à disposição das organizações estudantis.

Tanto o suporte institucional como o material mostram que, embora a manifestação fosse contra o governo e em favor do impeachment de Fernando Collor, *ela não foi — como não foram as mobilizações posteriores — ação de protesto anti-institucional*, de grupos *desafiantes* em relação ao regime político. Este nunca foi posto em questão pela oposição. O protesto foi, antes, *manifestação contra facção que detinha o principal centro de comando do Estado — o Executivo federal — e em favor de outra facção política, a coalizão de centro-esquerda, que tinha posições político-institucionais subordinadas ao Estado e lutava contra a primeira.* Os desafiantes eram, pois, *de dentro do sistema*; e a mobilização ocorreu em seu favor. De fato, tanto o governador Fleury tinha posição importante no PMDB, o maior partido da coalizão que lutava contra Collor, como as direções das centrais sindicais, dos sindicatos e entidades estudantis que organizaram a manifestação tinham vínculos com os partidos da coalizão oposicionista (principalmente com PT e PC do B).

[39] Ann Mische apresenta um excepcional relato da experiência de articulação entre os governantes e as lideranças estudantis, no mesmo passo em que mostra as tensões e composições entre suas várias tendências. Ver Ann Mische, *op. cit.*, pp. 166-7.

No que diz respeito às características de organização da manifestação, vale sublinhar que ela foi suprapartidária — como rezava a orientação da coalizão de centro-esquerda. Mas não porque a UNE, o Centro Acadêmico XI de Agosto e a UBES fossem desvinculados formalmente dos partidos políticos, mas sim porque elas reuniam militantes de diversos partidos. A UNE, desde o seu último congresso, ocorrido em fins de maio de 1992, tinha uma diretoria composta de estudantes vinculados a vários partidos e tendências partidárias — PC do B, PT, PSDB e sem partido; a UBES resultava de uma composição entre o PC do B e o MR-8, que se incluía como corrente no PMDB; e as lideranças do CA XI de Agosto tinham vínculos principalmente com o PSDB. Tendo em vista este multipartidarismo das direções, elas tinham que atuar suprapartidariamente para atingir alvos comuns. Isso espelhava, aproximadamente, o padrão de atuação da coalizão partidária de centro-esquerda. Enquanto os militantes do PSDB encarregavam-se dos contatos institucionais — governo do Estado, OAB etc. —, as lideranças de esquerda faziam a articulação com os sindicatos. Esta atuação suprapartidária — da coalizão de partidos de centro-esquerda, do MEP e das lideranças estudantis — foi a chave para a mobilização *de massa* que começava a acontecer, e não apenas de ativistas.[40]

Por último, cabe uma palavra sobre as inovações no repertório adotado na manifestação de 11 de agosto. Uma delas foi a apropriação de símbolos de contestação disseminados pela minissérie da TV Globo, *Anos rebeldes*, já então em seus capítulos finais. A trama da série envolvia os personagens na luta da esquerda estudantil contra a ditadura no final dos anos 1960. Relatos sobre o período identificam, muito provavelmente com razão, a minissérie como uma das fontes de inspiração e estímulo para os seus jovens espectadores, estudantes também, protestarem contra o governo Collor. Note-se, porém, que um dos símbolos apropria-

[40] Em relação aos múltiplos enlaces políticos das lideranças estudantis, suas articulações com os partidos etc., consultar Ann Mische, *op. cit.*, pp. 143-6.

dos pelos manifestantes foi sua música tema, "Alegria, alegria", de Caetano Veloso, gravada em 1968. Ela lembrava o impulso à rebeldia dos jovens de outros tempos mas não correspondia às características do inconformismo da esquerda tradicional, orientada para o combate político em favor do socialismo. Agora, não se questionava o regime político e, muito menos, o capitalismo; exigia-se o fim da corrupção e a saída do presidente da República. Em lugar de se referir à luta por uma nova ordem social, a letra manifestava o desejo dos jovens de enfrentarem a vida "sem lenço nem documento" (com inconformismo, mas sem uma direção definida). Recorde-se que esta música, quando originalmente apresentada, fazia contraponto com outras, mais "engajadas" politicamente, como as de autoria de Geraldo Vandré.

Outra inovação foi o surgimento na manifestação estudantil das primeiras *caras pintadas* como forma de protesto, interpretada pelos usuários, à moda indígena, como pintura de guerra contra Collor. Estas pinturas ganharão, depois, um padrão fixo de cor — cujo significado nascerá do confronto com Collor — e se tornarão muito disseminadas nas manifestações.

Com esses protestos de massa — de 7, 8 e 11 de agosto — a oposição mostrou que não havia apenas um crescente movimento de opinião contrário a Collor. Havia também a possibilidade efetiva de ele ser convertido, *dentro de certas condições*, em protesto de massa. É verdade que as ações coletivas de protesto já ocorridas não tinham mobilizado um número muito grande de participantes (a imprensa sublinhava que tinham sido muito menores que as da campanha das Diretas-Já), mas elas sinalizavam que a coalizão de centro-esquerda contava com novos recursos políticos para pressionar as forças governistas. A "sociedade civil" deixava de ser apenas o MEP, as organizações que a formavam e uma porção de ativistas e apoiadores; ela começava a incorporar jovens estudantes universitários e secundaristas que escapavam da esfera propriamente estudantil lançando-se na luta política nacional. A coalizão de centro-esquerda já não contava apenas com recursos institucionais e de influência no movimento contra Collor; tinha agora a possibilidade de mobilizar recursos "coercitivos", mobilizações de massa que alteravam a rotina da vida social, embora de forma não violenta, para pressionar a coalizão governista.

A manifestação estudantil teve impacto social suficiente a ponto de ser divulgada pelas redes de televisão, mas não em âmbito nacional; ela foi posta em cena apenas para os telespectadores paulistas pelos noticiários *locais* das duas maiores redes de televisão, a TV Globo e o SBT. Os noticiários *nacionais* dessas duas redes difundiram, sobre a crise, uma entrevista de PC Farias, dando voz e presença midiática em todo o país à perspectiva da coalizão governista.

Naquele 11 de agosto, a grande imprensa reverberou a posicionamento da Igreja Católica sobre o conflito em curso. Destacou, em manchete de primeira página, a intervenção da Confederação Nacional dos Bispos do Brasil em apoio à CPMI e em oposição ao governo Collor, por contrariar os padrões éticos que a democracia exigia. Diz a nota da CNBB que "um sistema democrático essencialmente ético não é compatível com privilégios, corporativismos, vantagens fora da lei, clientelismo, fisiologismo, manipulação de informação [...] a sociedade de quem tanto sacrifício se tem exigido em nome da estabilidade econômica, não suporta mais conviver com o espetáculo constante dos desvios de recursos públicos para enriquecimentos ilícitos".[41]

Dom Luciano Mendes de Almeida, presidente da CNBB, foi *além das palavras*; a elas juntou o gesto: a nota da entidade de cúpula da Igreja no Brasil foi entregue não ao presidente da República, constitucionalmente a principal autoridade do Estado; foi entregue ao senador Mauro Benevides, presidente do Congresso Nacional, o poder que abrigava as forças contestadoras da esfera político-institucional e que aspirava ser, ele mesmo, o juiz do chefe de Estado. A balança do poder político nacional continuava se movendo em favor do Congresso e a Igreja Católica apoiava explicitamente esta inflexão.

[41] Cf. *Folha de S. Paulo*, 11/8/1992, pp. 1-1 e 1-7.

As forças governistas: dilemas, fraturas e desagregação

Ao passo que, na primeira metade de agosto, a coalizão de oposição a Collor definiu-se claramente como pró-impeachment e foi se expandindo conforme diretrizes claras, a coalizão governista perdeu coesão, adeptos e, principalmente, uma diretriz política nítida que superasse os dilemas que afetavam a capacidade de decisão do seu núcleo dirigente e, em especial, do próprio presidente da República.

Tais dilemas tinham origem em tensão inerente ao próprio governo Collor. De um lado, o governo era "modernizador", "liberalizante", condutor do Brasil para o "Primeiro Mundo"; quer dizer, economicamente, ia *além* do que está inscrito na Constituição. De outro lado, o governo dava proeminência máxima ao Executivo e a seu chefe eleito, desvalorizando o Legislativo, o Judiciário e as organizações autônomas dos trabalhadores e, mesmo, do empresariado; quer dizer, politicamente, ficava *aquém* do que as correntes que lideraram o processo de democratização esperavam do regime constitucionalizado em 1988. Com efeito, do ponto de vista econômico, seu governo divergia da orientação nacional-desenvolvimentista da Constituição de 1988, dando um sentido liberalizante à ação do Estado. Para isso, contava em geral com o apoio da maioria dos parlamentares, embora isso não chegasse a permitir reformas constitucionais. O governo insistia, porém, neste último tipo de reforma, o que fragilizava sua capacidade de liderar a maioria. Ademais, este programa reformista tinha como condição, posta pelo próprio governo, uma política de estabilização que vinha produzindo acentuada recessão e desemprego. Dessa maneira, o programa econômico, ele mesmo, criava tensões políticas notáveis. No plano político, o Executivo se impôs ao Congresso de forma agressiva, com o presidente depreciando os partidos e monopolizando a política governamental, usando de forma intensiva todos os poderes legislativos a ele concedidos pela Constituição de 1988, sem se preocupar em formar maioria orgânica no Congresso. É verdade que, no segundo ano de mandato, o governo redefiniu seu comportamento em função do desgaste produzido pela ineficácia de sua política e, especificamente, pela resistência do Legislativo a seu comando. Mas, a despeito de ter evitado ao máximo legislar por medidas provisórias, a postura em relação ao Legislativo não se alterou substancialmente. Manteve seu padrão voluntarista de conduta: continuou compartilhando pouco os recursos com seus apoiadores no Congresso e a contar com maiorias parlamentares *ad hoc* para vencer; e propôs uma agenda de reformas liberais tão ambiciosa em relação às possibilidades políticas de aprovação que não foi sequer incorporada como prioridade pelo Congresso. Tudo isso, além dos resultados negativos de sua política econômica, favoreceu a atuação da oposição parlamentar e contribuiu decisivamente para a crise governamental de janeiro de 1992.

O "ministério dos notáveis", nomeado em abril de 1992, superou a crise política e a tensão inerente ao governo Collor, pelo menos temporariamente. Collor decidiu, finalmente, incorporar os partidos ao Executivo, embora não o tenha realizado plenamente. Fez do PFL o eixo da nova equipe, "limpou" o ministério dos maiores suspeitos de corrupção e dos praticantes mais óbvios de patrimonialismo; eles foram substituídos por ministros considerados "competentes" nas suas áreas e não atingidos por acusações de corrupção. Pelo menos, assim o "ministério dos notáveis" foi apresentado à opinião pública. Com o novo ministério, o governo, além de modernizador, tornara-se honesto e competente. Com a entrada do PFL para o governo e a atribuição de alguns cargos, ministeriais e de segundo escalão, a outros partidos cujos parlamentares lhe davam apoio, melhorou seguramente a base e a articulação parlamentar governista.

De fato, com a reforma ministerial, Collor ganhou pontos decisivos na batalha simbólica e avançou politicamente; mas, como antes sublinhei, o governo não conseguiu maioria orgânica no Congresso — quer dizer, baseada em coalizão partidária. O mais importante, porém, do ângulo que aqui interessa, é que Collor teve sua atuação pessoal constrangida com o novo ministério, em função da "competência" específica, a "honradez" e "experiência" com que fora retratado cada ministro. Tais qualidades, reais e/ou atribuídas aos novos ministros, restringiram as possibilidades de o presidente impor, como antes, a seus ministros ações que eles considerassem inadequadas.

De abril em diante, era o Collor modernizador que se relacionava com o ministério; o Collor patrimonialista dispunha de poucas alavancas de comando no governo — o Banco do Brasil, a Caixa Econômica Federal, a Secretaria de Governo, o Ministério da Ação Social, a Secretaria de Desenvolvimento Regional e pouco mais. Assim sendo, ao longo das investigações da Comissão Parlamentar Mista de Inquérito, a máquina federal não foi usada ao arbítrio do presidente em sua própria defesa. Não se pode deduzir daí que ele não desejasse fazê-lo, mas, sim, que incorreria em custos políticos se tentasse este tipo de interferência. Com efeito, provavelmente haveria dificuldade de pedir atitudes pouco republicanas a alguns ministros com quem o presidente não tinha relação mais do que profissional. Acresce que havia na "máquina administrativa" muito pouca disposição para este tipo de intervenção, pois a tentativa de "reforma administrativa" no início do governo produzira grande animosidade do funcionalismo em relação ao presidente. A estes constrangimentos políticos pode-se adicionar talvez a já alegada arrogância de Fernando Collor, que talvez se imaginasse inatingível, quaisquer que fossem os resultados da investigação.

De qualquer modo, a CPMI pediu e obteve acesso às transações bancárias que desejava, sem que ocorressem recusas ou, mesmo, escusas em função de eventuais extravios de documentos. Os mencionados constrangimentos políticos tiveram efeitos até na rotina governamental. Por exemplo, a "reunião das 9h", na qual os ministros e secretários mais próximos do presidente deviam discutir os problemas políticos urgentes, se transformou, segundo um auxiliar de primeira hora de Collor, no "Conselho Federal da Suíça", cego à luta política imediata, que ameaçava o próprio chefe de Estado.[42]

[42] A expressão irônica foi atribuída a Marcos Coimbra, cunhado e se-

A duplicidade do governo Collor — "modernizador" e "ligado ao particularismo e à corrupção" — que parecera superada, em abril, com a exclusão da "República de Alagoas" do ministério, reapareceu com novo significado desde os últimos dias de julho. A divulgação da documentação que conectava PC Farias a Fernando Collor e sua família e o fracasso da "Operação Uruguai" repuseram a duplicidade, mas sob forma de um dilema com *novo conteúdo simbólico*, aquele que orientava o movimento de oposição.

De fato, o *quadro simbólico* dentro do qual operavam as organizações sociais e os partidos de centro-esquerda *foi se impondo e se projetou sobre o ministério*, de modo que ele passou a ser qualificado — e a se qualificar — *menos segundo o duplo sinal positivo "modernizador e notável" e mais à luz da polarização de ético/não ético, republicano/não republicano, democrático/corrupto*, verso e reverso da ética republicana.

Este avanço da oposição à Collor nos planos político e simbólico começou a produzir efeitos políticos significativos sobre o primeiro escalão do governo e sobre a autoridade que o presidente da República exercia em relação a ele. Exacerbou-se para cada ministro o perigo do "notável" converter-se, no mínimo, em "conivente" —, de deixar de ser visto como extraordinariamente capaz de formular e cumprir, em seu setor, um programa de modernização do país para ser considerado mero auxiliar imediato de um chefe de governo que lutava por sua sobrevivência política, em meio a um escândalo de corrupção.

Depois do fracasso da "Operação Uruguai", a certeza de que a CPMI acusaria Collor no seu relatório de crimes passíveis de impeachment dramatizou os dilemas experimentados pelo presidente e seu ministério. Só restaria ao governo lutar para manter mais de 1/3 dos votos na Câmara dos Deputados, de modo a impedir o julgamento de Collor pelo Senado. Sua prioridade foi definida: *a sobrevivência do presidente e do governo pela distribui-*

cretário-geral da Presidência da República. Cf. Cláudio Humberto Rosa e Silva, *op. cit.*, p. 359.

ção de recursos solicitados pelos parlamentares.[43] Parecia naquele momento ser esta uma estratégia capaz de preservar o presidente no posto, já que a maioria dos governistas ainda mantinha-se fiel[44] e havia recursos da administração direta e créditos da CEF e do Banco do Brasil para distribuir. Ademais, a oposição ainda não mostrara capacidade de mobilização popular que pudesse pressionar os parlamentares; e mesmo quando ela ocorrera no passado, como na campanha das Diretas-Já, em 1984, fora possível bloquear os seus efeitos sobre o Congresso, derrotando a emenda Dante de Oliveira.

Mas esta ênfase nas liberações de verbas, ao modo "clientelista", não encontraria limites na política de contenção fiscal do ministro da Economia? Não implicaria abandonar de vez a imagem de respeitabilidade do "ministério dos notáveis"? Os efeitos negativos desta guinada "pragmática" não seriam mais importantes que as vantagens produzidas para a preservação da coalizão governista?

Desde o final de julho, a definição estratégica do governo — usar todos os recursos materiais à disposição para segurar a base parlamentar e os aliados — começou produzir desfalques na equipe de Collor. O secretário de Imprensa, Pedro Luiz Rodrigues, substituto de Cláudio Humberto desde abril de 1992, demitiu-se por ter sofrido descompostura do presidente Collor em razão de distribuição das verbas publicitárias do governo. Ele foi criticado por alocar recursos para veículos de comunicação considerados

43 Esta posição, sugerida por Jorge Bornhausen, "oficializou-se" em reunião ministerial de 31 de julho, sábado. Cf. *Banco de Dados POLI*, eventos 009 de 31/7/1992 e 029 de 31/7/1992. Consultar também José Nêumanne, *op. cit.*, pp. 203-4. A ordem foi de atender aos "pleitos" dos deputados e permitir que eles "faturassem" politicamente com as decisões do governo. Na reunião, o ministro Ricardo Fiúza, do Ministério da Ação Social, foi claro: só se evitarão os 2/3 "se o governo conceder mais verbas". Cf. *Banco de Dados POLI*, evento 029 de 31/7/1993.

44 No início de agosto, o líder Luís Eduardo Magalhães calculava que 70% da bancada do PFL estava firme com o governo; os 30% restantes tinham posições "rebeldes". Cf. Alberto Tosi Rodrigues, *op. cit.*, p. 213.

"inimigos" do governo, quer dizer, favoráveis ao impeachment. O secretário alegou ter distribuído as verbas segundo critérios "técnicos" — e, para a oposição, "republicanos" — obedientes às proporções de público atingidas pelos veículos de comunicação.[45]

Em seguida, o ministério perdeu o físico José Goldemberg, que se demitiu em 3 de agosto alegando, em entrevistas posteriores, não sentir-se à vontade participando de um governo acusado de corrupção. "A imagem de um governo com princípios éticos está sendo destroçada no dia a dia do atual governo. O governo está mais preocupado com sua sobrevivência do que em ajudar o povo."[46] Alegou que teria "entrado em atrito com os setores fisiológicos do Congresso, principalmente o PFL". Mencionou também "o PRN, o PDS e mesmo alguns do PMDB" que teriam feito "pedidos absurdos".[47] A imprensa de oposição — a *Folha de S. Paulo* e *O Estado de S. Paulo* — identificou de imediato a possibilidade desta demissão elevar o risco de outros ministros "éticos" — os da Justiça, da Economia, das Relações Exteriores, da Saúde etc. — abandonarem o governo, exacerbando a crise.

A substituição de Goldemberg por Eraldo Tinoco (PFL-BA), ligado ao governador baiano Antônio Carlos Magalhães, deu provisoriamente mais força para a ala do governo Collor que propugnava uma reforma ministerial para atender melhor os aliados, em nome da "sobrevivência" do governo. Esta vitória estimulou Antônio Carlos Magalhães e seus liderados a desencadear pressões

[45] O secretário de Imprensa pediu demissão no dia 28 de julho, depois do depoimento de Cláudio Vieira sobre a "Operação Uruguai", embora a grande imprensa só o tenha noticiado no dia 2/8/1992. Cf. *Banco de Dados POLI*, evento 001 de 28/7/1992.

[46] Em reunião ministerial de 3 de agosto. Cf. *Banco de Dados POLI*, evento 021 de 3/8/1992.

[47] Seu mal-estar em manter-se no ministério decorria também de participar de um governo politicamente dissociado do meio científico e acadêmico — recorde-se a manifestação de oposição da SBPC, o que "ameaçava" esvaziar sua condição de liderança reconhecida no meio. Ainda mais porque a SBPC já havia se associado ao Movimento pela Ética na Política.

destinadas a substituir o ministro da Economia, Marcílio Marques Moreira. Este estaria prejudicando o país com sua política recessiva e ineficaz para baixar a inflação, que oscilava em torno de 20% ao mês. Pelo menos uma parte do empresariado, nucleado na FIESP, enunciou as mesmas críticas, demandando estímulos ao crescimento "se possível com Marcílio".[48] Embora a acusação do governador baiano não fosse despropositada, a objeção central, obviamente, era estar o ministro, em nome do "ajuste fiscal", "segurando" as liberações de verbas necessárias à satisfação das demandas dos políticos aliados. Na mesma linha, "vazava-se" pela imprensa que o presidente passaria a exigir que o ministério "vestisse a camisa" do governo, agindo para protegê-lo.

Esta manobra política — em direção a um padrão mais clientelista de governo — não foi bem-sucedida, mas revelou como a instabilidade política restringira a capacidade de comando do presidente da República, até sobre o seu ministério.

Em primeiro lugar, a cobertura da imprensa mostrou que o presidente perdera muito de sua capacidade de manipular símbolos políticos. *Competência*, *previsibilidade* e *modernidade* — estas eram as marcas simbólicas do ministro Marcílio — foram *associadas pela imprensa, agora, à ética* com que foi revestida a ortodoxia que o fazia resistir ao assalto aos cofres públicos e acabaram deixando de ser apenas parte do marketing com que o presidente Collor vestiu a reforma ministerial de abril. Elas foram absorvidas como demandas da oposição no momento do aprofundamento da crise política. A substituição do ministro da Economia, em movida destinada a facilitar a "liberação de verbas" para os aliados, identificada ao mandonismo e clientelismo tradicionais, materializaria, agora, em meio à crise política, as acusações de "pouco ético" que faziam ao presidente da República, produzindo perdas no plano simbólico e, consequentemente, político. Havia, de fato, o risco de

[48] Declaração de Mario Amato, presidente da FIESP, depois de reunião do Conselho Superior de Economia da entidade. Cf. *Banco de Dados POLI*, evento 020 de 5/8/1992.

uma parte do ministério — a dos ministros ditos "éticos" — abandonar o governo, caso a guinada clientelista se completasse.

Em segundo lugar, Collor decidiu recuar em função das prováveis consequências negativas para sua base de sustentação político-partidária. Com efeito, se a manobra sugerida por Antônio Carlos Magalhães fosse levada avante, isso seria interpretado como aceitação do predomínio do governador baiano sobre o governo, o que poderia resultar em perda de outros apoios políticos com que o governo contava, como o de Leonel Brizola (e de parlamentares do PDT) e talvez o da ala do PFL não vinculada ao governador baiano.[49]

Todavia, o sinal mais relevante do esvaziamento do poder presidencial foi a intervenção militar na questão. Com efeito, os ministros militares saíram em defesa do responsável pelo Ministério da Economia, temendo a possível desordem que poderia sobrevir em função de sua demissão.[50] Tais pressões *sinalizaram que as Forças Armadas ultrapassaram a condição de "neutralidade" perante as forças políticas em confronto*. Com efeito, elas já haviam subtraído do presidente — em julho último — a possibilidade de usar a ameaça da força contra seus contendores; *agora, elas indicavam haver limites para o uso dos recursos políticos* — como a

[49] Refiro-me à corrente política que no fim do regime militar de 1964-1985 separou-se do núcleo do PDS — incluindo parlamentares como o senador Marco Maciel, o ex-senador Jorge Bornhausen, o vice-presidente Aureliano Chaves — para formar a Frente Liberal. Recorde-se que esta fração partidária aliou-se ao PMDB para apoiar a eleição, em 1985, do ex-governador mineiro Tancredo Neves à Presidência da República. Na época, o senador José Sarney fazia parte desta corrente. Posteriormente, a Frente Liberal converteu-se em partido, com o mesmo nome.

[50] Embora o *Jornal do Brasil*, ainda favorável a Fernando Collor, tenha informado que fora a pedido do presidente que os ministros militares se tinham reunido com Marcílio Marques Moreira no dia 4 de agosto para pedir-lhe que resistisse às pressões e se mantivesse no cargo, Jorge Bornhausen, secretário de Governo, reuniu-se com os ministros militares, a pedido de Collor, para assegurar-lhes que o Planalto não desejava a saída de Marcílio. Cf. *Banco de Dados POLI*, eventos 003 e 021 de 6/8/1992.

substituição de ministros — que legalmente estavam à disposição da Presidência. Com isso, pelo menos alguns dos ministros não poderiam mais ser substituídos sem ultrapassar a oposição militar.[51] Os ministros militares aproveitaram, ademais, a fragilidade do poder presidencial para arrancar de Collor um reajuste significativo na remuneração das Forças Armadas.[52]

Em suma, a despeito do comando político governista considerar que a sobrevivência do governo dependia de uma ênfase nas políticas clientelistas tradicionais, as pressões militares em favor de Marcílio Marques Moreira e os sinais de que sua saída poderia produzir rachaduras na "coalizão" política governista indicavam que *o presidente da República, naquela fase da luta política, já perdera parte de sua capacidade de comandar a própria equipe de governo*. Uma movida do presidente em uma direção, fortalecendo uma parte de seus aliados, ameaçava fragilizar o outro lado, anulando o ganho lá obtido e, no limite, reduzindo a "coalizão" de sustentação ao governo.

Além destas restrições à capacidade do presidente de exercer o poder, a coalizão governista e o presidente Collor foram atingidos por desafios e perdas políticas muito significativos nesta primeira metade de agosto. De um lado, as manifestações de massa ocorridas nos dias 7, 8 e 11 de agosto mostraram que a oposição tinha, pelo menos, alguma possibilidade de intensificar a mobilização popular em favor do impeachment. Caso conseguisse fazê-lo, as consequências poderiam ser bastante negativas para a coalizão governista, especialmente em função das eleições municipais de outubro.

De outro lado, ocorreram defecções importantes nas hostes governistas. A família Sarney — carregando gente do PMDB e do

[51] A *Folha de S. Paulo* noticiou que os militares também haviam, no final de julho, evitado que o ministro da Justiça, Célio Borja, se demitisse, pedindo que ficasse em nome da "governabilidade". O ministro desmentiu a notícia. Cf. *Banco de Dados POLI*, evento 029 de 6/8/1992.

[52] Reajuste significativo mas insuficiente para atender às demandas de isonomia dos militares. Cf. *Banco de Dados POLI*, evento 014 de 6/8/1992.

PFL — declarou abertamente que votaria pelo impeachment do presidente; o governador de Pernambuco, Joaquim Francisco, do PFL, retirou seu apoio a Collor; e parte do pequeno Partido Social Cristão (PSC) dissociou-se da base governista. Temeroso de perder quadros importantes — os do Maranhão, vinculados a Sarney, e os de Pernambuco, ligados a Joaquim Francisco —, o PFL decidiu, extraoficial mas seguramente, que não fecharia questão contra o impeachment. O próprio governador da Bahia, Antônio Carlos Magalhães, aliado proeminente do presidente, afirmou que o PFL não apoiaria incondicionalmente Collor qualquer que fosse o resultado da CPMI.[53] Dessa forma, o "dispositivo" parlamentar de proteção a Collor sofreu perdas muito significativas, bandeando-se uma parte dele para a oposição.

O estreitamento da margem de manobra de Collor e o enfraquecimento da coalizão governista teve impacto até mesmo sobre a deferência com que o presidente da República, topo da hierarquia dos homens públicos, costuma ser tratado pelos que exercem funções públicas: na cerimônia em que Collor recebeu os cumprimentos pelo seu aniversário (12 de agosto) faltaram os presidentes da Câmara dos Deputados e do Senado e os ministros do Supremo Tribunal Federal (STF), à exceção de seu primo, Marco Aurélio Mello; e, dentre os 26 governadores da Federação, apenas 8, do Norte e do Nordeste, foram saudá-lo.[54] Foi gritante a diferença em relação à comemoração pública do seu aniversário no ano anterior, 1991.[55]

O presidente parecia estar encurralado. Multiplicavam-se os sinais de fragilidade política da coalizão governista e a oposição

[53] Cf. *Folha de S. Paulo*, 13/8/1992, p. 1-4, e 14/8/1992, p. 1-5.

[54] Cf. *Folha de S. Paulo*, 13/8/1992, p. 1-6. O aniversário de Fernando Collor foi comemorado, porém, antecipadamente, com missa e grande jantar *privado* na Casa da Dinda, para 90 convidados, entre políticos, ministros e líderes do governo no Congresso. Cf. *Banco de Dados POLI*, evento 007 de 9/8/1992.

[55] Consultar capítulo 3 deste livro.

começara a mostrar alguma capacidade de mobilização de massa contra ele.

Foi nessas circunstâncias que, ao anoitecer de 13 de agosto, uma quinta-feira, Fernando Collor se dirigiu ao evento preparado em Brasília pela Caixa Econômica Federal para marcar a concessão de isenção de impostos aos taxistas na compra de carros. O presidente discursaria para uma audiência favorável de representantes de uma categoria profissional satisfeita com os benefícios que receberia.

7. UM MÊS E MEIO DE CRISE

Na noite de quinta-feira, 13 de agosto, o presidente compareceu ao ato oficial em que se anunciaria incentivos fiscais para os taxistas. Políticos ligados ao presidente, funcionários e cerca de 1.500 taxistas, trazidos a Brasília pela Caixa Econômica Federal, lotavam o salão em que se daria a cerimônia, no próprio Palácio do Planalto.

Chamado ao palanque, Fernando Collor pronunciou discurso, no estilo da campanha presidencial de 1989, em que convocava a maioria da população "que o apoiava" a se mobilizar em seu favor. O pronunciamento foi um chamado para a guerra, em que o presidente Collor, exaltado, com voz rouca, de dedo em riste e esmurrando o púlpito, conclamou a "maioria silenciosa", que "trabalha e apoia o governo", a se manifestar contra a "minoria que atrapalha", o "sindicato do golpe" filiado à "central única dos conspiradores". "Temos que dar um sinal ao país", disse ele, "de que nós somos a maioria. Nós temos que mostrar ao país que *nossas cores são as cores de nossa bandeira: verde, amarelo, azul e branco*". A resposta popular que esperava seria, assim, uma manifestação de brasilidade. E prosseguiu pedindo que "todo o Brasil" "[...] *vá às ruas no próximo domingo vestindo as cores da bandeira* para mostrar onde está a verdadeira maioria. Está na minha gente, no meu povo, nos pés descalços [...] naquele por quem fui eleito e para quem estarei governando até o último dia do meu mandato".[1]

[1] *Folha de S. Paulo*, 14/8/1992, p. 1-6. Na edição do mesmo dia de *O Estado de S. Paulo*, a convocação do presidente à população para que fosse às ruas foi a manchete principal. Os dois jornais enfatizaram que o discurso

A maioria de 35 milhões de votantes, tão presente nos pronunciamentos de Collor como legitimadora de seu programa de governo, teria agora que deixar a condição de *referência passiva*, instrumento retórico, para entrar ativamente em cena. A onda de defecções entre os seus aliados, *dentro* do campo político, levou-o a convocar os de *fora* dele, a "maioria silenciosa", para se manifestar em seu favor no domingo. Se ela se apresentasse de verde e amarelo seria possível resistir à maré montante oposicionista, interromper as defecções na coalizão que o sustentava e, quem sabe, reconquistar parlamentares hesitantes ou que pareciam perdidos. O discurso foi iniciativa ousada — alguns a julgaram até temerária — de ampliação do campo de batalha, com a inclusão de novos atores na luta política que então se travava.

Com efeito, ao chamar para o jogo político cidadãos que — à exceção dos períodos eleitorais — não participavam do campo político-institucional, Collor legitimou as manifestações de rua, a ampliação do campo de luta política, algo que a coalizão de centro-esquerda já se esforçava por fazer. O presidente cometeu, diante de uma multidão de taxistas e do público dos meios de comunicação, a ousadia de desafiar, implicitamente, os seus adversários: quem de fato tinha a seu lado a maioria da população? A coalizão de centro-esquerda teria condições de fazer frente à eventual mobilização popular convocada pelo presidente e líder do grupo governante? Qual das coalizões, enfim, mostraria maior capacidade de mobilização e, por esta via, mais apoio popular?

Mobilização social, vitória parlamentar e "deposição branca"

As indagações feitas acima apenas dramatizam, do ângulo dos principais atores em luta, a *aceleração do tempo* e a *ampliação do espaço* políticos implícitos no desafio lançado à oposição na-

foi feito "de improviso". Mas o texto foi distribuído aos jornalistas. Melhor dizer, talvez, que foi "inesperado" pela maioria.

quela noite de quinta-feira. Ao convocar a massa da população para apoiá-lo nas ruas contra os adversários — golpistas, segundo dizia — o presidente produziu efeitos negativos para a própria posição política. Já os mencionei, mas há que examiná-los mais de perto. Primeiro, convocando o povo para apoiá-lo nas ruas, o presidente *legitimou a manifestação política de rua*, reforçando, inadvertidamente, os esforços de mobilização feitos pela oposição que, até aquele momento, não tinham tido sucesso marcante.[2] Exacerbou, assim, as "oportunidades políticas" para a mobilização popular, não importa o conteúdo das demandas que dela surgissem.

Em segundo lugar, o discurso desautorizou o *presidencialismo plebiscitário*, ideologia política com que justificara até aquele momento sua conduta sobranceira em relação aos demais poderes do Estado. Pedindo, *em meio ao seu mandato presidencial*, que o "povo que trabalha" confirmasse o apoio — a legitimidade — que obtivera nas urnas, Collor rompeu, inadvertidamente, com a base central daquela ideologia, que sustentava que a mera eleição majoritária dava ao governante um cheque em branco para realizar o seu programa ao longo do mandato; esta concepção fazia do presidente, diretamente eleito, representante mais legítimo da população que os parlamentares. Mas seu apelo não esvaziava apenas a suposta superioridade da Presidência da República em relação aos demais poderes. Ele reconhecia que era preciso uma intervenção popular — não eleitoral, mas manifestada nas ruas e praças públicas — para resolver uma questão que não poderia ser solucionada na esfera político-institucional. Ou, pelo menos, não podia ser resolvida em favor do presidente, então sob ameaça considerável do Poder Legislativo.[3] Só um sucesso significativo da convoca-

[2] O jornal *O Estado de S. Paulo*, em editorial, criticou fortemente o presidente por ter aceito o desafio de enfrentar nas ruas os adversários, ajudando a romper a fronteira que separava os atores autorizados a fazer política dos demais. Cf. *O Estado de S. Paulo*, 16/9/1992, p. 3. No dia anterior, o jornal já havia reagido fortemente ao discurso do presidente.

[3] Os sinais de desagregação da base parlamentar do governo eram crescentes. Recorde-se alguns dos últimos: a Comissão Executiva do PSC — Par-

ção poderia conter ou reverter *de fato* o esvaziamento da autoridade presidencial e reiterar, embora por vias tortas, sua legitimidade como governante, pois a derivada das urnas já estava em xeque.

Ao propor esta ampliação dos limites usuais da política, o presidente obrigava seus adversários, mas também a própria coalizão, a mostrarem o apoio popular com que contavam. Em menos de três dias, da noite de quinta-feira até o domingo, uns e outros teriam que apresentar suas armas, os recursos de mobilização popular de que dispunham para o confronto. É verdade que a coalizão de centro-esquerda não tivera a iniciativa de anunciar ou convocar uma manifestação de massa no domingo. Mas, ainda que Collor não tivesse sucesso em vestir o domingo de verde-amarelo, a ausência da oposição nas ruas daria um sinal de fraqueza das forças parlamentares que o confrontavam. Dessa forma, era preciso, sim, que a oposição estivesse presente no domingo — e de forma marcante.

O desafio do presidente foi ainda mais significativo porque feito com a apropriação das cores nacionais, o *verde* e o *amarelo*, que desde a campanha das Diretas-Já vinham sendo associadas ao movimento de democratização. Assim, a oposição de centro-esquerda, que apresentava suas demandas em nome do aprofundamento do processo de democratização, perdeu momentaneamente, pelo menos, a marca costumeira — o verde e o amarelo — com que associava o *nacional* com o *democrático*.

Em suma, caso as manifestações populares favorecessem o presidente, era possível antever uma redução na intensidade do movimento pró-impeachment, uma acentuação das dúvidas em relação à relevância dos resultados das pesquisas de opinião, um reforço das avaliações pessimistas sobre o tamanho das manifestações de massa contrárias a Collor e, no mínimo, uma redução na migração de situacionistas para a órbita da coalizão de centro-esquerda.

tido Social Cristão —, da coalizão partidária (junto com o PRN e o PTR), manifestara-se a favor do impeachment no dia 11 de agosto, e a família Sarney fez o mesmo no dia 13 de agosto.

Diante do discurso, as reações dos aliados mais próximos ao presidente foram um misto de espanto com o chamado surpreendente que continha e de desânimo em relação às possibilidades de viabilizar as manifestações populares solicitadas.[4] Não era para menos. Havia vários sinais de que seria muito difícil àquelas alturas de seu mandato uma confirmação da vontade popular, como a desejada por Fernando Collor. Não se tratava, apenas, do movimento de opinião que, como se viu, rejeitava o seu governo. O presidente podia contar, quando muito, com partidos congressuais, sem enraizamento relevante em setores sociais que pudessem levar muita gente às ruas. A relação de Fernando Collor com a população sempre foi unilateral e mediada pelos meios de comunicação. Com efeito, desde a posse, o presidente da República confiara no seu próprio desempenho como comunicador e nos recursos legais de que dispunha — como o uso de redes nacionais obrigatórias de rádio e televisão — para obter apoio popular difuso e reforçar a lealdade dos políticos de inclinação econômica liberal e/ou politicamente conservadores que simpatizavam com seu governo.

Dessa forma, ainda que uma parte da população mantivesse simpatias pelo presidente e sua administração, a coalizão governista — além de inorgânica — quase não dispunha de estruturas de mobilização (associações, sindicatos ou outras formas de organização coletiva) que tivessem capilaridade para levar às ruas os seus filiados nem redes de relacionamento. Ademais, a não ser que convocasse uma rede nacional de rádio e televisão, dificilmente poderia reforçar sua convocação à população pela televisão ou pela grande imprensa pois estas, especialmente a última, já faziam parte do movimento em favor do seu impeachment.

A oposição, ao invés, tinha melhores condições de responder nas ruas ao desafio do presidente. Não que isso fosse fácil. Pelo contrário, era difícil mobilizar de uma hora para a outra um grande número de pessoas, pelo menos em maior quantidade do que se imaginava que conseguiria o governo. Ademais, como já men-

[4] Consultar, em relação às referidas reações, Mario Sergio Conti, *Notícias do Planalto*, cit., pp. 648-9.

cionei, a oposição já não podia contar, desde o discurso de Collor, com parte do repertório usual das mobilizações ocorridas desde os anos 1980, o verde e amarelo da bandeira, o símbolo da nação associada à exigência de democracia.

Entretanto, a oposição tinha a seu favor a opinião da maioria da população. Além disso, a coalizão de centro-esquerda contava — especialmente o PT e os partidos de esquerda — com extensas estruturas de mobilização, dos sindicatos, entidades estudantis, organizações religiosas e de classe média profissional. Por fim, ela podia contar também com o apoio de parte da grande imprensa, muito favorável à destituição ou renúncia do presidente.[5]

Desde sexta-feira, dia seguinte ao discurso, as lideranças dos partidos da coalizão de centro-esquerda decidiram aceitar o desafio do presidente e suas estruturas de mobilização foram acionadas — com o auxílio da imprensa — para conseguir o maior número de manifestações e manifestantes no domingo (16 de agosto). Os manifestantes portariam bandeiras e faixas com as cores nacionais (para não aceitar sua expropriação por Collor) atravessadas por dizeres em preto, a marca do luto, contra Collor, ou, então, se vestiriam de preto ou com tarjas negras.[6] A iniciativa teve a marca da urgência e do improviso.

Neste mesmo dia 14 de agosto, enquanto as lideranças de oposição e de organizações afins articulavam manifestações para o domingo, o movimento contra Collor foi reforçado por um grande protesto popular no centro do Rio de Janeiro. O protesto fora preparado com bastante antecedência por quase duas dezenas de entidades ligadas ao MEP — OAB, ABI, UNE, UBES, CUT, CGT, sindicatos etc. — e partidos políticos de oposição. O PDT e o governador Leonel Brizola não participaram. A partir das 17h30

[5] As condições eram melhores para a oposição, ainda que o MEP tenha decidido não participar oficialmente das manifestações, embora seus participantes pudessem fazê-lo se assim o desejassem.

[6] Pelos relatos da imprensa, o deputado petista José Dirceu (PT-SP), membro da CPMI, esteve no centro das articulações das oposições para a mobilização do domingo. Cf. *Folha de S. Paulo*, 15/8/1992, p. 1-6.

cerca de 10 mil manifestantes — que incluíam estudantes universitários, jovens secundaristas, levados por seus grêmios escolares, alas de funcionários de várias estatais, como Banco do Brasil, Petrobras e outras, políticos em campanha eleitoral, artistas conhecidos de TV, grupos fantasiados como "Ratazanas do Planalto" e populares que saíam do trabalho — fizeram passeata na avenida Rio Branco entre a Candelária e a Cinelândia. A maioria dos estudantes desfilou com tiras pretas amarradas no braço, indicando que a ideia do luto se disseminara rapidamente.[7]

Na mesma sexta, *sinalizando uma sutil mudança de posição política*, o *Jornal Nacional*, principal noticiário da Rede Globo de Televisão, mostrou com imagens simpáticas — e isenção, segundo a *Folha de S. Paulo* — a grande mobilização que ocorrera pouco antes no Rio de Janeiro.[8] No dia seguinte, além de constar do noticiário dos jornais diários, de circulação estadual, a manifestação carioca ganhou a matéria de capa da *Veja*. Este semanário — com circulação nacional de cerca de 800 mil exemplares — surgiu nas bancas com a manchete "Anjos rebeldes — Colegiais na rua pedem a saída de Collor", apontando para uma matéria que dava conta das mobilizações populares de agosto, principalmente a que ocorrera no Rio de Janeiro no dia anterior, sexta-feira.[9]

Com a cobertura da Globo na sexta-feira e a matéria de capa da *Veja*, o protesto de rua contra Collor produziu *impacto nacional* — não só sobre as camadas médias do país, consumidoras do semanário, mas sobre milhões de espectadores, inclusive das classes populares, que assistiam ao *Jornal Nacional*, líder de audiência entre os telenoticiários. Dessa forma, se a passeata do dia 12 de agosto em São Paulo foi marcada pela entrada em massa dos estudantes na cena política e pelo assentimento das autoridades estaduais e municipais em relação ao protesto de rua, a manifestação

[7] O número de manifestantes calculado pela PM foi surpreendente, segundo declararam os organizadores. Cf. *Folha de S. Paulo*, 15/8/1992, pp. 1-1 e 1-5; *O Globo*, 15/8/1992, p. 3; e *Veja*, 19/8/1992.

[8] Cf. *Folha de S. Paulo*, 15/8/1992, p. 1-5.

[9] Cf. *Veja*, 19/8/1992.

ocorrida no Rio no dia 14 de agosto reverberou nacionalmente em função da cobertura que teve dos meios de comunicação.

Além destas manifestações de protesto favorecerem o ânimo participativo (misturando acusações, ironia e achincalhe), ao convocar as manifestações para o dia 16 de agosto a coalizão partidária de centro-esquerda teve ao seu lado, talvez mais do que esperava, uma parte significativa da imprensa. No sábado, 15 de agosto, a tarja preta e o editorial de primeira página da *Folha de S. Paulo*, intitulado "Luto", consolidou e disseminou esta interpretação e convocou os leitores para as manifestações de domingo. Afirmava o editorial: "Generaliza-se a ideia de usar a cor negra como expressão do descontentamento, protesto, da rebeldia contra um governo desmoralizado [...]. Mais do que isso trata-se de enunciar o sentimento que predomina neste instante: o luto. Luto pela destruição dos mais elementares padrões de ética administrativa. Luto por uma República entregue à desfaçatez de oportunistas e aventureiros; luto pelo espetáculo de prepotência, de fisiologismo, de irresponsabilidade que se armou em Brasília".[10] A *Folha* fez mais do que isso: orientou seus leitores quanto aos lugares onde haveria manifestações contra Collor.

Estava-se, agora, no limite de uma nova conjuntura política.

O domingo, 16 de agosto, dia da "Batalha das Cores", amanheceu ensolarado. Pelas 11 horas, Collor foi correr em companhia de dois judocas bem-sucedidos nas Olimpíadas de Barcelona. Com isso, não inovava no seu repertório. Ainda assim, a disposição física e a força atlética procuravam produzir representações que contrariassem o clima político que enfraquecia o presidente. No entanto, sua débil capacidade de mobilização popular encarregou-se de repor as coisas em seu lugar: atendendo ao chamado de Collor, reuniram-se em frente da Casa da Dinda umas trezentas pessoas vestidas de verde e amarelo, recrutadas entre servidores públicos de repartições de Brasília.[11] Era uma primeira mostra de

[10] Cf. *Folha de S. Paulo*, 15/8/1992 pp. 1-1 e 1-5.

[11] Cf. A. T. Rodrigues, *Brasil de Fernando a Fernando*, cit., p. 219.

que o presidente não podia contar com grandes manifestações de massa em seu favor.

Fazendo contraponto a isso, na mesma manhã, em Brasília, manifestantes contrários a Collor assediaram sua residência, precisando ser contidos pela Polícia Militar com cordões de isolamento. De qualquer maneira, "em Brasília, uma 'carreata' em que predominava o negro saiu pelas ruas da capital, logo pela manhã, com 15 mil veículos em fila dupla (segundo os organizadores) ou 8 mil, segundo o Detran [Departamento Estadual de Trânsito] [...]. No Rio de Janeiro, manifestantes com roupas e fantasias negras ocuparam a orla da Zona Sul, em uma passeata de dez quilômetros, do Leme ao Leblon. Antes da caminhada [de 10 mil pessoas, segundo a PM], um comboio de 200 carros com bandeiras negras percorreu alguns dos principais trechos da cidade. Em Belo Horizonte, cerca de 15 mil pessoas, segundo a PM, 'abraçaram' a Praça da Liberdade, no centro, ao final de diversos atos públicos em vários pontos da cidade. As manifestações foram organizadas por sindicatos ligados à CUT. 'A cidade está de luto. Não vi ninguém de verde-amarelo', disse o escritor Roberto Drummond. Em Santos, no litoral paulista, cerca de 500 veículos saíram em 'carreata' convocada pela prefeita Telma de Souza (PT). No Recife, 'carreata' percorreu cerca de vinte quilômetros do centro ao bairro de Boa Viagem, pedindo o impeachment de Collor. Em Salvador, cerca de mil pessoas, segundo a PM, participaram de demonstração na praia de Jaguaribe. Em São Luís, houve passeatas e 'carreatas' de preto percorrendo as praias. Em Porto Alegre, houve passeata com mil pessoas e em Vitória, 'carreata' com 500 veículos. Em São Paulo, manifestações ocorreram todo o dia em diversos pontos da cidade. Ninguém se habilitou a calcular o número de manifestantes".[12] De fato, em São Paulo foram várias as formas de protesto — carreatas,

[12] Cf. A. T. Rodrigues, *op. cit.*, pp. 219-20. O autor acrescenta no mesmo lugar, citando o jornal *Folha de S. Paulo*, que segundo o Datafolha apenas 5% dos que foram às ruas em São Paulo no domingo vestiam verde e amarelo. Os demais vestiam preto. Cf. *Banco de Dados POLI*, evento 014 de 16/8/1992. Foram noticiadas manifestações também em Florianópolis

atos públicos e passeatas — e diversos os locais em que ocorreram, embora os principais acontecessem na avenida Paulista e no Parque do Ibirapuera. Daí a dificuldade de calcular o total dos participantes. No entanto, o seu número foi elevado, considerando-se o tempo de preparação. Assim, cerca de 4 mil pessoas, na maioria estudantes secundaristas e universitários, transformaram o show da cantora Margareth Menezes, na USP, em ato público contra Collor; no centro da cidade, diante do Teatro Municipal, cerca de 5 mil pessoas compareceram ao ato público convocado pelo Sindicato dos Artistas e por uma organização de bairro.[13] A oposição conseguira, de improviso, transformar o que prometia ser uma Batalha das Cores em um Domingo Negro.

Sublinhe-se, desde logo, que o acontecimento marcante do Domingo Negro foi, antes de tudo, uma *quase ausência* — a de resposta popular verde e amarela ao apelo do presidente.

Esta ausência tornou-se, ademais, gritante em função do contraste produzido pelas manifestações contrárias a Collor. Foram elas 24, espalhadas pelo país, ao invés das poucas que ocorreram antes.[14] Mais impressionante ainda foi o número total de pessoas mobilizadas — quase 80 mil nos 16 eventos de protesto sobre os quais há informações sobre número de manifestantes; muitas pessoas mais participaram, embora não se conheça o número das que estiveram presentes nos 8 eventos adicionais que ocorreram.

Ressalte-se, outrossim, que os protestos contra Collor tiveram enorme disseminação, espalhando-se por vários estados, capitais e cidades do interior. Ainda que dispusesse de pouco tempo para enfrentar a batalha, a oposição conseguira colocar uma faixa de luto nas cores nacionais. Se os números globais foram extraordi-

(SC), Campo Grande (MS), Belém (PA), Fortaleza (CE) e São José dos Campos, Campinas e Jacareí (SP). Cf. *Folha de S. Paulo*, 17/8/1992, p. 1-6.

[13] Os dados sobre São Paulo estão conforme o jornal *Folha de S. Paulo*, 17/8/1992, p. 1-7.

[14] Levantamento da *Folha de S. Paulo* identificou 22 cidades, principalmente capitais, mas também do interior, onde ocorreram atos públicos, passeatas e carreatas. Cf. *Folha de S. Paulo*, 17/8/1992, p. 1-6.

nários, eles não foram particularmente impressionantes quanto aos participantes de cada uma das manifestações. Apenas na carreata de Brasília e na manifestação de Belo Horizonte a quantidade de manifestantes foi um destaque, 8 mil carros na primeira e 15 mil pessoas na segunda — muito maior do que os números atingidos nas manifestações anteriores de São Paulo e Rio, cidades bem mais populosas.

O sucesso da mobilização improvisada decorreu não só da decisão e das iniciativas tomadas pela coalizão político-partidária de oposição e por algumas organizações que lideravam o movimento pró-impeachment. Tais esforços — ancorados em um quadro interpretativo legitimador e extensas estruturas de mobilização — foram bem-sucedidos porque contaram também com condições muito propícias à mobilização social.

As manifestações de massa não estavam apenas embaladas no "movimento de opinião" contrário à Collor; dispunham também de exemplos anteriores a seguir, além de condições institucionais e materiais favoráveis. Desta feita, o próprio presidente da República pedira que o povo fosse às ruas, aumentando em muito as *oportunidades políticas* para a mobilização. Esta legitimação obtida do próprio adversário *acentuou o apoio* que parte relevante do *establishment* dava às manifestações contrárias ao presidente. Com efeito, os manifestantes já contavam com a ausência de repressão das forças de segurança pública controladas por governadores — ou até mesmo com o estímulo destes últimos e de prefeitos. Além desses, a própria Igreja, integrando o Movimento pela Ética na Política, reforçava a aprovação institucional à participação popular nos protestos de massa. E a grande imprensa, de forma geral, festejava as manifestações. No caso da imprensa paulista, ela até ajudou a convocar a população para que protestasse na Batalha das Cores. Além do suporte de boa parte das instituições estabelecidas, os protestos do dia 16 de agosto e os que a antecederam tiveram o suporte material dos sindicatos, partidos, organizações não governamentais e governos estaduais e/ou municipais.

O 16 de agosto marcou uma *inflexão forte* no movimento pró-impeachment. Em primeiro lugar, ele mostrou que Collor não podia contar com apoio popular significativo que se materializasse em manifestações de rua; a oposição, ao invés, se assegurou de que tinha apoio popular. Em segundo lugar, no dia 16 de agosto as manifestações se multiplicaram e se expandiram para vários estados, ganhando não só impacto midiático mas uma *abrangência mais nacional*. Em terceiro lugar, embora os protestos ainda tenham sido predominantemente de classe média, os sindicatos de trabalhadores tiveram em 16 de agosto maior destaque que em outras ocasiões, quando se encarregavam principalmente do seu suporte material.[15] É provável que a data de realização — domingo — tenha dado melhores condições para a mobilização dos trabalhadores, pois com a participação eles não perderiam o dia de trabalho e o salário correspondente.

Em quarto lugar, a espontaneidade da participação popular e a improvisação das formas de expressão dos manifestantes foram muito além dos planos e das previsões dos organizadores (partidos, sindicatos, organizações estudantis e profissionais). Relatou-se a presença de grande número de participantes espontâneos nas carreatas, passeatas e atos públicos. Improvisou-se também muitos enterros simbólicos do presidente, usou-se "adereços", fitas, faixas e bandeiras com cores negras, produzidas por encomenda de partidos e organizações ou improvisadas pelos manifestantes; foram usadas, por exemplo, em grande escala, tiras pretas amarradas nos braços, confeccionadas com sacos plásticos de lixo. Estas duas características — espontaneidade e improvisação — diferiam fortemente das manifestações de massa anteriores, embora a ocorrida no Rio de Janeiro, na sexta anterior, já mostrasse algo disso. Sublinhe-se também o uso, pelos manifestantes, da sátira, da chacota, de figuras caricatas e de textos bem-humorados contra o presidente. A "gozação", mais do que a crítica política séria, era dele-

[15] Foram sindicatos que convocaram a carreata de Brasília, a grande manifestação de Belo Horizonte e uma das manifestações de São Paulo. Sublinhe-se que estas informações são as disponíveis na *Folha de S. Paulo*. É possível que um exame de outras fontes pudesse mostrar um número maior de manifestações convocadas por sindicatos.

téria para a autoridade presidencial: mostrava que o chefe de Estado deixara de ser levado muito a sério, pelo menos para a parte da população que se identificava com os que iam às ruas.

A resposta positiva de diversos segmentos da população, principalmente de classe média, à convocação feita pelos partidos de oposição, a maior disseminação nacional do protesto coletivo e a notável participação espontânea de manifestantes na Batalha das Cores mostraram que a oposição podia contar com o apoio popular ativo para o impeachment de Collor, o que aumentava o impacto político da opção em favor ou contra o presidente sobre as forças que operavam na esfera político-institucional, especialmente na disputa eleitoral que se travava nacionalmente em torno dos postos políticos municipais.

Tudo isso contribuiu para fazer da Batalha das Cores um *evento transformador*.[16] *Evento*, no singular, diga-se logo, porque instituído desta forma pelo presidente quando convocou a manifestação, não importa que fosse constituído de múltiplos acontecimentos e ações coletivas de protesto público; a oposição a Collor também o tratou dessa forma e a imprensa sancionou sua identidade com um nome, "Domingo Negro". O evento foi, ainda, *transformador*, no sentido de que impulsionou decisivamente tanto a participação de massa na disputa política em curso como, assim fazendo, contribuiu para restringir a autonomia de funcionamento da esfera político-institucional em relação aos atores coletivos de múltiplos setores sociais que se manifestavam nas ruas. Os atores coletivos do campo político-institucional passaram a atuar tendo por referência não apenas os seus competidores usuais dentro do campo político mas também os da "sociedade mobilizada".

Quanto ao impulso produzido pelas mobilizações do Domingo Negro, o próprio sucesso alcançado e sua divulgação ampla e

[16] Encontra-se uma discussão ampla sobre a natureza dos "eventos transformadores" em Doug McAdam e William H. Sewell Jr., "It's About Time: Temporality in the Study of Social Movements and Revolutions", em Ronald R. Aminzade *et al.*, *Silence and Voice in the Study of Contentious Politics*, Nova York, Cambridge University Press, 2001, pp. 89-125.

favorável devem ter estimulado novas iniciativas. Ademais, a *reversão temporária* das diretrizes da oposição partidária contribuiu provavelmente para que o crescimento dos protestos tenha sido exponencial a partir do Domingo Negro. De fato, a coalizão partidária passou da retaguarda para a liderança da convocação, substituiu o planejamento cuidadoso e a ação controlada pela improvisação, pelo sentido de urgência e pelo incentivo generalizado. Esta reversão de diretrizes e o enorme esforço da coalizão de centro-esquerda para colocar manifestantes nas ruas devem ter tido repercussões para além do Domingo Negro. É possível também que as organizações que não conseguiram levar gente às ruas naquele dia, embora solicitadas, tenham sido impulsionadas a organizá-las mais adiante.

Os protestos que se multiplicaram pelo país a partir da Batalha das Cores foram principalmente estudantis, submetendo algumas de suas lideranças a um estonteante ritmo de viagens interestaduais e fazendo com que a direção da UNE perdesse de fato a capacidade de controlar as mobilizações. Um militante do MEP considera que a manifestação do dia 16 de agosto foi um dos dois eventos que mais impulsionaram o movimento: "o Collor pediu que o povo o apoiasse, vestindo verde e amarelo [...] e acabou motivando o país inteiro a vestir preto. Daí nós sentimos uma força que não imaginávamos que tínhamos naquele momento. Facilitou a nossa vida porque a tarefa agora não era mais a de convencimento da sociedade, era começar a dar uma coordenada em todas as manifestações que estavam acontecendo no país. Começou a se fazer atos de rua em tudo quanto era capital; saímos de nossas reuniões fechadas".[17]

[17] Depoimento de Paulo Pires de Campos, assessor técnico do INESC, organização fundadora do MEP, em Luciana Tatagiba, *Dos significados da "Ética na Política"*, cit., p. 236, Anexo 3. Ruy Braga, na época presidente do DCE da Unicamp, sublinhou, em entrevista ao autor, que depois do dia 16 de agosto a UNE perdeu o controle da iniciativa e da organização que antes tinha sobre o movimento.

A despeito do aumento da abrangência territorial e do número de manifestações, em geral a coalizão de centro-esquerda e o MEP continuaram a manter controle sobre o seu ritmo. É o que mostra o aumento dramático de eventos e de manifestantes ocorridos na véspera do dia em que se votaria o Relatório Final da CPMI, 26 de agosto. Com efeito, foi este o *momento cuidadosamente planejado* para materializar diante dos membros do Congresso e, especialmente, da CPMI qual era a vontade popular. O resultado foi extraordinário: foram mobilizadas naquele dia 25 de agosto cerca de 750 mil pessoas em 24 ações de protesto, sem contar as presentes em outros 6 eventos sobre os quais não se tem, até aqui, informação sobre participantes. O Gráfico 4 permite visualizar o crescimento extraordinário da mobilização popular pelo impeachment a partir do Domingo Negro.

Antes do dia 16 de agosto, a mobilização em favor do impeachment foi marcada por eventos espaçados no tempo e no espaço, bem planejados e realizados com muito esforço pelos partidos de oposição, governadores e organizações do MEP. Além disso, os eventos contaram com um número limitado de participantes, à exceção da manifestação ocorrida no Rio de Janeiro na sexta-feira, 14 de agosto, já afetada pelo desafio lançado por Collor na quinta. Esta fase da mobilização, vista à luz do que ocorreu depois, pode ser qualificada como *um introito do ciclo de mobilização popular* em favor do impeachment. De 16 de agosto em diante surge uma *primeira onda forte de protestos coletivos*, que só decresceu significativamente a partir do dia 26 de agosto, quando a CPMI votou o seu Relatório Final. Durou duas semanas esta primeira onda de mobilização que marcou o aprofundamento da crise política. Ela se encerrou no dia 29. Depois, por três dias, desde o domingo, dia 30 de agosto, não houve manifestações de massa. Elas serão retomadas depois, formando uma nova onda de protesto, com características um pouco distintas das que marcaram a onda anterior — como se verá mais adiante, quando se examinar o ciclo completo de mobilização.

Gráfico 4
MANIFESTAÇÕES DE MASSA: TOTAL DE EVENTOS, EVENTOS COMPLETOS E PARTICIPANTES
(3 de julho a 30 de agosto de 1992)

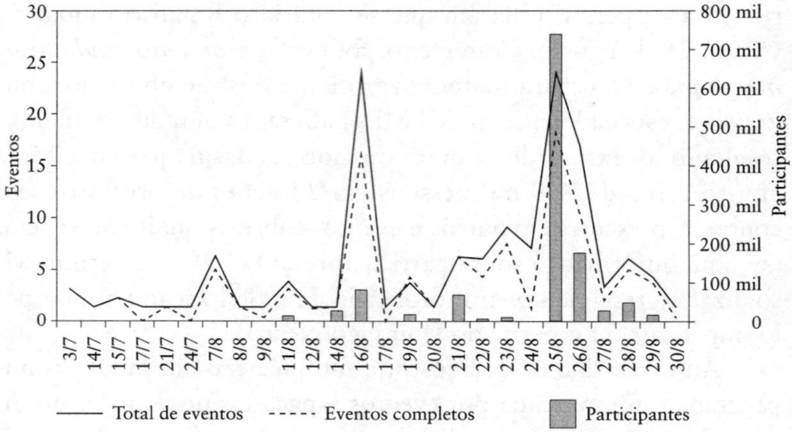

Nota explicativa: A curva "total de eventos" (linha contínua) inclui todas as manifestações de rua (passeatas, atos públicos e carreatas). A curva "eventos completos" (linha pontilhada) inclui apenas aqueles eventos sobre os quais há informação sobre o número de manifestantes.[18]

Fontes: *Banco de Dados POLI*, jornais *Folha de S. Paulo* e *O Estado de S. Paulo*.

[18] Adotou-se como número de manifestantes o dos órgãos de segurança e/ou de trânsito. Quando não foi possível obter este número, ele foi calculado a partir do fornecido pelas lideranças dos manifestantes. Para calculá-lo tomaram-se as manifestações para as quais existem informações tanto das autoridades como dos manifestantes e calculou-se a proporção média semanal que aquelas representavam em relação a essas últimas. Identificada a proporção semanal média, aplicou-se a proporção aos números de manifestantes fornecidos pelas lideranças dos protestos. Dessa maneira, constituiu-se uma curva de "eventos completos" com informações fornecidas (diretamente ou obtidas por cálculo) pelos órgãos de segurança e/ou trânsito. Adotou-se este procedimento porque as informações dos manifestantes pareceram exageradas, especialmente no início do movimento. À medida que a mobilização se intensificou, a distância entre as informações das diferentes fontes se reduziu. Daí a opção de usar médias semanais para os cálculos.

O Quadro 2 resume as características das duas fases aqui examinadas, a de introito e a primeira onda de manifestações da crise política, iniciada no dia 16 e encerrada no dia 29 de agosto.

Quadro 2
MOBILIZAÇÃO DE MASSA PRÓ-IMPEACHMENT
(julho e agosto de 1992)

	Pré-crise (5 semanas) 3/7-15/8	Crise (1ª onda) 1ª semana 16-22/8	2ª semana 23-29/8	2 semanas 16-29/8
Eventos	23	70	42	112
Eventos por semana	4,6			56,0
Eventos completos	18	48	31	79
Eventos completos por semana	3,6	39,5	19,3	
Participantes	43.224	1.016.163	171.277	1.187.440
Participantes por eventos completos	2.401	21.170	5.525	15.030

Vê-se, no quadro, que a partir do Domingo Negro há uma "explosão" de manifestações e de participantes envolvidos no protesto coletivo. De 4,6 eventos por semana, ao longo das cinco semanas anteriores a 16 de agosto, passa-se a 56 eventos em média nas duas semanas da primeira onda de mobilização; e, comparando as mesmas fases quanto ao número de manifestantes, passa-se de 2.401 por evento antes da crise política para a média de 15.030 participantes por evento na primeira onda, uma presença seis vezes maior de público.

Estas diferenças quantitativas indicam claramente que o Domingo Negro introduziu alteração na sequência dos acontecimentos, *acelerando* o tempo histórico. Certamente, a intensificação dos fatos — os protestos coletivos anti-Collor — podem ser associados a mudanças de contexto político, ao aumento de oportunidades para a mobilização política. Mas a Batalha das Cores fez mais do que isso: demarcou uma diferença qualitativa entre os dois períodos, tanto de contexto como de protesto coletivo. E demarcou de modo ativo, desencadeando uma *alteração da relação entre os atores societários e os atores regulares do campo político-institucional*. A Batalha das Cores foi mesmo um *evento transformador*, noção teoricamente relevante para *qualificar* mudanças quantitativas, acentuando a alteração das relações de força e aprofundando a crise política — como se verá melhor adiante.

O termo *crise política* costuma ser empregado com um significado pouco determinado, referindo-se a quaisquer situações em que os padrões usuais de dominação política não parecem poder mais continuar a ser obedecidos. Empregado genericamente, ele abrange variadas situações de impasse político, de maior ou menor profundidade, que admitem diferentes "soluções" institucionais e modalidades de ruptura.

Não cabe aqui refletir sistematicamente sobre essas modalidades de crise, os diferentes âmbitos em que ocorrem e seus eventuais desdobramentos. Mesmo durante o governo Collor houve — como se viu — uma crise política importante, embora não muito profunda, iniciada em janeiro de 1992 e encerrada com a reforma ministerial de início de abril. O que diferencia a crise política que se desenvolvia desde o fim de junho — quando Eriberto França, motorista da secretária do presidente revelou as transações que ocorriam entre as empresas de PC Farias e a família Collor — é que, especialmente a partir do Domingo Negro, *ela alterou significativamente a dinâmica do processo político*, porque a intensificação da mobilização de atores societários, não participantes usuais da política nacional, *rompeu os limites do campo político-institucional*.

Em crises desse tipo, a dinâmica política da sociedade se altera: redefine-se o peso relativo dos participantes usuais da luta política e muda o horizonte dos cálculos dos atores, o que os torna mais incertos; as regras deixam de operar como antes e os movimentos de cada um dos participantes passam a obedecer a lógicas distintas, moldadas por novos parâmetros, que só aos poucos se consolidam, o que torna tais movimentos menos previsíveis.[19]

Com efeito, acabamos de mostrar que atores ancorados nos campos econômico-empresarial, sindical, jurídico, educacional, científico etc. reorientaram-se mais fortemente para a disputa do poder político e conseguiram penetrar no campo político-institucional dando-lhe nova dimensão. Com este tipo de "invasão", como analisa Michel Dobry, desestruturam-se as regras usuais das disputas político-institucionais sob as quais operavam os "jogadores" regulares e os centros de poder — partidos políticos, presidente e ministros, Legislativo, Judiciário e centros de poder espalhados pela Federação, grupos de pressão etc. Alguns desses atores coletivos e/ou centros de poder — que eram pouco relevantes no campo político-institucional anterior à crise — podem ganhar grande importância, em função de sua conexão com atores societários, de quem podem receber respaldo. O inverso também é verdadeiro. Na crise que aqui vem sendo examinada, alguns partidos políticos com parcos recursos institucionais — cadeiras legislativas, governos de estado etc. — ganharam grande relevância política: aumentou o peso político do PT, principalmente em função da mobilização de sua forte base sindical e de entidades estudantis sobre as quais exercia autoridade política; de forma similar, o PC do B fortaleceu-se em razão da ação das entidades de representação/organização estudantis a ele vinculadas. Da mesma forma, o Congresso Nacional e o vice-presidente da República tornaram-se interlocutores preferenciais de atores societários e partidos políticos, deslocando a chefia do Executivo da posição dominante que usualmente ocupava.

Sublinhe-se que qualquer crise política aumenta a incerteza inerente à atividade política. Naquelas crises em que ocorre uma amplificação do espaço da disputa política a incerteza *se acentua*, é verdade, mas em decorrência da emergência de novas regras em

[19] Minha referência central sobre a dinâmica das crises políticas é o livro de Michel Dobry, *Sociologie des crises politiques: la dynamique des mobilisations multisectorielles*, cit.

substituição daquelas que ordenavam o campo em conjunturas "normais". Em função disso, os movimentos de cada um dos participantes da luta política passam a obedecer a lógicas distintas, moldadas em novos parâmetros, que só aos poucos se consolidam. Por isso, Michel Dobry enfatiza, com razão, que nas crises profundas os cálculos dos atores se tornam mais incertos e os seus movimentos, menos previsíveis. Mesmo em relação a essas crises, os graus de incerteza e previsibilidade são variáveis, dependendo provavelmente dos recursos que os atores em luta possam mobilizar, do seu grau de divergência e do impacto institucional das questões em jogo, quer dizer, se põem em xeque governo, regime político ou forma de Estado.

No caso aqui examinado, as mobilizações massivas de agosto acentuaram a incerteza em relação à preservação do mandato de Collor e, como se verá, fortaleceram as forças lideradas pela coalizão partidária de centro-esquerda para impedir o presidente; colocaram em xeque os padrões usuais de funcionamento, a hierarquia e o valor dos recursos dos vários centros de poder político; mas provocaram — ao mesmo tempo, como veremos — *reações de "contenção" institucional* do movimento contra Collor. Tais reações reforçaram os limites que a própria coalizão de oposição havia fixado para sua ação. A crise política de que resultou o movimento pelo impeachment foi grave, mas pouco explosiva. Com efeito, os atores que "atravessaram" as fronteiras do campo político, ampliando a sua extensão, não o fizeram com orientações divergentes, mas *convergentes*, acentuando a fragilidade da autoridade do presidente; e embora não questionassem as regras do jogo democrático, produziram, por sua convergência, o temor de que uma possível frustração de suas demandas pudesse produzir efeitos desestabilizadores inesperados. Como se verá, tais temores, fundados ou não, levaram alguns atores, bem situados institucionalmente, a reforçar a possibilidade de uma solução que reduzisse a "fluidez" da situação crítica.

Ainda que a mobilização política multissetorial, em que atores enraizados em vários campos sociais "atravessam" a fronteira do campo político-institucional, constitua elemento-chave para demarcar crises importantes, este processo pode ser mais ou menos extenso, podendo chegar — argumenta Dobry — até a unificação dos campos sociais. Na crise política aqui examinada, as atividades inerentes aos campos diferentes do político — econômico, educacional etc. — continuaram a ser desenvolvidas, inclusive com mobilizações setoriais, próprias a cada campo. No campo educacional, por exemplo, continuaram a ocorrer greves de professores contra governos estaduais e municipais. Mesmo as atividades políticas usuais, como as do Congresso Nacional, prosseguiram, embora em ritmo mais lento. Assim, não houve uma unificação e politização do espaço social; houve, sim, uma ampliação da participação de atores de vários setores na vida política e isso ocorreu apenas a propósito da questão política central, quando estava em jogo a destituição ou não do presidente e temas conexos.

A despeito da crise política produzida pelo movimento em favor do impeachment ter colocado em questão apenas o governo Collor e o modo como interpretava e "operava" a democracia de 1988, as características do período em que ela ocorreu — de crise do Estado varguista e de transição política — tornaram menos drástico, ainda que perceptível, o contraponto entre as situações de crise e estabilidade. Nesta situação de crise e transição, em que os próprios padrões do Estado estavam em disputa, os limites da esfera político-institucional em relação à esfera econômica apresentavam maior porosidade do que em uma situação política estável. Exemplo disso foram os choques econômicos heterodoxos que politizavam repentinamente as relações mercantis e os vários ensaios de "pacto social" ocorridos nos primeiros dois anos de governo Collor. Nesses ensaios de pacto, o próprio chefe do Executivo tomou a iniciativa de romper os limites do campo político-institucional, chamando entidades empresariais e sindicatos de trabalhadores para negociar concessões mútuas, de modo a facilitar o sucesso das iniciativas anti-inflacionárias do governo. A despeito das relações Estado/mercado não estarem ainda institucionalizadas — e de haver muita insatisfação social em relação à gestão econômica do Estado —, a política econômica do governo não foi demanda do movimento em favor do impeachment. Foi deixada de lado, como vimos, por não haver consenso sobre ela entre as forças de oposição. A consequência desse impasse em curso ser uma "crise dentro da crise" é que qualquer que fosse a "solução institucional" — a renúncia do presidente, o impeachment ou sua preservação na Presidência —, ela não encerraria a crise de Estado na qual nasceu. Inevitavelmente as questões pendentes, especialmente aquelas relativas à relação Estado/mercado, voltariam ao topo da agenda. É muito provável, porém, que a forma de solucionar a crise política do governo Collor definiria um encaminhamento singular para a eventual superação ulterior da crise de Estado.

Embora o contraponto estabilidade/crise política fosse menos contrastante ao longo da transição em curso, no *desenrolar da crise política* um grande número de atores coletivos — sem atuação cotidiana na esfera político-institucional — passaram a se articular em oposição ao governo, a dar suporte às investigações da CPMI e, mesmo, a fazer manifestações públicas em local fechado e massivas em locais abertos em apoio à Comissão Parlamentar e/ou de questionamento do governo. Mas, antes do dia 16 de agosto, a mobilização de múltiplos atores societários *não parece ter sido forte o suficiente* para que *os atores* vinculados à coalizão governista *tomassem* os protestos de massa *como referência importante na definição de suas próprias ações*. A sociedade civil "de oposição" não havia conquistado a condição de sujeito político diferenciado. A partir do Domingo Negro a conjuntura mudou; tornou-se crítica. Nas duas semanas seguintes que a ele se seguiram, as entidades societárias que, articuladas à coalizão partidária de oposição, faziam campanha em favor do impeachment, entraram por si próprias, com sua capacidade de mobilização popular, como "representantes" diretos da sociedade no campo político que ajudaram a ampliar. Assim fazendo, já não era apenas a oposição de centro-esquerda que queria destituir o presidente; "a sociedade" também o desejava.

A intensificação da mobilização popular impactou as "movidas" dos atores usuais do campo político-institucional acelerando a desagregação da coalizão governista. Assim, aumentaram as defecções de governadores. O de Pernambuco, Joaquim Francisco, já rompera antes do Domingo Negro. Depois dele, os governadores de Santa Catarina (Vilson Kleinübing), Mato Grosso (Jayme Campos) e do Rio Grande do Norte (Agripino Maia), todos do PFL, "liberaram suas bancadas" para votar como quisessem, o que significava que os parlamentares não sofreriam retaliações caso decidissem contra Collor. A *Folha de S. Paulo* informou no dia 19 de agosto que mais quatro governadores do PFL teriam a mesma opinião, embora não a manifestassem publicamente.[20] A mobilização popular também estimulou a redefinição da posição de candidatos a postos municipais. Foi o caso de Paulo Maluf, candidato à Prefeitura de São Paulo e presidente do PDS, segundo maior partido ligado ao governo. Ele se posicionou francamente contra Collor e passou a pressionar os parlamentares do partido a seguirem seus passos. O movimento popular contra Collor mostrara-se tão forte que ele não podia se dar ao luxo de defender o presidente disputando a Prefeitura paulistana contra candidatos de partidos que apoiavam o impeachment. Ademais, houve também consolidação da coalizão de centro-esquerda. Leonel Brizola vinha resistindo a abandonar o bloco governista, mas o crescimento do apoio popular ao impeachment obrigou-o a ceder. No mesmo dia 24 de agosto em que Leonel Brizola liderava a passeata de 100 mil participantes em homenagem a Getúlio Vargas e pelo impeachment, ainda que declarasse entrar no movimento "de forma autônoma", a direção do PDT oficializou decisão de que seus 42 deputados e três senadores votariam em favor do impeachment.[21]

Os meios de comunicação de massa praticamente cerraram fileiras contra Collor já na semana anterior à leitura do relatório. Parte da imprensa já trabalhava praticamente articulada com a oposição na CPMI desde o início do funcionamento da Comissão. As informações contrárias a Collor que a Comissão Parlamentar encontrava transformavam-se logo em petardos contra o presiden-

[20] Cf. *Folha de S. Paulo*, 19/8/1992, p. 1-1.

[21] Cf. *Folha de S. Paulo*, 25/8/1992, p. 1-16.

te lançados no "espaço público". Depois do Domingo Negro isso se acentuou, com a entrada plena do jornal *O Estado de S. Paulo* na campanha. Sob o título "Batalha das Cores", o *Estadão* inaugurou subseção do jornal em relatava não só os eventos da campanha, mas anunciava quando e onde ocorreriam.

No âmbito da comunicação de massa, o evento-chave foi a mudança havida na cobertura da Rede Globo de Televisão (e outras redes menores), pela grande porção de espectadores com que contava e por atingir as camadas menos letradas da população, consumidoras quando muito ocasionais de jornais. A mudança coincidiu com a descoberta, em 21 de agosto, de indícios fortes pela CPMI de que o presidente Collor teria retirado recursos de suas contas bancárias em 1990 para escapar ao confisco determinado pelo Plano Collor I. O achado e sua divulgação foram "chocantes" porque indicavam que Collor não só havia onerado pesadamente o bolso das classes médias e abastadas; ele "espertamente" evitara para si o mesmo ônus, usando o conhecimento do que ocorreria para fugir do confisco.[22]

O relato do colunista da *Folha de S. Paulo*, Nelson de Sá, faz um apanhado da cobertura feita pelas redes de televisão na noite do dia 21 de agosto: "Todos à luta. A Globo muda tudo e já nem se preocupa em dar o outro lado. A Bandeirantes diz que os ratos começam a abandonar o navio. A Manchete diz que o dia do juízo final está se aproximando. O horror, o horror. A televisão perdeu a cabeça. Alguma coisa aconteceu ontem — talvez os simples fatos — para que até a Globo, que vinha relutando tanto, entrasse de cabeça na crítica ao ainda presidente Collor. O *Jornal Nacional* pode estar passando por mais uma de suas mudanças cíclicas. Mas dessa vez a guinada foi muito forte. A passeata carioca foi — repetiu três vezes o telejornal — 'contra o presidente Collor'. Tem mais. A denúncia de Aloizio Mercadante, o economista que não sabe fazer contas, foi para o ar sem o outro lado *collorido*. Mais

[22] O presidente da República procurou explicar as retiradas e depósitos de sua secretária em discurso e por escrito, mas a crença de que tinha se beneficiado de informação privilegiada perdurou.

da metade da audiência do país ficou sabendo que a secretária de Collor e seu ex-tesoureiro de campanha 'não foram pegos desprevenidos' pelo confisco. Fizeram 'grandes retiradas de dinheiro na véspera do Plano Collor'. [...] Começaram a entrar na tela, agora que o jogo está mais aberto, as estrelas da cobertura jornalística. Além de Renato Machado, a Globo desencostou outros nomes. Eles vão se reunir às estrelas que fizeram a cobertura desde o início, como Boris Casoy no SBT, Marilena Chiarelli na Record, Carlos Chagas na Manchete, Luiz Gutemberg na Bandeirantes".[23]

Embalada pela campanha de mídia e pela onda de manifestações de rua, nas quais despontava a juventude de classe média, mobilizada por entidades estudantis, com o apoio material dos sindicatos operários, ausência de repressão das forças de segurança e apoio moral de várias instituições do *establishment*, a Comissão Parlamentar Mista de Inquérito se reuniu no dia 24 de agosto para ouvir a leitura do relatório final elaborado pelo senador Amir Lando. A leitura do texto durou quase seis horas e foi transmitida nacionalmente, quase na íntegra, pela TV Globo, reiterando a guinada de posição em relação ao impeachment, ocorrida dias antes. Ao final, dirigindo-se à CPMI e *desde o Congresso Nacional* para milhões de brasileiros que o assistiam pela televisão em suas casas e em frente de lojas, o senador Amir Lando concluiu:

"Ficou evidente que o Sr. Presidente da República, de forma permanente e ao longo de mais de dois anos de mandato, recebeu vantagens econômicas indevidas, quer sob a forma de depósitos bancários na conta da sua secretária, Sra. Ana Acioli, da sua esposa e da respectiva secretária, Sra. Maria Isabel Teixeira, da sua ex-mulher, da sua mãe e da sua irmã, quer sob forma de recursos financeiros para a aquisição de bens, tais como o veículo Fiat Elba, ou, finalmente, sob a modalidade de benfeitorias, melhorias e acessões diretamente realizadas no imóvel de sua propriedade [...]. Omitiu-se, em consequência, o chefe de Estado do seu dever funcional de zelar pela moralidade pública e de impedir a utiliza-

[23] Nelson de Sá, "TV finalmente abre o jogo", *Folha de S. Paulo*, 22/8/1992, p. 1-11.

ção de seu nome por terceiros para lograrem enriquecimento sem causa, ensejando que práticas à margem da moral e dos bons costumes pudessem ser perpetradas. Tais fatos podem confirmar ilícitos penais comuns em relação aos quais a iniciativa processual é prerrogativa intransferível do Ministério Público. Por outro lado, podem configurar crimes de responsabilidade, em relação aos quais a iniciativa processual é prerrogativa da cidadania perante a Câmara dos Deputados [...]. Os fatos descritos anteriormente contrariam os princípios gravados na Constituição, sendo incompatíveis com a dignidade, a honra e o decoro do cargo de chefe de Estado".[24]

Dessa forma, a CPMI criada para investigar apenas os delitos de PC Farias, evitando envolver diretamente o presidente da República, acabou produzindo informações que constituíam uma base sólida — *crível* — para que Collor viesse a ser processado por crime político *de responsabilidade*, o de ocasionar ou permitir que ocasionassem fatos "incompatíveis com a dignidade, a honra e o decoro do cargo de chefe de Estado". O resultado permitiria fazer do Congresso o juiz do presidente que por mais de dois anos o menosprezara.

O relatório do senador Amir Lando produziu efeitos imediatos sobre a maior organização empresarial brasileira, a FIESP. A Federação acabara de eleger um novo presidente e, desde os últimos dias de julho, os seus dirigentes evitavam emitir qualquer opinião definida sobre a crise em curso. No máximo prometiam assumir posição depois que fossem anunciados os resultados da investigação da CPMI. Por fim o prazo venceu. No próprio dia 24 de agosto, depois de se reunirem por quatro horas — o ainda dirigente Mario Amato e o presidente recém-eleito Moreira Ferreira —, divulgaram nota afirmando que os fatos estão "apontando para a absoluta necessidade de exemplar punição dos responsáveis

[24] Transcrito de M. S. Conti, *op. cit.*, p. 654. Para a íntegra do texto, consultar Congresso Nacional, *Relatório Final da CPMI destinada a apurar fatos contidos nas denúncias do Sr. Pedro Collor de Mello referentes às atividades do Sr. Paulo César Cavalcante Farias*, Brasília, 1992.

e o restabelecimento da moralidade da administração pública" e defende a manutenção da governabilidade para "evitar um recrudescimento da crise de nefastas e imprevisíveis consequências". E concluía: a FIESP confia "na atuação do Congresso, ao qual compete tomar as decisões cabíveis".[25] Assim, na undécima hora, a FIESP sinalizava que as elites empresariais estavam se reposicionando em relação ao impeachment de Collor, apostando no Congresso para uma *solução rápida da crise para manter a estabilidade*, sua preocupação máxima.

É provável que o impacto do relatório sobre a população tenha sido grande. Além da TV Globo transmitir a leitura na íntegra, todas as redes nacionais de televisão deram, em seus noticiosos, ampla cobertura às conclusões do relatório, com viés bastante negativo para Collor, segundo o comentário de Nelson de Sá, da *Folha de S. Paulo*.[26]

Enquanto opinião pública, massa mobilizada, organizações societárias, meios de comunicação de massa, partidos políticos e correntes partidárias restringiam o espaço de manobra da coalizão governista *desde fora* do centro do poder político, o ministério Collor articulava sua declaração de independência em relação ao chefe do governo, corroendo *por dentro* o poder presidencial.

Com efeito, ao tempo em que a CPMI e milhões de telespectadores assistiam Almir Lando ler o seu relatório final, a equipe ministerial se reunia sob a batuta de Jorge Bornhausen, Marcílio Marques Moreira e Célio Borja para acertar os termos de um documento que enunciava as razões pelas quais os ministros, *afirmando-se homens honrados*, se manteriam em seus cargos até a solução da crise política. Não associavam sua permanência à vontade do presidente da República nem à eventual solidariedade que tivessem em relação a ele, mas à ética da responsabilidade para com a "nação" e à preservação das instituições democráticas. O

[25] Cf. *Banco de Dados POLI*, eventos 026 de 24/8/1992 e 026 de 28/6/1992.

[26] Cf. Nelson de Sá, "TV dá Collor por perdido", *Folha de S. Paulo*, 25/8/1992, p. 1-17.

texto foi apresentado ao presidente da República para que o aprovasse. Na descrição — verossímil — de seu ex-secretário de imprensa Cláudio Humberto: "o presidente leu e o aprovou, secamente, frio, encurralado".[27]

No 25 de agosto, um dia depois ao da leitura do relatório do senador Amir Lando, o país foi sacudido por uma grande onda de manifestações populares. Os partidos da coalizão de centro-esquerda mantiveram, ainda neste dia, sua orientação de só ir para a linha de frente das manifestações de massa depois da aprovação do relatório da CPMI. Mas atuaram nos bastidores, como nas vezes anteriores, cuidando para que, nos momentos críticos do processo de impeachment, a mobilização popular impulsionasse as decisões parlamentares, como as do dia seguinte, quando se votaria o Relatório Final da CPMI.

Entusiasmados pelas conclusões da Comissão Parlamentar Mista de Inquérito, que davam material para o pedido de impeachment, centenas de milhares de pessoas, em mais de duas dezenas de cidades do país, foram às ruas pedir a saída de Collor da Presidência. Mobilizaram-se 741 mil manifestantes, em 18 demonstrações públicas de massa, fora os 6 eventos sobre os quais não há informação sobre o número de presentes.[28] Entre as grandes demonstrações destacam-se a do Recife, com 100 mil participantes, a de Belo Horizonte, com 50 mil pessoas, e a do Rio de Janeiro, com 30 mil, entre outras. O epicentro da mobilização ocorreu em São Paulo, onde entre a manhã e o começo da tarde houve passeata de cerca de 120 mil pessoas, comandadas pela UNE, UBES e UMES, desde a avenida Paulista até o Vale do Anhangabaú (centro da cidade), e à tardinha ocorreu comício organizado pelo Movimento pela Ética na Política (MEP), com a presença de lideranças partidárias e cerca de 200 mil pessoas.

Além das organizações vinculadas ao MEP, a manifestação de São Paulo atraiu atores coletivos usualmente bastante dissocia-

[27] Cf. Cláudio Humberto Rosa e Silva, *op. cit.*, p. 359.

[28] Ver mais adiante informações sobre o ciclo completo de mobilizações pelo impeachment.

dos da luta política nacional — como associações de catadores de lixo e de defesa de bairros, e "bandos juvenis" como "punks" e "metaleiros" — mostrando a profundidade da crise política. Contou, ademais, com a participação de candidatos às eleições municipais, a serem disputadas em outubro próximo, mostrando que a dinâmica eleitoral já passara a desempenhar um papel relevante no processo de impeachment. De fato, aqueles que participavam do processo eleitoral, principalmente os parlamentares candidatos a prefeito, buscavam "pegar carona" no movimento de opinião e nas mobilizações populares contra Collor. Assim, candidatos vinculados a partidos tidos como governistas (como, por exemplo, o PDS e o PDC) reposicionaram-se em favor do impeachment, seja para capitalizar em seu favor o movimento de opinião que ia naquela direção, seja para evitar que suas candidaturas sofressem o ônus de ser associadas à coalizão governista.[29]

Enquanto esses 3/4 de milhão de manifestantes exigiam em praça pública o impeachment de Fernando Collor, o ministro da Justiça, Célio Borja, apresentou para a imprensa o texto em que todos os ministros, com o assentimento do presidente, *justificavam sua permanência no governo*. Ele sublinhou, em entrevista subsequente, que o documento não expressava solidariedade ao presidente da República. Apenas explicava por que os ministros se manteriam nos cargos até o fim da crise. De fato, o texto dissociava os ministros do presidente que os "convocara", afirmava sua condição de servidores do Estado e que nesta qualidade se manteriam nos cargos ocupados, em nome da governabilidade, até que a crise política se resolvesse. Dessa forma, no documento — denominado pela imprensa "manifesto pela governabilidade" — os ministros se dissociavam politicamente do presidente da República para preservar, diziam, a estabilidade da ordem política democrática. Como homens honrados — declaravam-se eles — ficariam no governo em nome do Estado.

[29] Enquadram-se aí Paulo Maluf (PDS-SP) e José Maria Eymael (PDC-SP), ambos candidatos a prefeito de São Paulo.

Alegou-se que com este manifesto se evitava a debandada de boa parte da equipe ministerial, o que pode ter sido veraz. Embora fosse verdadeiro que ninguém, especificamente, colocara em dúvida a honra dos ministros, a campanha pelo impeachment tornara predominante a crença de que o presidente era corrupto e que havia corrupção no governo. Em suma, o governo — e o chefe de Estado — tinham sido transformados em expressão simbólica da corrupção, da falta de "ética na política", vinculação que o movimento de oposição vinha fazendo e se tornara socialmente hegemônica. O manifesto tratava de evitar que o ministério sofresse o "contágio" da corrupção praticada pelo presidente e que o tornava moralmente incapaz de exercer a autoridade do cargo. Daí que não houvesse no manifesto, nem poderia ter havido, qualquer "palavra de solidariedade ao presidente da República".[30]

Dessa maneira, a coalizão governista fora corroída por dentro; o presidente já não tinha a solidariedade de grande parte de sua equipe, pois alguns dos ministros continuaram em seu círculo político mais próximo.

Esta fase do movimento em favor do impeachment chegou ao cume com a aprovação do relatório da CPMI, em sessão solene, no dia 26 de agosto. Ele foi aprovado por 16 votos contra 5, diferença extraordinária, que revelava a extensão com que se desagregara a coalizão governista. Recorde-se que a oposição começara a CPMI com 12 representantes, contando-se aí os parlamentares do PDT, cujo líder Leonel Brizola apoiava Collor. Ressalte-se, ademais, que este resultado ocorreu a despeito das substituições que partidos governistas fizeram de seus representantes na CPMI.

O evento do dia 26 de agosto sintetiza claramente o caráter *multidimensional* da luta pelo impeachment: a votação não ocorreu em sala reservada às comissões parlamentares, mas no Auditório Petrônio Portela do Congresso, com capacidade para acomodar 700 pessoas. Entre os presentes estiveram parlamentares, as-

[30] Para uma perspectiva crítica em relação ao "manifesto", ver o relato escrito pelo ex-secretário de Imprensa da Presidência, Cláudio Humberto Rosa e Silva, *op. cit.*, pp. 357-60.

sessores e funcionários do Congresso, dirigentes das organizações participantes do Movimento pela Ética na Política (MEP), como a OAB, a ABI, organizações sindicais, associações de classe média profissional, entidades religiosas, entidades estudantis, associações empresariais etc. A votação começou às 10h46 e terminou cinco horas e meia depois, sendo seu resultado saudado com o Hino Nacional, cantado pelos presentes no auditório e pela multidão mobilizada pelo Movimento Democrático contra a Impunidade e aglomerada na frente do Congresso. Aí discursaram Luiz Inácio Lula da Silva e Tasso Jereissati, presidentes do PT e do PSDB, Jair Meneguelli, presidente da CUT, Lindberg Farias, presidente da UNE, membros da CPMI e outros parlamentares. Estes, à medida que votavam e/ou se pronunciavam em favor do relatório, dirigiam-se ao palanque armado em frente à rampa do Congresso e discursavam diante da multidão. Esta somava cerca de 50 mil manifestantes, principalmente estudantes, que acompanhavam a votação em "vigília cívica" espalhados sobre o gramado existente junto ao Congresso. Fazia-se, assim, diretamente e em mão dupla, a articulação entre atividade parlamentar e manifestação popular.

A multidão de estudantes, postada diante do Congresso, vinha de Brasília, principalmente, e também de Goiás e Minas Gerais. Desses estados os estudantes foram trazidos em 72 ônibus fretados. A manifestação foi, pois, planejada. Mas seus participantes — caras pintadas de verde, amarelo e preto — só acorreram em número tão grande ao chamado das organizações estudantis — e, por meio delas, dos partidos da coalizão de centro-esquerda — porque havia, de fato, convicção e vontade coletivas de "purificar" o Estado, removendo do cargo o presidente da República e seus associados.

A última sessão da CPMI foi transformada em espetáculo político por três redes de televisão. A Rede Globo, a TV Bandeirantes e a TV Manchete a transmitiram direta e continuamente, para todo o país, com os votos de seus membros, suas justificativas, e os pronunciamentos de outros parlamentares. Com isso, a mídia sancionava para sua audiência o deslocamento do poder político, da Presidência da República, posta em xeque, para o Congresso Nacional, que encarnava, naquele momento, a vontade cívica e se transformava em núcleo do poder político.

A despeito do Congresso e do "Ato Cívico" que ocorria em Brasília estarem no centro das atenções, aconteceram manifestações de rua em várias cidades do Brasil. Muito significativa, do ponto de vista político, por ocorrer com o assentimento empresarial, foi a que aconteceu no centro de São Bernardo do Campo (SP), reunindo cerca de 40 mil pessoas — a maioria operários — que vieram em passeatas dos quatro municípios do ABCD. Convocada por sindicatos, somente políticos do PT estiveram na liderança da manifestação. Esta manifestação pôde reunir tantos operários porque boa parte das empresas industriais, atendendo a pedido dos sindicatos, interrompeu a jornada de trabalho às 14 horas. Ainda que, talvez, os empresários tivessem feito isso apenas para não se indispor com o operariado e seus sindicatos, o encurtamento da jornada indica a força social do movimento pró-impeachment. Em várias outras cidades aconteceram manifestações importantes, como em Porto Alegre, Aracaju, Juiz de Fora (MG) e outras mais.

As grandes manifestações populares, o apoio quase sempre explícito dos meios de comunicação de massa, a opinião pública cada vez mais desfavorável ao governo,[31] o conteúdo do Relatório Final da CPMI e sua aprovação por maioria acachapante da Comissão constituíram avanços decisivos no processo de impeachment do presidente Collor.

Mas só mostram um lado da moeda. Sua outra face foi a desagregação acelerada da coalizão governista. Esta sofreu defecções sérias entre os parlamentares. Já mencionei o número de su-

[31] Sobre a avaliação popular do governo Collor, consultar o capítulo anterior. A crença popular na corrupção governamental cresceu rapidamente na conjuntura inaugurada pelo Domingo Negro: em 13 de agosto 74% da população paulistana acreditava que Collor estava envolvido com a corrupção, e em 28 de agosto a mesma crença era compartilhada por 84% dos paulistanos (segundo o Datafolha). Cf. Amaury de Souza, "O impeachment de Collor e a reforma institucional no Brasil", em K. Rosenn e R. Downes (orgs.), *Corrupção e reforma política no Brasil*, cit., p. 141.

postos aliados que votaram em favor do Relatório Final da CPMI — apenas cinco "governistas" o rejeitaram dentre os dez votos que, no início da CPMI, eram partidários de Collor (descontado o presidente da Comissão). E isso depois que alguns dos parlamentares "duvidosos" tinham sido substituídos, como já mencionei, pelos líderes de partidos governistas. As indicações de que os aliados do presidente "abandonavam o barco" se multiplicaram desde a leitura do Relatório Final da CPMI. O presidente do PDS, Paulo Maluf, assegurou que 31 dos 44 deputados do partido já apoiavam o impeachment; e quando foi votado o relatório três partidos que usualmente apoiavam o governo — PTB, PDC e PTR, com 67 deputados — decidiram "liberar" seus parlamentares para votar como quisessem quando a Câmara tivesse que decidir sobre o julgamento de Collor pelo Senado. O governista Partido Liberal (PL) foi mais longe, pois "fechou" questão em favor do julgamento do presidente, obrigando seus 18 deputados a votar com a oposição quando a decisão fosse tomada.[32]

Como já se mencionou, a FIESP tomou posição favorável à "solução rápida para a crise" e três dias depois, 27 de agosto, a Força Sindical — central que mantivera fidelidade a Collor desde o início — divulgou documento indicando que se afastava, pedindo a renúncia do presidente embora reafirmasse no documento sua adesão ao projeto de liberalização econômica conduzido pelo governo.[33]

[32] Cf. *Folha de S. Paulo*, 26/8/1992, p. 1-5, *O Estado de S. Paulo*, 26/8/1992, p. 8, e 27/8/1992, p. 5. Tais sinais de desagregação da coalizão governista são só indicativos de uma tendência. A bancada "de direita", no início da 49ª legislatura, era de 257 deputados. Depois da reforma ministerial de abril, os partidos representados no ministério (PFL, PRN, PSC, PDS, PTB, PDC e PL) contavam com 236 deputados. Mas outros partidos tinham naquele momento proximidade com o governo, como o Partido Trabalhista Renovador (PTR), liderado pelo governador Joaquim Roriz (DF), cuja bancada contava com 12 deputados. Ao longo do tempo vários parlamentares se desligaram de seus partidos, o que torna difícil apresentar números precisos sem uma pesquisa específica.

[33] Cf. *Banco de Dados POLI*, evento 011 de 27/8/1992.

Completando o movimento que já vinha ocorrendo entre as grandes empresas de comunicação de massa, houve mudança notável na postura da Rede Globo de Televisão, que passou a apoiar o impeachment, praticamente "fechando o cerco" dos produtores de opinião pública contra a manutenção de Fernando Collor como presidente.

Já foi sublinhado o movimento de autonomização do ministério em relação ao presidente. No dia seguinte ao lançamento do "manifesto pela governabilidade", enquanto a CPMI votava seu Relatório Final, plantando as sementes do impeachment, e a multidão de manifestantes reunida em frente ao Congresso comemorava a vitória, o titular do Ministério da Justiça cumpria outra missão em Brasília. O ministro Célio Borja visitou no dia 26, um a um, os presidentes da Câmara dos Deputados, do Senado e do Supremo Tribunal Federal, explicando o significado do "manifesto da governabilidade" que os ministros haviam assinado e fora divulgado no dia anterior.[34] Na falta de um governante com legitimidade — não eleitoral, mas política — para fazê-lo, o ministro da Justiça, em nome do ministério, assumia a responsabilidade diante dos demais poderes de Estado, o Legislativo e o Judiciário, de manter estável o Poder Executivo em meio à tormenta que previsivelmente atingiria a Presidência. As declarações públicas dos participantes a propósito desses encontros foram bastante sumárias. Incidiram principalmente sobre a *estabilidade institucional*: sugeriam que conviria *apressar* a "solução" da crise política para que os riscos à ordem institucional se reduzissem. A "solução" deveria ser "institucional" e ficava implícita — era a de julgar o presidente pelos crimes de que era acusado.

Ademais desse compromisso pela "saída institucional" da cúpula dos três poderes — à exceção do presidente —, havia sinais claros de que a "solução" poderia se efetivar. No fim de agosto nenhum segmento social importante dava sustentação política ao presidente, pelo menos no que diz respeito às acusações de corrup-

[34] Cf. *Banco de Dados POLI*, evento 012 de 26/8/1992.

ção. As perdas de apoio parlamentar, de governadores, de uma fração da elite empresarial e de cobertura neutra ou favorável da principal empresa de comunicação do país foram importantes, mas a defecção mais dramática foi a do ministério.

Materializada no "manifesto pela governabilidade", a deserção do ministério liquidou quase todo o poder que restava ao presidente sobre o próprio Executivo, subtraindo dele o comando sobre a burocracia federal. Ao dissociar-se do governante, o ministério o destituiu implicitamente do Poder Executivo e sinalizou que o principal partido situacionista, o PFL, não poderia mais ser contado na coalizão governista.

Não escapou às lideranças políticas o significado do ato do ministério. Ulysses Guimarães (PMDB-SP) sumariou este entendimento: o "manifesto pela governabilidade" significara a "deposição branca" do presidente; "agora, quem mantém o governo funcionando é o ministério; isso significa que o presidente não é mais o presidente da República, pois não manda mais".[35]

Fernando Collor estava quase só, "isolado, partidária, política e socialmente".[36] Tornara-se quase um "cadáver político".[37]

[35] Cf. *Banco de Dados POLI*, evento 017 de 27/8/1992. A declaração de Ulysses Guimarães coincide com o artigo de Fernando Henrique Cardoso — "Collor deposto?" — publicado no jornal *Folha de S. Paulo*, 26/8/1992, p. 2. Ele aí escreve: "Anteontem, ao final da tarde [...], o presidente sofreu um golpe inusitado: os ministros reuniram-se para declarar ao país que ficam, mas não são solidários com ele e sim com o povo. Em regime presidencialista, isto é inédito. Seria um golpe branco se antes o governo já não tivesse ruído por falta de apoio no Congresso e nas ruas e, sobretudo, pelo suicídio moral que o presidente cometeu, envolvendo-se com gente da laia descrita pelo relatório da CPI".

[36] As palavras são de Ulysses Guimarães. Cf. *Banco de Dados POLI*, evento 017 de 27/8/1992.

[37] A expressão é do senador Fernando Henrique Cardoso, em entrevista anterior ao lançamento do "manifesto pela governabilidade". Cf. *Folha de S. Paulo*, 22/8/1992, p. 1-13.

A destituição: preparativos finais

A vitória incontestável da oposição em 26 de agosto e a dissociação entre o ministério e o presidente da República produziram um momento de incerteza quanto ao futuro político imediato. As manifestações de rua arrefeceram, chegando a parar por dois dias, em 31 de agosto e 1° de setembro. O golpe havia sido desferido, a CPMI lançara contra o presidente uma acusação que podia custar-lhe o mandato. A oposição e aqueles bem posicionados na cúpula do Estado ou na sociedade, que temiam pela estabilidade política do regime, continuaram preparando uma "saída institucional" para a crise, ainda que atentos à resposta que o presidente daria ao golpe sofrido.

Mais que isso: diversas lideranças parlamentares, de organizações societárias contrárias a Collor, a imprensa, o empresariado e, mesmo, lideranças da cada vez mais rarefeita coalizão governante sugeriram ou manifestaram a esperança na renúncia de Fernando Collor à Presidência, antevendo a destituição do chefe do governo e/ou a instabilidade que uma tramitação demorada do pedido de impeachment poderia provocar.

O presidente, porém, deu vários sinais — diretamente ou por amigos muito próximos — de que não renunciaria. Apostava que conseguiria reverter a tendência de esvaziamento do seu apoio parlamentar graças a uma definição favorável dos procedimentos a serem seguidos pela Câmara dos Deputados no processo de impeachment. Collor calculava que a votação do pedido de impedimento deveria ser secreta e que era possível postergá-la para depois das eleições municipais. Este era o recado que resultava das muitas reuniões que realizou com ministros e parlamentares aliados.

Note-se que os cálculos dos governistas — quanto às vantagens do voto secreto e de postergar a votação da licença para o processo de impeachment — tinham uma base comum: a forte crença, que se disseminara muitíssimo na sociedade, de que o presidente estava envolvido em corrupção e, portanto, não tinha condições morais de exercer a Presidência da República. Tal como anteriormente, quando o ministério dele se dissociara para evitar o "contágio", os governistas supunham, com razão, que o voto a descoberto favorável a Collor mancharia a imagem pública — e as chances eleitorais — dos políticos que assim procedessem. Era a vitória da oposição *no plano simbólico* que dava sentido aos objetivos táticos almejados pelo presidente e, ao mesmo tempo, fazia com que a oposição buscasse atingir alvos inversos, o voto em aberto e o rito sumário de votação. Dessa forma, a crença na corrupção do governante, produzida pela investigação da CPMI e pela luta política pró-impeachment, constituía agora parâmetro que condicionava a própria defesa do seu mandato.

Embora ainda houvesse apostas e esperanças na renúncia de Collor, a coalizão político-partidária de oposição — ela já não era agora apenas de centro-esquerda — se organizou para a batalha pela destituição do presidente. A essa altura, a coalizão já incluía explicitamente o grupo liderado pelo ex-presidente Sarney — com políticos pefelistas e peemedebistas, parlamentares vinculados ao governador pernambucano Joaquim Francisco (PFL-PE) e de outros partidos. Em reunião realizada um dia depois do encerramento da CPMI, os partidos de centro-esquerda e representantes de outros partidos decidiram formar uma Comissão Suprapartidária Pró-Impeachment, sob a presidência da deputada Roseana Sarney (PFL-MA).[38] Foram atribuídas à Comissão várias tarefas que já vinham sendo desenvolvidas pelas lideranças principais da coalizão partidária oposicionista: fixar um cronograma e tomar a frente das mobilizações; acompanhar a tramitação do pedido de impeachment e listar e converter os deputados para a posição pró-impeachment, garantindo os 2/3 de votos necessários para a Câmara dos Deputados admitir o julgamento do presidente. Com

[38] Estiveram presentes na reunião que constituiu a Comissão Suprapartidária Pró-Impeachment, além dos presidentes do PMDB, PT e PSDB, os do PSB, Jamil Haddad, do PPS, Roberto Freire, do PST, Álvaro Dias, e vários deputados, entre os quais alguns de partidos que eram, até há pouco, aliados de Collor, como Esperidião Amin (PDS) e Roberto Cardoso Alves (PTB). Cf. *Folha de S. Paulo*, 28/8/1992, p. 1-9, e *O Estado de S. Paulo*, 28/8/1992, p. 4. Esta mesma Comissão foi denominada pela *Folha de S. Paulo* "Comissão Interparlamentar Pró-Impeachment".

efeito, embora não houvesse dúvida quanto à tendência majoritária favorável ao impeachment, os levantamentos jornalísticos — a *Folha de S. Paulo* os publicava diariamente — eram também parte da campanha e não davam segurança suficiente para a coalizão. Uma subcomissão formada por Roseana Sarney, Ubiratan Aguiar (PMDB-CE) e Gustavo Krause (PFL-PE) ficou encarregada do controle da lista de adesões/resistências de deputados.[39]

Em 28 de agosto, dois dias depois da derrota na CPMI, Collor viu mais uma vez reduzida sua margem de manobra na luta que travava para manter-se no cargo. Naquele dia, o Supremo Tribunal Federal manifestou-se sobre a validade da Lei nº 1.079 de 1950, que regulava o impeachment, dentro do ordenamento constitucional promulgado em 1988. Tratava-se de uma *decisão crucial*, pois a Lei nº 1.079 definia como nominal — o que se entendia, também, como aberto — o voto dos parlamentares sobre a admissibilidade do julgamento do presidente pelo Senado. O STF já havia se pronunciado sobre a constitucionalidade da lei em 1989, mas o resumo do acórdão daquele julgamento, redigido pelo ex-ministro Aldir Passarinho, não fora oficialmente publicado. Ele afirmava que a Lei nº 1.079 deixara de ter validade no novo ordenamento jurídico inaugurado pela Constituição de 1988.[40] Caso este resumo fosse confirmado, o regimento da Câmara dos Deputados, que previa voto secreto em julgamento assemelhado, passaria a ser a referência jurídica principal para a regulamentação do impeachment, o que dificultaria definir como aberta a votação que decidiria sobre a admissibilidade do julgamento do presidente Collor.

[39] Cf. A. T. Rodrigues, *op. cit.*, pp. 231-2. O deputado federal Gustavo Krause vinculava-se ao governador de Pernambuco, de quem fora até bem pouco secretário da Fazenda.

[40] O acórdão sobre a decisão de 1989 já havia sido redigido, mas o Tribunal não o publicara porque, segundo informação do seu então presidente Sydney Sanches, o ministro Aldir Passarinho não tivera ao seu dispor as transcrições dos votos de todos os ministros, mas apenas do seu, relator do processo. Havendo agora tais transcrições, o Supremo decidiu por unanimidade reescrever o texto e publicá-lo.

A decisão do dia 28 de agosto, tomada por voto unânime do STF, foi a de aprovar um resumo bem diverso do antes redigido. O novo resumo do julgamento de 1989, preparado pelo ministro Sepúlveda Pertence, esclarece que a Constituição de 1988 *não revogara* a Lei nº 1.079 de 1950, que regulava o impeachment. A lei, pois, se mantinha *em vigor* até que o STF, eventualmente, decidisse em contrário. Segundo o acórdão, o presidente da Câmara dos Deputados tinha a atribuição de deliberar sobre todos os procedimentos jurídicos do processo de impeachment, *cabendo recurso* ao Supremo pelas partes que se sentissem prejudicadas.[41] Parecia, assim, uma decisão tendente a abreviar ao máximo a crise política, bem em sintonia com relatos publicados anteriormente sobre as conversas do ministro da Justiça com o presidente do STF quando falaram sobre o "manifesto pela governabilidade".

Ao legalizar o voto aberto — até eventual decisão em contrário — o Supremo reduziu em muito as chances de sucesso da estratégia traçada pela coalizão governista. Pouca dúvida restou sobre isso entre atores políticos e analistas. Pior, a decisão do STF deixava nas mãos do presidente da Câmara dos Deputados, um dos líderes da coalizão oposicionista de centro-esquerda, a responsabilidade de regular o processo de impeachment. E Ibsen Pinheiro não pretendia facilitar as coisas para Collor: no mesmo dia da decisão do STF, ele declarou que resolveria sobre o processo perto do dia em que se daria a votação da admissibilidade, restringindo assim o tempo que o governo teria para reagir no plano político e jurídico.

Nos dias seguintes, as informações que "vazavam" do Palácio do Planalto praticamente eliminaram as esperanças de que Collor renunciaria ao mandato, apesar das pressões de aliados próximos e até de ministros. Não parecia lhe importar que estivesse cada vez mais isolado. A *Folha de S. Paulo* de domingo, dia 30, anunciou que 84% dos paulistanos reprovavam o presidente e desejavam seu afastamento e que 337 deputados votariam contra o presiden-

[41] Cf. *O Estado de S. Paulo*, 29/7/1992, pp. 1 e 7, e *Folha de S. Paulo*, 29/8/1992, p. 8.

te, um a mais do que a maioria de 2/3 da Câmara dos Deputados necessária para autorizar o processo de impeachment.[42] E o jornal *O Estado de S. Paulo* tornou público que, segundo levantamento que fizera entre os 26 governadores de estado, que podiam influir no voto dos deputados federais, 15 eram favoráveis ao impeachment, havendo apenas 4 contrários e 6 indecisos.[43] Tais números indicavam, certamente, uma tendência, mas poderiam incluir declarações de voto para o consumo do público, eventualmente revertidas na votação decisiva.

Finalmente, domingo à noite, 30 de agosto, Collor pronunciou-se em rede nacional de rádio e televisão. Tivera dificuldades tanto para definir o conteúdo da mensagem como até para conseguir redatores que confeccionassem o texto.[44] Era enorme o desânimo, mesmo entre os auxiliares mais próximos. Mas o presidente resistiu e *se dispôs a lutar pelo mandato*. Esta foi a mensagem principal do seu pronunciamento.

Nele, Fernando Collor tentou explicar os eventos que levaram a CPMI a acusá-lo de receber vantagens materiais indevidas, criticou o Congresso por não levar avante o seu programa de modernização econômica e finalizou seu discurso anunciando que não renunciava à Presidência.[45] Ao fazê-lo lançou um desafio às opo-

[42] A manchete da *Folha de S. Paulo* fora, naquele domingo, "84% desaprovam Collor e querem o impeachment", referindo-se à pesquisa do Datafolha realizada na capital paulista. Embaixo, ainda na primeira página, uma segunda manchete anunciava "Placar ultrapassa os 2/3 exigidos para o afastamento", referindo-se à pesquisa de opinião feita com os deputados federais, cujos resultados diários eram divulgados pelo jornal. Cf. *Folha de S. Paulo*, 30/8/1992, p. 1-1.

[43] Cf. *O Estado de S. Paulo*, 30/8/1992, p. 8.

[44] O redator-chefe recusou-se a redigir o discurso, demitindo-se já na sexta-feira. Os seus auxiliares não estavam a postos, como se supunha deverem estar, e tiveram que ser convocados pela secretário-geral da Presidência.

[45] Além do anúncio de que não renunciaria, o presidente procurou desmentir que havia usado de informação privilegiada para evitar o confisco do Plano Collor I e que a CPMI houvesse mostrado a ilegalidade das operações de financiamento de sua campanha ("Operação Uruguai") e que as

sições. Foi como se dissesse: "não aceito que me deponham 'no grito'; lutarei até no fim pela Presidência; mostrem agora, se tiverem, os seus votos!".

Desafiou, assim, as estatísticas que indicavam que uma maioria de 2/3 dos parlamentares admitiria o processo de impeachment; as pesquisas de opinião que retratavam o repúdio popular a ele; as grandes manifestações de protesto popular contra ele; as vitórias maiúsculas da oposição na CPMI; a convergência dos meios de comunicação com a oposição; posicionamentos e decisões dos demais poderes do Estado que lhe davam chances pequenas de resistir; a deterioração manifesta do seu comando sobre o Executivo, de sua base parlamentar e, mesmo, do PRN e do PFL, principais esteios partidários, que, prevendo sua derrota, reduziam o apoio que até então lhe tinham dado.[46]

Não é fácil, pois, compreender este gesto. Pareceu a alguns ser a decisão de extraordinário "irrealismo" político; uma afirmação exacerbada da vontade de um governante que perdera sua capacidade de liderar e mesmo de sustentar-se politicamente. Talvez se pudesse encontrar na personalidade do governante (e em suas bases socioculturais) pelo menos parte da explicação para tal

despesas com o jardim da Casa da Dinda não fossem por sua conta. Mario Sergio Conti enfatiza que o relatório de Amir Lando faz mais de quarenta restrições à "Operação Uruguai", que o custo da reforma do jardim foi pago pela Brasil-Jet de Paulo César Farias e que Ana Acioli, secretária de Collor, sacou 69 mil dólares da conta de Collor, comprou um cheque administrativo e no dia 29 de março depositou na conta de uma transportadora de Wagner Canhedo, que, graças a uma portaria da ministra Zélia Cardoso de Mello liberando cruzados novos depositados em contas deste tipo, ficaram disponíveis para o presidente. Cf. M. S. Conti, *op. cit.*, pp. 657-8.

[46] No dia seguinte ao pronunciamento de Collor, ao mesmo tempo que o divulgava, a *Folha* anunciava que o PFL estudava retirar o apoio ao governo e liberar a bancada. Cf. *Folha de S. Paulo*, 2/9/1992, p. 1-6, o que acabou não ocorrendo de imediato. Um dia depois, o líder da bancada do PRN, José Carlos Vasconcellos, partido pelo qual Collor se elegeu, resolveu liberar a bancada no que diz respeito à votação da licença para o processo de impeachment, com o objetivo de evitar o "racha" do partido. Cf. *Folha de S. Paulo*, 3/9/1992, p. 1-6.

dissociação em relação à inclinação majoritária das forças políticas. Thomas Skidmore é um dos analistas que sublinhou a importância da personalidade de Collor para compreender o seu impeachment. O autor aponta para a "identidade esquizofrênica" de Collor, "em parte rebento de um antiquado clã político nordestino, em parte representante de um Brasil moderno [...] estava habituado a fazer poucas concessões ao lidar com outros políticos. Parecia a encarnação do 'coronel' da política nordestina, acostumado a mandar". Ao contrário de outros políticos nordestinos, como o ex-presidente Sarney, não procurava parecer conciliador;[47] era belicoso. Segundo Skidmore — e outros autores que adotam a mesma perspectiva —, em uma sociedade recém-democratizada como a brasileira, complexa e com novos atores políticos, seria fundamental gerar consensos por meio de negociação; os "erros" capitais de Collor teriam decorrido de agarrar-se à sua tradição política ao invés de ajustar-se aos novos tempos.[48]

A imposição majestática da vontade, o estilo do homem que decide solitariamente porque sabe o que é melhor para todos ou porque se crê com legitimidade para isso, não foi exclusiva de Fernando Collor nem era singular do mandonismo tradicional nordestino. Esta forma de exercício do poder remete à tradição do personalismo ibérico e às formas oligárquicas de mando em que aquela tradição tem encontrado abrigo.[49] Como sublinhou Sérgio

[47] Esta observação não será explorada aqui, mas ela remete não só ao período da Nova República e ao período pós-Collor, quer dizer, à democracia que acabou por se implantar no país, em que a "conciliação" pode se identificar com um extremado particularismo político.

[48] Cf. Thomas Skidmore, "A queda de Collor: uma perspectiva histórica", em K. Rosenn e R. Downes (orgs.), *op. cit.*, especialmente p. 35. Veja também, na linha de Skidmore, Carlos Melo, *Collor: o ator e suas circunstâncias*, São Paulo, Novo Conceito, 2007.

[49] Carlos Melo sublinha bastante que o *estilo de liderança* de Fernando Collor pode ser assimilado ao personalismo tradicional. O gaúcho Leonel Brizola, seguramente, também pode ser assimilado ao personalismo. Cf. Carlos Melo, *op. cit.*, pp. 9-11.

Buarque de Holanda, esta tradição concebe a vida social de forma individualista mas aristocrática, na qual os que mandam são concebidos como mais iguais que outros, por disporem de talento, dom natural que lhes dá superioridade de espírito e vocação para governar outros homens.

Na tradição política brasileira, o exercício discricionário do poder faz contraponto ao conciliatório, mas já se mostrou com bons argumentos que eles são verso e reverso da mesma moeda. Pela cooptação de segmentos subalternos selecionados, o chefe conciliador mantém o poder concentrado. Assim, sugere Michel Debrun, a conciliação política e o exercício imperial da vontade podem ser vistas como formas polares do padrão autocrático de mando.[50]

Importa, porém, que o estilo majestático — e não o conciliador — foi elemento essencial da *persona* de Fernando Collor. Este não se afirmou apenas como portador de talento político superior, mas também como *herói salvador*, *messiânico*, indivíduo ímpar *capaz de transformar*, de arrancar o Brasil do "atraso" e levá-lo à "modernidade" e de governar *para* os "humildes", *para* os "descamisados".[51]

O modo como Fernando Collor interpretava e exercia o poder presidencial sob a democracia de 1988 — como se esta fosse *delegativa* e organizada sob um *presidencialismo plebiscitário* — reiterava o estilo "sobranceiro", personalista, característico de

[50] Ver sobre isso, Michel Debrun, *A conciliação e outras estratégias*, São Paulo, Brasiliense, 1983.

[51] Gilberto Velho talvez tenha sido o primeiro a lembrar a conexão entre a eleição de Fernando Collor e a crença em um herói salvador, messiânico, que poderia resgatar o povo da miséria. Ele seria um de uma longa lista de personagens que expressaram, entre outros, esses valores tradicionais — Getúlio Vargas, Jânio Quadros, Carlos Lacerda, Leonel Brizola. Ver o seu *Mudança, crise e violência: política e cultura no Brasil contemporâneo*, Rio de Janeiro, Civilização Brasileira, 2002, pp. 27-9. Encontra-se em Kátia Mendonça, *A salvação pelo espetáculo: mito do herói e política no Brasil*, Rio de Janeiro, Topbooks, 2002, cap. 1, análise da imagem messiânica encarnada em uma coletividade, o "exército salvador".

uma ordem política de democracia restrita. Ele agia como se acreditasse que a democracia que se implantara em 1988 dava ao presidente eleito uma legitimidade superior — fundada na maioria dos votantes — para realizar seu programa de reformas e de estabilização econômica, sendo secundários os demais poderes do Estado e seus agentes. Esta versão de democracia presidencial podia ter afinidade, sim, com um *projeto de modernização técnico-econômica*, mas não com uma modernização que viesse no bojo de um processo de democratização societária.

Ora, os movimentos partidários e sociais que conduziram o processo recente de democratização desafiaram justamente a concepção hegemônica de dominação política que desqualificava os "de baixo" como *incapazes de participar plena e ativamente da vida política* do país. Desafiaram uma ordem política monopolizada por elites governantes que acreditavam saber o que era melhor para o país e como alcançá-lo. Este desafio foi reiterado diversas vezes, na campanha das Diretas-Já de 1984, na renovação da vida sindical, nas mobilizações populares antes e ao longo da Constituinte e em vários outros episódios políticos. Tais desafios resultaram numa extraordinária *expansão dos direitos* de cidadania, da valorização do Congresso, do Judiciário e do Ministério Público, materializadas na Constituição de 1988.

A concepção personalista de si, do seu talento especial como líder político, de ter sido ungido como condutor da Nação, tornava Fernando Collor talhado para aquele tipo plebiscitário de democracia presidencial; tornava aprazível e edificante o contato pessoal com quem, dentre os políticos, não lhe pedia favores mas discutia ideias sobre os "rumos da Nação". E, ao revés, o fazia menosprezar atores que, voltados para interesses clientelísticos, entendia não terem o seu calibre, subavaliando as possibilidades que podiam ter de inviabilizar as políticas do Executivo ou de ameaçar o seu mandato. Isso não implicava, é claro, uma ruptura com o clientelismo; questões dessa ordem, porém, deviam ser tratadas com seus auxiliares.

Deste ângulo, fazia todo o sentido que Collor resistisse à renúncia — ela não só sinalizaria fraqueza e, no limite, covardia;

desmentiria seu talento superior de líder capaz de resistir às intempéries produzidas pelos adversários da "modernização"; entregaria o poder a eles, quando contava com auxiliares capazes de obterem a adesão, à custa de recursos do Tesouro e dos bancos oficiais, do terço de deputados que havia menosprezado ao longo do governo e que, agora, lhe eram necessários para evitar o julgamento pelo Senado.

O personalismo de Fernando Collor e a concepção plebiscitária de presidencialismo que dava molde à sua retórica — e em boa parte à sua ação — foram possíveis apenas porque ele se tornou chefe de governo eleito *em um certo tipo* de república democrática e presidencialista. República, reitero, que permitia — mas certamente não exigia — que suas concepções políticas se manifestassem. Não fora o presidencialismo, instituído em 1988, acompanhado da autorização de uso quase ilimitado de medidas provisórias e de vários outros poderes legislativos, Collor não poderia manifestar praticamente, de modo tão explícito, suas concepções de poder. Não fora o regime vigente, sequer haveria possibilidade de sustentar um governo minoritário no Parlamento.

Por outro lado, se as instituições políticas permitiram um exercício imperial da Presidência, foram flexíveis o suficiente para dar os meios à oposição para colocar restrições ao poder presidencial e até, no limite, tentar a derrubada do presidente.

Em suma, não se nega aqui o eventual peso explicativo da personalidade de Fernando Collor. Mas se ela teve alguma relevância, foi porque era portadora de uma *tradição político-cultural*, cadente mas ainda em curso no país, e estava posicionada no centro de um *quadro político-institucional* que permitia sua manifestação, mesmo que em confronto crescente com os partidos e as organizações herdeiras do movimento de democratização que marcou os anos 1980. É bem provável que, pensada em seu quadro político-cultural, sua personalidade tenha sido relevante para que evitasse renunciar à Presidência.

Isso posto, retomo o fio dos acontecimentos.

As explicações e a decisão de Collor continuar lutando pelo mandato presidencial não interromperam o movimento pelo impeachment em suas diversas dimensões: no dia seguinte ao pronunciamento, desmentiram-se as notícias de que alguns ministros renunciariam, confirmando-se o compromisso divulgado em 25 de agosto de que o ministério permaneceria até a decisão da Câmara; e a FIESP e o governador paulista Luiz Antônio Fleury decidiram unir-se à Força Sindical, adversária da CUT e até há pouco aliada de Fernando Collor, para promover no dia 11 de setembro uma manifestação popular em São Paulo.[52] A decisão da FIESP, depois da adesão tímida e hesitante ao movimento pró-impeachment, mostrava claramente que Collor dificilmente encontraria sustentação política em qualquer setor social relevante para continuar a cumprir o seu mandato.[53]

As esperanças de Collor manter o cargo estavam ancoradas, em grande parte, em decisões a serem tomadas por centros de poder do Estado sobre os quais o presidente tinha, àquela altura, pouco ou nenhum controle, como o Judiciário e, principalmente, o Legislativo. Com efeito, a política clientelista que a coalizão governista decidira exacerbar só poderia, talvez, dar bons resultados — calculavam o presidente, seus aliados e adversários — se os parlamentares por ela favorecidos não pagassem abertamente sua dívida política, votando em favor do presidente. Além do voto secreto convir à coalizão governista, ela também calculava que seria favorecida caso a votação da Câmara dos Deputados fosse postergada para depois das eleições municipais, quando o eleitorado já teria perdido o poder de "punir" os candidatos favoráveis ao presidente. Ora, tais decisões — sobre a forma aberta ou secre-

[52] *O Estado de S. Paulo*, 1/9/1992, pp. 1, 4 e 8. A decisão dos ministros se deu a despeito das dificuldades de relacionamento entre Jorge Bornhausen e Fernando Collor: o primeiro tornou-se figura decorativa no ministério desde o dia 25 de agosto. Em meados do mês de setembro Bornhausen acabou se demitindo.

[53] A decisão colocava também problemas difíceis para a coalizão oposicionista: introduzia duplicidade de comando na mobilização popular e, especialmente, tensões entre os participantes do MEP e os partidos de centro-esquerda. Estas questões serão tratadas mais adiante.

ta do voto e sobre o rito mais ou menos sumário de votação — dependiam inteiramente da Câmara dos Deputados e do Supremo Tribunal Federal.

Do Legislativo, Fernando Collor quase nada poderia esperar. A grande maioria dos parlamentares já se inclinava a votar em favor da autorização para o impeachment. E, dentre os partidos governistas, só mantinha sua lealdade ao presidente o Partido da Reconstrução Nacional, criação pessoal sua. O ministro Bornhausen, que tinha o encargo da articulação política, só permanecia no ministério pelo compromisso conjunto assumido no dia 25 de agosto e dele cobrado pelos ministros da Justiça e da Fazenda. O seu PFL se bandeava rapidamente para as hostes pró-impeachment. Os partidos políticos que tinham dado, até há pouco, sustentação ao governo já não o faziam mais, pelo menos enquanto partidos; ou tinham rumado para a oposição ou haviam "liberado" suas bancadas, formal ou informalmente, para que os parlamentares votassem como lhes aprouvesse. É claro que o presidente Collor ainda contava com um número considerável de adeptos no Congresso, mas não eram adesões partidárias. O mais importante, porém, era que o presidente da Câmara dos Deputados, Ibsen Pinheiro, a quem cabiam as principais decisões processuais, era líder relevante do PMDB e da coalizão partidária de centro-esquerda que fazia oposição ao presidente. Ainda que Ibsen Pinheiro procurasse agir "institucionalmente", mantendo discrição quanto à sua posição político-partidária, comprometendo-se a agir respeitando as leis e a Constituição — limites que a própria oposição se impusera e que as Forças Armadas exigiam como preço de sua "neutralidade" —, havia pouca dúvida de que, dentro desses limites, ele decidiria em favor da coalizão de oposição.

Não havia, porém, a mesma certeza em relação ao comportamento do Supremo Tribunal Federal. Este dera a Collor um grande espaço para exercer o poder, pelo menos até a primeira crise política de 1992, desencadeada em janeiro passado pela necessidade de dar reajuste aos aposentados conforme a alteração do salário mínimo (ver capítulo 4). No processo de superação daquela crise, o presidente até procurou reforçar a boa vontade do Supremo para com o Executivo ao convidar um dos seus membros — Célio Borja — para tornar-se seu ministro da Justiça, nomeando para o seu lugar o ministro Francisco Rezek, ex-membro do Supremo e demissionário das Relações Exteriores. A despeito disso, o STF já dera mostras, como vimos há pouco, de fazer restrição a algumas das pretensões do presidente, validando a Lei nº 1.079 de 1950 que regulava o impeachment e entregando ao presidente da Câmara dos Deputados a autoridade para aproveitar dela o que lhe parecesse conveniente, inclusive o voto em aberto que tanto desgostava os governistas. Claro que o STF manteve para si a autoridade de decidir sobre os direitos que os envolvidos alegassem terem sido ofendidos. De qualquer modo, a nova redação dada ao acórdão de 1989 sinalizava uma mudança considerável de posição do STF, com implicações importantes para o encaminhamento do processo atual, como já se viu.[54]

A despeito deste sinal negativo, as esperanças de Collor de conseguir uma regulação favorável do processo de impeachment descansavam nas decisões do Supremo. E havia mesmo margem para alguma esperança, pois o STF — e a quase totalidade de seus membros — ainda não manifestara *explicitamente* posição em relação ao assunto.

As expectativas, esperanças e receios de governistas e de oposicionistas ganharam intensidade máxima a partir de 1º de setembro. Neste dia, por solicitação da coalizão oposicionista,[55] os presidentes da Ordem dos Advogados do Brasil — Marcelo Lavenère — e da Associação Brasileira de Imprensa — Barbosa Lima Sobrinho — se dirigiram ao Congresso para entregar ao presidente da

[54] Desde o começo de agosto a *Folha de S. Paulo* noticiara que o governo trabalhava com a hipótese de arguir a inconstitucionalidade da votação junto ao STF, pois o artigo 85 da Constituição de 1988 afirma que os crimes que permitem o impeachment serão definidos em lei especial ainda inexistente. Cf. *Banco de Dados POLI*, evento 002 de 4/8/1992.

[55] Recorde-se que a decisão de pedir à OAB e à ABI que preparassem e entregassem o pedido de impeachment ao presidente da Câmara dos Deputados foi tomada em agosto pelas lideranças da coalizão PMDB-PT-PSDB.

Câmara dos Deputados o pedido de abertura do processo de impeachment contra o presidente Collor. Um assessor do INESC, associação fundadora do MEP, dá uma descrição vívida daquele acontecimento:

"No dia 1º de setembro foi feita uma caminhada histórica da sede do Conselho Federal da OAB ao Congresso Nacional para levar esta petição. Saímos da OAB por volta das 15 horas, com umas 80 pessoas. Estavam presentes o Colégio dos Presidentes da Ordem, grande parte dos membros do Conselho, funcionários da OAB, o Betinho [Herbert de Sousa], o Meneguelli, entidades, entre elas o INESC, IBASE, ANDES-SN, PNBE, que participavam do movimento. Chegamos no gramado em frente ao Congresso com mais de 200 pessoas, com uma enorme faixa no fundo, onde estava escrito: *Movimento pela Ética na Política*. Não era coisa panfletária, era a preocupação daquele coletivo todo. O Barbosa Lima Sobrinho nos aguardava na rampa do Congresso, pois sua idade não permitia andar na passeata [...]. Aí foi feito a entrega formal do pedido ao presidente da Câmara [...]. O Ibsen fez um discurso fantástico, dizendo basicamente que, se o povo queria, aquela Casa não iria contra."[56]

Com efeito, o documento foi entregue em "solenidade tumultuada, principalmente pela grande quantidade de políticos que ocupavam o Salão Verde da Câmara, disputando o espaço nas fotografias e imagens de televisão. Com dificuldade, Lima Sobrinho e Lavenère conseguiram chegar ao local da cerimônia [...]. A confusão obrigou os organizadores a encurtar a cerimônia. Primeiro signatário do pedido de impeachment, Barbosa Lima desistiu do discurso preparado e disse poucas palavras, sublinhando a honra e a emoção que sentia ao cumprir uma 'missão' para atender aos interesses nacionais. Lavenère deveria ler toda a petição, mas limitou-se ao preâmbulo do documento de 20 páginas: 'O governante eleito que se assenhoreia do poder em seu próprio interesse, ou no de seus amigos e familiares, não pratica apenas atos de cor-

[56] Em L. Tatagiba, *op. cit.*, pp. 240-1.

rupção pessoal, de apropriação indébita ou desvio da coisa pública; mais do que isso, ele escarnece e vilipendia a soberania popular', leu Lavenère, sob aplausos".[57]

Como se percebe, tanto as palavras de Barbosa Lima como o preâmbulo da petição lida por Lavenère estavam em sintonia com o discurso do MEP. Um entendia seu ato como *missão*, como efetivação dos *interesses nacionais*, e outro acentuava ser a petição uma defesa da *soberania popular*: os sujeitos reivindicados eram ao mesmo tempo a *nação* e a *democracia*.

O documento foi recebido pelo presidente da Câmara, ladeado pelo do Senado e do Congresso, senador Mauro Benevides, e por várias lideranças parlamentares. Ibsen Pinheiro, ator central no processo que se desenrolava, "respondeu aos ataques de Collor contra o Congresso feitos no último pronunciamento. Lembrou que o Legislativo nunca negou ao governo os meios para administrar o país. Citou como exemplo, além do Plano Collor I, a delegação dada a ele para promover a isonomia salarial entre os três poderes. E mandou um recado para Collor: 'Serei isento na condução do processo, mas não neutro na defesa das instituições'".[58]

O pedido de impeachment entregue a Ibsen Pinheiro tinha sido redigido a muitas mãos por dois grupos de advogados, um do Rio de Janeiro, outro de São Paulo, que tinham tido participação relevante nas lutas pela democratização do país desde os anos 1970.[59] Isso reitera a grande adesão existente no seio da classe média profissional à campanha pró-impeachment e sublinha o sentido de continuidade que teve esse movimento em relação ao de

[57] *O Estado de S. Paulo*, 2/9/1992, p. 5.

[58] *Idem*.

[59] A equipe de advogados do Rio de Janeiro incluía Raymundo Faoro e Clóvis Ramalhete; a equipe de São Paulo tinha entre seus participantes Márcio Thomaz Bastos, Miguel Reale Júnior, Evandro Lins e Silva, José Carlos Dias, José Eduardo Farias, Dalmo Dallari, Luís Francisco Carvalho Filho, Eduardo Seabra Fagundes, Sergio Bermudes, Antônio Carlos Penteado de Moraes, Antonio Carlos de Almeida Castro, René Ariel Dotti e Benedito Pati. Cf. *Banco de Dados POLI* e revista *Veja*, 2/9/1992, p. 24.

democratização. Mais ainda, a campanha pró-impeachment veio a ser uma reiteração e requalificação do movimento pela democratização do país.

A entrega do documento por representantes destacados da "sociedade civil", os dizeres da faixa que encimava a passeata proveniente da OAB — *Movimento pela Ética na Política* — seguiam, recorde-se mais uma vez, a pauta combinada, ainda em agosto, entre a coalizão partidária de centro-esquerda e o MEP para reiterar que o processo de impeachment não decorria de interesses político-partidários, mas, sim, do "clamor da sociedade civil".

Mas o dia 1º de setembro não foi apenas uma data de reafirmação e avanço da oposição. Foi também de confirmação de que o grupo que defendia o presidente se desidratava rapidamente: o senador Marco Maciel deixou a liderança do governo no Senado, e o PFL, partido esteio do governo, liberou explicitamente seus parlamentares para que votassem como desejassem na decisão da Câmara sobre a licença para o impeachment. Alegavam evitar, com isso, uma ruptura no interior do partido.

Logo depois da entrega do pedido de impeachment pela ABI e OAB, a partir do dia 2 de setembro foram retomados os protestos de rua pró-impeachment por iniciativa de organizações locais e, salvo exceções, sem muita afluência de manifestantes. Ainda assim, comparativamente à primeira onda de manifestações, acentuou-se em algumas das iniciativas o viés eleitoral dos organizadores. Ademais, surgiram neste período disputas pelo comando de alguns protestos. Organizações que ficaram praticamente à margem da primeira onda de mobilizações da crise política — como o PDT, de Leonel Brizola, e a Força Sindical, de Luiz Antônio Medeiros — tentaram ir agora para a linha de frente. Encontraram, porém, barreiras dos seus competidores já estabelecidos. A Força Sindical, principalmente, tentou tomar a iniciativa sozinha convidando a FIESP e o governador Fleury, de São Paulo, para uma grande manifestação no centro da capital paulista. Encontrou, porém, mais barreiras do que imaginava por parte do comando do movimento pró-impeachment, tanto do MEP — em que tinham participação a CUT e a CGT — quanto da coalizão partidária de centro-esquerda.[60]

De qualquer maneira, a vitória na CPMI, a demonstração popular cristalina em favor do impeachment e o desgaste político aparentemente irreversível do presidente tiraram um pouco da urgência em organizar novas manifestações. A Comissão Suprapartidária Pró-Impeachment reuniu-se formalmente pela primeira vez no dia 3 de setembro e agendou apenas quatro grandes manifestações a serem organizadas em colaboração com o MEP: as de São Paulo (11 de setembro), de Curitiba (15 de setembro), de Salvador e do Recife.[61] Isso não impedia, é claro, que organizações filiadas ao MEP, associações similares como o Movimento Democrático contra a Impunidade e entidades locais promovessem manifestações de protesto.

Ainda que os protestos populares tivessem perdido em intensidade depois do fim da CPMI até o final da primeira semana de setembro, a campanha de imprensa e as articulações contra Collor no campo político-institucional, incluído aí o judicial, foram ampliadas e intensificadas. A Comissão Suprapartidária, presidida por Roseana Sarney, tratava de identificar a posição de cada deputado em relação ao impeachment, mapear suas conexões políticas e suas fontes de financiamento e "convencer" os hesitantes e os de posição contrária. Este convencimento era feito deputado a deputado mobilizando-se argumentos morais, políticos e interesses, fossem conectados às clientelas políticas e/ou ao financiamento de campanhas eleitorais. Parlamentares, governadores ou potenciais

[60] Houve discordâncias tanto no que diz respeito ao local da manifestação como das palavras de ordem. A Força Sindical acabou promovendo sozinha um ato público na Praça da Sé, no dia 11 de setembro, contando apenas com a presença de representantes do governador do Estado, da FIESP etc. O MEP e a Comissão Suprapartidária Pró-Impeachment organizaram outra grande manifestação no dia 18 de setembro, no Vale do Anhangabaú.

[61] Por falta de acordo entre os organizadores, a data da grande manifestação de São Paulo seria redefinida depois para o dia 18 de setembro, mantendo-se o dia 11 de setembro para a manifestação liderada pela Força Sindical.

financiadores eram mobilizados para conseguir sua adesão. Sublinhe-se que as novas adesões não dependiam necessariamente do político acreditar no envolvimento de Collor em negócios escusos; por vezes, era suficiente o cálculo de que sua *sobrevivência política* estaria ameaçada por apoiar um presidente rejeitado pela "opinião pública"; também foi relevante para obter adesões o argumento de que Collor não tinha mais condições políticas, autoridade, para exercer o poder, em função da crença disseminada de que era corrupto, o que colocava em risco a estabilidade do regime político vigente e, no limite, a estabilidade social.

Neste começo de setembro, a Comissão Suprapartidária quase não enfrentava resistência dos governadores de estado, cuja posição política poderia afetar a opinião dos parlamentares. De fato, entre os 27 governadores apenas 3 — os da Bahia, de Alagoas e do Acre — eram considerados contrários ao impeachment; 18 eram favoráveis e 6 ainda estavam indecisos.[62]

A Comissão Suprapartidária não ficou sozinha na tarefa de obter adesões parlamentares. O Movimento pela Ética na Política colaborou ativamente no processo, articulando-se aos parlamentares da Comissão, dividindo tarefas com eles, identificando deputados a conquistar, visitando-os e pressionando-os em seus gabinetes, nos aeroportos, nos seus estados de origem, tornando públicas as suas posições em telões expostos em algumas cidades etc. A presença do MEP neste trabalho de "conversão" de deputados foi especialmente relevante para assegurar legitimidade política à derrubada do presidente: para os parlamentares pró-impeachment "significava dotar de legitimidade sua ação, através da demonstração do apoio da sociedade, o que poderia facilitar, em muito, o jogo de pressões sobre os deputados indecisos".[63]

Claro que a esta pressão personalizada adicionava-se a pressão difusa dos programas eleitorais gratuitos, em que boa parte

[62] Cf. *O Estado de S. Paulo*, 3/9/1992, p. 9. O jornal apresenta a lista completa.

[63] Cf. L. Tatagiba, *op. cit.*, p. 241.

dos candidatos atacava o presidente,[64] da imprensa e das mobilizações de massa, retomadas em setembro.

A campanha dos meios de comunicação continuou, ainda mais intensa que antes, pois a Rede Globo de Televisão, principal sistema de comunicação de massa do país, desde o dia 20 de agosto passara a difundir o movimento em favor do impeachment e a dar destaque nos seus noticiários às conexões entre Collor e PC Farias. No começo de setembro este apoio foi reforçado com o encontro, intermediado pelo ex-presidente José Sarney, entre o vice-presidente Itamar Franco e o dono da Globo, jornalista Roberto Marinho.[65] As revistas *IstoÉ* e *Veja* — de circulação nacional — seguiram competindo para "descobrir" ângulos novos sobre o escândalo. Uma semana depois da votação do Relatório Final da CPMI, por exemplo, a revista *Veja* estampou na capa dos seus mais de 800 mil exemplares que começaram a circular no dia 6 de setembro o retrato do jardim da residência do presidente, a Casa da Dinda, sob o título "O jardim do marajá da Dinda" — o que virava contra o próprio autor a pecha de marajá, aproveitador do dinheiro público, que ele usara em sua campanha à Presidência. Embora já se tivesse notícia da existência do jardim e de seu custo, as fotos da matéria eram impressionantes, materializando em imagens coloridas o resultado da corrupção de que o presidente era acusado. Quanto à grande imprensa diária, a de São Paulo participava da campanha pela saída de Collor de forma mais decidida que a imprensa carioca. No entanto, no Rio, o jornal *O Globo* deu, muito antes que a TV Globo, uma cobertura neutra ao processo. Mesmo o *Jornal do Brasil*, que desde o início do governo

[64] Segundo Conti: "A maioria dos candidatos fazia questão de atacar Collor. Já os apadrinhados dos governadores que defendiam o presidente perdiam pontos nas pesquisas eleitorais (Cidinha Campos, apoiada por Leonel Brizola no Rio de Janeiro, veio a ser derrotada por Cesar Maia, do PMDB; Manoel de Castro, o candidato de Antônio Carlos Magalhães em Salvador, perdeu para Lídice da Mata, tucana recém-egressa do PC do B)". Cf. M. S. Conti, *op. cit.*, p. 665. Ao que saiba não existe pesquisa que confirme, para o conjunto, as afirmações de Conti, embora elas pareçam bem prováveis.

[65] Cf. M. S. Conti, *op. cit.*, pp. 660-1.

Collor sustentara o presidente, passou a apoiar a CPMI a partir de julho e, no dia 30 de agosto, em editorial de primeira página, demandou que não tardasse o desenlace da crise política, em nome da estabilidade institucional. Em São Paulo, desde a entrevista do motorista Eriberto França, como se recorda, os maiores diários paulistas pediram a renúncia de Collor, e a partir da Batalha das Cores o *Estadão* juntara-se à *Folha de S. Paulo* na campanha pela saída do presidente.

A continuidade da campanha de imprensa contra Collor, destacando especialmente seu provável envolvimento em esquemas de corrupção e as práticas fisiológicas por meio das quais tentava evitar sua destituição, tiveram — ao que tudo indica — papel central no processo.[66] É verdade que a coalizão governista tentou reduzir o impacto da campanha. Por exemplo, o secretário de imprensa de Collor fez a Radiobras gravar um vídeo com imagens do jardim da Casa da Dinda (com as cachoeiras desligadas) e conseguiu que Silvio Santos o apresentasse em seu programa dominical; a TV Globo apresentou um trecho, indicando que as imagens eram da Radiobras, quer dizer "oficiais" e não produzidas por ela. Luiz Estevão, amigo de Collor, providenciou também recursos para que o PRN fizesse anúncio na televisão comparando a situação de Collor à de Getúlio Vargas, em que ambos seriam vítimas de uma campanha caluniosa.[67] Tais iniciativas, no entanto, não conseguiam alterar o rumo da correnteza. O resultado importante é que, mantendo viva a conexão entre Collor e a corrupção, a imprensa tornava difícil para os políticos profissionais, dependentes do voto, se vincularem a um presidente da República que se tornara símbolo da falta de "ética na política". De outra parte, isso aumentava o custo das concessões que o presidente da República tinha que fazer para preservar ou reconquistar aliados.[68]

[66] Ver seção do capítulo anterior em que discuto o movimento de opinião contra Collor.

[67] Cf. M. S. Conti, *op. cit.*, p. 662.

[68] Cf. *Veja*, 23/9/1992, pp. 16-21.

Há indicações de que o temor em relação a possível instabilidade do regime era particularmente relevante na elite dos servidores do Estado, no Judiciário, nas Forças Armadas e entre os políticos "com preocupação institucional" (como os que José Sarney denominava "cardeais do Senado"). Nos meios empresariais manifestava-se mais do que isso: o temor quanto à estabilidade social — algo despropositado, mas efetivo.

No polo oposto, a coalizão governista também se organizava para a batalha. Na mesma noite em que o principal empresário de comunicação do país, Roberto Marinho, "dava sua bênção" para o vice-presidente Itamar Franco, recebendo-o para jantar em sua mansão no Rio de Janeiro, Collor foi festejado em ceia organizada por seus adeptos. Com efeito, na noite de 2 de setembro ele foi recepcionado na casa de deputado Ézio Ferreira (PFL-AM), afirmando que ele mesmo assumiria a tarefa de coordenação política — pois Bornhausen "não deu certo" — e iria "prestigiar os deputados que estão comigo, com a bandeira da modernidade; vou prestigiá-los em suas bases para que tenham certeza de que os 35 milhões de votos que recebi não foram em vão".[69] Como se percebe, anunciava o atendimento às demandas materiais "das bases" daqueles políticos que o apoiavam, reiterando porém a retórica anterior, centrada na concepção plebiscitária da Presidência, e no valor das reformas liberalizantes sintetizadas na "bandeira da modernidade". Inversamente, seguia identificando os adversários como "golpistas" e defensores do "atraso". Mantinha o discurso, mas este tornava-se cada vez menos convincente diante do avanço da coalizão oposicionista, que, apoiada por manifestações de massa, exigia "ética na política" — um Estado universalista, dirigido democraticamente, em prol dos interesses da maioria.

A esta altura, começo de setembro, o núcleo político liderado pelo presidente contava com alguns políticos fiéis posicionados no governo ou no Congresso. No ministério, tinha Ricardo Fiúza

[69] Cf. *Folha de S. Paulo*, 4/9/1992, *apud* A. T. Rodrigues, *op. cit.*, p. 230.

(PFL-PE), ministro da Ação Social (e secretário de Governo, depois da saída de Jorge Bornhausen, no dia 10/9), Eraldo Tinoco (PFL--BA), ministro da Educação, e Ângelo Calmon de Sá (PFL-BA), secretário de Desenvolvimento Regional, ambos vinculados ao governador da Bahia, Antônio Carlos Magalhães. No Congresso, contava com o líder e o vice-líder do governo na Câmara, respectivamente os deputados Humberto Souto (PFL-MG) e Gastone Righi (PTB-SP), com os deputados José Lourenço (PDS-BA), Roberto Jefferson (PTB-RJ), José Carlos Vasconcellos (PRN-PE) e Basílio Villani (PRN-PR), este último responsável pelo controle da lista de adesões, além do senador Odacir Soares (PFL-RO), líder do governo no Senado em substituição ao demissionário Marco Maciel (PFL-PE). Componentes centrais do agrupamento fiel a Collor eram os presidentes do Banco do Brasil e da Caixa Econômica Federal, respectivamente Lafaiete Coutinho e Álvaro Mendonça. Eles deveriam fornecer parte dos recursos usados para manter e/ou reconquistar o apoio de mais de 1/3 dos deputados, necessário para evitar que a Câmara autorizasse o julgamento do presidente por crime de responsabilidade.

O núcleo governista deixara de contar também com qualquer apoio empresarial significativo. Depois do reposicionamento da FIESP no final de agosto, 23 federações estaduais reunidas na Confederação Nacional da Indústria (CNI) divulgaram nota conjunta, em 3 de setembro, pedindo a punição dos responsáveis apontados pela CPMI e expressando "repulsa veemente do empresariado industrial à corrupção e ao tráfico de influência". E embora não desejassem extrapolar "sua condição de representantes de classe", pedindo o afastamento do presidente, as organizações defendiam "a votação nominal e aberta na decisão sobre o processo de impeachment". Em seguida, os presidentes das confederações da indústria, do comércio, das instituições financeiras, dos transportes terrestres e da agricultura reuniram-se e divulgaram nota similar em que afirmavam confiar na justiça e esperar que o Congresso Nacional encontrasse as soluções para a crise política. A nota prossegue afirmando que, no que diz respeito à economia, haveria que reverter a recessão, com medidas compensatórias, mas manter o programa de modernização qualquer que fosse o ministro.[70] Como se vê, o *establishment* econômico do país não só abandonara o presidente; apostava agora no Congresso e já começava a apresentar receitas de política econômica para o próximo governante.

A deterioração da autoridade presidencial era tal que até criou dificuldades para o cerimonial gerir a sua participação na parada de 7 de setembro, Dia da Independência. Usualmente o presidente desfila em carro aberto, passa em revista as tropas e assiste à cerimônia em um palanque junto com ministros, chefes militares e outras autoridades. Ao longo de toda a semana anterior a imprensa divulgou pequenas notas sobre eventuais perigos que corria o desfile — interrupções por manifestações de luto, gritos, vaias etc. — e medidas que estavam sendo tomadas para evitá-los. As Forças Armadas ficaram em posição muito difícil pois tinham institucionalmente que prestar homenagem ao presidente mas queriam evitar ter que reprimir protestos, ainda mais porque a oficialidade em geral favorecia o impeachment, pelo menos pelo que se deduzia das manifestações de oficiais da reserva.[71] Acabaram conseguindo que o presidente não passasse em revista as tropas, chegasse em helicóptero e fosse conduzido por um túnel até o palanque oficial. Ademais, reduziram a uma hora a duração do desfile. Tudo para diminuir a exposição pública do presidente. De outra parte, chefes militares pediram a intermediação de oposicionistas para que as organizações de oposição evitassem atacar o presiden-

[70] Cf. *Banco de Dados POLI*, evento 017 de 3/9/1992.

[71] O Conselho Nacional de Mobilização, organização inspirada no ex-presidente João Figueiredo para "lutar pela moralização do país", anunciou que lançaria no dia 7 de setembro, às 20h, um manifesto pedindo a renúncia ou o impeachment do presidente Fernando Collor. Este Conselho era composto de uns 60 membros — quase todos oficiais da reserva — e tinha entre seus dirigentes o general Euclydes Figueiredo, irmão do ex-presidente. Também eram motivo de preocupação dos chefes militares as posições mais agressivas do ex-ministro do Exército Leônidas Pires Gonçalves, que defendia que os militares tomassem atitude de maior oposição a Collor. Cf. *O Estado de S. Paulo*, 5/9/1992, p. 5.

te no dia 7 de setembro, criando situações embaraçosas para as Forças Armadas.[72]

As providências tomadas resultaram em um Dia da Independência com um desfile militar bastante esvaziado em Brasília, mas quase sem incidentes, à exceção das três vaias dadas ao presidente, divulgadas por todos os meios de comunicação. Ocorreram, entretanto, mais de uma dezena de manifestações de protesto em diversas partes do país, quase todas de pequeno porte, à exceção de passeata, em Brasília, do Movimento Democrático contra a Impunidade, com 5 mil participantes, e da 5ª Romaria dos Trabalhadores, em Aparecida do Norte, em São Paulo, em que os quase 30 mil romeiros se manifestaram contra a corrupção.

No dia seguinte, terça-feira, 8 de setembro, a "coalizão" governista, já muito fragilizada, sofreu mais um revés: o deputado Ibsen Pinheiro definiu o rito processual a ser seguido na Câmara dos Deputados para a concessão ou não de licença para o julgamento do presidente Collor pelo Senado. Como se esperava, as definições de Ibsen Pinheiro — embora tivessem base legal — facilitavam a tarefa da oposição político-partidária: o presidente Collor teria o prazo de cinco sessões da Câmara dos Deputados para apresentar sua defesa à Comissão Especial constituída para avaliar a pertinência do pedido de impeachment; depois de votado o parecer na Comissão, a tramitação do pedido obedeceria a um "rito sumário", de votação singular e voto aberto, com exigência de 2/3 para sua aprovação.

Para fixar tal procedimento, o presidente da Câmara dos Deputados usou a Constituição, a Lei nº 1.079 de 1950 e o regimento da Casa. No mesmo dia foi instalada a Comissão Especial destinada a examinar o pedido de impeachment e dar parecer sobre ele. Ela tinha 49 membros, tendo sido escolhidos, por acordo de

[72] Segundo *O Estado de S. Paulo*, os ministros militares pediram ao deputado José Genoino para que a oposição evitasse transformar o 7 de setembro em "guerra das cores". O deputado assentiu em conversar com o PT e com a CUT. Cf. *O Estado de S. Paulo*, 5/9/1992, p. 5.

lideranças, o deputado Gastone Righi (PTB-SP) como presidente e o deputado Nelson Jobim (PMDB-RS) como relator. A Comissão tinha maioria oposicionista.

Naturalmente, o presidente Collor impetrou mandado de segurança junto ao STF, com pedido de liminar, arguindo contra as definições do presidente da Câmara, especialmente contra o voto aberto, o rito sumário de votação e o prazo de defesa.

No dia 10 de setembro o ministro Octavio Gallotti concedeu parcialmente o pedido de liminar: ampliou o prazo para a defesa do presidente de cinco para dez sessões corridas da Câmara dos Deputados, o que adiava sua apresentação do dia 15 para o dia 22 de setembro. A decisão foi comemorada pelos dois lados: juristas ligados à oposição comemoraram não ter o STF concedido liminar em relação aos demais pontos arguidos pelo presidente, interpretando isso como concordância em relação às decisões de Ibsen Pinheiro; entre os governistas, a decisão em relação ao prazo manteve a tênue esperança de que em seu julgamento de mérito o STF contrariasse as demais definições do presidente da Câmara dos Deputados.

Nos dias seguintes surgiram, porém, uma série de indícios sobre a futura decisão do STF quanto ao mérito do mandado de segurança. Eles indicavam que havia um acordo básico entre as cúpulas do Legislativo, do Judiciário e da Procuradoria da República no mínimo quanto à resolução célere do processo, o que reduziria os riscos à estabilidade do regime. Tais indícios confirmavam o que já se podia deduzir dos encontros ocorridos em 26 de agosto entre o ministro da Justiça, Célio Borja, e os presidentes do STF e das duas casas do Legislativo. Assim, dia 12 de setembro, o *Jornal do Brasil* noticiou um "acordo de cavalheiros" entre o presidente do STF, Sydney Sanches, o procurador-geral da República e o presidente da Câmara dos Deputados, Ibsen Pinheiro, para que o julgamento do mandado de segurança impetrado pelo presidente Collor tivesse tramitação rápida.[73]

[73] Cf. *Banco de Dados POLI*, evento 003 de 12/9/1992.

Na segunda-feira, dia 14, o presidente do STF anunciou o adiamento do julgamento do mérito do mandado de segurança de Collor para o dia 23 de setembro. O adiamento parece ter sido parte do mencionado "acordo de cavalheiros" pois, com ele, *mantinha-se a validade do rito processual definido por Ibsen Pinheiro* pelo menos até aquela data. Isso obrigava o presidente a apresentar sua defesa na Comissão Especial no prazo fixado anteriormente, dia 22 de setembro, mantendo o cronograma da oposição. No mesmo 14 de setembro, o procurador-geral da República, Aristides Junqueira, apresentou seu parecer ao STF concordando com o rito definido por Ibsen Pinheiro e com o prazo de dez sessões corridas da Câmara dos Deputados para que Collor apresentasse sua defesa.

Estas definições na esfera judicial abriram a semana programada pela coalizão partidária e pelo MEP para confirmar, de forma indiscutível, o apoio popular ao processo de impeachment. Foram programadas grandes manifestações para esta semana, principalmente para Curitiba e São Paulo, de modo a demonstrar que mantinha-se a vontade popular de destituir o presidente, reforçando na consciência dos parlamentares o ônus político de contrariá-la com seus votos. Claro que isso ainda dependeria de decisão do STF sobre o caráter secreto ou não do voto, decisão que poderia liquidar a questão em favor da oposição ou, caso o Tribunal se decidisse pelo voto secreto, ser a possível tábua de salvação de Fernando Collor.

O esforço bem-sucedido da Comissão Suprapartidária e do MEP em mobilizar grandes multidões nos quinze dias anteriores à decisão da Câmara dos Deputados teve, provavelmente, efeito positivo para dar curso ao processo de impeachment. O efeito não se limitou, porém, a promover adesões de parlamentares à oposição. Como se verá, afetou agentes do Estado em geral pouco sensíveis às demandas sociais e deve ter reduzido as chances de reação do presidente e do grupo de políticos que o defendia. Especialmente para os setores sociais mais conservadores, a preservação do presidente no cargo passou a ser vista como um risco político. A grande mobilização popular, ainda que menos intensa que a de agosto, fez aflorar o perigo implícito de enfrentá-la. Como se manteria, contra a vontade manifesta nas ruas, a estabilidade do governo e do próprio regime, em caso de derrota do movimento?

Os sinais cada vez mais claros de que o *establishment* desejava sua destituição e de que a mobilização popular recomeçava a se intensificar — no dia 14, uma segunda-feira, 15 mil se manifestaram e na terça-feira, dia 15, cerca de 60 mil pessoas demandaram o impeachment em praça pública: apenas em Curitiba fez-se um comício com 45 mil pessoas — parecem ter levado Fernando Collor ao descontrole emocional diante de seu próprio grupo de seguidores. Na noite do dia 16 de setembro, o presidente não conseguiu mais conter publicamente a raiva de quem não encontrava meios de se manter no cargo. De fato, raiva e desespero transpiram do discurso inflamado que pronunciou diante de algumas dezenas de políticos simpatizantes, reunidos em jantar oferecido em sua residência pelo deputado Onaireves Moura (PTB-PR). Diante de seis dezenas de deputados e quatro senadores, aproximadamente, qualificou o deputado Ulysses Guimarães de "esclerosado", "senil", "decrépito"; o presidente da Câmara, Ibsen Pinheiro, de "canalha", "golpista" e "bunda-mole"; os deputados do PMDB de "cagões" e "bundões". Ainda no mesmo discurso Collor qualificou José Sarney como "ladrão da história" e tisnou a imagem inspiradora que se produzira da deputada Roseana Sarney nas últimas semanas: "a musa do impeachment e seu ex-marido não resistem a uma investigação de dez minutos da Receita Federal". Por fim, ultrapassando todos os limites da conveniência política, atacou a imprensa: "essa imprensa de merda. Vão engolir o que estão falando contra mim".[74] Perdera totalmente a compostura que se supõe um presidente deva ter e, depreende-se, qualquer esperança de sobrevivência política. A TV Globo, no seu *Jornal Nacional*, sinalizou claramente o esvaziamento de sua autoridade. Divulgou *na íntegra* a carta em que o ex-presidente José Sarney respondeu

[74] Cf. M. S. Conti, *op. cit.*, pp. 662-3. Descrição mais detalhada encontra-se em J. Nêumanne, *op. cit.*, pp. 238-9.

aos impropérios de Fernando Collor. De jornal oficioso, o *JN* convertera-se em porta-voz da oposição.

No dia 18 de setembro, a coalizão partidária oposicionista e o MEP deram mostra vigorosa de que contavam com respaldo popular para o impeachment. Fizeram em São Paulo duas grandes manifestações. Entre o meio da manhã até a tarde, comandados pela UNE, UBES e outras entidades, uma multidão de estudantes reuniu-se na avenida Paulista e à tarde rumaram, em passeata, até o Vale do Anhangabaú, no centro da cidade. A passeata reuniu cerca de 45 mil estudantes universitários e secundaristas, com suas "caras pintadas", faixas com dizeres debochados que criticavam a corrupção de que era acusado o chefe de Estado, sua esposa e o governo. No Anhangabaú, à tardinha, a Comissão Suprapartidária Pró-Impeachment, o MEP, o governo e a prefeitura de São Paulo promoveram um megacomício com a presença de quatro presidentes de partidos da coalizão de centro-esquerda (Orestes Quércia, Tasso Jereissati, Luiz Inácio Lula da Silva e Roberto Freire), quatro governadores, quatro prefeitos de capitais, presidentes de centrais sindicais e outras lideranças. A Polícia Militar calculou em 650 mil o número de presentes; os organizadores apostaram que havia 1 milhão de pessoas. A despeito da grandiosidade, o evento não foi a principal manchete dos grandes jornais paulistas do dia seguinte. De todo modo, as duas grandes manifestações cumpriram bem a finalidade dos dirigentes da campanha pela destituição de Fernando Collor.

No dia 20 de setembro, domingo, ante a intensificação das manifestações de rua, o presidente do STF, Sydney Sanches afirmou, em entrevista ao *Jornal do Brasil*, que estava "convencido de que os 11 integrantes da corte que preside *não serão impermeáveis ao clamor das ruas*".[75] Dois dias depois, dando mostra clara da sintonia do Supremo com o movimento contra Collor, tomou decisão que aumentaria o efeito do "clamor das ruas" sobre os juízes: *autorizou a transmissão ao vivo da sessão* em que o Supre-

[75] Cf. *Banco de Dados POLI*, evento 013 de 20/9/1992. A esta nova sensibilidade do STF me referi parágrafos atrás.

mo Tribunal Federal decidiria sobre o ritual a ser obedecido no processo de impeachment.[76] Tudo isso indicava que as decisões do STF frustrariam totalmente as esperanças do presidente e seus poucos aliados.

Os sinais dados pelo STF confirmaram-se no dia 23 de setembro. Em meio a uma nova onda de manifestações populares em favor do impeachment de Collor (somente entre os dias 20 e 23 de setembro, quase 350 mil pessoas compareceram a eventos de protesto), o plenário do STF tomou sua decisão quanto ao mérito do mandado de segurança impetrado pelo presidente da República. Por 8 votos a 1, decidiu em favor do *voto aberto* na decisão sobre a admissibilidade do julgamento de Fernando Collor pelo crime de responsabilidade e, por 6 votos a 3, julgou adequado o *rito sumário* de votação.[77] Sumário no sentido de rito que desobrigava a Comissão Especial da Câmara dos Deputados de ouvir testemunhas e realizar diligências para decidir. Em caso contrário, ainda que a maioria oposicionista recusasse um pedido desse tipo feito pelos advogados de defesa de Collor, o processo poderia tomar alguns dias, colocando em risco o plano da coalizão de centro-esquerda de realizar a votação no Plenário antes das eleições de 3 de outubro.[78]

Com isso, o STF dava curso à vontade majoritária da Câmara dos Deputados de afastar do cargo o primeiro presidente eleito

[76] Cf. *Banco de Dados POLI*, evento 016 de 22/9/1992.

[77] Dois ministros declararam-se impedidos — Francisco Rezek, ex-ministro das Relações Exteriores de Collor, e Marco Aurélio Mello, seu primo. O ministro Paulo Brossard foi voto contrário, porque lhe pareceu imprópria a interferência do STF em procedimentos que cabiam, em sua opinião, exclusivamente ao presidente da Câmara dos Deputados. Os ministros Ilmar Galvão, Mario Velloso, Celso de Mello, Sepúlveda Pertence, Néri da Silveira, Moreira Alves e o presidente do Supremo, Sydney Sanches, seguiram o voto do relator, ministro Octavio Gallotti. Na questão do rito, Gallotti, Ilmar Galvão e Moreira Alves foram derrotados pelos demais votantes, que mantiveram o rito sumário proposto por Ibsen Pinheiro.

[78] Sobre esta sessão do STF e o significado das decisões aí tomadas, consultar a revista *Veja*, 30/9/1992, pp. 36-8.

diretamente depois do regime militar. E confirmava os sinais dados desde fins de agosto sobre sua orientação quando fizera publicar o texto do acórdão que não excluía a Lei nº 1.079 do ordenamento jurídico regulado pela Constituição de 1988.

No mesmo dia 23, os jornais divulgavam que a Comissão Suprapartidária Pró-Impeachment tinha como seguros 340 votos contra Collor, quatro a mais dos que os necessários para autorizar o seu julgamento. No dia 24 de setembro, a Comissão Especial da Câmara dos Deputados que avaliava o pedido de impeachment aprovou por grande maioria o parecer favorável do deputado Nelson Jobim recomendando sua aprovação (32 votos a favor e 1 contrário; quinze governistas abandonaram a sessão).

Já não havia qualquer dúvida razoável. Para destituir o presidente, só faltava a pá de cal, a ser lançada no dia 29 de setembro pela Câmara dos Deputados.

O CICLO DE MOBILIZAÇÃO DE MASSA: AUGE E DECLÍNIO

A dinâmica da crise política foi marcada em agosto por uma onda de manifestações populares. Em setembro, mobilizações de massa continuaram a dar legitimidade ao processo de destituição do presidente da República. Davam legitimidade não apenas para os partidos de centro e de esquerda e para o Congresso, mas também para o Supremo Tribunal Federal, que regulava em última instância e chancelava juridicamente o processo político.

Houve, porém, mudanças significativas na mobilização popular que convém sublinhar.

Depois de atingir o ápice na semana em que a CPMI aprovou o relatório do senador Amir Lando, as manifestações populares declinaram e, depois da noite em que Fernando Collor, em rede nacional de rádio e televisão, garantiu que não renunciaria ao seu mandato, deixaram de ocorrer por dois dias até serem retomadas em 2 de setembro.

As manifestações de setembro foram, porém, descontínuas e

com um número muito menor de participantes, contrastando com as de agosto. Mais ainda, as realizadas no início do mês tiveram impacto muito limitado na imprensa. Foram relatadas em pequenas matérias, posicionadas na metade inferior das páginas internas dos jornais. Na Semana da Pátria, a mobilização se intensificou, mas os protestos estiveram ainda muito aquém dos ocorridos no mês anterior. Em parte isso decorreu por divergências entre os organizadores. A Comissão Partidária Pró-Impeachment optou por se responsabilizar apenas por um número pequeno de grandes eventos ao longo do mês. De início decidiu realizar, com o MEP, uma grande manifestação em São Paulo no final da Semana da Pátria, dia 11 de setembro, mas divergências entre Luiz Antônio Medeiros, presidente da Força Sindical, e a CUT inviabilizaram a feitura de um evento conjunto. Assim, a grande manifestação foi transferida para a sexta-feira seguinte, dia 18, realizando-se no dia 11 um evento organizado somente pela Força Sindical. Este evento contou com apoio empresarial, mas foi bem menor que o esperado, reunindo apenas 5 mil pessoas. De qualquer modo, a coalizão de oposição precisava mesmo demonstrar que continuava a contar com adesão popular. Dos esforços da coalizão, do MEP e organizadores locais resultou uma *segunda onda do ciclo de mobilização de massa* pró-impeachment iniciado em agosto. O Gráfico 5 sintetiza esse resultado.

Como mostra o gráfico, as manifestações *ganharam maior público na terceira semana de setembro* e, de forma geral, nos quinze dias anteriores à votação final sobre o processo de impeachment na Câmara dos Deputados, programada para o dia 29 de setembro. Observe-se o número extraordinário de manifestantes na semana de 13 a 19 de setembro. Incluem-se nela grandes eventos de protesto de massa programados pela coalizão oposicionista, os de Curitiba no dia 15 — uma passeata com 45 mil participantes e um comício — e os já mencionados do dia 18 em São Paulo — a passeata com 45 mil estudantes e o comício no Vale do Anhangabaú com 650 mil manifestantes. Na semana seguinte, na terça-feira, dia 22, destacam-se a manifestação do Recife com 300 mil participantes, enorme, tendo em vista a população da cidade, e a de Salvador, com 20 mil participantes. Por fim, no dia da decisão da Câmara dos Deputados foram promovidos numerosos eventos em diferentes cidades nos quais as multidões se reuniram para acompanhar por telões a votação final que autorizaria o Senado Federal a julgar o presidente por crimes de responsabilidade. Definida a questão na Câmara, as manifestações cessaram.

Gráfico 5
SEGUNDA ONDA DE MANIFESTAÇÕES DE MASSA
(setembro de 1992)

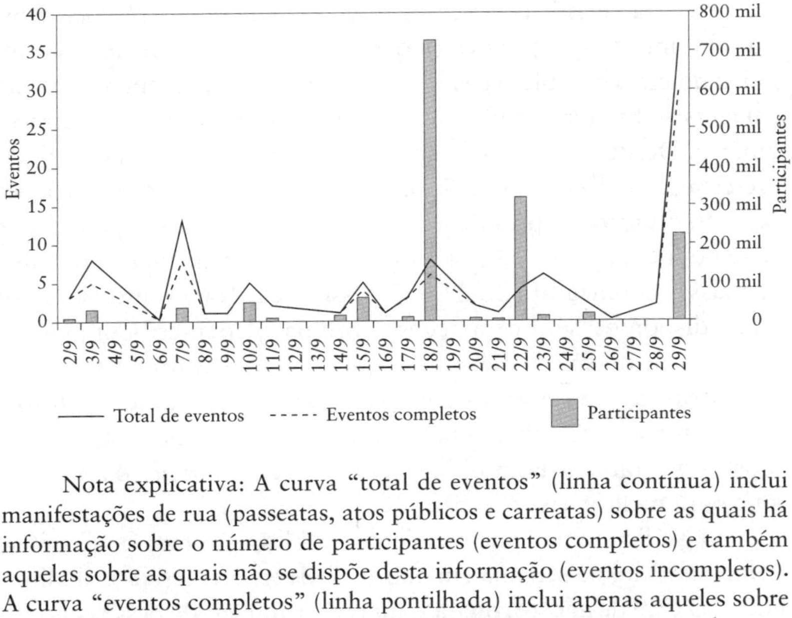

Nota explicativa: A curva "total de eventos" (linha contínua) inclui manifestações de rua (passeatas, atos públicos e carreatas) sobre as quais há informação sobre o número de participantes (eventos completos) e também aquelas sobre as quais não se dispõe desta informação (eventos incompletos). A curva "eventos completos" (linha pontilhada) inclui apenas aqueles sobre os quais há informação sobre o número de manifestantes. As curvas de eventos estão referidas ao eixo da esquerda. O da direita diz respeito ao número de participantes (barras cinza).

Fontes: *Banco de Dados POLI* e jornais *Folha de S. Paulo* e *O Estado de S. Paulo*.

Todas essas grandes manifestações foram postas na agenda pela Comissão Suprapartidária Pró-Impeachment em sua primeira reunião formal, ocorrida no dia 2 de setembro. A do Rio de Janeiro também foi planejada pela Comissão, mas as lideranças partidárias não se empenharam para o seu sucesso. Seu público foi bem menor que o esperado, 18 mil pessoas. Houve outras manifestações com grande afluxo de público, se considerada a população das cidades em que ocorreram: Porto Alegre, Goiânia, João Pessoa e Aparecida do Norte (SP). Elas foram secundadas por outras menores, em geral promovidas por organizações estudantis, partidárias ou sindicais locais, e mesmo por protestos espontâneos — vaias, xingamentos, gritos, cantos — ocorridos com menor esforço organizacional.

As características desta *segunda onda de manifestações* ocorrida durante a crise política podem ser melhor examinadas no interior do ciclo completo e em cotejo com a primeira onda ocorrida em agosto. Em termos globais, o ciclo de mobilização foi extraordinário. Desde o começo de agosto, incluindo portanto o período pré-crise, mobilizaram-se 2.766.301 pessoas em 184 manifestações pela destituição do presidente. Considerado apenas o período de crise política, de 16 de agosto até o final de setembro, os protestos de massa mobilizaram 2.723.077 pessoas em 166 eventos sobre os quais dispomos de informações sobre participantes. Com efeito, não se pode deixar de mencionar que, segundo as fontes consultadas, ocorreram 51 eventos em relação aos quais não foram fornecidas informações sobre o número de participantes. O Gráfico 6 mostra o conjunto das mobilizações *agregadas em períodos semanais* para melhor visualização.

O gráfico indica que o ciclo de mobilização teve o seu ápice, como já se viu, na semana em que a CPMI encerrou seus trabalhos, entre 23 e 29 de agosto, quando mais de 1 milhão de pessoas foram às ruas demandando o impeachment de Collor. Só no mês seguinte a mobilização atingiu números próximos a isso, pouco mais de 800 mil manifestantes na semana entre 13 e 19 de setembro.[79]

[79] Os números exatos são: 48 eventos com 1.016.163 manifestantes na semana de 23 a 29 de agosto, e 15 eventos com 814.806 participantes na semana de 13 a 19/9/1992.

Gráfico 6
CICLO DE MOBILIZAÇÃO PRÓ-IMPEACHMENT
(por semana)

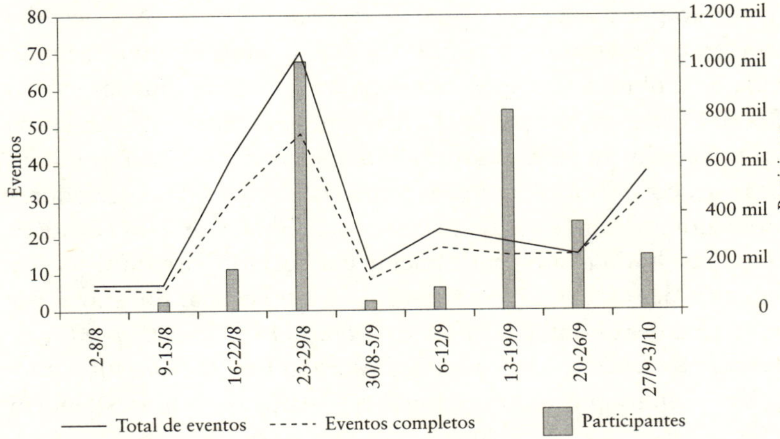

As características da *segunda onda de mobilização* de massa e as diferenças que apresentou em relação à *primeira onda*, iniciada com o Domingo Negro, podem ser percebidas de forma mais acurada com a ajuda do Quadro 3.

No entanto, é preciso considerar esta informação com cautela. Faltam dados sobre o número de manifestantes de 34 eventos da primeira onda (79 eventos completos num total de 112) contra apenas 17 eventos sem esta informação na segunda onda. É possível que, se fosse ampliada a quantidade de fontes consideradas — incluindo entre elas, por exemplo, jornais de outras capitais além de Rio e São Paulo —, a diferença do número de manifestantes entre as duas ondas poderia desaparecer. Em segundo lugar, embora a quantidade de participantes por manifestação tenha sido algo maior na segunda onda em relação à primeira, a diferença é cerca de 15%, 17,6 mil participantes por evento na segunda onda contra 15 mil por evento na primeira. Esta diferença é muito pequena para ser tomada como expressiva, ainda mais que os números dependem de avaliações pouco precisas — estimativas das Polícias Militares —, embora mais acuradas que as dos organizadores. Em terceiro lugar, parte muito significativa dos eventos da segunda onda ocorreram no último dia do ciclo, dia 29 de setembro, quando a Câmara dos Deputados decidiu sobre o julgamento do presidente por crime de responsabilidade. Naquele dia ocorreram 36 eventos, cerca de 1/3 dos que formaram a segunda onda de mobilizações, que transcorreu em quatro semanas e meia (36/104 eventos). Ocorre que tais eventos tiveram características um pouco distintas. Eles foram não apenas manifestações reivindicantes, constituíram também reuniões públicas de espectadores e torcedores de um espetáculo que ocorria no Congresso Nacional e cujo resultado já era praticamente conhecido. Tornaram-se, por isso, grandes atos de comemoração, de festa cívica. Em suma, pelas três razões apontadas, *a maior quantidade de participantes na segunda onda do ciclo de mobilização não parece consistir característica muito importante e confiável* — novas pesquisas tendem a desmenti-la — que qualifique o ciclo e exija explicação.

Quadro 3
FASES DE MOBILIZAÇÃO DE MASSA
EM FAVOR DO IMPEACHMENT

	Pré-crise (5 semanas)	Crise (1ª onda) (2 semanas)	Crise (2ª onda) (4,5 semanas)	Totais
Eventos	23	112	104	239
Eventos por semana	4,6	56,0	23,1	
Eventos completos	18	79	87	184
Eventos completos por semana	3,6	39,5	19,3	
Participantes	43.224	1.187.440	1.535.637	2.766.301
Participantes por eventos completos	2.401	15.030	17.651	

O que exige explicação, sim, é a *redução de intensidade da mobilização de massa*, característica diferencial mais notável da *segunda onda* do ciclo de protesto popular pelo impeachment do presidente. Ela contraria a abertura extraordinária das oportunidades políticas para o protesto de massa. Ministério, partidos, meios de comunicação de massa, empresários e sindicalistas deslocaram-se politicamente em direção à oposição. E Collor não podia contar com as Forças Armadas para qualquer iniciativa repressiva, a menos que a legalidade fosse ameaçada, o que a oposição nem sequer cogitava. Com esta grande convergência social e política, não havia qualquer possibilidade de repressão das forças de segurança.

Não foi, portanto, a resistência do *establishment* a responsável pela redução de intensidade da mobilização popular em setembro. Há que buscar a explicação em outra parte: nas organizações responsáveis pela mobilização e na própria massa que delas participava, ou melhor, nas suas relações de força com o núcleo do poder que desafiavam. Não há dúvida de que a coalizão partidária de centro-esquerda e o MEP — grandes responsáveis pelo primeiro ciclo de mobilização — continuaram tentando promover mobilizações, embora sem o sentido de urgência que tinham em agosto. Criados os fatos políticos centrais — de um lado, a aprovação de um relatório da CPMI que identificava um possível crime político, requisito para a destituição do presidente, e, de outro, a demonstração de que havia grande apoio popular para o impeachment — o foco da coalizão mudou, deslocando-se nitidamente para a disputa institucional. Tratava-se agora de garantir regras favoráveis para o processo de impeachment e de conseguir maioria parlamentar de 2/3 na Câmara dos Deputados. É claro que este deslocamento não permitia dispensar as mobilizações populares, mas elas tornaram-se menos relevantes. Se, no final de agosto, o presidente morrera politicamente, cabia agora à oposição a missão de dar à sua morte política um caráter institucional. Do ângulo da coalizão que dirigia politicamente a campanha pró-impeachment, as mobilizações populares teriam menos a função de quebrar a resistência política do presidente, já derrotado, do que a de manter visível a seus aliados potenciais o prejuízo político provável dessa aliança, tangendo-os para o cortejo da destituição. Ainda assim, a coalizão partidária de oposição e o MEP tentaram e foram, em grande parte, bem-sucedidos em organizar algumas grandes mobilizações de massa para "materializar" o apoio popular que continuavam a ter e o ônus que teriam os adversários que se mantivessem ao lado de Collor.

Entretanto, à medida que as eleições municipais se aproximavam tornou-se mais nítida a presença nas manifestações pró-impeachment da dinâmica própria às campanhas políticas, com suas disputas partidárias, prejudicando um pouco a unidade retórica que fora marcante na primeira onda de manifestações. O mais importante, porém, foi a falta de maior volume de iniciativas locais e de impulso participativo que tinham marcado a primeira onda do ciclo de mobilização. Não creio que houvesse "cansaço da agitação" — afinal, as manifestações foram espalhadas pelo país e espaçadas ao longo de mais de quatro semanas —; mais provável é que houvesse a percepção de que já não era mais tão importante ir às ruas, que o adversário já estava praticamente derrotado e que tal percepção se tornasse mais intensa à medida que a imprensa mostrava que o resultado favorável se tornava cada vez mais seguro. Houve talvez, a partir de setembro, uma espécie de "apaziguamento" dos participantes potenciais, não porque tivesse havido *desistência* em relação às suas demandas, mas porque elas estavam *em via de se realizar por decisão do Congresso e houvesse cada vez mais certeza quanto ao resultado*.[80] Dessa forma, minha hipótese é que a diminuição da intensidade da mobilização popular decorreu, em parte, do menor empenho das lideranças partidárias em mobilizar e, em parte, da redução progressiva de motivação dos participantes potenciais, ambas decorrentes da crescente certeza da vitória.[81]

[80] Nestes últimos parágrafos, sobre a redução da intensidade da mobilização popular, dialogo com as observações de Tarrow sobre o fim dos ciclos de mobilização. Ver Sidney Tarrow, *O poder em movimento*, cit., cap. 9 e conclusão.

[81] Não há muita originalidade na hipótese sobre a perda de motivação

Isso não torna, porém, irrelevantes essas manifestações finais. Elas reforçaram o controle social sobre os parlamentares, cuja decisão foi acompanhada na transmissão pelas redes de televisão, voto a voto, da sessão da Câmara dos Deputados que resolvia se o processo de impeachment seguiria ou não. Reforçava porque as imagens de TV eram vistas não apenas por um público disperso em suas casas mas também por manifestantes especialmente reunidos para acompanhar a votação, e que estavam convencidos de que o presidente deveria ser destituído. As grandes concentrações populares em dezenas de cidades brasileiras, destinadas a acompanhar por telões a votação que autorizaria o processo de impeachment e a comemorar o resultado já esperado, não foram apenas o último ato do ciclo de mobilização; foram também o ápice de um processo em que as massas foram perdendo, aos poucos, a condição de protagonistas da crise política e ganhando, em medida inversa, a de *espectadoras e torcedoras dos personagens centrais do processo, os políticos profissionais e o Congresso.*

Itamar Franco e a nova coalizão política governante

O movimento político de oposição a Collor teve, desde 1991, se não o apoio, pelo menos o assentimento do vice-presidente Itamar Franco. Já desde meados daquele ano o vice-presidente procurava se dissociar politicamente de Fernando Collor. Para isso,

do público. Uma das lideranças da coalizão de centro-esquerda, senador Jamil Haddad (PSB-RJ), explicou o comparecimento decepcionante de público à manifestação do dia 25 de setembro convocada pelo MEP no Rio de Janeiro em função da decisão "histórica" do STF pelo voto aberto: "o público baixou a guarda e isso é muito ruim", "a questão do impeachment está praticamente resolvida, por isso o povo não veio". Barbosa Lima Sobrinho fez declarações na mesma direção. Neste evento "decepcionante" de 18 mil pessoas, nenhuma das lideranças principais dos partidos de oposição compareceu, à exceção do senador, e ficaram óbvias as disputas partidárias. Ver *O Estado de S. Paulo*, 29/9/1992, p. 6, e *Folha de S. Paulo*, 26/9/1992, p. 1-10.

aproveitava especialmente os períodos em que tinha que assumir a Presidência da República, por força da ausência do chefe de governo. Naquele ano, como mostrei, esse processo de dissociação culminou em dezembro, quando no exercício da Presidência o vice interveio na tramitação da lei salarial, encaminhando ao Congresso uma proposta que contrariava a orientação de Fernando Collor de Mello. Itamar alegou dificuldades de localizar e consultar o presidente, que viajava pela Europa, decidindo então do modo que lhe parecera mais adequado, até para melhorar as relações do Executivo com o Congresso. A alegação atingia diretamente o presidente, cujas relações políticas com o Parlamento eram difíceis. Ademais, o atingia em uma questão sensível, a política salarial, objeto de disputa com a oposição desde o início do governo. Com efeito, esta questão colocava em xeque a própria concepção de democracia que se materializara na Constituição de 1988, uma democracia que ampliava não apenas a cidadania política mas projetava também prover um patamar mínimo de bem-estar para os cidadãos.

Embora, no começo de 1992, o vice-presidente Itamar Franco seguisse preservando as relações institucionais com o presidente, continuou a marcar suas diferenças políticas em relação a ele quando surgiam oportunidades para isso. Assim, a propósito da reforma ministerial de abril de 1992, fez divulgar sua insatisfação, como antigo militante da oposição ao regime autoritário, por não ter sido consultado sobre a nomeação de ministros que tinham servido aos governos militares.[82] Na sequência, para mostrar sua contrariedade, deixou de comparecer à posse dos novos ministros nomeados por Collor.[83] Retomava, assim, de outro ângulo, o tema da democracia, para distinguir-se de Fernando Collor e acentuar sua afinidade com a oposição, o que lhe rendeu de imediato a crítica do governador da Bahia, Antônio Carlos Magalhães, um dos esteios políticos do presidente da República.

[82] Cf. *Banco de Dados POLI*, evento 008 de 11/4/1992.

[83] Cf. *Banco de Dados POLI*, evento 010 de 13/4/1992.

A dissociação entre o vice e o presidente seguiu em *crescendo*, antes mesmo que as acusações de Pedro Collor e a formação da CPMI tivessem alterado a cena política. Ainda em abril, durante a comemoração do bicentenário da execução de Tiradentes em São João del-Rei (MG), Itamar Franco declarou ter direito a criticar o que considerava erros do governo e não acreditar que a ele se aplicava o aviso do presidente de que não admitia queixas públicas e reivindicações de membros de sua gestão. Itamar declarou: "Discordar com lealdade tem um significado grande [...]. O vice-presidente não é ministro do presidente. O vice é figura tão constitucional quanto a do presidente da República". As diferenças que manifestava, "as levei de viva voz e, agora, através de documento particular e reservado ao presidente". E concluiu: "após a indicação de novos ministros, sua preocupação é com o rumo do governo".[84] A declaração acentua um novo aspecto da mesma questão: na democracia instituída pela Constituição de 1988, o vice tem tanta legitimidade jurídica e política quanto o presidente; o fato de o eleitor não ter em mente o nome do vice ao escolher o presidente não dá a este maior legitimidade que àquele; quer dizer, a *concepção plebiscitária* da democracia defendida por Fernando Collor não era compartilhada pelo vice.

Dando sequência à sua política de afastamento em relação a Fernando Collor, Itamar Franco anunciou pouco depois, no começo de maio, o seu desligamento do Partido da Reconstrução Nacional, criado em 1989 para acolher as candidaturas de Collor e sua.[85] A interpretação do gesto foi unívoca e sintetizada no título de editorial de *O Estado de S. Paulo*: "O vice na oposição".[86] Dessa forma, o vice-presidente deu contornos próprios à sua figura política — bem distinta e dissociada do presidente — ainda antes de terem surgido as denúncias de Pedro Collor contra PC Farias e o presidente. Mas em que se distinguia Itamar Franco de

[84] Cf. *Banco de Dados POLI*, evento 004 de 21/4/1992.

[85] Cf. *Banco de Dados POLI*, evento 011 de 5/5/1992.

[86] Cf. *Banco de Dados POLI*, evento 030 de 7/5/1992.

Fernando Collor? Na valorização do Congresso, das instituições democráticas, na preocupação com o "social" e nas restrições que deixava transparecer em relação ao reformismo liberal de Collor. Em suma, Itamar casava, de forma geral, com o figurino oposicionista, embora cada tendência da oposição tivesse maior identificação com diferentes traços da figura pública que ele projetava.

Assim, quando Fernando Collor foi atingido pelas acusações de seu irmão Pedro, as lideranças políticas, os partidos e as frentes partidárias tinham em Itamar Franco um vice-presidente que, em caso extremo, daria ao Estado uma condução bem distinta da que Fernando Collor a ele imprimia. A figura política de Itamar Franco — dissociada agora do presidente — dava àqueles agrupamentos políticos a segurança de que apenas a troca do ocupante da Presidência já implicaria mudança política significativa. Este cálculo estava presente não apenas entre os oposicionistas; também era feito pelos segmentos que sustentavam as políticas do presidente e, em função das posições políticas de Itamar Franco, viam com maior temor sua queda.[87]

A trajetória política percorrida por Itamar Franco em direção à oposição acabou facilitando a formação e a definição da orientação política da coalizão partidária de centro-esquerda no fim do mês de maio. A tendência partidária dominante no Partido dos Trabalhadores conseguiu tomar das correntes partidárias à sua esquerda a palavra de ordem "Fora Collor" dando a ela um novo significado, enquadrado institucionalmente, com a expectativa realista de que a substituição do presidente poderia constituir um avanço em seu projeto de tomar o poder a partir das eleições de 1994.[88] Os demais partidos da coalizão não tinham que enfrentar, como a direção do PT, um desafio de esquerda. Eram partidos

[87] Em declaração dada no dia 23 de maio à *Folha de S. Paulo*, o deputado Delfim Netto (PDS-SP) mencionou haver discussões no meio político sobre a possibilidade de o presidente Collor cair e o vice assumir: "Acho que foi detonado um movimento que está escapando ao controle".

[88] Luiz Inácio Lula da Silva explicita claramente esta orientação antes da instalação da CPMI. Cf. *Banco de Dados POLI*, evento 012 de 24/5/1992.

totalmente enquadrados no horizonte institucional existente. Assim, ainda que houvesse dúvidas no interior da coalizão de centro-esquerda sobre o resultado da luta política que desencadeou contra o presidente Collor, a posse de Itamar Franco na Presidência sempre foi o horizonte máximo da mudança que ela podia esperar daquele confronto. No mínimo, Collor se manteria no poder politicamente enfraquecido, com pouca capacidade.

Na medida em que a situação política de Fernando Collor foi se deteriorando, que começaram as manifestações da "sociedade civil" contra ele e que a investigação da CPMI revelava documentos comprobatórios dos vínculos do presidente com os negócios suspeitos de PC Farias, Itamar Franco foi se tornando *portador do futuro*. Não só a referência das forças políticas que militavam no movimento pró-impeachment mas também dos poderes de Estado que se dissociavam do governo Collor e dos políticos que abandonavam o barco governista.

Neste processo teve importância decisiva a entrevista do motorista Eriberto França à revista *IstoÉ*, revelando que era portador de cheques enviados por Ana Acioli — secretária de Fernando Collor — para pagar despesas do chefe de Estado. As forças partidárias de oposição entenderam que a revelação criara uma situação política de "não retorno", antevendo com mais segurança a saída de Collor do governo.[89] Temendo que se avizinhasse um período de instabilidade política, os jornais *Folha de S. Paulo* e *O Estado de S. Paulo* defenderam em editoriais a renúncia do chefe de governo e a posse do vice-presidente. Itamar Franco tornou-se centro de atenções, passando a receber visitas de parlamentares de oposição e, mesmo, dos ministros militares, que lhe asseguravam neutralidade política das Forças Armadas, seu apego à Constitui-

[89] O presidente do Congresso, senador Mauro Benevides (PMDB-CE), afirmou desejar que o presidente ultrapassasse a fase política difícil que atravessava, mas que, em caso de necessidade, o vice-presidente estaria pronto para assegurar a transição institucional. Ele teria atributos como "competência, tirocínio, lisura e probidade". Cf. *Banco de Dados POLI*, evento 024 de 30/6/1992.

ção e, portanto, a garantia de sua eventual posse na Presidência nos termos da Lei Maior.[90]

O vice-presidente Itamar Franco, além de constituir polo de atração para as forças políticas contrárias a Collor, passou, ele mesmo, a cuidar de afastar eventuais obstáculos políticos à trajetória almejada. Poucos dias depois da publicação da entrevista do motorista Eriberto, por exemplo, convidou por intermédio de seu amigo, senador Jutahy Magalhães (PSDB-BA), o líder do PSDB no Senado, Fernando Henrique Cardoso, para conversar sobre o futuro e aplainar suas relações com o empresariado paulista, que o considerava contrário às privatizações e demasiado nacionalista em função de sua reação contrária à privatização da Usiminas.[91] O senador paulista acedeu ao pedido e em entrevista ao jornal *O Estado de S. Paulo* declarou que Itamar Franco "tem longa vivência política" e disse "confiar em sua sensibilidade para entender não só a gravidade do momento mas sua responsabilidade em possíveis desdobramentos da crise". Segundo ele, as opiniões pessoais de Itamar, "por mais respeitáveis que fossem, não deverão prevalecer sobre interesses maiores". E completou: "não se pode interromper o processo de reformas e modernização da economia, inclusive com a revisão da legislação eleitoral e partidária".[92]

Como se viu em capítulo anterior, Collor conseguiu, logo depois, reverter *provisoriamente* sua desvantagem política, mobilizando apoio empresarial ao ministro Marcílio Marques Moreira, da Economia, e à sua política de modernização, alavancado pela

[90] Cf. *Banco de Dados POLI*, evento 004 de 29/6/1992. Segundo o noticiário, ele recebeu neste dia deputados do PT, do PSDB, o senador Júlio Campos (PFL-MT), os senadores Jutahy Magalhães e Fernando Henrique Cardoso, dois ministros militares e fez contatos com representantes de todos os partidos.

[91] Cf. *Banco de Dados POLI*, evento 004 de 29/6/1992, e entrevista concedida por Fernando Henrique Cardoso ao autor. Segundo este, a intermediação deu-se em função de suas relações com o vice-presidente serem boas mas distantes.

[92] Cf. *O Estado de S. Paulo*, 1/7/1992, p. 5.

assinatura, ocorrida no dia 9 de julho, dos termos básicos do acordo com os bancos credores da dívida externa brasileira. Esta reafirmação presidencial foi acompanhada de suspeitas lançadas em relação à honorabilidade de Itamar Franco, cuja declaração de rendimentos à Receita Federal foi posta em questão. A suspeição foi afastada, mas o mero "surgimento" da questão indica a importância que vinha adquirindo a movimentação política do vice-presidente como eixo provável de uma futura coalizão de poder.

As articulações políticas em torno de Itamar Franco se adensaram muito a partir de 21 de julho, quando a CPMI recebeu os documentos que permitiriam fazer e aprovar um relatório final implicando o presidente em atos de corrupção.[93] Reforçou o movimento em direção ao vice-presidente a oportunidade que ele teve de assumir interinamente a Presidência, entre os dias 21 e 26 de julho, quando Fernando Collor viajou para a Espanha. Esta interinidade foi marcada por manifestações de diferentes forças políticas e por iniciativas do próprio Itamar Franco que indicavam implicitamente que ele era antevisto e se projetava como presidente. Os ministros militares, por exemplo, desta feita não só reiteraram adesão das Forças Armadas em favor da preservação da legalidade; eles lhe concederam um adicional gesto de "prestígio" ao acompanhá-lo em visita feita à sede da Embraer, em São José dos Campos, junto com políticos e o governador de São Paulo.[94] O presidente em exercício foi visitado, ademais, por 12 parlamentares de vários partidos, não apenas da coalizão de centro-esquerda mas também do PFL, PDS, PTB e PRN, componentes da base governista, que reiteraram seu respeito às regras do jogo político. E, mais importante ainda, o deputado Humberto Souto, líder do governo na Câmara dos Deputados, informou que no curso de reunião com Itamar Franco foi discutida a dificuldade de tramita-

[93] Recorde-se que no dia 20 de julho de 1992 o Banco Central entregou documentação que comprovava a transferência de recursos controlados por PC Farias para o presidente Fernando Collor.

[94] Cf. *Banco de Dados POLI*, eventos 002 de 22/7/1992 e 009 de 24/7/1992.

ção do projeto de reforma fiscal no Congresso, questão que dificilmente se poderia imaginar como da alçada de um substituto provisório de um presidente tão cioso de seu cargo, como Fernando Collor.[95] Nessa mesma linha, o vice-presidente interferiu na greve dos funcionários do IBGE, contribuindo, segundo a imprensa, para a resolução do conflito.[96] Além de suas ações terem ido além das expectativas associadas a um presidente interino, o diálogo com os parlamentares e a participação na resolução da greve do IBGE demarcavam nitidamente suas diferenças em relação a Fernando Collor.

Na mesma interinidade, Itamar Franco exacerbou sua diferença em relação ao presidente insurgindo-se contra o "Aviso Ministerial" distribuído por Collor determinando que qualquer informação dos ministros à CPMI deveria passar pelo crivo da Presidência. Recusou-se, outrossim, a trabalhar com o porta-voz da Presidência, preferindo o próprio; e fez questão de não receber Jorge Bornhausen, articulador político do governo, concedendo porém audiências a vários outros, inclusive a Marcílio Marques Moreira, ministro da Economia.

Em suma, desde os últimos dias de julho, Itamar Franco ampliou de forma célere o espectro das forças políticas que o tomavam como futuro portador da Presidência da República.

Em agosto, os políticos da coalizão de centro-esquerda já começaram a se definir em relação a eventual participação num futuro governo Itamar Franco. A maioria referia-se a ele *não como governo de oposição*, mas, sim, como de "união nacional" até 1995. Na verdade, a própria dinâmica do movimento pró-impeachment, especialmente depois do final da CPMI, obrigava Itamar Franco a incorporar um espectro mais amplo de tendências políticas do que as de centro-esquerda. Afinal, o seu governo só se efetivaria se, no mínimo, 2/3 dos parlamentares da Câmara dos Deputados votassem pela destituição de Fernando Collor.

[95] Cf. *Banco de Dados POLI*, evento 036 de 23/7/1992.

[96] Cf. *Banco de Dados POLI*, evento 034 de 31/7/1992.

Mesmo parte do grande empresariado paulista, até então muito reticente em relação ao processo de impeachment, fez dele seu interlocutor ao lhe encaminhar por meio do senador Fernando Henrique Cardoso o documento preparado pelo Instituto de Estudos para o Desenvolvimento Industrial (IEDI) intitulado "Mudar para competir — Modernização competitiva, democracia e justiça social".[97] No documento esta fração empresarial expressava suas concepções em favor de uma política econômica orientada pelo ideário da "integração competitiva", a que já me referi no início deste trabalho.

Em setembro, aceleraram-se os contatos entre Itamar Franco e as diferentes forças políticas que lhe davam e podiam dar sustentação política enquanto governante — os partidos de centro-esquerda e segmentos dos partidos da base governista que dela se afastavam, militares, meios de comunicação e atores coletivos que tomaram parte no movimento pró-impeachment.

Dessa forma, a composição da futura equipe de governo não foi apenas uma projeção da coalizão de centro-esquerda que conduziu o processo de impeachment de Collor. Incluiu também forças que se associaram a ela, dissociando-se da coalizão governista. Aquelas preponderaram, mas a sustentação do futuro governo exigia que nele fossem incluídas as forças recém-chegadas.

Obviamente, o futuro presidente teve a palavra final nas decisões sobre a composição do ministério, embora em alguns casos — como o da nomeação dos ministros militares — elas fossem objeto de viva controvérsia no interior do seu círculo político mais próximo. Este círculo político do vice-presidente era composto principalmente de alguns senadores, com quem estabelecera relações mais estreitas no exercício de seus dois mandatos, e por homens públicos do estado de Minas Gerais, sua base política regional. Entre os senadores destacavam-se Maurício Corrêa (PDT-RJ), vice-presidente da CPMI, Jutahy Magalhães (PSDB-BA) e Pedro Simon (PMDB-RS), aos quais se juntou, como vimos, Fernando Henrique Cardoso (PSDB-SP). Além dos senadores, Itamar Franco

[97] Cf. *Banco de Dados POLI*, evento 005 de 16/9/1992.

ouvia bastante Henrique Hargreaves, assessor parlamentar do Senado, José de Castro Ferreira, político mineiro, e Djalma Bastos Moraes, então presidente da Telemig (Telecomunicações de Minas Gerais).[98]

Este círculo político próximo ao vice-presidente o auxiliava na definição de nomes para o futuro ministério. Entretanto, essas escolhas — ainda que influenciadas pelas relações político-pessoais do presidente e/ou dos componentes do referido círculo — dependeram *grosso modo* da dinâmica das forças partidárias e dos objetivos políticos desejados pelo vice-presidente ao montar sua equipe, objetivos estes que incluíam não apenas a sustentação parlamentar do futuro governo mas as políticas que almejava realizar.

O que denominamos algo genericamente "dinâmica partidária" impôs, de fato, limites para a composição do futuro governo Itamar Franco. Tais restrições decorreram principalmente da orientação política de alguns dos partidos aliados durante a luta pelo impeachment, cujas "estratégias" nem sempre incluíam a participação no futuro governo ou, mesmo, a garantia de apoio parlamentar a ele.

Dentre os três partidos que orientaram, desde o início, o movimento contra Collor, talvez o Partido dos Trabalhadores tenha sido aquele que teve maiores dificuldades para definir sua relação política com o futuro governo Itamar. O PT havia sido a vanguarda da coalizão partidária de centro-esquerda na disputa que estava agora para afastar o presidente. Recorde-se que ao "institucionalizar" o "Fora Collor", a facção dirigente do partido, a Articulação, tomara a seu modo a bandeira da oposição de esquerda, conseguira afastar do partido a Convergência Socialista, tendência trotskista de esquerda, sem que isso tivesse provocado a defecção de outras tendências de orientação similar.

Com esta manobra, a facção dirigente contava chegar em ótimas condições políticas à campanha presidencial de 1994. As pesquisas de opinião seguiram mostrando que o nome de seu can-

[98] Informações obtidas em entrevista concedida por Fernando Henrique Cardoso ao autor.

didato, Luiz Inácio Lula de Silva, era de longe o mais indicado para a Presidência da República. No começo de julho, caso as eleições presidenciais ocorressem naquele momento, 23% dos eleitores votariam em Lula. É certo que 18% votariam em Maluf, mas recorde-se que este tinha muita visibilidade, pois estava em campanha para a Prefeitura de São Paulo. Leonel Brizola era o preferido por 14% dos eleitores, seguido pelo presidente do PMDB, Orestes Quércia, com 11% das preferências. A pesquisa do Datafolha mais recente, feita nos dias 2 e 3 de setembro, já mostrava um aumento para 27% das preferências declaradas por Lula. Maluf, Brizola e Quércia mantinham praticamente os mesmos níveis de preferência, 17%, 14% e 10%.[99]

Além disso, parecia razoável antever que a campanha contra Collor reduziria o peso do governo federal na disputa eleitoral. Mesmo que o impeachment ocorresse, como se previa, as apostas no sucesso da gestão de Itamar Franco eram baixas. De um lado, o próximo governo teria que enfrentar uma situação econômica e social difícil e, de outro, o novo presidente teria um raio estreito de manobra política, pois governaria com uma frente partidária heterogênea para cumprir o mandato até o fim. Em contrapartida, desde as eleições de 1989 ficara claro que, a despeito da sua pequena presença nos poderes do Estado, o PT tinha grande capacidade de mobilização popular. Aí residia sua maior força. Assim sendo, houve praticamente unanimidade entre os quadros dirigentes do PT quanto a manter o partido fora do governo Itamar, como afirmaram reiteradamente vários de seus líderes desde o mês de agosto.

Não houve, porém, a mesma unanimidade no PT em relação ao apoio do partido ao futuro governo Itamar. Com efeito, a vitória sobre a Convergência Socialista não impediu que outras tendências partidárias de esquerda, trotskistas ou próximas a elas, mantivessem uma posição aguerrida divergente em relação à perspectiva dominante da Articulação. No caso em questão, elas ti-

[99] Cf. *Banco de Dados POLI*, eventos 008 de 5/7/1992 e 002 de 7/9/1992.

nham divergência também em relação à Democracia Radical, tendência que fazia uma aposta mais enfática na disputa institucional, na possibilidade de articulação com outros partidos de esquerda e de centro e nos valores da democracia. Em meados de agosto houve reunião da Comissão Executiva Nacional do PT e o confronto entre defensores da manutenção de relações amistosas com o futuro governo Itamar (negociando pontos específicos do seu programa, embora sem dele participar) e defensores da destituição de Collor que não aderiam aos parâmetros institucionais (que associavam à política neoliberal) nem desejavam a posse de Itamar Franco, propondo a luta por eleições gerais, questionando a legitimidade da eleição de 1989.[100] A Comissão Executiva acabou decidindo concentrar seus esforços no "Fora Collor", etapa ainda não vencida, e desqualificar propostas como a de "eleições gerais" que colocassem em xeque as regras institucionais que definiam o vice-presidente como eventual futuro chefe de governo. Esta decisão mostra que, apesar da resistência das tendências de esquerda, a Comissão Executiva prosseguia enquadrando o partido na luta institucional. Mas o fazia com dificuldades, com restrições a seus movimentos em relação aos partidos de centro-esquerda.

Em suma, embora tenha se definido claramente pela não participação no governo Itamar, o PT não conseguiu produzir mais que uma política ambígua em relação a ele. De qualquer maneira, do ângulo que importa nesse passo, a decisão de não participar do governo Itamar Franco foi desvinculando cada vez mais o partido do processo de construção do futuro ministério. Jogava na mesma direção a pequena presença relativa do PT no Congresso e na Federação. Ele contava com apenas 35 deputados, menos de 7% da Câmara dos Deputados, um senador, nenhum governo estadual e 38 prefeituras, menos de 1% das existentes, embora entre elas

[100] Estas últimas teses foram apresentadas pelas tendências Democracia Socialista, de orientação trotskista, e Força Socialista; as primeiras foram defendidas por militantes da tendência Democracia Radical. Cf. Danilo Martuscelli, *A crise do governo Collor e a tática do PT*, cit., pp. 97-101.

estivessem três capitais — São Paulo, Porto Alegre e Vitória.[101] Tratava-se, pois, de um partido pequeno, ainda que tivesse grande capacidade de mobilização, em função da articulação de que dispunha com organizações relevantes das massas populares. Mesmo que no Congresso pudesse carregar segmentos adicionais da esquerda partidária, ele não era muito importante como apoio parlamentar para um futuro governo, *pelo menos fora de conjunturas de crise*.

O PMDB também não tinha unidade em relação à participação no governo Itamar Franco. Recorde-se que o presidente do PMDB, o ex-governador paulista Orestes Quércia, vinha construindo sua candidatura à Presidência da República, contando com a possibilidade de apoio da maior máquina partidária existente no país. Seus movimentos tinham certa similaridade com os do candidato do PT: ele desejava manter certa distância do futuro governo Itamar, em relação ao qual as previsões não eram muito favoráveis. Por isso, desde que a questão começou a ser colocada publicamente, no início de agosto, condicionava a participação em futuro governo presidido pelo vice Itamar Franco em caso "de um governo de união nacional, que desse sustentação ao vice-presidente". E sublinhava: "caso contrário, o PMDB não vai para o governo".[102] Quércia manteve esta posição ao longo de agosto. No dia da votação do relatório da CPMI ainda afirmou que depois da saída de Collor "ninguém será oposição, ninguém será governo". Tratava de condicionar claramente, com esta declaração, a participação do PMDB à entrada do PT no futuro governo Itamar, já que eram sabidas as restrições que este último partido fazia a isso. O governador Fleury, de São Paulo, reforçava a posição de

[101] Os números sobre a participação dos partidos no governo dos municípios brasileiros no período 1988-1992, que constam deste e dos parágrafos seguintes, foram extraídos de David Fleischer, "As eleições municipais no Brasil: uma análise comparativa (1982-2000)", *Opinião Pública*, Campinas, vol. 8, nº 1, 2002, p. 94.

[102] Cf. *Banco de Dados POLI*, evento 027 de 5/8/1992.

Quércia defendendo um "governo suprapartidário".[103] Mesmo na semana em que a Câmara dos Deputados votaria a autorização para o processo de impeachment de Collor, o presidente do PMDB reiterou à *Folha de S. Paulo* que só abriria "a possibilidade de seu partido participar do novo governo se o PT adotar a mesma posição".[104] Era como se dissesse: por que ele — Quércia, candidato à Presidência — se arriscaria, com o PMDB, a carregar o ônus de um governo fraco se o partido de seu adversário eleitoral não assumia nenhum risco?

Ocorre que o PMDB era muito diferente do PT. No que se refere à participação e ao apoio ao governo Itamar, a relação das forças em disputa no interior daquele era muito diferente da que existia no PT. O tamanho mesmo da máquina partidária, parlamentar, estadual e municipal tornava para o PMDB muito relevante a retomada do controle — ainda que parcial — dos recursos federais. O PMDB tinha grande presença na Federação: administrava seis estados, inclusive o de São Paulo, e geria a prefeitura de 1.606 municípios, 37,5% dos existentes. Era dele a maior bancada parlamentar da Câmara, com 99 deputados, quase 20% do total, e a maior bancada de senadores, com 27 parlamentares em 1991, 33% do total.[105] Para o partido poderia ser uma grande oportunidade participar do governo federal, depois de um afastamento de mais de dois anos, ainda mais que os recursos do Executivo federal poderiam ser alavanca importante para as eleições de 1994. Ademais, para além dos interesses partidários imediatos, muitos dos seus parlamentares mostravam-se convictos de que o PMDB tinha de assumir a responsabilidade política de participar e sustentar o governo que colocara no poder ao afastar Fernando Collor da Presidência.

[103] Cf. *Banco de Dados POLI*, eventos 010 de 27/8/1992 e 023 de 28/8/1992.

[104] Cf. *Banco de Dados POLI*, evento 040 de 24/9/1992.

[105] Cf. Bolívar Lamounier, *Depois da transição*, cit., p. 96. Na tabela, o PMDB consta com uma bancada de 108 deputados. Estes foram os eleitos em 1990; em 1992 a bancada só tinha 99 deputados.

Havia, assim, um cabo de guerra no PMDB entre o candidato à Presidência e seu círculo próximo, que resistiam a ser parte do futuro governo a menos que o PT fizesse o mesmo, e a maioria do partido que se inclinava a nele tomar parte. A disputa não se resolveu até a posse de Itamar Franco na Presidência. Ainda no dia 1º de outubro, depois da decisão da Câmara dos Deputados de afastar Fernando Collor, Quércia e Lula reuniram-se e afirmaram terem decidido não participar do governo Itamar Franco, podendo, no entanto, discutir um programa mínimo.[106]

Sublinhe-se que o tamanho do PMDB — e as relações pessoais e políticas que havia entre Itamar e senadores peemedebistas — também provocava o movimento inverso, do vice-presidente na direção do partido. O PMDB era considerado peça central para a sustentação do futuro governo — e de qualquer governo, o que fez com que Itamar e seu círculo despendessem grande esforço em atraí-lo para o ministério.

As disputas internas do PMDB reduziram muito a capacidade do partido de moldar a nova coalizão governante, embora Itamar Franco e seu círculo político mais próximo reservassem quatro ministérios para ele na futura equipe de governo, na expectativa de que sua decisão fosse favorável à participação.

O PSDB, terceiro partido-chave da coalizão de centro-esquerda, não experimentou as hesitações e lutas intestinas do PT e do PMDB no que diz respeito ao apoio e participação eventuais no futuro governo Itamar. O partido era pequeno, não tinha candidatura relevante à Presidência da República, e lhe faltava articulação societária. Nascido como dissidência de esquerda do PMDB — com inclinação social-democrática e liberal — o partido tivera pouco êxito nas primeiras eleições parlamentares de que participara, as de 1990, elegendo apenas 37 deputados (contra os 60 anteriores), embora contasse com uma bancada relevante de 10 senadores, menor apenas que a do PMDB (22) e a do PFL (15).[107]

[106] Cf. *Banco de Dados POLI*, evento 026 de 1/10/1992.

[107] Cf. Bolívar Lamounier, *Depois da transição*, cit., p. 96.

Administrava somente 18 prefeituras e um governo estadual, o do Ceará, para o qual fora eleito Ciro Gomes. As dificuldades que o partido tivera nas eleições de 1991 indicavam que seu futuro não era promissor, quando muito era incerto, ainda mais porque não dispunha de articulações relevantes com a "sociedade organizada".

Em função disso, a ocupação de cargos relevantes na administração federal era vista como muito importante para a sobrevivência do PSDB e a preservação política de seus membros. Na época em que Collor reformulou seu ministério e convidou o PSDB para participar dele (começo de abril), esta alternativa já aparecera. Fora, no entanto, contida pelo entendimento de que Fernando Collor não oferecia ao partido a oportunidade de desenvolver as políticas que propugnava e porque os candidatos a prefeito do PSDB nas eleições de outubro não desejavam ser identificados com um presidente com avaliação negativa.[108]

No processo de constituição do governo Itamar, a situação experimentada pelo PSDB era totalmente diversa. O partido participara ativamente da luta pelo impeachment de Collor e tinha na participação no governo de Itamar Franco uma oportunidade de viabilizar suas concepções e reforçar seu "capital político" para as eleições de 1994 — ganhando visibilidade política e algum controle sobre os recursos de que o Executivo federal dispõe. Tratava-se, mesmo, de uma grande oportunidade. Primeiro, porque a orientação política do governo Itamar não estava de início muito definida; foi construída pela negociação das forças políticas que se comprometeram a sustentá-lo. Segundo, porque, com a recusa do PT em participar do governo Itamar e as hesitações do PMDB em fazê-lo, o PSDB disporia de um grande espaço político no futuro governo, talvez maior do que o dos ministérios que receberia, ainda mais

[108] Segundo Tasso Jereissati e Fernando Henrique Cardoso, Collor desejava antes uma grife partidária — composta de políticos tucanos que rendessem uma boa imagem à sua administração — do que um partido que compartilhasse um programa de governo (cf. entrevistas dos mencionados políticos ao autor). Havia, entretanto, algo mais que a grife. O PSDB daria ao presidente, pelo menos teoricamente, a maioria na Câmara e no Senado.

porque dois dos seus senadores, Jutahy Magalhães e Fernando Henrique Cardoso, participavam do círculo político mais próximo do futuro presidente.

Para Itamar, por outro lado, o PSDB dispunha de ativos relevantes para ter importância no governo Itamar. Tinha quadros políticos respeitados e uma bancada importante no Senado, Casa onde Itamar Franco tinha a maior parte de suas conexões políticas no âmbito federal, algumas muito fortes. Além disso, seus representantes dispunham de contatos na classe média profissional e nas elites empresariais que poderiam trazer recursos importantes de poder para o governo. Antes mesmo da posse, o PSDB começara a funcionar, como se viu, como ponte entre Itamar Franco e estes segmentos empresariais.

Assim, contexto político-partidário, interesses próprios e articulações societárias do partido contaram pontos para que o PSDB tivesse um papel de muito relevo no governo Itamar Franco.

Além dos três principais partidos da coalizão de centro-esquerda, o PDT, o PSB e o PPS[109] tiveram participação relevante na montagem do governo que substituiria Collor, em função de sua participação no movimento pró-impeachment e das relações pessoais que alguns de seus membros mantinham com Itamar Franco. De certa forma, eles ocuparam o espaço que seria do PT, se este tivesse concordado em tomar parte no governo. Para garantir sua entrada na equipe contaram, é certo, a participação dos partidos de esquerda no movimento pró-impeachment, a afinidade política "nacionalista" e de "centro-esquerda" que tinham com o futuro presidente e os vínculos pessoais que com ele mantinham alguns de seus quadros. No que diz respeito às afinidades político-ideológicas, um participante privilegiado do processo acentuou a proximidade entre Itamar Franco e Leonel Brizola, o que ganhava força adicional pelos vínculos de amizade que o futuro presidente

[109] O recém-criado PPS — ex-PCB — foi incluído, não no ministério, mas na liderança parlamentar do governo na Câmara dos Deputados, ocupada pelo deputado federal Roberto Freire, presidente do partido.

tinha com o ex-vice presidente da CPMI, senador Maurício Corrêa, do PDT-RJ.[110]

No que diz respeito aos antigos partidos da "base governista", eles foram se aproximando da coalizão de centro-esquerda e do núcleo político que cercava o futuro presidente Itamar à medida que o movimento pró-impeachment foi mostrando condições de vitória. Foram fatores decisivos para tais "dissidentes" mudarem de orientação política tanto o enfraquecimento da autoridade de Collor como, principalmente, a perspectiva de participarem da futura coalizão governista. A coalizão de centro-esquerda e o núcleo político que cercava Itamar sabiam que precisavam dar aos partidos conservadores uma perspectiva de participação no poder ou, pelo menos, a promessa de não discriminação, para que eles se passassem para as hostes oposicionistas.

Em decorrência disso, a antiga "situação" foi incluída na nova coalizão de governo que se formava. O PTB contribuiu com um ministro[111] e o PFL — partido mais importante da "base governista" em desagregação — acabou tendo participação muito significativa no governo Itamar Franco, contribuindo com três ministros para a equipe, um deles o da Fazenda, considerado então chave para o governo que se iniciaria.[112] Esta participação, porém, foi bem seletiva. Só uma parte do PFL teve presença neste movimento, o que indica que o clientelismo, característico do partido, não pode por si só explicar a mudança de posição da maioria do partido. Há que ter em conta também a diferenciação interna do PFL em duas correntes principais: a liderada pelo ex-senador Bornhausen e o senador Marco Maciel, cujo núcleo era a ala liberal que dissentira do PDS ao final do regime militar, e a corrente liderada pelo governador baiano Antônio Carlos Magalhães. Este último e seu círculo político mantiveram-se, em boa parte, com

[110] Cf. entrevista de Fernando Henrique Cardoso ao autor.

[111] O senador — e também banqueiro — José Eduardo de Andrade Vieira (PTB-PR) tornou-se ministro da Indústria, Comércio e Turismo.

[112] O deputado federal Gustavo Krause (PFL-PE), ex-prefeito do Recife e ex-governador de Pernambuco.

Fernando Collor até o seu afastamento da Presidência. A primeira corrente, mais próxima ao centro político-partidário, foi paulatinamente se afastando, porém, do presidente a partir de agosto. Neste mês se dissociaram de Collor segmentos do PFL do Maranhão (ligados ao ex-presidente Sarney) e a maior parte do PFL de Pernambuco, vinculada ao governador Joaquim Francisco; no começo de setembro, o pernambucano Marco Maciel, líder do governo no Senado Federal, deixou o cargo e, consequentemente, as hostes governistas. Esta corrente do PFL acabou contribuindo com vários de seus parlamentares para o ministério de Itamar Franco, tendo o governador de Pernambuco indicado o ministro da Fazenda. Sublinhe-se que o senador José Sarney, peça-chave da campanha pelo impeachment, embora tenha tido papel pequeno nas negociações para a montagem do ministério, indicou dois dos ministros, ligados pessoalmente a ele.

Em suma, o governo de Itamar Franco seria um governo constituído por meio de uma intensa negociação entre partidos e dispôs de maioria no Congresso, contrastando vivamente com o governo Collor, pelo menos até o começo de 1992. Do ponto de vista de sua orientação política, a coalizão partidária que substituiria a que sustentava o governo anterior ocupava uma posição muito mais à esquerda no espectro partidário — com presença marcante do PSDB e do PMDB, além da participação do PDT e do PSB. Ademais, os ministros "sem partido" também tinham afinidade com a centro-esquerda, entendendo-se por isso sua oposição ao regime militar e sua adesão aos valores democráticos, incluindo-se aí não apenas os que dizem respeito à competição e à participação política mas também os referentes à defesa de um patamar mínimo de direitos sociais para o conjunto dos cidadãos.[113] Esta inflexão político-ideológica pode ser notada mesmo na escolha dos ministros

[113] Antes da posse já tinham sido escolhidos Murilo Hingel para a Educação e Paulo Haddad para o Planejamento, ambos vinculados pessoalmente a Itamar Franco. Outros políticos mineiros do círculo próximo do novo presidente acabaram ocupando postos relevantes no governo. Henrique Hargreaves tornou-se ministro-chefe da Casa Civil, José de Castro, advogado

antes conectados às antigas hostes governamentais, todos ligados à sua ala politicamente mais moderada. Esta reorientação política sinalizava claramente que se formava um governo mais sensível às questões ligadas à distribuição da renda e ao bem-estar das camadas mais pobres da sociedade.[114]

Além da inflexão à esquerda, a nova coalizão deu peso institucional à sua concepção de democracia reorganizando a área social do governo. Com efeito, Itamar Franco, como a maioria dos políticos de centro e de esquerda, interpretava a democracia não apenas como um regime em que as representações partidárias no Congresso e o próprio Legislativo são elementos-chave para a governança. Entendia que a democracia só se realizaria plenamente se contribuísse para a redução das desigualdades sociais. Itamar não apenas criou uma secretaria, vinculada à Presidência da República, para assessorá-lo nesta questão; deu também novo conteúdo ao ministério especializado no "social".[115] Transformou o Ministério da Ação Social, especializado no atendimento pelo governo das clientelas políticas destituídas, em Ministério do Bem-Estar Social, destinado a promover a dimensão social da cidadania, implementando os direitos instituídos pela Constituição de 1988. Entregou o ministério a um deputado do PSDB, de centro-esquerda, Jutahy Magalhães Jr., filho de seu amigo de longa data.

No que diz respeito ao eixo principal do governo Collor, a liberalização econômica, a coalizão política que se formava em torno do vice-presidente deixava entrever, no mínimo, uma redução de impulso. A nomeação de um parlamentar do PFL para o Ministério da Fazenda — em lugar da alternativa do PMDB que

geral da União, e Djalma Moraes, ministro das Comunicações, depois que Hugo Napoleão (PFL-PI) deixou o cargo.

[114] Outros sinais desta mudança poderiam ser identificados, especialmente depois da posse de Itamar na Presidência, com a nomeação de todos os ministros e a reorganização do ministério, mas não cabe tratar aqui do futuro governo.

[115] Ver sobre isso Denise Paiva, *Era outra história: política social do governo Itamar Franco, 1992-1994*, Juiz de Fora, Editora UFJF/FAP, 2009.

não a apresentou a tempo e das indicações do PSDB e empresários[116] — indicava que não confrontaria o empresariado, seja apostando em choques heterodoxos ou em políticas estatizantes. Já anunciara isso antes, como mostrei; a nomeação de Gustavo Krause só confirmou, com ênfase, o anúncio anterior.

Embora o vice-presidente tentasse amainar os temores do empresariado paulista quanto à interrupção do processo de privatização e de abertura externa, era inegável que não tinha entusiasmo por tais políticas; apenas as assimilava, em função da predominância entre as elites econômicas, tanto por convicção como por interesse, da orientação liberalizante. Mas seu nacionalismo e estatismo fora apenas mitigado "pelos novos tempos". Também presença significativa no ministério de políticos ou intelectuais "de esquerda" contribuía para a redução e até para o estancamento do impulso liberalizante. De todo modo, tanto a ausência do Partido dos Trabalhadores como a participação de políticos situados à direita do espectro político em alguns dos ministérios importantes da área econômica pareciam constituir boa garantia para o empresariado de que pelo menos não seriam desfeitos os passos dados no processo de liberalização.

Enquanto Itamar Franco, seu círculo político mais próximo, partidos políticos e associações de segmentos sociais ultimavam a montagem da equipe ministerial e as diretrizes do futuro governo, a Câmara dos Deputados, assistida por centenas de milhares de manifestantes e por milhões de telespectadores, preparava o último ato da crise política que ainda se desenrolava.

A DESTITUIÇÃO

No Congresso Nacional, palco principal em que se desenvolvia o processo de impeachment, a Câmara dos Deputados já se

[116] O candidato tucano e de uma parte do empresariado paulista ao Ministério da Fazenda era o deputado federal José Serra. Em seguida, o partido indicou Paulo Cunha, executivo do Grupo Ultra, também sem sucesso.

preparava para seu último ato na disputa política que travava com o presidente da República. Desde o dia 23 de setembro o Supremo Tribunal Federal referendara as regras sob as quais se daria a decisão autorizando ou não o julgamento do presidente pelo Senado. A regulamentação preparada pelo presidente da Câmara, Ibsen Pinheiro, rito sumário e voto aberto, favorecia a oposição. Mas não porque fosse em si mesma enviesada ou injusta. Favorecia porque permitia que a "opinião pública" e a mobilização popular tomassem parte, mais decisivamente, da decisão. Ela obrigava os parlamentares a manifestarem abertamente sua opinião sobre o destino do presidente, antes das eleições municipais de outubro, nas quais dezenas de parlamentares tomariam parte como candidatos. Assim, longe de antidemocrática, a regulamentação funcionava como uma forte correia de transmissão da vontade popular para os seus representantes políticos. Tornava difícil para os parlamentares decidirem, em rede nacional de televisão, contra a vontade do eleitorado, expressa nas pesquisas de opinião, nos meios de comunicação e nas mobilizações de massa.

Esta decisão do Supremo tornava remotíssima qualquer possibilidade de reversão da maioria existente na Câmara dos Deputados em favor do impeachment. Esta maioria — que existia desde o início do mês de setembro segundo a contagem da *Folha de S. Paulo* — passou a ser reconhecida pela própria Comissão Suprapartidária Pró-Impeachment, coordenada pela deputada Roseana Sarney, conforme a imprensa divulgou no mesmo dia 23. Segundo a Comissão, estavam garantidos 345 votos, 9 a mais do que os 2/3 necessários para a Câmara autorizar o julgamento de Collor.

Assim, quando o deputado Nelson Jobim (PMDB-RS) apresentou no dia 24 de setembro, quinta-feira, seu parecer à Comissão Especial da Câmara destinada a avaliar o pedido de impeachment feito pela ABI e OAB, o destino do presidente Collor já estava praticamente selado. Tal destino, de fato, já podia ser antevisto pelas lideranças da oposição desde julho e, com bastante segurança, a partir da última semana de agosto, depois das grandes mobilizações que desencadearam a crise política naquele mês, da divulgação da nota em que o ministério decidia ficar "em nome da governabilidade" e da vitória da oposição na CPMI. Desde aquele momento, quando o presidente sofreu o que o deputado Ulysses Guimarães qualificara como uma "deposição branca", já havia boa dose de segurança entre lideranças oposicionistas de que conseguiriam aprovar o impeachment. Depois, a certeza quanto ao resultado foi se elevando aos poucos, na medida em que se sucederam as decisões do *establishment*, as manifestações de massa, as adesões dos parlamentares ao movimento pró-impeachment e à coalizão político-partidária em torno de Itamar Franco. Por isso, não causou surpresa que, quase no final de setembro, a Comissão Especial aprovasse, em votação francamente majoritária, o texto do parecer preparado pelo deputado Jobim recomendando que a Câmara dos Deputados autorizasse o Senado a julgar o presidente por crime de responsabilidade.

A decisão da Comissão Especial confirmou o calendário definido por Ibsen Pinheiro, fixando para o dia 29 de setembro, terça-feira, a votação da admissibilidade pela Câmara. Os 2/3 de votos já estavam garantidos, mas a desagregação das hostes governistas e a avalanche de adesões ao impeachment continuou ocorrendo. Na sexta-feira, a Comissão Suprapartidária Pró-Impeachment calculava em quase 370 o número de votos certos.[117] Ainda assim, a caça ao voto continuou.[118] Foram tomadas medidas adicionais para assegurá-los, decidindo-se permitir, por exemplo, que

[117] A *IstoÉ* de 7/10/1992, p. 22, informou que o deputado Basílio Villani (PDS-PR) contava no sábado, 26 de setembro, com uma lista de 172 votos favoráveis a Fernando Collor, que somados aos números da Comissão Pró-Impeachment ultrapassavam o número total de deputados existentes. Os dados de Villani mostraram-se equivocados.

[118] As revistas semanais relataram um grande número dessas "caçadas ao voto", com as táticas adotadas. Relata a *IstoÉ*, de 7/10/1991, p. 21: "Papel peculiar teve o deputado Aloísio Vasconcelos (PMDB-MG), escolhido para cuidar da bancada mineira. O deputado Romel Anísio (PRN-MG), por exemplo, foi uma das vítimas [...]. Na véspera da votação, Vasconcelos telefonou para as rádios Planalto e Difusora, de Ituiutaba, base política de Anísio, e pediu que mobilizassem seus ouvintes para encontrar o deputado, que ainda não tinha chegado a Brasília para votar pelo impeachment. Anísio foi a

os parlamentares pudessem fazer pequenas justificativas ao eleitorado no momento das declarações de voto;[119] também foram mobilizados aviões particulares para garantir a presença de todos os deputados pró-impeachment no dia da decisão.

Terça-feira, 29 de setembro, amanheceu com os meios de comunicação espalhando aos quatro ventos que 80% dos brasileiros desejavam que a Câmara votasse pelo impeachment[120] e que a última pesquisa feita entre os deputados que decidiriam a sorte de Fernando Collor indicava que 344 declaravam *abertamente* que autorizariam o julgamento do presidente.[121]

Assim, foi com expectativa muito forte de vitória e dispostos a festejá-la que — à tarde, mas, em alguns lugares, desde a manhã — mais de 300 mil manifestantes saíram às ruas de 17 das maiores cidades do país para acompanhar a votação na Câmara dos Deputados e, obviamente, controlar se os parlamentares seguiriam a vontade da grande maioria de destituir o presidente. Em Brasília, em frente ao Congresso e transbordando para a Esplanada dos Ministérios, cerca de 100 mil manifestantes acompanharam a votação que transcorria na Câmara, aplaudindo e apupando as declarações de voto.

Dentro da Câmara, as manifestações de voto se sucediam. Nos corredores do Plenário, parlamentares da oposição começaram a contagem regressiva com os dedos pouco antes da maioria de votos desejada ser alcançada. Finalmente se chegou aos 2/3 de votos favoráveis à destituição do presidente. "Depois do voto do

Brasília e votou 'sim'". Trata-se de uma boa história mas, como outras, haveria que confirmar a relação causal.

[119] Segundo a *Veja* (30/9/1992, p. 2), a sugestão foi do deputado Miro Teixeira (PDT-RJ).

[120] O Datafolha informava também que somente 12% desejavam a permanência de Collor no governo e 7% mostravam-se indecisos. Cf. *Folha de S. Paulo*, 29/9/1992, p. 1.

[121] A pesquisa foi feita pelo jornal *O Estado de S. Paulo* e mostrou também que 45 parlamentares tencionavam votar contra a autorização e 114 declaravam-se indecisos. Cf. *O Estado de S. Paulo*, 29/7/1992.

deputado Paulo Romano (PFL-MG), o 336º, que garantiu a vitória das oposições, Beth Azize (PDT-AM) foi ao microfone e puxou o canto do Hino da Independência. A euforia era geral. O presidente da Câmara, Ibsen Pinheiro, acionou a campainha e disse que tinha o dever de dar prosseguimento à chamada. Beth e outros começaram de novo e ele desligou o microfone. Mas o Plenário e as galerias, onde estavam governadores de estado, secretários estaduais, autoridades e convidados, continuaram cantando. Ibsen, sem demonstrar contrariedade, fez apenas um gesto de rendição e esperou."[122] Milhões de telespectadores assistiam em suas casas, nas lojas e em telões à decisão da Câmara dos Deputados.

A multidão em frente ao Congresso também explodiu de alegria quando escutou pelos alto-falantes o voto que completava a maioria de 2/3. Foram queimadas as bandeiras pretas que sinalizavam, desde o Domingo Negro, o luto popular pela presença de Fernando Collor na Presidência. Cantou-se o Hino Nacional e começaram a surgir as primeiras faixas saudando e fazendo as primeiras reivindicações a Itamar Franco. Mas o clima não era agressivo. Era de festa.

Terminada a votação, o parecer em favor do pedido de impeachment obteve 441 votos, mais do que todas as previsões anteriores. Só votaram contra, pela interrupção do processo, 38 deputados; 1 deputado se absteve e 23 não compareceram. A vitória oposicionista foi acachapante — 87% dos deputados votaram sim; mesmo entre os partidos do antigo Bloco Parlamentar Governista 70% deram sua aprovação, quase 2/3;[123] e até entre os deputados do estado da Bahia, onde governava Antônio Carlos Magalhães, um dos principais defensores de Collor, os votos favoráveis foram 64%. A votação confirmou também um dos parâmetros de cálculo da oposição, o de que se a decisão da Câmara fosse antes das eleições de outubro ela favoreceria o impeachment. A questão do cronograma não era desprezível, já que mais de 15% dos depu-

[122] *O Estado de S. Paulo*, 30/9/1992, p. 4.

[123] O bloco governista incluía o PFL, o PRN e o PSC.

tados concorriam no pleito de outubro. Certamente não foi apenas isso que definiu o voto dos deputados candidatos a prefeito, mas deve ter contribuído para que dos 89 que concorriam 88 votassem sim; e 1 apenas deixou de comparecer. Claro que o voto *sim* não garantia, nem garantiu, a eleição do parlamentar, mas o *não*, dava-se como certo, a prejudicaria.

A decisão da Câmara dos Deputados mais do que autorizava o Senado a julgar o presidente por crime de responsabilidade, mais do que o afastava temporariamente da Presidência; a decisão da Câmara afirmava o Congresso como poder relevante do Estado, contra a concepção plebiscitária de presidencialismo que Collor defendia e que na maioria das vezes incorporara em sua ação; contra uma interpretação da ordem política que subestimava o Legislativo e o tornava um poder de pouca relevância, subalterno.

Enquanto no palco central a Câmara dos Deputados transferia para o Senado o papel principal, nos bastidores líderes da coalizão partidária vitoriosa, reunida em torno do vice-presidente, negociava o novo ministério, ainda incompleto, e o ator central, Itamar, era tomado de hesitação quanto à data da posse — alegava para os aliados que não gostaria de parecer afoito ou ansioso pelo poder. Foi preciso que os presidentes do Supremo Tribunal Federal e do Senado — pressionado por lideranças da Casa — definissem a data-limite da posse, 2 de outubro de 1992, para que o vice desistisse de postergá-la para a semana seguinte.[124]

Na manhã do dia fixado, sexta-feira, Fernando Collor recebeu das mãos do primeiro secretário do Senado, em uma cerimônia preparada no Palácio do Planalto, a nota que o afastava por seis meses da Presidência da República, período máximo definido para o seu julgamento pela Câmara Alta. Rodeado de parte do seu ministério, alguns secretários e poucos parlamentares aliados, Collor assinou com formalidade a determinação recebida, não antes de

[124] A reunião deu-se no gabinete do senador Mauro Benevides e teve a participação de Sydney Sanches, presidente do STF, Célio Borja, ministro da Justiça, e Fernando Henrique Cardoso e Maurício Corrêa, ambos já escolhidos ministros por Itamar Franco. Cf. *O Estado de S. Paulo*, 2/10/1992.

consultar e anotar a hora exata em que o fazia, 10 horas e 20 minutos. Ao receber de Collor a notificação assinada, o senador Dirceu Carneiro, secretário da Mesa do Senado, lhe disse: "Desejo que este ato seja uma contribuição de nossa geração para o aperfeiçoamento da democracia". "Certamente que sim", respondeu o presidente, constrangido, já afastado do cargo.

A cerimônia pública, as formalidades e as declarações — tudo acentuava que a crise política fora superada com a afastamento do presidente *dentro das normas fixadas pelo regime democrático de 1988*.

Finda a cerimônia, Collor cumprimentou os presentes e saiu do Palácio do Planalto, segurando a mão da esposa, cabeça erguida, rígido, emagrecido. Caminhou, em meio a xingamentos de alguns manifestantes, até o helicóptero que o conduziria para a Casa da Dinda. Destituído.

Novos rumos

Enquanto o presidente afastado deixava o Palácio, saindo provisoriamente de cena, o senador Dirceu Carneiro dirigiu-se para o gabinete do vice-presidente Itamar Franco e lhe entregou o documento do Senado que fazia dele o presidente da República até que a Câmara Alta decidisse sobre o pedido de impeachment.

O gabinete do vice-presidente estava repleto de políticos próximos e de futuros ministros, participantes da nova coalizão político-partidária que chegava ao poder. O novo presidente, depois de receber o comunicado do Senado, fez um pequeno discurso elogiando a CPMI pelo mapeamento ético que fizera do país. Mas, acrescentou: "ele não serve a nós outros, porque a nossa vida e a vida daqueles que estarão comigo é uma vida limpa". E finalizou: "A nação pode estar certa de que não haverá corruptos neste governo". Ressaltava, assim, a diferença do seu governo com o que saía. Era a diferença que importava naquele momento, em relação à corrupção de que o governo que substituía era acusado e tinha sido a justificativa para o afastamento de Collor.

Em seguida o novo presidente antecipou que faria uma reforma da estrutura do ministério, com desdobramento e reorganização de vários deles. Com isso, anunciava a abertura de espaços para os partidos e melhorias no plano administrativo. Itamar Franco não anunciou o seu ministério completo. Mas isso decorria, em parte, de ele fazer exatamente aquilo que Collor menosprezara: negociar a composição de sua equipe, ainda que demoradamente, com os partidos que o apoiariam no Congresso. Ao fazê-lo, dava curso a uma interpretação da democracia de 1988 bem distinta da do seu antecessor; punha em prática um regime em que o Congresso e os demais poderes têm tanta legitimidade quanto a Presidência da República. Dava aos partidos aliados que atuavam no Congresso parcela da responsabilidade pelo governo que se iniciaria em alguns dias; assegurou aos seus aliados do Congresso participação no Executivo, nos seus cargos e recursos. Ganhou, assim, o apoio de uma maioria parlamentar orgânica compartilhando parte do Poder Executivo. Com isso, liquidou um contencioso entre Executivo e Legislativo que perdurava desde o começo do governo Collor e que não fora superado nem mesmo pela reforma ministerial de abril de 1992.

Note-se que, liquidando o referido contencioso, Itamar Franco mudava o modo de operar o regime democrático e, consequentemente, lhe emprestava mais estabilidade. Ele e seus aliados mantiveram, porém, silêncio sobre o "desequilíbrio" institucional entre o poder do Executivo e do Legislativo, desequilíbrio que o projeto de regulamentação das medidas provisórias, derrotado em 1991, tentara sanar. Tratava-se de questão não consensual que se imaginava resolver mais tarde, no plebiscito sobre a forma de governo a ser realizado em 1993.

Três dias depois, 5 de outubro, o governo Itamar Franco seria empossado, ainda sem ter o ministério completamente montado, especialmente porque o PMDB ainda não decidira sobre a participação de seus quadros na equipe. De qualquer forma, o mandato de Itamar Franco seria provisório, até que o Senado Federal julgasse o presidente temporariamente afastado por crime de responsabilidade.

Meses depois, em dezembro de 1992, o Senado decidiu, por grande maioria, destituir em definitivo Fernando Collor de Mello da Presidência da República e cassar seus direitos políticos por dez anos. Mais uma vez a democracia avançava no Brasil, atravessando crises políticas sem nenhuma ruptura institucional.

Revigorando a democracia, o impeachment de Collor abriu o passo para que o país, sob o comando de Itamar Franco, se encaminhasse para superar a crise de Estado que marcava a vida política nacional desde o começo dos anos 1980.

CONCLUSÃO

A análise do processo que levou à crise política resolvida pelo impeachment de Fernando Collor mostrou que não foi seu reformismo liberal o que permitiu agregar contra ele um conjunto de forças políticas capaz de destituí-lo. A despeito da frontal oposição de várias correntes de esquerda ao seu alegado neoliberalismo, não foi isso que moveu a maioria das forças políticas, partidárias e societárias que se uniram contra ele.

Esta conclusão negativa chega a surpreender porque durante as eleições de 1989 parecia haver mais controvérsia política sobre as alternativas econômicas a seguir do que sobre a democracia. Contudo, grande parte das forças políticas de centro, mesmo tendo apoiado no segundo turno das eleições de 1989 a candidatura de Luiz Inácio Lula da Silva, sustentou ao longo do governo Collor medidas reformistas de liberalização econômica.

Entretanto, não se deve descartar de todo a inclusão das "políticas de ajuste fiscal e monetário" do governo e suas consequências socioeconômicas entre os fatores que impulsionaram boa parte das forças políticas contra o governo. A ineficiência das políticas governamentais, pelo menos em relação aos propósitos proclamados, a recessão e o mal-estar social que provocaram fragilizaram o alicerce de legitimidade política do presidente, fertilizando o terreno para a oposição política.

De qualquer modo, a reconstituição do processo político mostrou claramente, espero, que foi em torno da democracia que as divergências se acumularam e que ocorreu o confronto do presidente com as forças que o destituíram. Tais divergências não foram, porém, apenas entre ideias políticas. Estas estiveram associadas a interesses políticos, de partidos, de facções e, mesmo, de indivíduos que ocupavam distintas posições no campo político. As divergências ocorridas ao longo do governo Collor incidiram sobre várias das características atribuídas ao regime democrático, retomando disputas travadas nos anos 1980 sobre o peso relativo dos poderes Legislativo e Executivo no interior do Estado e sobre o componente "social" do regime.

Desde a formação de seu ministério, Collor agiu como se sua escolha pela maioria do eleitorado concedesse a ele o poder exclusivo sobre o Executivo conquistado e proeminência sobre os demais poderes, despreocupando-se em construir maioria orgânica, baseada em coalizão partidária, para aprovar no Parlamento as matérias legais de interesse do governo. Contentou-se em obter maiorias *ad hoc*, projeto a projeto, votação a votação. Isso contrariava os procedimentos de seus antecessores, Tancredo Neves e José Sarney, cujos ministérios surgiram ou foram sendo compostos de forma negociada com os partidos majoritários no Congresso. Ao invés de arrebanhar forças partidárias para compor maioria parlamentar concedendo a elas, em contrapartida, participação nos recursos do Executivo, o presidente Collor optou por mantê-los sob seu controle direto, ou de seus auxiliares, reforçando sua posição mediante campanha contínua de marketing político que destacava sua personalidade, acentuava suas qualidades messiânicas e confrontava adversários.

Esta forma de governar, encarnação da utopia presidencial plebiscitária, foi bem-sucedida enquanto o presidente teve legitimidade em alto grau por combater um inimigo interno, a hiperinflação, que ameaçava a sobrevivência material da grande maioria dos brasileiros. Na sequência do Plano Collor, reduziu-se ao mínimo a oposição que encontrou entre os poderes de Estado, nos partidos de centro e de esquerda e entre as entidades de classe. No entanto, à medida que o perigo da hiperinflação foi afastado, reduziu-se a adesão política ao presidente e os ônus diretos ou colaterais da extraordinária intervenção do Estado na ordem econômica converteram-se em demandas enfáticas das forças de oposição e em estímulos à reação dos poderes de Estado contra os excessos do Executivo. A despeito dessas reações, poucas foram as limitações impostas a seus poderes e excepcionais as derrotas sofridas pela política de Fernando Collor. Este governou por meio de uma enxurrada de medidas provisórias, grande parte das quais meras repetições de iniciativas anteriores com pequenas alterações, de forma a evitar sua apreciação pelo Congresso.

A oposição partidária só opôs resistência significativa e visível à legislação salarial, obrigando o governo a alterar suas intenções iniciais — associadas ao objetivo de estabilizar a moeda — de modo a proteger da inflação, residual e vindoura, as faixas salariais mais baixas. Nessa resistência ela contou com a sustentação de um forte movimento grevista. Embora a dinâmica dos interesses eleitorais tendesse, por si só, a produzir essa resistência parlamentar, ela expressava também a associação que o movimento em favor da democratização fazia, desde o seu surgimento na década de 1970, entre as lutas por democracia e pela redução das desigualdades sociais. Para este movimento uma conquista sempre esteve vinculada à outra: a forma democrática de governo foi associada à expansão dos direitos sociais e a um mínimo de democracia substantiva. De forma menos visível, a oposição parlamentar fez tramitar, já neste primeiro ano, projeto de lei complementar que restringia os poderes do Executivo de legislar por medidas provisórias. Assim, mesmo no seu ano inicial de mandato, quando a luta contra a hiperinflação e as medidas iniciais de liberalização estavam no topo da agenda governamental, as questões relativas à democratização foram o pomo da discórdia. No que diz respeito às questões referentes à dimensão social da democracia, as esquerdas tinham o apoio de grande parte dos partidos de centro; na questão institucional, era a centro-esquerda parlamentar que tinha a liderança, contando com o apoio das esquerdas.

Vale sublinhar que a atuação oposicionista no Congresso em 1990 teve pouca intensidade não apenas porque o presidente contou com grande legitimidade no início de seu governo, mas também porque os parlamentares estavam em fim de mandato, enfraquecidos, tendo que se submeter a eleições em outubro.

Apesar disso, a economia ofereceu resistência crescente à política econômica governamental — a inflação retomou impulso em meio à brutal recessão. Nesse quadro, o governo decidiu desencadear, mais uma vez, um choque monetário heterodoxo, o Plano Collor II, editado em 31 de janeiro de 1991. A reação negativa de centrais sindicais e entidades empresariais às novas medidas e a entrada em cena de um novo Congresso, com parlamentares recém-eleitos, com cinco anos de mandato pela frente, e com dirigentes que prometiam fazer valer o seu poder, levaram o governo a adotar nova postura diante do Congresso. De um lado, ele passou a negociar mais amplamente o Plano Collor II no Congresso e, de outro, comprometeu-se a editar medidas provisórias apenas em casos de real "relevância e urgência".

Com tais promessas e negociações pontuais com segmentos do Congresso, o presidente conseguiu evitar que o movimento oposicionista restringisse seu poder de editar medidas provisórias. Ao reduzir drasticamente o número de MPs editadas, o governo eliminou *a face mais visível* da proeminência do governo sobre o Poder Legislativo. Seguiu, porém, governando sem o apoio de uma coalizão majoritária no Congresso, com base apenas em maiorias parlamentares *ad hoc*. Isso foi possível em função dos extensos poderes legislativos que a Constituição de 1988 concedeu ao Executivo e ao atendimento ocasional de demandas de parlamentares que o seguiam. A não ser pelo uso abusivo do instituto da medida provisória, o Congresso não questionou o uso extenso por Fernando Collor dos poderes legislativos do Executivo concedidos pela Constituição de 1988; o que os partidos e parlamentares que costumavam aprovar suas iniciativas demandavam, primeiro velada e depois abertamente, era compartilhar os recursos do Executivo.

Dessa forma, as divergências em torno da democracia incluíram três de suas dimensões: a político-operacional, que dizia respeito aos recursos que o Executivo podia compartilhar com os partidos e parlamentares como compensação pelo apoio recebido no Congresso; a institucional, que incidia sobre a distribuição dos poderes legislativos entre Congresso e Executivo; e a dimensão "social" da democracia, que incidia sobre a remuneração da força de trabalho e os direitos sociais da cidadania. No primeiro caso, não se questionava o poder institucional do Executivo, mas desejava-se participação dos governistas do Legislativo na distribuição dos recursos do governo. No segundo caso, demandava-se mudança institucional para fortalecer o Congresso diante do Executivo; e, no terceiro, exigia-se condicionar as políticas governamentais à proteção dos assalariados em geral e, em especial, os da base da pirâmide social, como era o "espírito" da Constituição. Nas três dimensões, enfatizadas por distintos segmentos do Parlamento com maior ou menor intensidade, dependendo da posição que ocupavam no campo político, demandava-se do Executivo uma postura mais equilibrada, menos prepotente em relação ao Congresso e às demandas parlamentares.

Na medida em que tais demandas por maior equilíbrio entre os poderes não foram atendidas satisfatoriamente — e que os resultados socioeconômicos das políticas do governo mostraram-se negativos —, surgiram reações parlamentares que reverteram parcialmente aquele desequilíbrio pelo esvaziamento paulatino das pretensões de poder do presidente. Suas realizações foram se tornando mais distantes das pretensões.

No que diz respeito à estabilidade econômica, o governo abandonou o projeto de eliminar a inflação a curto prazo, "com um tiro só", adotando uma política econômica francamente ortodoxa. Ainda assim, após derrotas parlamentares, o governo teve que refrear seu ímpeto quanto à política salarial. Foi obrigado a adotar projeto da oposição parlamentar de centro e de esquerda, que protegia os assalariados de menor poder aquisitivo. Ao longo de 1991, os partidos com essas orientações formaram, em várias ocasiões, uma *frente parlamentar* quando a *democracia esteve em questão*, fosse na disputa sobre a regulação das medidas provisórias, fosse na luta em torno da regulação dos salários. As articulações eventuais dessa *frente partidária democratizante* tiveram o suporte de organizações sindicais (CUT e CGT), profissionais (OAB e outras), confessional (Comissão de Justiça e Paz da Igreja Católica) e mesmo uma empresarial (PNBE), sinalizando que os partidos associados expressavam um movimento societário democratizante, ainda vigente.

Foi, porém, em sua política de liberalização econômica que a diferença entre projeto e realizações foi extraordinária, indicando claramente a resistência dos partidos e do Congresso à forma do governo conceber e conduzir a democracia de 1988. O presidente apresentou, em março de 1991, um grande número de propostas de reforma e, em agosto, enviou ao Congresso vários projetos de emenda constitucional — que exigiam maioria de 2/3 na Câmara e no Senado para serem aprovados — apesar de não contar sequer com uma coalizão parlamentar majoritária. Além do marketing pessoal — cada vez menos convincente em função de políticas fisiológicas e suspeitas de corrupção que desfiguravam sua imagem —, tentou pressionar o Congresso para aprovar as reformas por intermédio de governadores e empresários, sem nenhum resultado. Dado o custo político dos projetos e a falta de compromisso do governo com os partidos de centro e, mesmo, com os conservadores, o Congresso simplesmente *tirou de sua agenda os projetos governamentais*. Além de recusar a agenda proposta pelo Executivo, o Parlamento foi mais longe: aprovou proposta de renegociação das dívidas estaduais que contrariava a "política de ajuste" do governo federal e restringiu fortemente a massa de recursos materiais pedidos pelo governo para o ano de 1992.

Ainda em dezembro de 1991, uma decisão do Superior Tribunal de Justiça, determinando ao governo que pagasse para todos os aposentados e pensionistas um reajuste de 147%, equivalente ao concedido ao salário mínimo, dramatizou ao máximo as dificuldades do governo manter, no ano seguinte, sua política econômica em moldes ortodoxos, com rígido controle das despesas.

O estreitamento que o Congresso impôs no fim de 1991 às possibilidades de Collor governar decorreu principalmente da percepção, cada vez mais clara, da maioria das forças políticas de que, a despeito de ter deixado de lado as medidas provisórias, o governo mantinha *um acentuado voluntarismo* que se expressava na *aguda desproporção* entre projeto reformista e possibilidades políticas de sua realização. Suas propostas liberalizantes não se sustentavam em uma avaliação realista sobre *as possibilidades de encontrarem assentimento entre as forças de direita e de centro*, quer dizer, em uma avaliação que levasse o Executivo a reduzir, por concessões aos partidos e parlamentares, o alto custo político-eleitoral das reformas que propunha. A orientação do Executivo sinalizava claramente a desconsideração pelos interesses políticos sediados no Congresso e, por esta via, a incapacidade do presidente liderar a maioria das forças políticas em alguma direção. Os sinais mencionados de deterioração da autoridade do Executivo diante do Congresso não foram, porém, suficientes para que o presidente alterasse sua posição política.

O Congresso, contudo, obrigou o presidente a fazê-lo logo depois, em janeiro de 1992. Fez com que levasse em conta suas demandas quando chamado a "colaborar" com o Executivo na obtenção de recursos para pagar o reajuste dos aposentados e pensionistas determinado pelo STJ. Ao recusar-se a elevar as contribuições dos aposentados e trabalhadores para pagar o reajuste devido, a maioria das forças do Congresso induziu o Executivo a redefinir sua posição. Este, de um lado, iniciou uma reforma ministerial limitada, substituindo alguns ministros acusados de corrupção e dando ao PFL, maior partido conservador do Congresso, a articulação política do governo. Anunciava, com isso, a intenção de mudar suas relações com o Congresso no âmbito que denominamos político-operacional, mas não em que medida isso ocorreria. De outro lado, tentou escapar do torniquete parlamentar, decretando a postergação por um ano dos pagamentos devidos aos aposentados, o que contrariava as demandas "sociais" usuais da esquerda e do centro.

O aceno de recomposição das relações com o Congresso não teve, porém, o resultado esperado pelo Executivo. Em primeiro lugar, o governo foi questionado judicialmente a propósito do decreto que emitira. Em segundo lugar, a oposição de centro e de esquerda — apoiada por segmentos da direita partidária — recusou-se a permitir a aprovação de qualquer matéria legislativa e mesmo a oficialização do novo coordenador político do governo enquanto não se desbloqueasse a tramitação em regime de urgência de um decreto do Congresso que pretendia anular os efeitos do emitido anteriormente pelo Executivo para postergar os pagamentos aos aposentados e pensionistas.

Com seu governo praticamente bloqueado no Congresso, o presidente finalmente cedeu, em meio a um clima de opinião francamente negativo em que despontavam novas acusações de corrupção contra auxiliares muito próximos. Conseguiu nomear seu ministro para a articulação política e tentou retomar o controle do processo promovendo uma grande reforma ministerial, aparentemente mais drástica do que a inicialmente pretendida.

A reforma permitiu afastar auxiliares acusados de corrupção e reforçar a presença na equipe de ministros com alguma articulação com os partidos conservadores, incluindo entre eles antigos colaboradores do regime militar. Ademais, Collor tentou, sem sucesso, trazer para o ministério um partido de centro, o PSDB, tanto pelo prestígio de seus quadros como para garantir com isso pelo menos maioria simples no Congresso.

Com a reforma ministerial de começo de abril de 1992 o presidente Collor pareceu superar a crise política iniciada em janeiro. Ele a superou, de fato, mas reduzindo as pretensões de autonomia do Executivo em relação à sua base parlamentar; ganhou fôlego político mas ao preço de compartilhar poder e recursos do governo com os que o apoiavam no Legislativo. O presidente apresentou o novo ministério ao público como "dos notáveis", capazes, de reputação ilibada e comprometidos com seu programa reformista, de modernização da economia. A reforma foi festejada pela maioria dos meios de comunicação de massa, mas não permitiu ao presidente recuperar a autoridade para grandes voos reformistas.

Ao satisfazer parcialmente as ambições dos partidos conservadores de compartilhar recursos sob o controle do Executivo, Fernando Collor conseguiu, sem dúvida, recuperar capacidade de governar, mas continuaria a depender de maiorias *ad hoc* para aprovar suas propostas no Congresso, com pouquíssimas possibilidades de conseguir número para aprovar emendas à Constituição. A articulação governista era, de fato, pouco sólida, pois a inclusão dos partidos conservadores no governo não foi a desejada por eles, à exceção do PFL.

Reforçando o caráter limitado do fôlego político conseguido por Fernando Collor no interior do Estado, a opinião pública tornara-se francamente negativa em relação ao governo, e um conjunto, ainda pequeno, de atores coletivos com presença na esfera pública, representando diferentes segmentos sociais, como trabalhadores assalariados, classe média profissional e uma reduzida fração do pequeno empresariado, tentava articular-se em favor da oposição de centro e de esquerda e contra o governo.

Foi nesta posição política pouco sólida, a despeito da exaltação de uma parte da mídia, que o presidente foi atingido por acusações de seu irmão mais jovem em duas entrevistas publicadas, em maio, pela revista *Veja*. Pedro Collor acusou o irmão-presidente de ser o responsável e maior beneficiário das atividades suspeitas do seu tesoureiro de campanha, Paulo César Farias. Agora, a suspeita de corrupção não atingia apenas auxiliares que o presidente poderia afastar; atingia ele mesmo, acusado de ser o verdadeiro responsável pelo esquema de corrupção organizado por PC Farias.

A acusação era politicamente gravíssima, pois o presidente não tinha uma base parlamentar sólida e estava ameaçado, agora, de perder seu alicerce simbólico, de inimigo intransigente da corrupção, de caçador de "marajás", o que colocava em xeque sua autoridade moral para exercer a Presidência. Com isso, tornava-se mais difícil assegurar a lealdade da base governista, pois os custos políticos da adesão tendiam a se elevar.

Além disso, o deslocamento das disputas políticas dos problemas de desempenho governamental para a questão da corrupção simplificava o combate político e aumentava as oportunidades para que ele extravasasse do campo político-institucional, envolvendo atores coletivos sem participação regular na esfera estatal e, mesmo, um círculo mais amplo de cidadãos que a eles se conectavam.

A acusação de corrupção, de qualquer modo, tornava quase inevitável para a oposição parlamentar, sob pena de perdas políticas praticamente certas, investigar as denúncias contra o presidente. Mas ela fez mais do que isso. PT, PSDB e PMDB formaram uma coalizão partidária para unificar suas ações contra o governo e conseguiram aprovar uma Comissão Parlamentar Mista de Inquérito para investigar as atividades de PC Farias, criando uma trincheira institucional que deu visibilidade e autoridade aos ataques que desferia no governo no plano moral. Dessa forma, as acusações contra o presidente feitas por seu irmão mais jovem fragilizaram a articulação governista e permitiram a unificação da oposição parlamentar.

Sublinhe-se, ademais, que a coalizão oposicionista fixou claramente os limites de sua ação. Ela decidiu atuar em obediência ao quadro institucional vigente, marginalizando as correntes políticas — presentes no PT e no PC do B — cujas demandas implicavam ruptura das regras institucionais. Por outro lado, o governo — embora fragilizado — conseguiu usar o espaço de manobra que dispunha no Congresso para limitar os objetivos da CPMI — não investigar o presidente mas apenas PC Farias — e para moldar parcialmente sua composição.

Estas alterações das relações de força no campo político-institucional estimularam mudanças no plano societário que reforçaram a posição política da coalizão de centro e de esquerda diante do governo.

Houve, desde logo, uma mudança de posicionamento político dos meios de comunicação de massa. Acentuou-se a competição entre os diversos órgãos por um público ávido por informações sobre corrupção, CPMI etc. O governo conservou, no entanto, o apoio de quase todas as redes de televisão, reduzindo o impacto do "escândalo" sobre a massa da população.

Além dos meios de comunicação, participantes usuais da esfera do Estado, várias organizações da "sociedade civil", críticas do governo Collor, como associações voluntárias orientadas para objetivos democratizantes, entidades religiosas, organizações de classe média profissional, sindicatos e até organizações de pequenos empresários, adensaram suas articulações, constituindo o Movimento pela Ética na Política e desenvolvendo ações de apoio à CPMI e à oposição político-partidária.

A atuação inicial de partidos na CPMI, da mídia e das organizações da "sociedade civil" não conseguiu produzir perdas irrecuperáveis à posição fragilizada do governo. Mantiveram o presidente sob ataque mas não ameaçavam a continuação de seu mandato: os convocados pela CPMI não acrescentavam informações que pudessem demonstrar as suspeitas da oposição, os meios de comunicação acompanhavam os depoimentos com viés mais ou menos crítico e as entidades da "sociedade civil" faziam algumas manifestações em local fechado mas de impacto político limitado; o presidente continuava com apoio da direita parlamentar, de parte da mídia e da maioria das principais organizações empresariais do país. Estas últimas davam suporte especialmente à sua política de liberalização, entendida como uma barreira contra ataques à propriedade privada e às pretensões estatizantes das esquerdas.

A conjuntura sofreu uma inflexão decisiva com a publicação pelo semanário *IstoÉ*, em final de junho, de entrevista do motorista da secretária pessoal do presidente afirmando carregar cheques da empresa de PC Farias para pagar despesas de parentes do presidente e da reforma de sua residência. Pela primeira vez surgiram indicações de haver provas documentais das relações suspeitas entre Fernando Collor e seu ex-tesoureiro de campanha.

A publicação da entrevista mudou as relações de força, abrindo uma conjuntura de crise política. A coalizão de centro-esquerda vislumbrou a possibilidade do impeachment, acentuou sua adesão às regras do jogo e procurou obter a neutralidade dos militares na disputa política em curso. A CPMI ganhou novo impulso, determinando a quebra de sigilo bancário de vários suspeitos para colher provas; os meios de comunicação acentuaram sua cobertura crítica, alguns pedindo a renúncia do presidente.

Ao lado dessas mudanças no campo político-institucional, o Movimento pela Ética na Política se expandiu incorporando mais de uma centena de entidades e se estruturou fixando sede em Brasília, no escritório da OAB. Esta articulação de forças societárias, embora não tenha produzido de imediato manifestações públicas de grande visibilidade, cumpriu função-chave no processo, pela construção do quadro interpretativo que orientou e legitimou a luta da oposição contra o governo. Esse quadro deu amplitude política ao combate à corrupção, associando-a à luta "pela ética na política", à democracia almejada para o Brasil, um regime de governo não autoritário, com maior equilíbrio entre os poderes do

Estado, e promotor da expansão plena da cidadania. Esta associação entre ética e democracia não era trivial, pois rompia a vinculação popular usual entre política e corrupção. Construindo esse quadro interpretativo, disseminado pela imprensa, o MEP deu *direção cultural* ao movimento em favor do impeachment, cuja *direção política* foi assumida, desde o início, pela coalizão partidária de centro-esquerda.

Em fins de julho, com a chegada da documentação solicitada à CPMI, consolidou-se a mudança ocorrida nas relações de força política. A oposição encurralou o presidente. A coalizão partidária de centro-esquerda definiu o impeachment como alvo a atingir, ampliou os contatos com políticos conservadores e adensou articulação com o vice-presidente Itamar Franco para constituir uma coalizão alternativa de governo. Collor e o Executivo foram colocados, em definitivo, no polo negativo do quadro interpretativo do movimento pró-impeachment — já que marcados pela corrupção, autoritarismo e descaso com a maioria dos cidadãos — e a CPMI e o Congresso, como agentes que garantiriam a superação das iniquidades do presente. Esta interpretação acabou tornando-se hegemônica, subjugando a polarização simbólica com que o governo interpretava a situação — como um combate dos partidários das reformas e da modernidade contra o estatismo e o atraso. Derrotado no plano simbólico, restou ao presidente evitar a derrota parlamentar, seja distribuindo recursos — cargos e/ou verbas de relevância eleitoral — como forma de manter os aliados de que necessitava para preservar seu cargo, seja tentando postergar qualquer decisão do Congresso para depois das eleições de outubro, o que reduziria para os candidatos o custo político de manter-se ao lado do presidente.

Na primeira metade de agosto, o avanço da oposição, encurralando politicamente o governo, não permitia antever com segurança o impeachment do presidente. Parecia possível que Collor, embora em minoria parlamentar, conservasse a adesão de pelo menos 1/3 da Câmara dos Deputados para evitar dar seguimento ao processo. Ainda que promovesse discretamente a mobilização popular para impulsionar e *legitimar* o impeachment, a coalizão partidária de centro-esquerda evitava empenhar-se nisso antes que a CPMI apresentasse seu resultado para não ser acusada de perturbar o funcionamento das instituições.

Em meados de agosto, porém, o próprio presidente pediu manifestações de rua em seu favor, o que "autorizou" a mobilização de massa pela oposição. Desafiada pelo presidente, a coalizão partidária de oposição desencadeou, por intermédio das organizações filiadas ao MEP, especialmente as estudantis, um ciclo de mobilizações de massa que só terminou em final de setembro, com a destituição de Collor.

Tais manifestações exacerbaram a disputa levando-a a um novo patamar, aprofundando a crise política. A mobilização foi forte o suficiente para ampliar o campo das disputas políticas, alterando as referências usuais da esfera político-institucional, mas não para colocar em xeque as instituições democráticas. As manifestações de massa se tornaram referência incontornável para os atores usuais daquele campo, produzindo mudanças nas suas "jogadas" costumeiras. A mobilização de massa foi intensa mas unilateral, favorecendo claramente a oposição, com raríssimas exceções. De fato, a mobilização de massa legitimou as ações da coalizão partidária de centro-esquerda e da CPMI, e sublinhou os prejuízos políticos que teriam os que se mantivessem ao lado do presidente. Acelerou, com isso, a conquista da direita parlamentar pela oposição e a solução da crise pelo impeachment. Mais ainda: o ciclo de mobilização produziu o temor no topo da sociedade de que a frustração da vontade expressa nas ruas pudesse ocasionar maior instabilidade, o que estimulou a ação do *establishment* — ministério, STF e elites empresariais — em favor de uma solução rápida e institucional da crise política.

Se a mobilização de massa legitimou a ação pró-impeachment da oposição e acentuou as consequências negativas previsíveis da preservação de Collor no poder, a construção negociada do futuro governo do vice-presidente Itamar Franco sublinhou, para a maioria dos políticos profissionais, as vantagens da aprovação do impeachment. O governo Itamar seria, desde logo, um governo de coalizão, negociado com as direções dos partidos políticos. Valorizaria, assim, o Congresso, colocado à margem por Fernando Collor. E a coalizão não incluiria apenas os partidos condutores do processo de impeachment; incorporaria também aqueles, conservadores, que a ela se juntaram ao longo do processo. Em segundo lugar, a despeito da recusa do PT em participar da gestão Itamar Franco, o governo em formação se orientou por uma postura de centro-esquerda, comprometido em dar prioridade ao social, como rezava a Constituição de 1988. O governo Itamar responderia, assim, a duas das demandas que moveram a oposição a Collor. Em terceiro lugar, o futuro governo Itamar evitou confrontar tanto a direita e o centro partidários como as elites empresariais e parte da classe média, ao se comprometer com a manutenção do processo de liberalização moderada em andamento.

Este sumário do processo político que resultou no impeachment de Fernando Collor de Mello mostra que em seu núcleo estiveram as disputas entre centros de poder e atores regulares do campo político-institucional. Entre a posse do presidente eleito em março de 1990 e a sua destituição em 1992 ocorreu uma reversão, descontínua, da hierarquia política entre os poderes de Estado e seus ocupantes, especialmente do Executivo e do Legislativo, tendo este último um papel subalterno de início e dominante ao final. Como sublinhei ao longo deste livro, o movimento foi descontínuo porque o presidente recuperou algumas vezes, temporariamente, parte da capacidade de comando sobre o Estado. Esta reversão descontínua, liderada pelos partidos de centro e de esquerda, resultou de reação à forma unilateral do presidente governar, manifestando-se e ganhando densidade política quando algumas expectativas relativas ao exercício da democracia estiveram em jogo. A reversão só resultou, porém, em crise política grave, que acabou colocando o Congresso na posição de destituir o presidente, na medida em que os partidos de centro e de esquerda obtiveram suporte e impulso dos meios de comunicação, de organizações societárias e das massas que mobilizaram.

Ao longo do processo político examinado foi possível identificar aproximadamente a ordem de relevância que tiveram atores e tomadas de posição na destituição do presidente. Mas não creio que haja forma de fazê-lo com a precisão desejável. Que peso relativo, por exemplo, teve no desenrolar da disputa política a decisão das Forças Armadas de nela não intervir a menos que a legalidade estivesse em risco? Certamente isso retirou do presidente um recurso importante que poderia utilizar na disputa. Julguei essa decisão das Forças Armadas bastante relevante para selecioná-la e incluí-la na reconstrução que fiz do processo que resultou no impeachment. Mas não poderia responder com razoável precisão qual foi o seu peso relativo na luta que resultou no impeachment comparado ao das tomadas de posição de outros atores. Acresce algo decisivo: a relevância das tomadas de posição dos atores dependeu fortemente — e usualmente depende — do momento em que suas intervenções ocorreram no processo. Assim, o que foi muito importante para o desencadear da crise política final do governo Collor pode ter menos relevância para a sua solução.

O movimento que levou ao impeachment foi muito mais do que a destituição de um presidente acusado de corrupção. Ele foi evento crucial no processo de construção de um Estado politicamente estável, sucedendo o antigo Estado varguista que, como se viu, entrou em crise no início dos anos 1980. Foi crucial porque fixou alguns limites básicos para o exercício do poder do Executivo no interior do regime democrático definido pela Constituição de 1988. Ele indicou que um Poder Executivo que não dispõe de maioria parlamentar estável, baseada em negociações com partidos, tem poucas chances de implementar seu programa e corre maior risco de ser abalado seriamente por crises políticas. Isso mudou a forma de relação Executivo/Legislativo vigente no período Collor, mas não fortaleceu institucionalmente o poder do Congresso ante o governo. O acesso obtido pelos partidos aos recursos do Executivo e à sua administração permitiu, pelo contrário, maior controle deste sobre a força política potencial do Legislativo. De qualquer modo, essa mudança fortaleceu o poder dos legisladores e da representação parlamentar no Estado, ampliando e diversificando o acesso dos cidadãos a ele.

Outra restrição posta pelo movimento pró-impeachment ao exercício da democracia diz respeito à relevância do seu componente social, pouco considerado no governo Collor. O movimento indicou que políticas que não tomassem a questão da redução da desigualdade social como prioritária sofreriam forte restrição do Congresso. Além de esse ponto ocupar lugar destacado nas orientações dos partidos de centro e de esquerda, ele se associava aos interesses eleitorais de todos, ou quase todos, os partidos que disputam o voto dos cidadãos de uma sociedade tão desigual como a brasileira.

Essas restrições postas ao exercício do poder no âmbito do regime constitucional de 1988 condicionariam fortemente, daí em diante, a ação do Estado e as relações entre seus poderes. Em outros termos: o movimento que destituiu Fernando Collor aumentou muito as possibilidades de que a superação da crise do Estado varguista tivesse como resultado um Estado democrático em que o exercício do poder demandasse maior grau de consenso entre os ocupantes dos vários poderes de Estado e colocasse entre suas prioridades a redução da desigualdade social.

REFERÊNCIAS BIBLIOGRÁFICAS

ABRANCHES, Sérgio. "O Estado". In: JAGUARIBE, Hélio (org.). *Sociedade, Estado e partidos na atualidade brasileira*. São Paulo: Paz e Terra, 1992.

ALEXANDER, Jeffrey C. "Culture and Political Crisis: 'Watergate' and Durkheimian Sociology". In: ALEXANDER, Jeffrey C. (org.). *Durkheimian Sociology: Cultural Studies*. Nova York: Cambridge University Press, 1990.

AVRITZER, Leonardo. "O conflito entre a sociedade civil e a sociedade política no Brasil pós-autoritário: uma análise do impeachment de Fernando Collor". In: ROSENN, Keith S.; DOWNES, Richard (orgs.). *Corrupção e reforma política no Brasil: o impacto do impeachment de Collor*. Trad. Roberto Grey. Rio de Janeiro: Editora FGV, 2000.

BAER, Monica. *O rumo perdido: a crise fiscal e financeira do Estado brasileiro*. Rio de Janeiro: Paz e Terra, 1993.

Banco de Dados Legislativos do CEBRAP. FIGUEIREDO, Argelina; LIMONGI, Fernando (orgs.). São Paulo, CEBRAP.

Banco de Dados POLI. SALLUM Jr., Brasilio; GRAEFF, Eduardo (orgs.). São Paulo, CEDEC.

BAUMGARTNER, Jody C.; KADA, Naoko (orgs.). *Checking Executive Power: Presidential Impeachment in Comparative Perspective*. Westport: Praeger Publishers, 2003.

BELLUZZO, Luiz Gonzaga. "A lei dos homens". *IstoÉ Senhor*, nº 1.070, 21/3/1990.

BERTONCELO, Edison. *A campanha das Diretas e a democratização*. São Paulo: Humanitas/Fapesp, 2007.

BNDES. *Cenários para a economia brasileira até o ano 2000*. Rio de Janeiro, BNDES, 1987.

BOBBIO, Norberto. *O conceito de sociedade civil*. Trad. Carlos Nelson Coutinho. Rio de Janeiro: Graal, 1982.

BOCCHI, Carmem Priscila. *O Movimento pela Ética na Política e as mobilizações pró-impeachment: elementos para a análise da sociedade civil no Brasil contemporâneo*. Dissertação de mestrado, Departamento de Ciência Política da FFLCH-USP, 1996.

BOITO JR., Armando. *Política neoliberal e sindicalismo no Brasil*. São Paulo: Xamã, 1999.

BRANDÃO, Gildo Marçal. *A esquerda positiva: as duas almas do Partido Comunista, 1920-1964*. São Paulo: Hucitec, 1997.

BRANDÃO, Lucas Coelho. *Os movimentos sociais e a Assembleia Nacional Constituinte de 1987-1988: entre a política institucional e a participação popular*. Dissertação de mestrado, Programa de Pós-Graduação em Sociologia da USP, 2011.

BRESSER-PEREIRA, Luiz Carlos. "As incertezas do Plano Collor". In: FARO, Clovis de (org.). *Plano Collor: avaliações e perspectivas*. Rio de Janeiro: LTC, 1990.

CARDOSO, Fernando Henrique. "Imprevidência". *Folha de S. Paulo*, 16/1/1992, p. 1-2.

_________. "O desafio". *Folha de S. Paulo*, 23/7/1992.

_________. "Collor deposto?". *Folha de S. Paulo*, 26/8/1992, p. 2.

_________. *A arte da política: a história que vivi*. Rio de Janeiro: Record, 2006.

CAVAROZZI, Marcelo. "Politics: A Key for the Long Term in South America". In: SMITH, William; ACUÑA, Carlos; GAMARRA, Eduardo (orgs.). *Latin American Political Economy in the Age of Neoliberal Reform*. New Brunswick: Transaction Publishers, 1994.

CESOP (Centro de Estudos de Opinião Pública), Unicamp. http://www.cesop.unicamp.br.

CEZAR, Themístocles. *A crise do Estado no discurso dos candidatos à Presidência da República do Brasil em 1989*. Dissertação de mestrado, Programa de Pós-Graduação em Ciência Política da UFRGS, 1993.

CIS (Consórcio de Informações Sociais), FFLCH-USP/ANPOCS. http://www.cis.org.br.

CNBB. Documento 58 dos Pronunciamentos da CNBB 1992-1996 (coletânea). http://www.pscjms.org.br/index.php/documentos-cnbb/.

CODAS, Gustavo. "Posfácio". In: GIANNOTTI, Vito. *Collor, a CUT e a pizza*. São Paulo: Scritta, 1992.

COELHO, Maria Francisca Pinheiro. *José Genoino: escolhas políticas*. São Paulo: Centauro, 2007.

COLLOR DE MELLO, Fernando. "O projeto de reconstrução nacional". Discurso de posse, 15/3/1990.

CONGRESSO NACIONAL. *Relatório Final da CPMI destinada a apurar fatos contidos nas denúncias do Sr. Pedro Collor de Mello referentes às atividades do Sr. Paulo César Cavalcante Farias*. Brasília, 1992.

CONTI, Mario Sergio. *Notícias do Planalto: a imprensa e Fernando Collor*. São Paulo: Companhia das Letras, 1999.

CRUZ, Sebastião Velasco e; MARTINS, Carlos Estevam. "Da distensão à abertura política". In: ALMEIDA, Maria Hermínia Tavares de; SORJ, Bernardo (orgs.). *Sociedade e política no Brasil pós-64*. São Paulo: Brasiliense, 1983.

CRUZ, Sebastião Velasco e. "O impeachment: uma crise singular". In: *O presente como história: economia e política no Brasil pós-64*. Campinas: IFCH-Unicamp, 1997.

CUT. http://www.cut.org.br/documentos-oficiais.

DAYAN, Daniel; KATZ, Elihu. "Articulating Consensus: The Ritual and Rhetoric of Media Events". In: ALEXANDER, Jeffrey C. (org.). *Durkheimian Sociology: Cultural Studies*. Nova York: Cambridge University Press, 1990.

DEBRUN, Michel. *A conciliação e outras estratégias*. São Paulo: Brasiliense, 1983.

DOBRY, Michel. *Sociologie des crises politiques: la dynamique des mobilisations multisectorielles*. Paris: Presses de la Fondation National des Sciences Politiques, 1992.

DRAIBE, Sônia. *Rumos e metamorfoses: Estado e industrialização no Brasil, 1930-1960*. Rio de Janeiro: Paz e Terra, 1985.

DREIFUSS, René. *O jogo da direita*. Petrópolis: Vozes, 1989.

FAJNZYLBER, Fernando. *La industrialización trunca de América Latina*. México: Nueva Imagen, 1983.

FARO. Clovis de (org.). *Plano Collor: avaliações e perspectivas*. Rio de Janeiro: LTC, 1990.

__________. *A economia pós-Plano Collor II*. Rio de Janeiro: LTC, 1991.

FICO, Carlos. http://www.brasilrecente.com/2011/08/o-movimento-pela-etica-na-politica-de.html.

FIGUEIREDO, Argelina; LIMONGI, Fernando. *Executivo e Legislativo na nova ordem constitucional*. Rio de Janeiro: Editora FGV, 1999.

FILGUEIRAS, Luiz. *História do Plano Real: fundamentos, impactos e contradições*. São Paulo: Boitempo, 2000.

FLANAGAN, Scott C. "Models and Methods of Analysis". In: ALMOND, Gabriel A.; FLANAGAN, Scott C.; MUNDT, Robert J. *Crisis, Choice, and Change: Historical Studies of Political Development*. Boston: Little, Brown and Company, 1973.

FLEISCHER, David. "As eleições municipais no Brasil: uma análise comparativa (1982-2000)". *Opinião Pública*, Campinas, vol. 8, nº 1, 2002, p. 94.

FREITAS, Rafael; MOURA, Samuel; MEDEIROS, Danilo. "Procurando o Centrão: direita e esquerda na Assembleia Nacional Constituinte, 1987-1988". In: CARVALHO, Maria Alice Rezende de; ARAÚJO, Cícero; SIMÕES, Júlio Assis. *A Constituição de 1988: passado e futuro*. São Paulo, Hucitec/ANPOCS, 2009.

GIANNOTTI, Vito. *Collor, a CUT e a pizza*. São Paulo: Scritta, 1992.

GODOY, Clayton Franco de. *A eleição presidencial brasileira de 1989: literatura e processo*. Dissertação de mestrado, Departamento de Sociologia da FFLCH-USP, 2005.

GOLDSTONE, Jack A. "Introduction: Bridging Institucionalized and Non-institucionalized Politics". In: GOLDSTONE, Jack A. (org.). *States, Parties, and Social Movements*. Nova York: Cambridge University Press, 2003.

GOULART, Jefferson. "Processo constituinte e arranjo federativo". *Lua Nova — Revista de Cultura e Política*, São Paulo, nº 88, 2013, pp. 185-216.

HALL, Peter. *Governing the Economy: The Politics of State Intervention in Britain and France*. Nova York/Londres: Oxford University Press, 1986.

HELLEINER, Eric. *States and the Reemergence of Global Finance: From Bretton Woods to the 1990s*. Ithaca: Cornell University Press, 1994.

IPEADATA. http://www.ipeadata.gov.br.

KAUFMAN, Robert R. *The Politics of Debt in Argentina, Brazil and Mexico*. Berkeley: University of California Press, 1988.

KINGSTONE, Peter. *Crafting Coalitions for Reform: Business Preferences, Political Institutions and Neoliberal Reform in Brazil*. State College: The Pennsylvania State University Press, 1999.

KINZO, Maria D'Alva. "O quadro partidário e a Constituinte". In: LAMOUNIER, Bolívar. *De Geisel a Collor: o balanço da transição*. São Paulo: IDESP/Editora Sumaré, 1990.

KRIEGER, Gustavo; NOVAES, Luiz Antônio; FARIA, Tales. *Todos os sócios do presidente*. São Paulo: Scritta, 1992.

KURZMAN, Charles. "Structural Opportunity and Perceived Opportunity: the Iranian Revolution of 1979". *American Sociological Review*, vol. 61, nº 1, fev. 1996, pp. 153-70.

LAMOUNIER, Bolívar. "O discurso e o processo (da distensão às opções do governo brasileiro)". In: RATTNER, Henrique (org.). *Brasil 1990*. São Paulo: Brasiliense, 1980.

_________. "Apontamentos sobre a questão democrática brasileira". In: ROUQUIER, Alain *et al.* (orgs.). *Como renascem as democracias*. São Paulo: Brasiliense, 1985.

_________. "Antecedentes, riscos e possibilidades do governo Collor". In: LAMOUNIER, Bolívar (org.). *De Geisel a Collor: o balanço da transição*. São Paulo: IDESP/Editora Sumaré, 1990.

_________. *Depois da transição: democracia e eleições no governo Collor*. São Paulo: Loyola, 1991.

LIMA, Venício A. "Televisão e política: hipótese sobre a eleição presidencial de 1989". *Comunicação & Política*, São Paulo, ano 9, nº 11, abr.-jun., 1990.

LIMONGI, Fernando. "O Poder Executivo na Constituição de 1988". In: OLIVEN, Ruben George; RIDENTI, Marcelo; BRANDÃO, Gildo Marçal (orgs.). *A Constituição de 1988 na vida brasileira*. São Paulo: Hucitec/ANPOCS, 2008.

LOPES, Júlio Aurélio Vianna. "O consórcio político da ordem de 1988". In: CARVALHO, Maria Alice Rezende de; ARAÚJO, Cícero; SIMÕES, Júlio Assis. *A Constituição de 1988: passado e futuro*. São Paulo, Hucitec/ANPOCS, 2009.

LUKES, Steven. *Power: A Radical View*. Londres/Nova York: Macmillan, 1974.

MARTINS, Luciano. "Autonomia política do governo Collor". In: FARO, Clovis de (org.). *Plano Collor: avaliações e perspectivas*. Rio de Janeiro: LTC, 1990.

_________. "Parece o discurso de um candidato". *Folha de S. Paulo*, 5/1/1992, p. 1-6.

_________. "Reforma da administração pública e cultura política no Brasil: uma visão geral". *Cadernos ENAP*, Brasília, Fundação Escola Nacional de Administração Pública, nº 8, 1997.

MARTONE, Celso. "Mais um programa de estabilização inconsistente". In: FARO, Clovis de (org.). *Plano Collor: avaliações e perspectivas*. Rio de Janeiro: LTC, 1990.

MARTUSCELLI, Danilo. *A crise do governo Collor e a tática do PT*. Dissertação de mestrado, Pós-Graduação em Ciência Política, IFCH-Unicamp, 2005, p. 87.

McADAM, Doug; SEWELL JR., William H. "It's About Time: Temporality in the Study of Social Movements and Revolutions". In: AMINZADE, Ronald R. *et al. Silence and Voice in the Study of Contentious Politics*. Nova York: Cambridge University Press, 2001.

MELO, Carlos. *Collor: o ator e suas circunstâncias*. São Paulo: Novo Conceito, 2007.

MENDONÇA, Kátia. *A salvação pelo espetáculo: mito do herói e política no Brasil*. Rio de Janeiro: Topbooks, 2002.

MISCHE, Ann. *Partisan Publics: Communication and Contention Across Brazilian Youth Activist Networks*. Princeton/Oxford: Princeton University Press, 2008.

MOURÃO, Júlio O. F. "A integração competitiva e o planejamento estratégico no Sistema BNDES". *Revista do BNDES*, Rio de Janeiro, vol. 1, nº 2, dez. 1994, pp. 3-25.

MUZZI, I.; NEGREIROS, J. "Collor sob os holofotes". *IstoÉ Senhor*, nº 1.065, 14/2/1990.

NÊUMANNE, José. *A República na lama: uma tragédia brasileira*. São Paulo: Geração Editorial, 1992.

NORONHA, Eduardo G. "Ciclo de greves, transição política e estabilização". *Lua Nova — Revista de Cultura e Política*, São Paulo, nº 76, 2009, pp. 119-68.

O'DONNELL, Guillermo. "Democracia delegativa?". *Novos Estudos CEBRAP*, São Paulo, nº 31, 1991, pp. 25-40.

OLIVEIRA, Francisco de. *Collor: a falsificação da ira*. Rio de Janeiro: Imago, 1992.

OSORIO, Jaime. "El neoestructuralismo y el subdesarrollo: una visión crítica". *Nueva Sociedad*, nº 183 (*Economía y Desarrollo*), jan.-fev., Buenos Aires, 2003.

PAIVA, Denise. *Era outra história: política social do governo Itamar Franco, 1992-1994*. Juiz de Fora: Editora UFJF/FAP, 2009.

PASSARINHO, Jarbas. *Um híbrido fértil*. Rio de Janeiro: Expressão e Cultura, 1997.

PASTORE, Affonso Celso. "A reforma monetária do Plano Collor". In: FARO, Clovis de (org.). *Plano Collor: avaliações e perspectivas*. Rio de Janeiro: LTC, 1990.

PÉREZ-LIÑÁN, Anibal S. *Presidential Impeachments and the New Political Instability in Latin America*. Nova York: Cambridge University Press, 2007.

PINTO, Celi. "Brasil, eleições presidenciais/89: Collor e Lula na batalha pelo voto". *Cadernos de Estudo do CPG em História/UFRGS*, Porto Alegre, fev. 1990.

PRADO, Sérgio. "Crise do Estado e privatização: limites da visão neoliberal". In: APPY, Bernard *et al. Crise brasileira, anos 80 e governo Collor*. São Paulo: CUT-DESEP/Instituto Cajamar, 1993.

RODRIGUES, Alberto Tosi. *Brasil de Fernando a Fernando: neoliberalismo, corrupção e protesto na política brasileira de 1980 a 1994*. Ijuí: Editora Unijuí, 2000.

RODRIGUES, Leôncio M. *CUT: militantes e ideologia*. Rio de Janeiro: Paz e Terra, 1990.

_________. "As tendências políticas na formação das centrais sindicais". In: BOITO JR., Armando (org.). *O sindicalismo brasileiro nos anos 80*. São Paulo: Paz e Terra, 1991.

RODRÍGUEZ, Octavio. *O estruturalismo latino-americano*. Trad. Maria Alzira Brum Lemos. Rio de Janeiro: Civilização Brasileira, 2009.

ROSSI, Clóvis. "De indignados e perplexos". *Folha de S. Paulo*, 18/3/1990, p. 2.

RUBIM, Antonio Albino Canelas. "Comunicação, espaço público e eleições presidenciais". *Comunicação & Política*, São Paulo, vol. 9, n°s 2, 3 e 4, 1989, pp. 7-21.

SÁ, Nelson de. "TV finalmente abre o jogo", *Folha de S. Paulo*, 22/8/1992, p. 1-11.

_________. "TV dá Collor por perdido", *Folha de S. Paulo*, 25/8/1992, p. 1-17.

SADEK, Maria Tereza. "Eleições 1988: retórica ou rumo pluripartidário". *Lua Nova — Revista de Cultura e Política*, São Paulo, n° 17, 1989, pp. 111-32.

SALLUM JR., Brasilio. *Labirintos: dos generais à Nova República*. São Paulo: Hucitec, 1996.

_________. "Governo Collor: o reformismo liberal e a nova orientação da política externa brasileira". *Dados — Revista de Ciências Sociais*, Rio de Janeiro, vol. 54, n° 2, 2011, pp. 259-88.

SALLUM JR., Brasilio; CASARÕES, Guilherme. "O impeachment de Fernando Collor: a literatura e o processo". *Lua Nova — Revista de Cultura e Política*, São Paulo, n° 82, 2011, pp. 163-200.

SALLUM JR., Brasilio; GRAEFF, Eduardo; LIMA, Elizabeth G. "As eleições de 1989 e a crise do sistema partidário". *Lua Nova — Revista de Cultura e Política*, São Paulo, nº 32, 1990, pp. 133-67.

SANTOS, Wanderley Guilherme dos. *Cidadania e justiça: a política social na ordem brasileira*. Rio de Janeiro: Campus, 1979.

__________. *Décadas de espanto e uma apologia democrática*. Rio de Janeiro: Rocco, 1998.

SERRA, José; FRANCO, Gustavo. "Análise econômica do novo plano de estabilização". In: FARO, Clovis de (org.). *A economia pós-Plano Collor II*. Rio de Janeiro: LTC, 1991.

SILVA, Cláudio Humberto Rosa e. *Mil dias de solidão: Collor bateu e levou*. São Paulo: Geração Editorial, 1993.

SIMÕES, Júlio Assis. *Entre o lobby e as ruas: movimento de aposentados e politização da aposentadoria*. Tese de doutorado, Pós-Graduação em Ciência Política, IFCH-Unicamp, 2000.

SINGER, André. *Esquerda e direita no eleitorado brasileiro: a identificação ideológica nas disputas presidenciais de 1989 e 1994*. São Paulo: Edusp, 2002.

SKIDMORE, Thomas. "A queda de Collor: uma perspectiva histórica". In: ROSENN, Keith S.; DOWNES, Richard (orgs.). *Corrupção e reforma política no Brasil: o impacto do impeachment de Collor*. Trad. Roberto Grey. Rio de Janeiro: Editora FGV, 2000.

SNOW, David A.; BENFORD, Robert D. "Master Frames and Cycles of Protest". In: MORRIS, Aldon D.; MUELLER, Carol McClurg (orgs.). *Frontiers in Social Movement Theory*. New Haven: Yale University Press, 1992.

SOUZA, Amaury de. "O impeachment de Collor e a reforma institucional no Brasil". In: ROSENN, Keith S.; DOWNES, Richard (orgs.). *Corrupção e reforma política no Brasil: o impacto do impeachment de Collor*. Trad. Roberto Grey. Rio de Janeiro: Editora FGV, 2000.

SOUZA, Amaury de; LAMOUNIER, Bolívar. "A feitura da nova Constituição: um reexame da cultura política brasileira". In: LAMOUNIER, Bolívar. *De Geisel a Collor: o balanço da transição*. São Paulo: IDESP/Editora Sumaré, 1990.

STALLINGS, Barbara. "Introduction". In: STALLINGS, Barbara (org.). *Global Change, Regional Response: The New International Context of Development*. Nova York: Cambridge University Press, 1995.

STORCK, Vera Sueli. "A reforma administrativa do governo Collor". *Revista de Administração*, USP, São Paulo, vol. 27, nº 3, jul.-set., 1992, pp. 66-77.

TARROW, Sidney. *O poder em movimento: movimentos sociais e confronto político*. Trad. Ana Maria Sallum. Petrópolis: Vozes, 2009.

TATAGIBA, Luciana. *Dos significados da "Ética na Política": articulação e discurso no contexto pró-impeachment*. Dissertação de mestrado, Pós-Graduação em Ciência Política, IFCH-Unicamp, 1998.

TAVARES, Olga. *Fernando Collor: o discurso messiânico, o clamor ao sagrado*. São Paulo: Annablume, 1998.

TILLY, Charles. *From Mobilization to Revolution*. Nova York: McGraw-Hill, 1978.

VELHO, Gilberto. "O fenômeno Collor". *Jornal do Brasil*, 17/11/1989, p. 11.

_________. *Mudança, crise e violência: política e cultura no Brasil contemporâneo*. Rio de Janeiro: Civilização Brasileira, 2002, pp. 27-9.

VIANNA, Luiz Werneck. "O candidato de conciliação nacional". *Presença*, São Paulo, nº 4, ago.-out., 1984.

WEYLAND, Kurt. "The Rise and Fall of President Collor and Its Impact on Brazilian Democracy". *Journal of Interamerican Studies and World Affairs*, vol. 35, nº 1, 1993, pp. 1-37.

SOBRE O AUTOR

Brasilio Sallum Jr. é professor titular do Departamento de Sociologia da Universidade de São Paulo. Nasceu em Porto Alegre, em 1946, cidade onde concluiu a escola secundária, transferindo-se em seguida para São Paulo, onde cursou Ciências Sociais e doutorou-se pela USP. Participou da direção de algumas instituições acadêmicas ao longo da carreira e ocupa hoje a chefia do Departamento de Sociologia da USP.

Sua pesquisa inicial foi sobre a organização da lavoura cafeeira paulista a partir da introdução do trabalho livre. Depois, dedicou-se principalmente à Sociologia Política e ao estudo do processo da mudança política no Brasil contemporâneo, mantendo até hoje este foco de interesse. Além de suas atividades próprias de investigação, organizou e coordena há dez anos o Consórcio de Informações Sociais (CIS), que permite que a comunidade acadêmica compartilhe dados colhidos por seus pesquisadores.

É autor dos livros *Capitalismo e cafeicultura: Oeste Paulista, 1888-1930* (Duas Cidades, 1982) e *Labirintos: dos generais à Nova República* (Hucitec, 1996), além de organizador da coletânea *Brasil e Argentina hoje: política e economia* (Edusc, 2004).

OBRAS COEDITADAS
PELO PROGRAMA DE PÓS-GRADUAÇÃO
EM SOCIOLOGIA DA FFLCH-USP

Antônio Flávio Pierucci e Reginaldo Prandi, *A realidade social das religiões no Brasil* (Hucitec, 1996)

Brasilio Sallum Jr., *Labirintos: dos generais à Nova República* (Hucitec, 1996)

Reginaldo Prandi, *Herdeiras do axé* (Hucitec, 1996)

Irene Cardoso e Paulo Silveira (orgs.), *Utopia e mal-estar na cultura* (Hucitec, 1997)

Antonio Sérgio Alfredo Guimarães, *Um sonho de classe* (Hucitec, 1998)

Antônio Flávio Pierucci, *Ciladas da diferença* (Editora 34, 1999)

Mário A. Eufrasio, *Estrutura urbana e ecologia humana: a escola sociológica de Chicago (1915-1940)* (Editora 34, 1999)

Leopoldo Waizbort, *As aventuras de Georg Simmel* (Editora 34, 2000)

Irene Cardoso, *Para uma crítica do presente* (Editora 34, 2001)

Vera da Silva Telles, *Pobreza e cidadania* (Editora 34, 2001)

Paulo Menezes, *À meia-luz: cinema e sexualidade nos anos 70* (Editora 34, 2001)

Sylvia Gemignani Garcia, *Destino ímpar: sobre a formação de Florestan Fernandes* (Editora 34, 2002)

Antônio Flávio Pierucci, *O desencantamento do mundo: todos os passos do conceito em Max Weber* (Editora 34, 2003)

Nadya Araujo Guimarães, *Caminhos cruzados: estratégias de empresas e trajetórias de trabalhadores* (Editora 34, 2004)

Leonardo Mello e Silva, *Trabalho em grupo e sociabilidade privada* (Editora 34, 2004)

Antonio Sérgio Alfredo Guimarães, *Preconceito e discriminação* (Editora 34, 2004)

Vera da Silva Telles e Robert Cabanes (orgs.), *Nas tramas da cidade* (Humanitas, 2006)

Glauco Arbix, *Inovar ou inovar: a indústria brasileira entre o passado e o futuro* (Papagaio, 2007)

Zil Miranda, *O voo da Embraer: a competitividade brasileira na indústria de alta tecnologia* (Papagaio, 2007)

Alexandre Braga Massella, Fernando Pinheiro Filho, Maria Helena Oliva Augusto e Raquel Weiss, *Durkheim: 150 anos* (Argvmentvm, 2008)

Eva Alterman Blay, *Assassinato de mulheres e Direitos Humanos* (Editora 34, 2008)

Nadya Araujo Guimarães, *Desemprego, uma construção social: São Paulo, Paris e Tóquio* (Argvmentvm, 2009)

Vera da Silva Telles, *A cidade nas fronteiras do legal e ilegal* (Argvmentvm, 2010)

Heloisa Helena T. de Souza Martins e Patricia Alejandra Collado (orgs.), *Trabalho e sindicalismo no Brasil e na Argentina* (Hucitec, 2012)

Christian Azaïs, Gabriel Kessler e Vera da Silva Telles (orgs.), *Ilegalismos, cidade e política* (Fino Traço, 2012)

Ruy Braga, *A política do precariado* (Boitempo, 2012)

Luiz Carlos Jackson e Alejandro Blanco, *Sociologia no espelho: ensaístas, cientistas sociais e críticos literários no Brasil e na Argentina (1930-1970)* (Editora 34, 2014)

OBRAS APOIADAS
PELO PROGRAMA DE PÓS-GRADUAÇÃO
EM SOCIOLOGIA DA FFLCH-USP

Ruy Braga e Michael Burawoy, *Por uma sociologia pública* (Alameda, 2009)

Fraya Frehse, *Ô da rua! O transeunte e o advento da modernidade em São Paulo* (Edusp, 2011)

Este livro foi composto em Sabon,
pela Bracher & Malta, com CTP da
New Print e impressão da Graphium
em papel Pólen Soft 70 g/m² da Cia.
Suzano de Papel e Celulose para a
Editora 34, em junho de 2015.